法学家茶座
Teahouse For Jurists

主编 张士宝 特邀执行主编 何家弘

山东人民出版社

国家一级出版社 全国百佳图书出版单位

图书在版编目（CIP）数据

法学家茶座：精华本.2／张士宝主编.—济南：
山东人民出版社，2013.1
ISBN 978-7-209-06004-2

Ⅰ.①法… Ⅱ.①张… Ⅲ.①法学—文集
Ⅳ.①D90-53

中国版本图书馆 CIP 数据核字（2011）第 272607 号

责任编辑：麻素光

法学家茶座精华本②
张士宝　主编

山东出版集团
山东人民出版社出版发行

社　　址：济南市经九路胜利大街 39 号　邮　编：250001
网　　址：http://www.sd-book.com.cn
发行部：(0531)82098027　82098028
新华书店经销
山东临沂新华印刷物流集团印装

规　格　16 开(172mm×232mm)
印　张　21
字　数　220 千字
版　次　2013 年 1 月第 1 版
印　次　2013 年 1 月第 1 次
ISBN 978-7-209-06004-2
定　价　29.50 元

如有质量问题，请与印刷单位联系调换。(0539)2925888

无我茶与无我法

在2006年和2007年交替之际，我应邀到台湾东吴大学法学院讲授"刑事证据法"。讲学之余，主人安排我到"花东"观光。三天的时间，我们从台北到花莲，然后沿着中央山脉和海岸山脉之间的"花东纵谷"向南至台东市南的知本游乐区。一路上，我们游览了太鲁阁公园，领略了世外桃源般的关山小镇和高山牧场，体验了温泉水疗的舒适，感受了原住民部落的风俗。这一切都给我留下了深刻的印象。不过，最让我感兴趣的还是台湾同胞向我介绍的"无我茶会"。

"无我茶会"不同于一般的茶艺和茶道，不是一人泡茶供大家品饮，而是由参加者每人自备茶叶、茶具和开水，通过抽签确定每人的座位，围成一个闭合的圆圈，然后每人自行泡茶，按照约定的规则奉请若干位茶侣品饮，毫无差异，而且席间无语。据说，这种茶会倡导的是一种"无我"精神，参加者必须摈弃自私的欲念，以平等的观念和平和的心态参与。是所谓：无尊卑之分，无报偿之念，无好恶之心，尊公共之约，尽个人之力，求和谐之美。这确实是一种令人向往的群体生活境界。

其实，法律的目标也是要达到一种"无我"的社会生活境界，或者说创制一种"无我"的社会环境和氛围。一个人加入社会生活，无论是自愿的还是不自愿的，往往都带着个人的私利和个体的差异，于是就会在交往中产生各种各样的矛盾和冲突。法律作为调解社会冲突并规范人类行为的机制，其基本宗旨就是要实现社会的公平正义。"法律面前人人平等"，这是法律人喊了很多年的口号。但是，要在现实生活中实现人人平等，谈何容易！其实，无论就地区和家庭而言，还是就体力和智力来说，人一生下来就是不平等的，而且会在后天加大差异。法律当然不可能消除这种差异，但是却可以让这些生而不平等的人享受平等的待遇。在这个问题上，"无我茶会"可以给我们提供良好的范式。诚然，法律制度下的"无我"并非绝对没有自我，而是要通过公平普适的规则淡化自我意识，均衡不同利益，达成社会和谐。倘若世人都能从内心真正做到"无我"，那法律也就该退出历史舞台了。

何家弘
于北京世纪城痴醒斋

目录

我们为什么要实行案例指导制度？

——通过几起案例来看实行案例指导制度的必要性

刘作翔 *

2005 年 10 月 26 日，最高人民法院发布了《人民法院第二个五年改革纲要（2004~2008）》，提出了 50 项改革任务和改革措施。其中在第 13 项中提出了"建立和完善案例指导制度，重视指导性案例在统一法律适用标准、指导下级法院审判工作、丰富和发展法学理论等方面的作用。最高人民法院制定关于案例指导制度的规范性文件，规定指导性案例的编选标准、编选程序、发布方式、指导规则等"。这是最高人民法院第一次以正式文件的方式向全社会发出的一个正式的改革意见。其实，从 2003 年始，最高人民法院就已经开始酝酿此项改革，并为此做了一些研究工作和前期性的准备工作。这次"第二个五年改革纲要"的正式发布，已将这项改革措施推向了前台，提上了最高人民法院的改革议事日程。

这是一项重大的改革。熟悉中国现行司法制度和审判制度的人都会意识到，在以制定法为特色的现代中国法律制度中，在司法审判工作中要引入带有判例法色彩的中国式的"案例指导制度"，是一项前所未有的工作和事情。这其中包含着许多重大的观念变革和制度变革。如何理解这一重大变革，如何建立一套既能保持制定法传统，又能借鉴判例法制度中灵活有用和有益的审判方式，是需要我们做出认真而细致的研究的。限于篇幅，本文仅对实行"案例指导制度"的必要性做出一些分析。

既然是研究"案例指导制度"，我想我们还是通过几起"案例"来说明为什么在中国要实行"案例指导制度"。

案例一：李律师诉家乐福超市发票案

据《北京晚报》报道：家乐福超市购物小票上一行"如需发票，请在一个月内

---

* 作者为中国社会科学院法学研究所研究员。

办理"的小字许多人都不陌生。消费者李长城就因小票"过期",被家乐福公司拒绝开具发票。这位较真儿的北京律师索性为这一行小字将北京家乐福商业有限公司送上了法庭。近日,丰台法院一审判决,李长城要求家乐福开发票合理合法,家乐福应该开具发票。据了解,北京许多超市都有类似家乐福的规定,面对法院这一判决,这些超市是不是也该改弦更张了。去年8月到10月间,李长城在家乐福超市购物共计1000余元。由于每次超市开发票处顾客都很多,李长城一直没开成发票。在购物一个多月后,李长城持购物小票到家乐福公司要求开具发票,店方却以购物小票下部"如需发票,请在一个月内办理"字样为由,拒绝开具发票。李长城为此起诉,要求家乐福开具发票。李长城还认为,家乐福公司小票上的规定不能产生法律效力,应视为无效格式条款,所以他请求法院判令家乐福撤销小票上关于"如需发票,请在一个月内办理"的格式条款。在诉讼中,家乐福公司同意为李长城开具发票,但认为小票上的规定只是提示性内容,不是合同条款,所以不同意撤销这一规定。丰台法院审理后认为,根据《中华人民共和国发票管理办法》,李长城要求家乐福公司开具发票的诉讼请求,合理合法,法院判决家乐福为李长城开具发票。法院同时指出,购物小票上的规定,不是双方在买卖交易中约定的权利和义务,此内容对双方均不具有约束力。李长城主张购物小票上"如需发票,请在一个月内办理"的内容为无效的格式条款,法律依据不足,法院最终驳回了李长城要求家乐福撤销小票上规定的诉讼请求。(见《北京晚报》2004年7月1日)

这是一个很典型的案例,而且在中国可能是第一起此类事件的案例。但因为我们没有实行判例制度和案例指导制度,这一判决只对这一案件发生法律效力,而不能旁及。如果我们实行案例指导制度,这一判决可能会产生以下一些效果:

第一,全中国有多少超市?这应该是一个非常庞大的数字。正像报道所说的,许多超市都有类似家乐福的规定,面对法院这一判决,这些超市是不是也该改弦更张了。当然,从法律判决来讲,它对其他超市仍不发生直接法律效力,即使实行案例指导制度。但如果我们实行案例指导制度,凡是有此类规定的超市,不得不考虑这一规定有无法律上的支持因素,可能会带来以下行为及后果:一是修改这一得不到法律支持的"土规定",改变超市的经营行为;二是继续维持原规定,那就等着吃官司,而且铁定等着败诉，因为前一判决已经对此类行为做出了法律判断(判决)。

第二，我们知道，全国消费者协会这几年一直在致力于打击商业消费领域中没有法律依据的且对消费者不利的所谓"霸王条款"(像本案中的规定)，但收效甚微。据报载，2005年中仍有70%的此前被认定为"霸王条款"的自制规定依旧存在，没有得到纠正，因为对商场的经营行为缺少有效的法律监督。如果我们实行案例指导制度，这样的判决对商场的经营行为是一个警示，尽管没有直接的法律效力，但商场不得不考虑这一判决对同类的经营行为所产生的影响和利害关系，会对那些还想正当经营的商场经营者起到一个法律的指引作用，从而改变自己的经营行为。这正是发挥了法律或司法判决对人们行为的指引作用，同时也发挥了通过司法判决实现改造不合理制度和规定的作用和功能。

第三，这一案件判决向全社会的发布，不单是对商场经营者起到教育和行为指引作用，也会对全国的所有消费者起到一个难以替代的法律教育作用和指引作用，使消费者明白商场这样的做法是不符合法律的，如果以后自己遇到此类的现象时，也会用法律来维护自己的合法权利，这样的法律教育作用和实效比单纯地靠宣传和教育要大得多。因为消费者一般遇到这样一类事情，虽然心理别扭，但很少有人去较真儿，也不知道法律对此类事情到底是一个什么态度，或者压根儿就没有想到它是对自己法律权利的侵犯。通过此类案件的宣判，向全社会是一个昭示，对消费者是一个提醒。

第四，对人民法院来讲，如果实行案例指导制度，以后各级人民法院接到类似的案件诉讼，就不用花太多的精力和时间去审理了，完全可以按照简易程序，并按照类似案件类似处理的原则，就可以作出判决。这样，既可以节省大量的司法资源，也可以保证审判的公正和法制的统一。"同样情况同样处理"是对公正的最原始、最基本、最重要的诠释。这样做对人民法院来讲，意味着对判决效力的延伸，改变以前那种判决效力有限发挥的状况。

案例二：李先生诉北京巴士公司空调车温度案

2004年6月，北京的李先生坐上848路空调车，并按空调车价格购买了4元钱车票。然而，上车后，李先生却发现空调根本没开，于是他向售票员提出开启空调的要求，车上的司售人员告诉他，不到26℃不能开空调。李先生认为，他是按照空调车价格购买车票的,但却没有享受到应有的空调服务,巴士公司不开空调是违约行为,其服务明显存在瑕疵。李先生以违约为由将巴士公司告上法庭,索赔 300 元,并要求返还剩余票款,对方登报致歉。北京通州区法院经过审理,双方最终达成协议,李先生放弃让巴士公司登报致歉的要求,巴士公司赔偿李先生 550 元。(见《京华时报》2004 年 7 月 7 日)

这虽然不是一个法院判决,而是一个经法院调解达成的协议,但仍具有案例意义。并且,也是我见到的中国第一个关于"温度"的案例。时至今日,当我们乘上北京巴士公司的空调车时, 都可以看到车厢的内壁上大多张贴着一幅告示:"巴士公司向您提示:车厢内温度 11℃ 以下暖风开放;车厢内温度 26℃ 以上冷风开放。"这是一个单项合同条款,它有无依据,是否合法,没有多少人会去质疑它。尤其是在 2005 年夏天全国经历了高温和能源紧张之后, 政府号召国民节约能源,控制室内温度,有些城市则提出了 26℃ 的空调温度控制标准(如上海市),有些环保人士也将 26℃ 作为一项环保事业在努力。这都是没有异议的值得赞赏的行为。但作为公共交通工具的空调车,对它控制温度不同于一般的家庭控制温度,也不同于一般的公共场所控制温度,它是一个人群高度密集的场所。对于有时候挤得像闷罐子似的空调车来讲,26℃ 是否是一个人群能接受和忍受的温度?无论是热天的 26℃,还是冷天的 11℃。当然,我们这里不是讨论具体温度问题,这应该由科学作出论证,但本案所引发的问题与它有关。这个案件的审理和双方达成的调解协议表明,法院并没有支持巴士公司,而是支持了乘客,因为巴士公司的自制规定没有法律依据,而乘客的诉求有法律上的支持理由。其实这起案件就是一个简单的交通服务合同违约案件,但此前以至今日,许多人包括我们自己都有过此遭遇,却没有多少人去较真儿,去当一回事。这个案例给我们提供了一个值得效仿的法律上的先例。如果我们实行案例指导制度,它引发出的意义和产生的效果同上一个案例的意义和效果应该是一样的:巴士公司应该(也可能)修改它的原有规定(除非它获得了法律上的认可);乘客以后遇到类似情况,也可以提出自己的要求和诉求;人民法院遇到此类案件,也可以照此办理。

案例三:广深公司旅客列车晚点补偿案

据报道:2002 年 2 月 20 日,深圳—广州间 7 时 17 分发车的 T890 次快速列车一到平湖就发生机械故障;9时之5分才到东莞,又生故障,乘客经指引换乘T830次列车,于10时15分到达广州。数十名旅客因此错过长途列车和航班。其中,有7名乘客7张单价为820元、10时20分前往杭州的机票因而失效。按照铁路有关规定,这种误车可以改签车票;对误机者铁路只提供前往目的地的火车票。上述7人则因商务紧急,坚持只有航班才能确保他们当日抵达杭州。广深公司在留下废机票与车票作为凭证后,为他们购得当日18时的机票。铁路方面称,列车晚点,补偿机票,这在全国可能是首次。(见《都市晨报》2002年2月22日)

这不是一个司法案例,也不是一个行政案例,而是一个企业自愿承担违约责任的例子,但它仍具有案例意义。粗通法律的人都会看出,这个案例其原因是由于火车机械故障而导致晚点,案件性质是广深公司的民事违约行为损害了乘客的民事利益,救济渠道是违约方主动承担违约责任,救济结果是民事损害赔偿。这个案例具有重大的民事法律意义(诚如铁路方面所说的是"全国首例")。因为在中国的"语境"下,一向被称为"铁老大"的铁路公司,能够做出首例"补偿",是一件不简单的事情。时至今日,旅客列车晚点补偿问题仍是一个法律上的空白(2005年9月,在"为民"思路的指导下,铁道部发布了《旅客列车晚点通报》的制度,要求旅客列车晚点半小时以上,车站和列车要向旅客通报晚点的原因和情况,同时向旅客道歉。但它只是指开行的时间,并不包括到站时间,并且没有涉及补偿或赔偿问题。见《光明日报》2006年1月14日第4版)。如果我们实行案例指导制度,人民法院在审理此类案件时,也可以依此作出一个判决,然后将此作为首例案例确认下来,成为以后案件的指导性案例,这既是对违约行为的惩罚,也是对公民权利的保护,体现法律保护权利的精神和理念。

案例四:葛锐三起索赔案不同结果

凡研究中国案例指导制度的人,不能不提到河南省郑州市中原区人民法院的"先例判决"制度,而引发"先例判决"制度的起因则源于葛锐的三起索赔案。1998年,郑州市民葛锐发现一种假药在郑州市各药店出售,便分别在管城区、邙山区(现惠济区)和中原区的3家药店购买了3份同品牌假药,然后按照哪里购买哪里起诉的原则,分别向3个区的法院提起诉讼,要求适用《消费者权益保护法》获取双倍赔偿。但结果让他尴尬异常,3家法院给出了3种不同的判决:管城

区法院驳回其诉讼请求，称其不是以生活消费为目的购买商品；邙山区法院也驳回了他的诉讼请求，理由是他提供的证据不足以证明被告销售的商品是假药；而中原区法院判决认为，原告不能提供证据证明其购药行为是"为了治病"，故宣判其与被告之间的民事行为无效。

　　案情一样，提供的证据一样，3 家法院同样依法审案，为何却得出 3 个不同的判决结果呢？郑州市中原区人民法院院长李广湖讲到："同样案件有不同判决结果的现象并不罕见。情形近似的案件会被同一法院的不同法官作出不同的判决，甚至同一法官在不同时期也可能会作出不同的判决。而新类型的案件或者学术上有争议的案件，更是经常遭遇不同的判决结果。"发现这种情况后，他们开始关注并试图着手解决这一现实难题。他们发现："问题的根本在于法律条文的规定存在弹性。由于弹性空间的存在，不同的法官会因为不同的年龄、经历、学识、良知，以及其他一些因素而作出不同的判断。"找到症结后，他们积极探索并在 2002年 8 月在全国首创"先例判决"制度。（见《法制日报》2005 年 10 月 20 日）

　　类似于葛锐的遭遇在全国其他地方也不鲜见（像王海在天津的三起索赔案件）。这就给我们提出了一个严峻的问题：在一个统一的法律体制下，为何会出现同样案件却不同判决结果的情况?这与法制统一的要求相去甚远,对法制是一个极大的破坏。公民尤其是当事人对此是百思不得其解,甚而会对法律产生怀疑,最后导致的是对法制权威的破坏。相同案件不同判决,其原因是多方面的,也是很复杂的。但不管什么原因和理由,都不能说它在一个统一的法律体制下是一种合理的现象和合理的存在。如果我们实行案例指导制度,确定一个案例作为指导性案例,就会杜绝此类现象,实现同案同判,实现法制的统一。而同案同判对于司法而言,是一条生命线,是司法公正的重要标志和体现(在最高人民法院2005年第17届全国法院学术讨论会的征文匿名评审中,我读到了一篇征文,对同案同判提出了批判,认为追求同案同判是在制造一个"司法神话"。他或她的主要论证理由有两个:一是只要承认法官对法律的解释即理解,就不存在同案同判;二是他或她认为根本就不存在"同案",因为没有两个案件会是完全相同的,且案件当事人及证人等相关人在法庭上的叙述也不会完全一样。我对这位作者大胆的探索精神和敢于发表异见的学术勇气表示钦佩,但对他或她的两个论证理由表示质疑。完全否认"同案"的存在,站不住脚。法律上说的同案,是指案情相似或相近,而不是指"完全一样",如果指"完全一样",那像葛锐案件中的三起案例,购买商品的先后时间都是不一样的,但我们不能从这个角度去理解"同案"。在法律上,我们无法否认这三起案件应该属于案情相同的"同案";法官固然对法律有不同的理解,但不同理解并不意味着可以各行其是。在一个制定法国家,法官对法律应该有一个统一的理解,这种统一的理解应该通过审判案件去实现。否则,一个国家的法律体系和法律内容会发生紊乱,导致形形色色的相同案件却不同判决的情况)。

总括以上案例,统一审判标准,实现同案同判,实现法制统一,节约司法资源,提高审判效率,等等,是我们实行案例指导制度的理由和根据,也是它的必要性所在。它还隐含着另外一个重大的命题,即对司法腐败的遏制。同案同判要求此后的案件在没有特殊的和特别的案由时,应该比照前例作出判决。这在一定程度上可以杜绝、避免和减少以前的除法官能力、学识和认识上的原因之外的徇私枉法现象,使得一些企图通过枉法裁判牟取私利的法官不得作为。这对于遏制司法腐败虽不是彻底的办法,但也可以起到一定的作用。

欣慰与担忧

江 平*

公司法修改的顺利通过的确令人欣慰。欣慰之一是公司法修改在两年左右就完成了，不像物权法七年了仍是一锅夹生饭；欣慰之二是公司法修改也涉及多方利益群体，在今天不同利益群体都争相要在立法中反映和表现其意志时，公司法能很好地协调各方利益并得到各方的认可，这是很不容易的；欣慰之三是公司法修改之际正逢有关我国改革开放反思和争论之时，以及对于未来要不要继续改革以及如何改革颇多分歧之时，能够继续坚持改革大方向，本着自由和效率的精神，逐步与国际接轨，这是很难得的。

欣慰之际又感到担忧。立法和执法本来就有差距和鸿沟，我国立法脚步之快与执法相对滞后的矛盾也越来越明显。公司法修改后法律条文之先进与中国公司成长的土壤和环境之恶劣的矛盾，不能不令人担忧。公司立法的完善相对容易，公司制度的完善则要困难得多。把法律条文中的公司（应然的公司）变成实际上的公司（实然的公司），是要求我们法律人，或者说要求我们法律学者和经济学家、企业家、律师、法官等共同努力去实现的一个重要目标。

新中国的公司实践到今天只有 20 年左右的历史，而西方国家仅从第一个股份公司（英国和荷兰的东印度公司）出现时算起，也有四百多年的历史。西方 400 多年的公司发展过程中经历了各种曲折，从股市的泡沫到公司的丑闻，公司制度的健全和法律的完善也是从经济危机中走过来的。一种制度的完善不仅是法律完善的结果，同时也是制度理念以及文化积累和沉淀的结果。将公司的法律制度变成公司自觉的价值观念和行动准则、道德理念和社会责任，就是把理念和文化融合在企业经营中。中国公司的实践只有 20 年，当然也就缺少公司理念

---

* 作者为中国政法大学终身教授。

与文化的积累和沉淀。只有公司理念与文化的长期积累与沉淀才能结出健康、丰硕的公司之果;公司理念与文化缺失的土壤上所结的果实,必然是弱小的。要使公司法得到认真贯彻,不是公司违法违规以后法院如何依法去处理,而是如何把公司法的理念融入公司管理层的头脑和血液,使公司违法违规现象大大减少,使我国市场经济步入正轨。这是第一个担忧和希望。

中国的公司实践在很大程度上是国企改制的实践,这是转轨型国家必然的走向,而国有企业固有的管理理念和模式与公司法要求的差距是很大的。已经实行了 50 多年的传统不是仅靠一纸法律就能够改变的,传统力量是强大的,也是根深蒂固的。国有企业的领导机制、决策机制、财产机制、人事机制和监督机制都不同于公司法的机制。市场转轨本身就很不容易,适应市场经济需求的主体转轨(公司转轨)当然就更不容易了。因此,没有市场的真正转轨也难有公司的真正转轨。市场经济中国家力量控制范围的大小必然决定公司经营中国家力量控制的大小。国有企业改制后仍然保持强大的国家干预和决策力量,也就不可能造就一个真正的公司法的公司机制,就犹如嫁接后的果实必然保留原来的基因一样。嫁接后也可能创造一个新的更优越的果实,但也可能是一种变味的、四不像的果实。要使公司法得到认真贯彻, 只有真正完善国企的改制,而不要虚有改制之名而无改制之实。这是第二个担忧和希望。

中国公司实践的 20 年历史是在很不完善的市场环境下走过来的, 一个不成熟的借贷市场、证券市场和交易市场是不能造就成熟的公司的。诚信的缺失和商业贿赂的盛行则是中国市场肌体上的两个毒瘤。当公司法修改高唱降低公

司设立门槛,更加自由地准入时,商业信用和交易信用的缺失会使其失去立法的原有宗旨。资本信用要求的降低恰恰需要商业信用、交易信用的提高。如果两者同时降低会给社会带来灾难性后果。当公司法修改高唱公司必须遵守法律、商业道德,承担社会责任时,如果公司到处都用商业贿赂来打开市场之门、获取机会,那么再好的公司法也只能是纸面上的法律。不切除中国市场肌体上的这两个毒瘤,公司是不可能健康成长的,公司法也就不可能真正得到贯彻实施。在被毒害污染的土壤上结出来的果实只能是畸形的、变态的,甚至是有毒的。这是第三个担忧和希望。

三喜三忧归纳为一个感想:法律不是万能的,公司法也不是万能的,只有公司法理念融入企业、企业家的大脑和血液中,公司法才有生命力。立法不是万能的,修改后的新公司法也不是万能的,纸面上的法律只有付诸实施才有生命力。

法律为什么会受到非议

赵万一[*]

  我国很多法律的公布与实施，往往伴随着社会大众诸多的责难和非议。例如，2005年7月向社会公布的物权法草案就是非常典型的例子。这个法律草案向社会公开征求意见之后，引来了诸多的不同意见，不但有人从体例、结构和内容上对其进行全盘否定，而且有人甚至将其扣上违反宪法和否定社会主义道路的大帽子。对此，立法部门也感到非常委屈。辛辛苦苦制定出来的法律却不能为社会所接受，其失落感在所难免。那么，究竟是什么原因导致法律经常会遭到非议呢？我认为原因是多方面的，既有批评者本身对法律的不了解甚至误解，也有立法本身存在的问题。就立法层面来说，主要有以下几个原因：

  一是在对法律的功能理解上出现偏差。本来法律的功能具有多重性，既可以是对市场经济关系进行导向和促进，也可以是对市场主体的行为进行规制、矫正和制裁，还可以是对主体权利进行保障和保护。一般而言，直接调整市场经济的法律大多应当以导向和促进为主；涉及公民基本权利义务的法律应当以保护、保障为主；而政府主导性的法律则应当以规制、矫正和制裁为主。但我们的很多立法，包括直接调整市场经济关系和涉及公民基本权利的法律，其立法的原因并不是为了满足社会主体的排他性自治要求和保护其合法权利免遭他人的不法侵害，而是为了弥补行政管理上的漏洞，或者说是为了方便行政管理的需要，其结果往往是使饱受非议的违法行政行为披上了合法的外衣。这方面的典型表现如我们的很多立法在立法宗旨中通常表述的：为了加强对市场经济行为的有效管理，规范社会主体的行为，特制定本法。这种以方便行政管理为目的的立法活动在地方法规和部门规章中表现得最为严重和明显。有人戏言，每通

---

* 作者为西南政法大学教授。

过一部地方立法,实际上就是对公民权利的又一次剥夺和对公民行为自由的又一次限制。因此,可以毫不夸张地说,根据这种立法指导思想制定出来的法律既与市场经济的发展要求相背离,事实上也很难为社会所接受。

二是在立法价值取向上出现偏差。所谓立法价值取向主要有两层含义:其一是指在制定法律时希望通过立法达到的目的或追求的社会效果;其二是指当法律所追求的多个价值目标出现矛盾时的最终价值目标选择。立法价值取向既反映了各国立法的根本目的,也是解释、执行和研究法律的出发点和根本归宿。法律部门的划分不但取决于调整对象和调整内容上的差异性,而且还取决于立法价值取向上的差异性。因为调整对象的差异固然可以直接界定不同部门法的独立调整范围,而价值取向的不同则会决定不同法律立法的最终追求目的。例如,直接以调整市场经济关系和规范市场经济行为为内容的法律(典型的如商法),其基本的立法价值取向应当是为了实现效益或效率,采取的是效益优先兼顾公平和其他原则;以确立和保护公民基本权利义务为己任的法律(主要是民法),其基本的立法价值取向应当是为了实现公平,采取的是公平优先兼顾效益与其他。而我们在现行立法上往往不太注意区分不同法律的独特价值要求,片面地强调某一个法律价值在所有法律中的统帅作用。其典型的表现是,许多学者认为在市场经济条件下所有的立法都应当采取效益优先原则。不可否认,在现代社会,任何法律包括宪法在内,无一不打上市场经济的色彩,都体现了一定的效益要求,但这并不是说所有的法律都应当最优先考虑效益。以民法为例,现代民法在其发展过程之中当然会根据市场经济的发展变化情况不断调整自己的内容,考虑效益要求对民事行为的影响,但并不能因此而动摇公平原则在民法中的统治地位。在任何国家的民法当中,所关注的首先是人的基本生存条件和基本权利,因此民法首先关注的是交易的公平性,效益仅仅处于次要地位。从某种意义上说,离开了公平就没有民法和民法制度。不同法律对待公平、效益等法律价值所采取的不同态度,既反映了不同法律在立法上的不同价值追求,同时也反映了不同法律部门在调整市场经济关系时所具有的不同作用和各自独特的存在价值。如果我们忽视这种价值取向的差异性,实际上就否认了法律部门划分的必要性。

　　三是在对法律的作用认识上出现偏差。由于社会关系的复杂性，任何一个法律部门都不可能对所有的社会关系都做出相应调整，也不能期望通过一部法律解决所有社会矛盾。正是由于特定法律作用的有限性，从而使法律部门的划分成为必要。另一方面，任何法律部门的调整目标都具有特定性，在最基本立法目标的追求上都应当具有唯一性和纯洁性，这是保障法律统一的基本要求。如果立法的价值目标过分分散，制定的法律就会前后矛盾、漏洞百出。而我们现在所制定的法律的一个主要问题就是在特定法律上承载的社会价值目标太多，要求法律所回应的社会问题过分庞杂，有些已远远超出了该法律本身的作用范围。例如，物权法的主要作用在于规范物的所有和利用关系，通过明晰产权关系，实现物的有效利用。从另一方面说，物权法的作用也仅仅限于这些领域。物权法无法解决职工下岗问题，也无法解决社会范围内的分配不公问题。如果我们一定要把这些任务交由物权法加以解决，其结果不但使立法走入误区，而且也会冲淡物权法对社会关系的特有作用。对法律作用认识的另一个误解是法律万能主义思想猖獗。其典型表现是认为任何社会问题都需要通过法律来加以规范和解决，如果有些社会关系没有相应的法律规定加以调整，就视为是法律不完善的表现。实际上，法律本身的作用具有相当的有限性。在对社会关系的调整上，法律不是万能的，它仅仅是调整社会关系的手段之一而已。在任何国家和任何时代，国家对社会关系的调整除了借助于法律手段之外，都还必须借助于其他手段，特别是借助道德手段对社会关系进行有效调整，任何国家也都不可能把所有道德规范全部上升为法律规定。

　　四是在利益平衡上出现偏颇。市场经济的基本特点之一是：不同的社会主体在利益追求上具有自主性和多元性，整个社会也是由若干彼此竞争又互相合作的利益集团共同构成的社会有机体。任何国家法律的制定都必须充分尊重这种多元的利益格局，充分照顾各方的利益诉求。可以说，任何法律的制定在某种程度上说都是利益平衡的产物。而我们在法律制定过程中往往有意或无意地否认了不同主体在利益要求上的差异性，过分强调所有社会主体在利益要求上的一致性。这种基于不正确的利益一致假定所制定出来的法律往往并不能真正满足所有社会主体的共同需要，而是顾此失彼，甚至成为维护部分既得利益者的法律。

五是在法律的借鉴与继承上出现问题。随着国际社会经济一体化进程的加快,任何国家都不可能完全独立于其他国家而存在,任何国家也不可能完全无视其他国家的法律和国际惯例,在制定法律时都必然借鉴其他国家的先进的法律规定。但另一方面,由于一国法律直接适用的对象是本国的公民,需要解决的是本国的实际问题。因此,在制定法律特别是制定与公民基本生活联系最为密切的法律时,除了要注意对先进法律文化和法律制度的移植之外,更要求规范内容必须与本国的习惯、文化和传统相吻合。如果在法律制定过程中根本无视社会需求和文化底蕴,而仅仅将所谓的外国的先进法律规定移植到本国的法律规定中,那么这样的法律必将成为与现实生活完全脱节而毫无实际效用的法律。而我们的很多法律在制定过程中恰恰出现的就是这方面的问题,即在立法中过分注重对外国法律规定的借鉴,力图在法律中对外国的所有成功经验(也可能是我们认为是成功的经验)进行照搬照抄,而对本国的国情和实际却考虑得少之又少。这样制定出来的法律因为脱离实际而很难在实践中得以实施是完全可以理解的。

六是法律规定与社会公众对法律的预期相差太远,从而导致法律的社会可接受性大打折扣。作为法律能得到有效遵守的前提是能够为社会公众所接受并为社会公众所信仰。而法律被信仰的前提是法律必须有神圣的渊源,没有了神圣的渊源,也就没有了永恒的有效性。现代西方的法律理念和法律制度之所以被国际社会所普遍接受,主要的原因在于它比较符合人类的理性,代表了人类所追求的公平、正义等基本要求,是人类理性思维的结果。另一个原因是它与社会公众对法律的预期比较吻合。进一步说,一个国家的法律制度能否得到有效遵守,除了制度设计应具有合理性即符合社会经济发展的需要之外,更主要的判断标准应当是法律规定的内容和相关的制度设计与社会公众对法律的理解和预期不能相差太远。也就是罗尔斯所认为的"法治所要求和禁止的行为应该是人们合理地被期望去做或不做的行为"。如果法律的实际规定与这种社会预期发生较大偏差,这种法律就会因社会的普遍抵触而不可能得到有效遵守,法律的权威也会因此遭到破坏。而我们的某些法律在制定过程中恰恰没有考虑社会可接受性，而是一味强调与所谓国际接轨。为了使中国经济融入世界经济潮流中，中国的法律规定与国际条约、惯例和发达国家的规定保持适度的一致性是必要的，但这种一致性的追求并不是以否认各国的经济发展水平、社会习惯、社会传统存在差异性为代价的。只有在充分承认各国社会传统和社会习惯存在差异性的基础上，才能真正实现法律规定的一致性。就各国的立法实践来看，能够较充分实现国际接轨的主要限于那些直接调整市场经济关系的法律制度，如公司法、票据法、保险法、破产法。至于调整人类生活一般准则的法律制度，如民法制度，除了要适当借鉴外国的法律规定之外，更应当注意的恰恰应当是制度设计上的民族性。这里的民族性既包括制度类型、制度内容和制度存废上的民族性，同时也包括立法理念上的民族性，甚至还包括语言表达上的民族性。

关于如何缓解社会冲突的理论与对策

李　强*

　　近年来,我国的大规模群体事件时有发生,其原因多种多样,当然往往与经济利益有关。根据国家统计局的数据,仅 2005 年全国发生的群体性事件就有 8 万多起,而且许多冲突都演变为暴力事件。面对如此复杂的局面,笔者以为,应该从理论上和对策上认真研究如何缓解社会冲突。

　　为此目的,笔者最近翻看了研究阶级冲突与社会冲突的专家、德国社会学家达伦多夫的著作。德国的两位研究社会冲突的大师马克思和达伦多夫,从表面上看,他们研究的都是被统治群体组织起来进行冲突的条件,然而,两者研究社会冲突的目标和取向是完全不一样的。马克思研究的是如何利用这些条件,组织阶级的斗争,进行社会冲突。而达伦多夫研究的目标、取向是如何通过干涉形成冲突条件的诸种变量,从而阻止、延缓冲突的发生或加重。达伦多夫的目的是探索控制和管理阶级冲突与社会冲突的办法。恰恰是达伦多夫的研究取向,与我们今天的目的更为吻合。面对改革与急剧变迁的社会,我们的目标当然是要维持社会秩序、社会稳定,实现社会和谐。从这个角度看,达伦多夫所提出的理论和对策,对于我们处理错综复杂的社会矛盾和社会冲突会有启发意义。为此,本文试对达伦多夫的观点作一介绍和分析。

　　达伦多夫提出了"调节冲突"的概念。对于冲突的控制和管理,他不同意采用"平息冲突"的做法,因为从原因上看,冲突是不可能被平息或清除的。他也不同意采用压制社会冲突的做法,冲突是不可能被长期压制的,压制的结果只能是积蓄能量,最终会总爆发出来,从而引发更为严重的负向后果。达伦多夫主张对社会冲突采用"调节"的方式。他认为,所谓冲突的调节是指,对于冲突的表现

---

* 作者为清华大学人文社会科学院教授。

的控制方式,而不是对于冲突原因的控制,因为达伦多夫认为,利益群体之间的对立是持续存在的事实,无法消除。他认为,有效的冲突调节需要具备三个条件。

其一,正在冲突的群体的双方都必须正视和承认冲突的必要性和真实性,承认冲突对方的利益是一个客观事实,如果一味否认对立,一味强调共同利益,抹杀冲突的界限,反而不利于冲突的调节。其二,冲突的利益群体必须具有组织,如果没有组织,一片混乱,冲突就无法调节。其三,冲突的双方必须遵守一些正式的"游戏规则",这些规则提供了双方关系的基本框架。所以,最为关键的是将社会冲突制度化。制定规则可以保障两个敌对群体双方的利益,减少双方受损害的程度,增加冲突行动的可以预测的特性。当然,达伦多夫还强调冲突双方立足点的平等,不要预先就认为自己优于对方,只有这样,制度和规则才能发挥作用。

对于调节冲突的制度化机制,他后来讲得更为直白:"有些社会对立会导致政治的冲突。然而,这种冲突并非变得日益诉诸暴力和日益具有破坏性,而是通过各种组织和机构得到抑制,通过组织和机构,冲突可以在宪法制度之内得到表现。政治党派、选举和议会,使得冲突成为可能,又不至于爆发革命。"

那么怎样才可以缓解冲突呢?达伦多夫提出了20多个命题,分析促使冲突形成的因素,所以,从相反的视角看,如果消除这些因素,也就可以缓解或缓和冲突,即使发生冲突,也可以防止冲突演变为暴力。下面,笔者试分析一下达伦多夫提出的部分命题。

首先,达伦多夫提出了两个与组织有关的命题:其一,一个处于从属地位的群体越有组织,它就越有可能与统治的群体发生冲突;其二,冲突中的群体越有组织,冲突中的暴力就会越少:以上这对命题值得思考,有组织的群体当然比较容易形成一致的观念,于是提出自己的利益要求,进而与统治群体发生冲突。从这个角度看,如果要避免冲突,就要严格控制组织的形成,这也是我们社会管理的传统思路。但是,有意思的是达伦多夫的第二个命题,有组织后,暴力行为会减少。这就是说组织对于成员有约束,这样出现暴民或动乱的可能性就大大减少。从我们国家的管理经验看也是如此,一些地方的群体事件之所以酿成暴力

群体事件之所以酿成暴力冲突，多与乌合之众的聚集有关。图为北京特警在进行处置突发事件演习。

冲突，是因为与乌合之众的聚集有关。如果是有组织的，通过组织系统协商、认话、谈判去解决问题，往往可以避免悲剧的发生。所以，达伦多夫是倾向于建立组织的。当然，在这里，我们遇到一个进退维谷的难题，或者说面临一个悖论：控制组织的生成可以减少群体冲突，但是一旦发生冲突却往往酿为暴力悲剧。所以，在对策上我们始终处于一种两难的境地。

其次，达伦多夫分析了组织形成的条件，即具备什么样的条件，组织比较容易建立。比较重要的有六个条件：第一，干部条件，他强调奠基人，强调有责任心、事业心的干部的作用；第二，观念条件，成员形成统一的思想意志达伦多夫称之为"意识形态"；第三，成员沟通的机会越多则越容易组织；第四，成员地理分布越集中，越容易组织；第五，不同群体之间的流动率越低，越容易形成相互对立的组织；第六，高度控制的政治环境下，社会组织难以建立。所以，如果从这六个方面干预，就可以促成或阻碍社会组织的形成。

再次，他探讨了哪些因素会影响冲突的激烈程度。对于冲突程度的分析，达伦多夫主要使用两个概念，一个是强度，另一个是暴力。他说：所谓冲突的强度，是指参与冲突群体之力量、能量的消耗程度和卷入程度。而所谓冲突的暴力程度，是指参与冲突的群体为表达其仇恨、愤怒而选择的不同的斗争武器的差异，它是一个连续的变量，从最为和平的谈判直到最为激烈的战争等武力军事冲突，如果有一个暴力程度量表的话，它包括讨论、争论、比赛、竞争、斗争、战争等。这使我们想起了"文化大革命"中的武斗,两派之间一开始是辩论,后来逐步升级以至出现武斗。这方面,他提出的命题有:第一,冲突重叠的程度越高,冲突的强度就越高,反之,如果冲突是分散的和多元的,那么冲突的强度就会降低;第二,冲突群体越是整合进社会,暴力的可能性就越小;第三,冲突双方所同意遵守的规则越多,暴力就会越少;第四,冲突双方越是更多地认识到对方的客观利益,暴力就越会受到限制(达伦多夫以议会为例,两个敌对的团体都有机会陈述其反对意见,"那些同意用讨论的方式来解决争端的人,通常不会实施物质的暴力");第五,不平等程度越高,冲突的暴力就越强。

最后,他探讨了冲突的社会功能。他认为,不要把冲突看成完全的负向因素,冲突是可以推进社会变化、社会变革和社会进步的。当然,从成本效益比的角度看,如果以最小的成本而获得社会进步当然是最好的。他认为,冲突引发结构变迁有三种模式,即第一,领导集团的全部更换;第二,领导集团的部分更换;第三,领导集团没有变化但是实施的政策出现变革。他认为,如果不更换统治集团也可以实现改革或社会变革,当然是最好的。达伦多夫认为,冲突的强度和暴力程度是两个不同的向度,强度影响的是社会变迁的深刻程度,暴力影响的是变迁的突发性。如果对于冲突进行调节,缓和它的强度和暴力程度,这样社会变迁的速度就会是比较缓慢的,其变迁模式接近于上述的第三种模式,即在统治集团没有更换的情况下发生改革或变革。降低冲突的暴力可以防范社会结构变迁的突然发生。比如,防范前面所说的突然发生整个统治集团的更换。

总之,达伦多夫提出了一系列的调节社会冲突的办法。针对我国社会转型期社会矛盾、群体冲突时有发生的局面,我们可以学习和尝试这些方法。比如,通过干预上述的干部因素、理论或意识形态因素、政治控制因素、地理生态因素等,可以延缓组织和利益群体的形成。再比如,通过建立规则、增加流动率和降低不平等程度等,可以减少暴力,于是,缓解社会矛盾、社会冲突就有了采取措施的切入点。当然,达伦多夫所提供的仅仅是一个处理社会冲突的理论和对策框架,而中国的国情更为复杂,要想真正有效地调节社会冲突,还需要根据中国的情况做出理论上和对策上的创新。

十字路口话法治

夏　勇[*]

　　美国南部得克萨斯州怡人的秋日里,一位当地朋友驾车载我行使于广袤的乡村绿野间。车外蓝天白云,一片片青草地在清新空气的滋润中是那样舒展,路边各种色彩诱人的花朵在和煦的阳光下仍保持着夏日的婀娜身姿,让人感觉隔着车窗就能闻到它们的芬芳。在能见度极高的视野里,前方出现了一个十字路口——一个极为典型和相当普遍的美国乡村的十字路口,与宽阔的高速公路相比,这里相交叉的两条路都只算得柏油"小路",在即将到达交叉点的路边右侧树立着一个圆形黄底的路牌,上书四个黑色字母"stop",该单词在这里的含义是:在没有设置红绿灯的路口,车辆驾驶人员应当在接近路口处减速刹车,短暂停顿,左观右望,确认横向道路上没有其他车辆或行人接近路口,方能加速通过。此前,我们每次经过类似路口,即便从路口一眼望去,方圆几里范围内都清清楚楚地没有一部车和一个人,驾车的美国朋友们还是毫无例外地按照"stop"路牌而停而行。这一次,路口也很开阔,四周同样无车无人,但是,一边给我当"导游"一边开车的这位朋友竟毫无减速的意向!说时迟那时快,车头已经超过了黄色的路牌……正当我对这路牌令行禁止的功能开始产生疑惑的一瞬间,旁边的美国老兄已经踩了制动,刹车的惯性使我们的身体前倾,耳边同时连连响起了"sorry,sorry,stop,stop"……显然,他并不是为突然刹车而抱歉,倒是为"stop"在自责。我扭头看他时,车已过路口,恢复了正常行驶。

　　这不过是一次大约两秒钟的经历,但此后不知怎的,每每思考法治问题,眼前总是再现那个十字路口的情景。我国提出建设社会主义法治国家,让法学界无比兴奋。什么是法治?什么是法治国家?怎样建设法治国家?大家著书立说,

---

* 作者为中南财经政法大学法学院教授。

研讨争鸣,见仁见智,献计献策,一片空前的繁荣景象。甚至一觉醒来,学问家们已经在勾画"后现代"的法治蓝图了。天生愚钝的我至今没怎么闹懂"后现代"的含义,至多只能望文生义地"隔着八河"猜想:后现代当然不是现代,更不是近代——它是将来,尽管我不知道它离中国的现在有多远。我实实在在知道的是中国大陆上千千万万个十字路口是什么情形。至少,车辆或行人在红灯下穿行并不稀奇。一次,我乘坐的的士连闯两个红灯,却在一个无行人和车辆通过的路口停住了,我有些奇怪地看了司机一眼,他以为我等得不耐烦,便解释说:"这里有电子眼。"我们可以把十字路口的标志搞得和别人一样,但其作用和效果往往大相径庭。试想,在没有电子眼的路口,在电子眼和红灯均无而只有"stop"黄牌的路口,驾驶车辆的同胞们会怎么做呢?推而广之,在我们这个社会的各种"十字路口",人们对待"黄牌"和"红灯"的态度不容乐观——随地吐痰、乱扔垃圾、插队抢道、超速超载、假冒伪劣、公私不分,许多官员我行我素,敢于公然贬法抗法,动辄狂言"什么法不法的"……现在再来看一看,中国法治最缺少的是什么,当务之急要解决什么问题,难道还不清楚吗?

从无法无天的"文革"动乱中浴火重生的中国,最缺乏的是规则意识。规则意识包括对规则的认知和态度,而就当下的中国而言,最欠缺的又是在对规则的态度方面,即对规则的承认、尊重、信仰。承认是起码的态度,尊重是理性的态度,信仰是神圣的态度。无论如何,这些主观态度都会表现为客观行为上对规则的服从。上述那个美国朋友至少达到了尊重规则的态度,而作为同胞的的士司机毕竟也有承认规则的态度。某个十字路口发生的个案本身不能说明更多问题,但由无数十字路口的诸多个案引申出来的普遍性则能比较出自觉与不自觉两种状态的区别。国人每天都能观察到我们这个国度的各种十字路口,都能看到同胞和自己在怎样对待那些作为法治象征物的黄牌和红灯;同时,越来越多的国人走出国门,从而越来越多地看到了外国的十字路口和外国人在黄牌和红灯面前的态度。规则意识是法治的ABC,也是法治的试金石。当一个十字路口的"黄牌"和"红灯"形同虚设时,法治便在这里遭遇了"滑铁卢"。这种情况存在的比例直接反映着一个国家的法治水平。

缺什么补什么,对症下药才是良方。中国法治建设当前急需培育规则意识,确立规则权威。针对长期的封建历史和人治带来的随意性，社会主义法治突出强调"依法办事"为核心。新中国成立之初，董必武就代表中国共产党对"依法办事"做了解读："有法可依"是前提，"有法必依"是归宿。"文化大革命"的"无法无天"显然是对法治的反抗和反动，它从反面证明了我们这个民族和社会的缺陷：共和国在 1954 年就有了根本大法，而庄严的文本未能阻挡国家濒临崩溃的边缘，甚至无力保护一位国家主席的性命。痛定思痛，邓小平把"有法必依"具体化，进一步提出"执法必严，违法必究"，正是要强化规则意识和规则的权威。依法治国，就是要彻底摆脱人治和随意性，真正进到以规则治国。让国民（包括官员）看重和尊重"黄牌"和"红灯"，应当是整个社会主义初级阶段的法治任务。改革开放这些年，我国制作的法律文本和各种层次各种形式的规则在数量上相当可观，基本上实现了"有法可依"，然而，令不行禁不止的现象至今仍然普遍且严重地存在着。对此，并不需要举例或者提供统计数据。观察身边的情况，就不难得出结论。如果能实事求是地承认现状，那么就得同意：当前法治的重点应当是强化规则本身，法学研究的基本取向应当是为这种实践重点提供良方，在借鉴发达国家法治经验时应当首先关注其强化规则方面的做法。遗憾的是，我们的法学家群体并没有像当年西方启蒙学者和古典学派那样，针对封建随意性而形成赞美规则、崇拜规则的高调大合唱。相反，刚刚讲了几天法治，法学界就在像模像样地"深刻"反思重法律形式的弊端了。例如，罪刑法定原则是近代反封建和现代法治起步的主要标志之一，它的实质就是在事关公民基本权利的罪与刑问题上必须严格讲规则，不能再像过去那样随意。我国 1997 年《刑法》废除了 1979 年《刑法》中的类推，表明了严格讲规则的刑法取向，可 1997 年《刑法》出台之时就有不同声音，至今还有学者认为罪刑法定原则已经过时，虽然大都承认这个原则，却不乏主张在形式之外进行"实质评价"的声音。不知这是向规则意识和规则权威严重缺失的现实妥协呢，还是学习当代发达国家法治建设一些灵活性举措的结果？如为前者，大可不必，理论本应充当实践的正确先导而非迁就实践；如为后者，恐怕存在误解。

发达国家经历了强化规则的阶段并通过这个阶段确立了规则意识，当代发达国家并未抛弃规则意识和规则权威，而是这些东西已经内化为国家文化和国民素质,成为不言而喻的当然法治基础了——正是在这样的基础上,这些国家得以考虑法治更深层的问题,更多的法学家从初期的法律形式转向法律实质,引发了对规则的反思甚至批评,这对他们来说,既自然也合理且必要。然而不要忘了,他们是站在二层楼上看风景,而中国法治大厦的底层尚未竣工;人家那样做是脚踏实地,符合其国情,我们搬用他们的主张难免是空中楼阁,脱离实际。让人忧虑的是,这种脱离实际的倾向却饱含着追求现代法治潮流的与时俱进的巨大热情。上个世纪50年代中国的"大跃进"恰恰是在虔诚和热情中超越时代的冒进。"大跃进"思维是"左"的核心,我们犯过的最多最大的错误都是在这种思维指导下的实践。我们已经屡尝错误实践的恶果,再不想搞什么"大跃进"。但不敢说"大跃进"思维就绝迹了,也不能说事实上的局部性的无意间的"大跃进"就荡然无存了。

社会上一度流传的一个"段子"让我印象深刻:"俺农民刚刚吃上肉,城里人又开始吃窝窝头了;俺农民流汗减少了,城里人又在洗桑拿了;俺农民衣服不补疤了,城里人的衣服又在挖洞了……"虽夸张,但道理深刻。城乡差距客观存在甚至巨大,岂能用城里的做法去要求农村?外国和中国发展水平不同,借鉴必须考虑发展阶段的对应性。社会历史的演化具有不可跨越的渐进性,硬性超越非但不能成功,还一定会付出惨重代价,"大跃进"的教训是最有力的证明。发达国家法治建设的历史已有200年以上,相比之下,我国法治建设只是嗷嗷待哺的孩童。成年人以吃饭为主,幼小的孩子只能以吃奶为主。硬给婴儿一碗大米饭,会是怎样的后果?在我们的规则意识和规则权威还没有普遍确立起来的情况下,谈什么执法和司法的灵活性,到"形式"之外去追求"实质",无异于让瘦孩了节食减肥,阻碍其发育。法治是一种整体性的规则运作系统,规则的实际有效性是法治的内在生命。在缺乏规则营养的时候,只能去加强这种营养的元素,中国的法治现状还远远没有达到在规则上缩水减肥的地步。诚然,在日益全球化的今天,中国也面临着与发达国家类似或者相同的种种问题,让我们很容易去关注发达国家对其当前问题提出的当前对策,然后再通过问题的类似性或者相同性直接接受其相应的对策。但这毕竟似是而非,问题表象可以是类似或者相同的,而产生问题的原因则可能大相径庭。甲和乙都在头疼,难道就一定要吃同一种药吗？

显然,十字路口引出的比较给予我国法学界的最大启示是:应当在实事求是把握国情的前提下, 分阶段有重点地研究和提供法治建设的切实方案。对于未来的研究是可以的也是需要的,但学者们应该说清楚您的大作及主张是适用于当前的若干年呢,还是几十年之后,甚或是 22 世纪的将来? 真理是相对的,正确的理论要以具体的时间、地点、条件为前提,不能把第二疗程的药用于第一疗程。法学家们作为社会的医生和营养师,进行法学研究决不单纯是学术。法学理论对中国法治进程的导向作用,决定了法学学人不能只开出笼统的处方。法学教授和教师更不可误人子弟。站在 21 世纪的中国法治建设十字路口,需要慎重思考和负责任地选择。

"富士康诉讼"与中国法治的积弊

刘武俊[*]

富士康起诉《第一财经日报》记者的事件(以下简称"富士康诉讼")是 2006 年里广为国内外媒体高度关注的焦点案件之一。

因不满媒体报道劳工"超时工作"问题,富士康科技集团旗下子公司鸿富锦精密工业(深圳)有限公司以名誉侵权纠纷为由,向《第一财经日报》的记者王佑和编委翁宝提出高达 3000 万元的索赔,并要求法院查封、冻结了两人的个人财产。两当事记者的房产、汽车、存款很快就被法院冻结。这是中国大陆迄今为止向媒体记者索赔金额最大的名誉侵权案,也是首例没有起诉媒体法人而是直接起诉记者并冻结记者私人财产的案件。此案立刻在社会上引起了强烈反响,面对巨大的舆论压力,富士康公司于 2006 年 8 月 30 日向法院提出撤销对《第一财经日报》两名被告个人财产的冻结申请;同时将诉讼标的由之前的 3000 万元降为 1 元,并列《第一财经日报》社同时为被诉对象。然而,公众对本案的关注程度并没有因诉讼标的的减少而减弱。但本案接下来的发展出乎所有人的意料:9 月 3 日,富士康公司与《第一财经日报》发表联合声明,双方和解,互表尊敬,互致歉意,此案最终以原告撤诉而告终。近年来,起诉媒体和记者的案件不少,但如此高调、如此诡异、如此滑稽、如此轰动却又如此草草收场的案件却十分罕见。

作为长期关注司法制度尤其是新闻法治的学者,笔者认真阅读了富士康起诉记者事件的所有资料,了解了"富士康诉讼"的来龙去脉,得出这样一个令人忧虑的结论:富士康起诉记者事件凸显了当前中国法治"亚健康"的诸多症状,是近年来中国法治"亚健康"综合征尤其是新闻法治和司法制度积弊的个案显现。尽管这一事件的发生具有一定的偶然性,但类似的征兆在其他事件中也时

---

* 作者为《中国司法》杂志社总编辑。

有体现。这一事件并不是一个简单孤立的民事诉讼,而是涉及新闻法治、司法制度和司法伦理的综合性事件。笔者从事了多年的法学研究和多年的时事评论,感觉"富士康诉讼"的确是颇为罕见的多角度折射中国法治"亚健康"症状的特例。从某种意义上讲,我们要感谢"富士康诉讼",它让我们更加清晰地洞察到我们的执法体系、司法体系、新闻法治体系等存在的若干问题,尤其是不易察觉的"法治亚健康"问题。

我个人认为,"富士康诉讼"至少暴露了当前中国法治"亚健康"的以下几个主要问题:

诉讼权的滥用和恶意使用问题。"拿起法律武器"在中国法治语境中是个值得欣赏的褒义词,富士康与记者打官司本来无可厚非,但在"法律"真的有可能成为具有杀伤力的"武器"、成为打压新闻舆论监督的合法工具的特殊背景下,这种官司也就非同寻常。诚然,诉讼是富士康依法享有的权利,诉前财产保全也是富士康依法享有的权利。但是,以报复、打压、恐吓、威慑为背景的恶意诉讼,是要受到舆论谴责的,也是终究得不到司法的支持的。

表面上,富士康以名誉权受侵犯为由提起诉讼,巨额索赔,是依法维权之举,俨然是学法用法、依法维权的标兵,实则有明显的恶意诉讼之嫌。富士康狮子大张口,张扬的是财大气粗的霸气和淫威,是打着法律旗号的对新闻监督的"阳谋"。诉讼成为富士康应对企业危机的策略,成为回击新闻舆论监督的"法律武器"。

司法的急功近利问题。在诉讼费按诉讼标的一定比例收取的条件下,天价的诉讼标的必然给法院带来可观的诉讼费收入。人们会很自然地质疑:对诉讼标的高达3000万元的"富士康诉讼",深圳中级法院如此高效率地立案,如此迅速地采取诉前财产保全措施,如此信誓旦旦地承诺快速审结,这种少见的高姿态难道真的与司法的急功近利无关吗?!

司法常识的被扭曲问题。记者的采访报道属于典型的职务行为,根据民法理论,职务作品的侵权行为通常由记者所在的单位承担责任,这是基本的民法原理。根据有关司法解释,因新闻报道或其他作品发生的名誉权纠纷,应根据原告的起诉确定被告。对作者和新闻出版单位都提起诉讼的,将作者和新闻出版单位均列为被告,但作者与新闻出版单位为隶属关系、作品系作者履行职务所形成的,只列单位为被告。表面上看,起诉记者是符合司法解释的,但记者毕竟不同于一般的作者,记者的行为本质上是属于职务行为,司法实践中,对于新闻记者名誉侵权案件,原则上不将记者列为被告,只以报社法人为被告,能将报社列为被告而不宜单独起诉记者。司法解释未必就是经过实践检验正确的司法常识,司法解释也有存在法理悖论的可能,也可能呈现"亚健康"状态。我们要遵守司法解释,更要尊重被实践证明符合法学原理的司法常识。对于记者的职务行为,原则上将报社列为被告而不宜单独起诉记者,这就是符合民法原理的司法常识。此前,"富士康诉讼"起诉标的高达3000万元,起诉对象是记者而非报社,刻意回避记者的职务行为,显然是别有用心的。当良心被利益蒙蔽,当利欲熏心的时候,司法常识也就容易被扭曲。

司法的形式主义问题。通常情况下,人们往往在行政系统的语境下使用形式主义和官僚主义的词语。其实,只要是公权力运作的环境中,都容易存在所谓形式主义和官僚主义的问题,都容易是形式主义和官僚主义幽灵栖息的地方,司法机关也不例外。诚然,司法诉讼是程序性和形式性很强的专业活动,但程序正义必须与实体正义有机统一,恪守程序、讲究形式但不能蜕变为形式主义。深圳中院声称记者遭索赔案程序无误,认为此案"程序上没有一点瑕疵和问题"(据《南方都市报》2006年8月30日报道)。人们难免要质疑:所谓的"程序正义",是否正在蜕变为形式主义乃至司法领域的某种官僚主义?

行政执法部门的"行政不作为"问题。让人匪夷所思、难以理解的是,深圳当地的劳动监察执法部门难道对该媒体披露的劳工"超时工作"问题就无动于衷?或许正是当地劳动监察执法部门的"执法不作为",才使得富士康对媒体的报道如此敏感、如此霸道。劳动监察执法部门拥有权威、刚性的调查权、监督权、执法权,深圳当地的劳动监察执法部门应尽快对富士康涉嫌劳工"超时工作"问题进行全面深入的调查核实,发挥政府职能部门应有的作用。

新闻法治进程的严重滞后,《新闻法》的缺席问题。在一个正常的法治社会,新闻记者包括采访报道权在内的合法权益是受到宪法和法律保障的,法律是保障新闻记者合法权益的守护神。新闻舆论监督是现代公民社会的剑与盾。形象地说,以传媒为主要载体的公众的舆论监督,既是公民社会监督和遏制国家公权力、消除权力腐败现象、揭露社会丑恶现象的"利剑",同时又堪称保障公民和法人合法权益不受非法限制和侵犯、进而维系公民社会高度的独立性和自治性的"盾牌"。敢于说真话,敢于告状,敢于控诉,敢于举报,敢于监督,其实正是一个文明社会公民人格独立的生动体现,也是让社会永远焕发生生不息之活力的奥秘所在。与此形成鲜明对照的是,在百姓噤若寒蝉、万马齐喑的封建专制社会,相伴而生的恶果必然是人格的扭曲、人性的变态。从这个意义上讲,新闻媒体堪称社会的良心,在新闻媒体缺席的情况下,邪恶肯定会大行其道。

笔者多年来一直呼吁尽快出台《新闻法》,希望这一标志性事件能为难产的《新闻法》重新提上议事日程创造反思性的契机,为推动新闻法治化进程注入新鲜活力。新闻舆论监督应当尽快纳入法治轨道,依法加以保障、引导和规范,真正成为一种制度化和法律化的民间监督机制。千呼万唤的《新闻法》该是酝酿出台的时候了。在《新闻法》缺席的背景下,法院理应承担更多的保障新闻舆论监督的道义上的责任,更应加大对新闻舆论监督的司法保障力度。甚至可以断言,没有《新闻法》的保障,类似的打压新闻舆论监督的现象还会此起彼伏,无休无止。

是的,我们应该感谢"富士康诉讼",因为它毫不留情地多角度暴露了中国法治"亚健康"的诸多症状,它带给我们的不仅仅是震惊,更多的是反思。我们在声援两位记者和报社、在谴责富士康和发泄愤懑的同时,是否还应将更多的精力放在建设性的反思上,多一些建设性的舆论。从这个角度看来,媒体、公众、政府、法院都应该更加理性、更加深刻地看待"富士康诉讼"。

关于死刑的沉思：死刑究竟因何而存在

张远煌 *

一

死刑对犯罪具有最强烈的威慑力，这一直是国家保留死刑的最主要根据。在各国政府声称保留死刑的理由中，几乎都包含了这一理由。德国国会在正式废除死刑前的四次讨论中（即 1848 年、1870 年、1919 年及 1949 年），都包含着"时势险恶，没有死刑，社会上将激增暴力案件"的辩护理由。法国内政部长佩雷菲在本国废除死刑前夕的 1979 年，也曾宣称：如果废除了死刑，法国将陷入混乱，退回到个人复仇横行的社会中去。我国在 1997 年关于刑法修改草案的说明中，也同样指出：鉴于目前治安形势恶化，经济犯罪严重，尚不能减少死刑。从立法者或者法官角度看，死刑之所以必要，有两方面的理由：一方面，为某种犯罪（如谋杀）配置死刑，可以凸显这种犯罪的特殊严重性。这种特殊标定作为一种教化力量，可以强化社会成员不去实施该类行为的抑制力。一旦废除死刑，因降低了人们对严重犯罪的理解力，犯罪率就会相应上升。另一方面，通过死刑的执行所产生的现实恐吓效应，可以制止或阻吓其他可能实施严重犯罪行为的人。

死刑作为一种世界性的普遍现象，直到 1764 年，在启蒙运动的影响下，犯罪学家基萨里·比卡赖阿才第一次提出死刑对国家既无益处也无必要。自此之后的数百年里，这个问题被哲学家、法学家、政治家谈论不休，并引起社会的广泛关注。在旷日持久的争论下，死刑的命运目前在世界范围内已出现不同的结局：世界上过半数的国家（地区）在法律上或事实上（指近十年未执行过一例死

---

* 作者为北京师范大学刑事法律科学研究院教授。

刑)已废除了死刑。对那些国家而言,有关死刑存在根据的讨论自然现实意义不大;而对于那些尚保留死刑的国家,死刑最具威慑力,依然是为官方所强调的死刑不能废除的理由。

但时至今日,有关死刑威慑力的信念,面对无情的事实,其虚假的面纱已基本被揭开。

首先,20 世纪 70 年代以来,以美国为代表的关于死刑威慑力的一系列实证研究已经表明:抽象的死刑立法,确定无疑地对减少谋杀犯罪无任何积极影响;至于死刑的实际执行,最多只能暂时(以数周或 1 个月为统计周期)推迟其他的凶杀行为,但从中长期来看,并没有产生减少凶杀犯罪的效果。

其次,更具普遍意义的是,在已经废除死刑的国家,尽管这些国家为数众多,也有大小、强弱之分,更有地域和文化之别,均没有发生因废除死刑而导致犯罪激增、社会秩序难以维持的局面。我国的死刑实践也同样如此。1979 年《刑法》中盗窃罪并不是死罪,自 1982 年 4 月全国人大常委会颁行《关于严惩严重破坏经济的罪犯的决定》对盗窃罪增补死刑后,司法机关开始对盗窃犯适用死刑。统计材料表明,虽然当年的盗窃案件比上一年略有减少,但随后发案数迅速出现反弹。而 1997 年的修订刑法典,对盗窃罪的死刑适用条件进行了更加严格的限制后,对盗窃罪极少适用死刑,但发案数出现的却是不升反降的情形。

再次,假定死刑真正具有某种遏止犯罪的特殊功效,但其自身的残酷化效应,也会将这种效力抵消殆尽。因为,死刑本质上是一种筹划得最为周详的国家杀人行为。死刑的执行在向社会传递最严厉的警告信息的同时,也往往会刺激社会暴力。"体现公共意志的法律憎恶并惩罚谋杀行为,但自己却在做这种事情;它阻止公民去做杀人犯,却安排了一个公共的杀人犯"(贝卡里亚:《论犯罪与刑罚》)。

最后,死刑的威慑力之所以是一种虚幻的存在,还在于犯罪的规律使然:犯罪原本是由于其他与立法者轻信的、法官适用的死刑根本不同的原因的共同作用而增加和减少的。对此,任何明白事理的人,都不会不承认。

二

既然死刑威慑力或者一般预防效果的价值，在科学上已经没有什么意义了，为什么人们还要反复强调死刑对犯罪有特殊威慑力呢？其原因不在于现有的科学认识不足，而在于人们观念上的误区和政治上的误导。

（一）立法者常常忘记了一个基本事实：社会并非一个简单的同类集合体

在立法者看来，犯罪与将要遭受的惩罚是如此确定，每一个正常的社会成员都应当以其最基本的预见，面对死刑的威胁，在死罪面前望而却步。然而，立法者的这种习惯性认识是建立在一个虚假的前提之上的，即社会是个整齐划一的同类集合体。但真实的人类社会是由在生理结构及心理结构特征方面大不相同的、分属各个社会阶层或隶属于不同社会组织的、处于不同生存状态的个体相互结合而成的。每个社会成员固然有体现该社会基本属性的某些共性特征，但个性始终是标示社会成员真实存在的最基本方面。而立法始终是以社会共性为根基的，其指向只能是过滤掉了具体差异的一般意义上的社会人。这种本质上的对立决定了有立法就必然有违法，有死罪就必然有人冒犯死罪。从实际功能上看，刑法中的死刑规定，最多只能表征立法者最憎恶的行为类别，而无法对这些犯罪的发生产生影响。这正如钟表上的指针，具有指示时刻的功能，但却不能影响时刻一样。

（二）对死刑发挥其所谓的威慑效应的苛刻条件缺乏应有认识

从理论上讲，要发挥死刑预设的心理威慑力，死刑的执行必须具有必定性和及时性。但当人们在津津乐道于贝卡里亚关于刑罚效率原则的英明论断时，却往往忽视了保证死刑必定性和及时性的前提条件十分苛刻：所有为立法悬为死罪的行为，一旦发生都能被及时发现并得到公正处理。然而，这正是人力所难以企及的。

其一，侥幸心理的普遍存在，很大程度上阻断了犯罪与刑罚之间的必然联系。虽然，在法的一般观念上，刑罚作为犯罪的必然逻辑结果并没有错误，但实际情况却并非如此。由于在实际发生的犯罪、被揭露的犯罪和受到应有惩罚的犯罪之间客观上存在着依次锐减的"漏斗效应"，犯死罪后能逃脱惩罚的侥幸心理在社会各阶层普遍存在。这种以不会被发现、发现了也能逃脱、被逮住了也能化解的心理确信为基本内容的侥幸心理,正是消除死刑预设威慑力的强大心理力量。在这里,对潜在的犯罪人而言,重要的已不是法律中是否规定有死罪,而是犯罪后被发现和被证实的概率。而要提高这种概率,由于受制于犯罪规律和人类认识的局限性,社会即使投入所有的资源也未必能够明显见效。

其二,从死刑的抽象恫吓到死罪的认定和死刑的执行之间由于存在着重要的时间差距,死刑的及时性在制度上成为不可能。除了揭露死刑犯罪所耗费的时间周期外,在现代法治社会中,基于刑罚适用尤其是死刑适用的公正性和人权保障的考虑,犯罪追诉过程日益高度程式化,犯罪行为与刑事责任现实化之间间隔的时间已越来越长。这不仅在客观上增加了免除或减轻犯罪人死罪责任的机会,而且也衰竭了死刑可能具有的威慑效力。

其三,死刑本质上不具有人们所期望的对第三者的辐射效应,除了前述因素外,还深受以下事实的影响:

1. 凶杀往往是由激情冲突所致。或者说,在多数情况下,人们对自己的行为可能招致死亡的惩罚是缺乏足够想象力的。

2. 对于因政治或宗教信仰而杀人者,杀人是实践信仰的需要,面对可能的死亡,其所表现出的往往是大义凛然、视死如归的心理态度。

3. 对于有组织犯罪者,杀人是基于执行内部纪律或排除犯罪障碍的需要。至于刑法中是否规定有死刑和现实中是否有同类人被执行死刑,都难以成为其决意杀人的阻却因素。因为,既然选择了以犯罪为业,不仅对可能到来的相应惩罚具有心理准备,而且这种杀人行为本身,往往正是犯罪者求得自保的一种必要手段。

4. 杀人如同其他犯罪形式一样,是人们解决所面临的矛盾和冲突的一种方式,具有其自身的功能价值,如为维护尊严、为发泄私愤以及面对警察的缉捕而杀人等便是如此。

5. 对索取报酬的职业杀手而言,犯罪是一种冒险。对他们真正有诱惑力的是既完成作业又不被擒获。至于擒获后的死亡,作为冒险失败应付的代价,早已在其预计之中。

所有这些情形下的杀人,杀人者或者事前对死罪已有认识却自觉为之或不得不为之,或者当时没有认识但事后悔之晚矣!既然有认识也会杀人,无认识也会杀人,杀一儆百的威慑效果,就只能存在于立法者或司法者的想象中了。

(三)政治上的误导,进一步强化了相信死刑的社会心理

面对社会矛盾比较突出、犯罪形势比较严峻的时局,在利用刑罚对付犯罪问题上,使社会相信死刑的存在有助于减少最严重的犯罪,并且对大家都有好处,于政府而言如同一种必要的仪式。此时,重要的已不是死刑是否真正具有威慑作用,而在于死刑本身所具有的象征性意义:政府维护治安和保护大众利益的态度是坚决的,措施也是严厉和果断的,并且已经做了该做的。这样,在与犯罪作斗争领域,既可以转移人们对导致犯罪的深刻而普遍的社会因素的注意力,也可借以进一步确立对公众负责的政府形象。也许,在政治范畴,这样做是因为有迫不得已的情形,但官方的死刑主张与实践,却使盲目信仰死刑威慑力的社会基础越发巩固。

三

显然,从预防犯罪的功利角度是难以寻觅到死刑存在的正当根据的。那么,死刑究竟因何而存在?对此,担任过英国上诉法院院长的丹宁勋爵,针对当时要求结束对任何犯罪的死刑判决时是这样回答的:刑罚是社会表现它对不道德行为的谴责方式。为了维护对法律的尊重,对重罪判处刑罚反映了大多数公民对这些罪行的厌恶感。实际情况是,一些犯罪非常残暴,以至于社会必须给予适当的刑罚,因为作恶者应受到这种惩罚,不论刑罚是否是一种威慑因素。此言可谓抓住了问题的症结:死刑因报应情感的满足而存在。

从死刑的起源看,死刑是对违反"不得杀人"这一古老禁忌者的一种自然报应;同时,"杀人者偿命"又与朴素的正义观念相契合,具有近乎天然的正当性。可以说,死刑报应反映的是人类自身无法泯灭的一种天性,因而对人类道德情感具有超越时空范围的普遍影响力。即使对今天已经进化到高度文明的人类而言,也只能在尊重它的客观存在性的前提下,采取为现代文明社会所更乐于接

受的方式进行引导或缓和,而无法无视它的存在。法国在1981年9月7日之所以采用断然的政治解决办法废除死刑,也在于本国民意的难以通融性(当时民意测验表明,三分之二的法国人反对废除死刑,如果采用全民公决的办法肯定通不过)。在那些已经废除死刑的国家或地区,之所以仍然不时有来自民众的要求恢复死刑的呼声,甚至个别国家(地区)还出现了废而复用的情形,也在于民众道德情感深处那延绵不断的报应需求与呐喊。

事实上,死刑该不应存在的问题,是基于人类的道德良知对死刑存在的正当根据的一种理性追问,本质上属于价值判断范畴,而与死刑的实际功效本无多大关系。并且,在死刑存废问题上真正值得追问的,还不是死刑正当根据的伦理或道德基础,更不是死刑的威慑力,而是死刑与人类文化建设之间的关系问题。

死刑的存在与适用状况,之所以在当今被视为一个国家文明程度的重要标志,正是人类文明进化程度与人类本能的被限制程度此涨彼消的历史事实和思维定式使然。人类的文明史也就是人类无穷的欲望与反欲望之间斗争的历史。文化的建设程度有赖于满足本能的牺牲程度,文化的存在有赖于强烈本能要求的不满足——克制、压抑或其他。综观人类的进化史,每一项文明制度,无不是经过反复斗争最终以人类本能的忍受或人类理性的约束才得以确立的。人们因习以为常而认为具有当然合理性的一夫一妻制,不正是在限制和排除了人类最初父母和子女之间以及姐妹和兄弟之间相互性交的自由习性之后,才逐步确立的吗?死刑存废运动的历史轨迹也同样如此。死刑是保留还是废除,也取决于现代文明在多大程度上承认和满足人类的"杀人者该死"的报应本能。

当人类的文明理性在压抑人类的报应情感时尚不能获得优势地位,充满残虐性的死刑,因为仍然具有强大的满足个人和社会报应情感需要的功能,再辅之以诸如国情及犯罪形势需要之类的官方辩解,就有继续合法地存在下去的充分理由。反之,在文化建设达到了当人们(尤其是政治家们)想要将死刑存在的理由体系化都难以办到的程度时,所有反对死刑的观点就会得到无条件的承认。此时,死刑作为反犯罪合法手段的伪装将被一一剥去,自然就寿终正寝了。而这一历程的长短,固然受制于现实的生活条件,但可以肯定的是,它与政府的引导方向和引导力度关系重大。

妨碍独立审判的无形"垒墙"

刘荣军[*]

2007年1月在山东济南召开的第七次全国民事审判工作会议上,最高人民法院曹建明副院长就保障合议庭依法独立审判问题提出了重要的改革思路,那就是法院的院长、庭长不能直接改变合议庭的意见,只能通过参加庭务会、审判长会议讨论案件,对重大疑难案件及时给予监督和指导,统一裁判尺度。由此看来,在保证依法独立审判的问题上,司法部门的认识有了进一步的深化。

无疑,尊重合议庭、尊重独任审判法官的裁判意见,既是司法民主的重要表现,也是保障司法判断客观性、公正性的重要前提,更为重要的是,它是贯彻和实施宪法所规定的"依法独立审判"原则的具体措施。

"依法独立审判"在我国拥有双重的重要身份。其一,它是我国宪法规定的重要司法原则;其二,它也是我国加入(尚未批准)的联合国《公民与权利政治公约》所规定的重要国际人权保障原则。如此重要的原则能否得到实施,不仅关系到我国宪法的权威能否得到体现,也涉及中国改革开放以来无数重要的改革成果能否得到保障。具体到司法制度,虽然当前法制越来越完善、司法权力越来越大、司法设备越来越充实、司法资源越来越殷实,司法权威却止步不前,未能与丰富起来的司法资源形成正比。原因固然甚多,但能否依法独立审判不能不说是实现司法公正的瓶颈。

在这里之所以把能否依法独立审判看作实现司法改革、司法公正的难破瓶颈,原因有二。一方面,在我国的法律制度框架内,尚未能建立完整且有效的制度来确保宪法所规定的依法独立审判原则的实现。尽管我国早已制定《宪法》,《人民法院组织法》以及各诉讼法中也有关于独立审判的规定,而且最高人民法

---

* 作者为北京师范大学法学院教授。

院在连续出台的人民法院两个"五年改革纲要"中,也都特别强调依法独立审判的重要性及确保独立审判的方针,遗憾的是,在我们脑海中该原则难以获得制度保障的印象(也许可以说是一种结论)并没有得到改变。当然,随着改革过程中政治权力及社会权力在一定程度上的重新配置,法院在宪政体制中的地位增强了,其排除外来干涉的能力也增强了(虽未达到排除所有干涉、完全依法独立审判的程度,但从总体上看,牺牲事实和法律、盲目迎合"上级"意志的裁判越来越见不得光明,也愈来愈少)。另一方面,司法机关内部的一些改革构筑了一道无形的、妨碍独立审判的"垒墙",而其往往因外界难以看到,更易被人忽视。

其一,司法行政化的隐性强化。司法行政化是妨碍司法公正及效率运作的深度问题,人民法院的改革纲要中也明确提出要淡化和去除这一现象。可是,只要检讨十多年来司法改革的举措,便会发现,司法权的强化,却往往演变成司法行政长官权限的强化。在法院体系中,许多业务性职位,诸如院长、副院长、庭长、副庭长、庭办主任、审判长,这些本应是由法官担任,以便协调、管理司法行政事务的,在兼具了行政权力功能的前提下,全都演变成了在裁判事务中具体地审批、指导、监督其他法官的位置。而且,这种权限的行使非但没有受到任何法律及道德上的制约,相反,其行使是相对自由和无限制的。正因如此,享有这些权力的"长官"可以不受审理法官审判意见的约束,甚至以长官意志对审理法官(合议庭或者独任审判员)的判断产生决定性的影响。这是对审理法官的"不尊重",更是对依法独立审判原则的"蔑视"和"伤害"。因为,在裁判判断事实层面上,只有亲身参与审判的法官才有可能获得第一手审判材料,也才有可能作出符合事实的法律判断。

其二,法院内部的考核评价制度。任何机关必须有其纪律及行为规范,司法机关当然不能例外。可是,法院内部的考核目的、对象和标准如何确定,以及对法官将会形成什么样的影响,则未必是确立考核评估体系的人们所能明确的。从司法机关建立的网页,以及公布于报纸杂志的各种考核制度中就会发现,法官考核很大程度上是以法官的业务内容作为重要的考核指标,例如审判案件数量、结案率、调解率、发回重审率、再审率等等,而纪律考核在其中所占比例并不很大。由于上述考核指标的存在,法官审理案件不仅要考虑考核人员,还要考虑上级法院的裁判意向,实质上就为法院内部对裁判的不当影响留下空间,如此一来,审理法官也不可能贯彻依法独立审判的原则。故而,外界所难以看到的法院内部的考核制度无形中在损害依法独立审判的原则。

其实,内部考核制度之要害,在于它与法官的晋升存在密不可分的关系。而法官的晋升与其地位、收入、福利等也紧密地"纠缠"在一起。现行制度下,法官的升迁比照公务员制度确定的标准。法官的级别除了设置有十二等级外,还将这些等级与行政级别加以对号入座。因此,本来都是法官,却根据年限、资历、学历的不同套用股级、科级、处级、局级、厅级、部级等行政级别,使得不同级别的法官拥有不同的权限,从而对他人产生制约和影响。

可见,在司法改革过程中实施的一些内部改革措施,从根本上说仍然未能将司法与行政机关的职能加以区分,而且在体制性惯例驱动下,反而呈现向行政机关靠拢的倾向。尽管不能说行政机关管理制度本身就是忽视人的平等,或者说忽视"人权"的制度。可是从司法机关的特质看,忽视审理法官作为独立审判主体的存在,对审理法官独立审判功能的定位偏差,确实不利于司法公正的实现。

尊重审理法官的意见,必须尊重法官作为审判主体必须具有的独立资格,必须尊重审理法官亲自审理案件形成独自判断的劳动成果。只有这样,才能创造司法机关内部的和谐,才能保证宪法和法律确立的依法独立审判原则的实现。

最高人民法院上述的思路仅仅是思路,其是否能够在宪法、司法及诉讼制度乃至司法民主制度的框架内进一步延伸,并在司法改革中革除业已形成的制度弊病,拆除那道妨碍独立审判的无形"垒墙",仍然需要我们的关注。

法官释法的意识形态

陈金钊 *

　　对法制之"制"的理解有多种,比如,可以把"制"理解为制度、制裁、制约、控制和管理等。这几个方面许多学者都已谈过,我在此想谈的是,"制"还可以理解为克制、抑制和谦抑。我认为,法官等人的克制与抑制意识也是法治精神的组成部分。在法官解释法律的时候,都程度不同地存在着某种姿态及立场,或者说法官释法的意识形态。从司法哲学的角度看,法官解释法律的立场可以概括为两种主义:司法能动主义和司法克制主义。在我国由于法官的职业化程度较低,加之最高法院在这个问题上缺乏认真对待,当然主要还是我国的法制才刚刚起步,人们对法制的理解还不深刻,这就使得我们对法官的意识形态,或者说解释法律的立场不甚清楚。按说,我们有"依法办事"的法制原则,有"以事实为根据,以法律为准绳"的司法活动的原则,似乎可以将我国法官释法的立场归属于司法克制主义。但从我国的司法现状来看,很难说我国的法官把克制主义或守法主义当成了自己行为的指导原则。大量的违法、腐败事件自不待言,即使是司法哲学也没有倡导司法克制与谦抑。我认为这是我国法制的真正悲哀之处。我们不能说我国没有秩序,但很难说有法律秩序。更为可悲的是我们的法学理论在这个问题上至今也没有自觉意识,而任凭各种西方法学的理论支配着我们的思维与研究。我们没有反思中国的司法实践,不知道法官释法需要坚持什么样的解释立场。

　　在前一阶段的研究中,我注意到了中国的法官有一种立法中心主义的立场与情结,即身为法官不去研究如何根据现有的法律解决案件,却站在立法中心主义的立场,想着怎样去完善规范性的法律,自觉不自觉地将自己置身于立法

---

* 作者为山东大学威海分校法学院教授。

者的角色。在对案件的研究中经常抱怨立法者的无能，认为立法者没有考虑到所有的案情细节，以至于法官找不到现成的解决案件的方案。所以法官们竟不顾法律的稳定性要求，不断地呼吁对成文法进行所谓的及时废、立、改。这实际上是释法立场的错位。法官作为推事、裁判官或审判员应该考虑自己该做些什么，站在立法者角度，替立法者着想，其实是不务正业。我认为，法官的任务就是根据法律，哪怕是残缺不全的法律解决当下的案件。因为立法者所创设的规范，即使是再详细或全面，也不可能完善到为每一个案件立法。法官就是要置身于职业的立场去分析案件、解决纠纷，最多是在法条模糊的时候，临时客串一下：设计假如自己是立法者面对案件该怎么想和怎么办，而不是真的以为自己是立法者。当然，法官更不能以为自己是当事人的代言人。法官对当事人来说就是中立的裁判者，他可以有价值倾向，可以有自己的立场，有自己对法律的独特的理解，但不能有自己的私利。法官把自己置身于立法者的立场是由法学理论的误导所造成的，长期以来，我们的法理学就是一种建立在立法中心主义立场上的理论体系。这种理论体系的最大毛病是缺乏对法律方法的介绍与研究。所以在过去的几篇论文中我一直在呼吁，法学研究与应用者要进行立场的转换，即从立法中心主义转向司法中心主义。这一立场虽然有政治意识形态的影响，但更主要的是方法论立场的转换。这种法官释法的立场不属于司法意识形态的内容，而是属于职业思维的要求。

我最近在研究中发现，中国司法界实际上还存在着解释立场不明确的问题。按照法制的要求，立法者所创立的法律应得到有效的执行。而执行法律的前提是尊重法律的权威，认真地对待规则。在运用法律的时候，首先要发现法律，如果所发现的法律出现模糊，才能进一步解释法律。解释法律首选文义解释方法，并以此来保证法律意义的固定性、安全性。要做到这一点，就需要谦抑的法官，即对内、对外都保持克制的法官。对内是指法官的内敛，即要求法官克己守法，廉洁奉公，不徇私情，不为金钱、权势、美色所诱惑，遵守基本的法律职业道德。对外则是指法官不张扬，对立法权、行政权等保持应有的尊重，不突破司法权的界限行使权力。这就是所谓司法克制主义。我们所谈的司法克制主义与英美法学家所谈论的内容还不完全一样。美国的许多法学家，在谈论司法克制主义的时候,更多的是要求法官不要过度地干涉行政权、立法权,不要过度解释宪法和法律。因为在西方法治国家,法官的操守问题似乎已经解决。在道德上有问题的法官会受到职业行会严厉的制裁,法律在程序上也有许多具体的处罚措施。但在我国谈论司法克制主义,遇到的是与英美不一样的情况。我们所讲的克制很大一部分内容是对法官操守的要求;而对行政权与立法权的侵蚀问题在我国有特殊的形式。在我国法学家很少谈论最高司法机关对立法权的冒犯,很少呼吁最高法院等有所谓司法解释权的机构应保持克制。法官在做了违法和违背职业道德的行为的时候还没有系统完整的处罚办法。比如,法官法规定法官不能从事经营性活动,但如果法官经商了该怎么处理,我国的法律并没有具体的处罚措施。我们关注最多的是行政机关、政党和其他社团怎样保持克制不去干涉司法活动。我们还在呼吁法官应抵制来自外界的压力。

我们的理论及部分实践者,现在鼓吹更多的是司法能动主义。即要求法官大胆突破现有法律的限制,去实现更多更大的社会正义。从本质上看,司法能动主义与司法克制主义没有根本的区别,如果说有差别的话,那也仅仅是量的问题。因为,在司法过程中无论是克制还是能动,都必须解释法律,但解释法律由于坚持不同的司法意识形态却有着不同的结果。司法克制主义者强调,法官在司法过程中是释法而不是造法,法官只能在法律的可能意义的范围之内固定法律的意义;强调法律文本对法官起着重要的规制作用;认为法官活动是追求正义——那种程序化和形式化的正义。在法学各流派中,自然法学、法律社会学、现实主义法学、经济分析法学等都主张司法能动主义。自然法学主张用正义修改法律,强调恶法非法;社会法学主张凡是与社会不合拍的规则无效;现实主义法学强调法律是个变量,应随着社会的发展与具体的情境变化而变化,强调法官的主体性及与时俱进,表现出对法律规则的灵活理解。如果说这几种理论能成为法学主流并占据支配地位的话,法制理想就会变成空话。因为从总体上看,这几种学术流派都在不同程度上对严格法制进行消解。在各种法学流派中,只有被称为形式主义法学的流派强调:法律就是法律,法律必须坚决执行。这就是分析法学、概念法学、法律解释学,而这些又被有些人称为法条主义法学或诠释法学。

如果放眼看一下我国现在的法学研究，就会发现我们对严格法治持的是否定态度，司法能动主义在理论和实践上都占据了上风。实践中有大量破坏法制的事情；理论上有不少的人呼吁应给法官更多的能动性。能动主义从理论追求来看，振振有词，充满了美好的理想，什么社会发展、实质正义、与时俱进、个别公平等等，对稳定、统一的法律来说都有很强的针对性，对法官来说也有很大的吸引力。但它却掩盖了部分人为了私利，也会打着能动主义的旗帜来改变法律。在能动主义口号下许多法官做了社会所认可的事情，但现实主义法学从来不说能动主义旗帜下的罪恶。我国的许多研究者也存在往往只看问题的一面而不看另一面的情况。倡导能动主义在我国没有很强的针对性，我国不存在严格的司法克制主义。我们缺乏对能动主义的弊端应有的认识，因而也没有足够的警惕。能动主义与克制主义是司法过程中的一对矛盾。这对矛盾在司法的历史中是此消彼长的关系，离开具体的语境我们确实不好谈论孰优孰劣。所以我们不能仅仅从理论上区分我们应坚持哪一种主义。可以说西方法学几百年来一直在争论这一问题。从近百年来的英美法学来看，司法能动主义似乎占据上风。有许多法学流派在为司法能动主义进行辩护。形式主义法学似乎一直处于被批判的状态。我国法学近百年来一直处于跟风状态，没有出现自主性的中国法学，基本上是在西方法学后面爬行。所以西学之风在我国有相当大的市场。尽管我国的形式主义法学并不发达，但对形式主义法学的批判却不绝于耳。因而我国法学界对司法克制主义也是持批判的态度。这一点可以从朱苏力、邓正来等人的著作文章中反映出来。这种偏执一方的立场，对中国当前的法制建设来说并没有积极的意义，主要理由如下：

第一，我国目前处在法制建设的初级阶段，严格法治的规则意识还没有建立起来，国人对规则持的还不是诚恳的态度。整体性的中国文化还是我们的主导性思维，它强调各种因素之间的融合。天理、人情、国法都在一个起跑线上。我们还没有树立法律之上的观念，法律最高对许多人来说还是难以接受的理念。我们总是有太多的例外。规则尤其是政治规则和日常生活的规则，都没有被很好地遵守。现在我们比较重视商业领域的规则执行，对政治和日常生活的规则过于怠慢，以至于形成了中国人不讲诚信的形象。这对我国法制建设极为不利。

在改革开放的初期,我们存在的问题是法律规则不健全,但近些年突出的问题是已有的规则得不到很好的执行。原因就在于我们对法律的权威性缺乏应有的尊重。在中国人的心目中,法律还仅仅是个工具。我们的法律人也缺乏把法律当成目的并准备为之献身的精神。在这一点上我们与西方法治国家形成了鲜明的对照。我们在法学研究上学习西方,但仅仅是从知识的角度进行学习,西方人强烈的规则意识我们并没有学到。到国外的中国人老觉得西方人傻,都是那么死板,其实这不是傻的问题,而是因为我们太没有规则和诚信意识。所以,我们认为在中国要想真正地搞好法制建设,首先就应该学习西方人对规则的诚恳态度,对规则所保持的克制与谦抑精神。法律如果是明确的就应该执行,如果对规则有意见可以通过立法程序加以改变,但在规则还有效的时候就应该遵照执行。没有规则意识,什么样的权利也难以实现,什么样的秩序也难以建立,和谐就更是空话。所以,我国法制建设的关键因素既不是政府也不是司法机关(当然和他们有极大的关系),而是全民的规则意识。如果哪怕是三分之一的人有较强的规则和程序意识,政府和法院都不可能任意决策和裁判。对法院来说,司法克制主义首先就应该尊重法律规则的权威。司法能动主义不可能培养出对法律规则的权威意识,法律规则的权威来源于公众、法官对规则的尊重与遵守。尤其法官作为捍卫法律规则的最后堡垒,一定不能被突破,否则法制就不可能是控制社会的有效工具。

第二,司法克制主义是法制的本质要求。法制就是把已有的规则贯彻到现实的社会生活中,发挥规则对社会的调控作用。在这个意义上许多人认为法治就是规则之制。但是现在许多法学家由于对法律研究的多了,竟忘记了法律的最主要成分是规则,反而大谈规则的不确定性,认为司法的性质是创造。甚至有许多人相信:法官说什么,什么就是法。我们很少注意来自西方的这种观点是在什么背景下,从什么角度来谈的,然后就加以推崇。这是有问题的。法制把法律规则推向了至高的位置,但规则在实施中出现了人们难以预料的情况,有一些学者就把矛头指向法制,开始怀疑法制的力量。其实这是在推卸责任——推卸法律人对法制应该承担的责任。在法制实现过程中,人是最主要的因素,这里的人主要是法律人。法官和律师找不到解决问题的方案,这里面可能有立法者的责任,但我们假如从另外一个角度想一想,责任可能不完全在于立法者,因为立法者无论创立多么完善的法律规范,规则的设计也不可能涵盖社会的所有发展,也不可能预料到所有案件的复杂情况。法律规则只能提供一个大体的行为方向,立法的许多表述也许是人力所能达到的极限,也许是文字本身的功能的局限性使然。成文法律的不完善并不是法制搞不好的主要原因。法制实际上也不可能在社会生活的各方面都发挥作用。如果规则能解决所有问题,那还要法官和律师做什么?还要那么多的行政官员做什么?甚至还可以进一步追问,要这些法律的研究者干什么?律师和法官的工作就是要在规则所提供框架内,进一步完善法律,在法律精神和法律规则的指导下,完成立法者所没有完成的工作。当然,在完成立法者的未竟事业中,法官应保持对法律的尊重,克制自己清除法外因素对判断力的影响。所以克制主义最主要的表现就是克己守法,在法律的射程内理解、解释法律。这是法制的最低要求。我们相信,没有规则的落实就没有法律秩序的出现。

第三,克己守法是法官的职业道德要求。在各种法学流派中只有形式主义法学最强调法律文本的权威,强调法律就是法律,法律就得执行。因而许多的自然法学者和社会法学者攻击形式主义法学不讲政治、不讲道德,抛弃了对正义和意识形态的追求,其结果是促成了语言文字的暴政。但是这种评论是武断的。原因在于,立法者是讲政治的,也是应该讲道德的。如果司法者在执行过程中还讲道德、讲政治,那么立法者所讲的道德与政治该由谁来执行呢?我们总不能要求立法者和司法者讲不同的道德吧。所以美国最近有学者已经指出,形式主义法学是有意识形态的,这个意识形态就是克制与守法(或者说是谦抑)的职业道德。还有,自然法学、法社会学实际上各自有自身的研究范围,如果形式主义法学也都去研究社会及正义问题,那谁来研究规则本身的问题,谁来维护法律自身的安全性和稳定性。以法官为代表的法律人,吃的就是法律饭,最基本的职业道德就是要表达对法律的忠诚。因而司法克制主义是法官的意识形态。克制主义与能动主义的区别就是:能动主义主张创造性司法,而克制主义主张在法律范围内解决问题。司法过程中的创造性实际上真实地描绘了司法过程,这是符合解释学原理和心理学过程的,但法治问题的关键不在于司法在解释学和心理学上究竟是什么,关键的问题是我们该怎样对待法制理想。我们是想让法制屈从于当下的社会,还是运用法律调整社会,使我们逐渐接近法制理想;或者说我们究竟是想用法律调整社会,还是想用不受法律拘束的人来调整社会。历史已经向我们证明,没有法律规则难以有法制社会,这就是无规矩不成方圆。当然,克制主义者并不是说,法律在使用过程中不能有任何的变化,而是说法官在改变法律意思的时候,不能轻举妄动,必须保持谦抑和克制的态度。司法克制主义还意味着,法官对来自行政、党团和其他社会组织对司法的干涉应拒绝接受,克己守法;对来自法律的利益等也应保持克制。这是法官职业道德最基本的要求。

司法克制主义还有对法律方法的特殊要求。这些方法论也是法官意识形态的组成部分。因为司法克制的主要表现之一就是奉行这些法律方法。这些方法包括:法律发现、法律推理、文义解释、法律论证等。而对价值衡量、目的解释、社会学解释、实质推理等法律方法保持适度的警惕。法律发现是指法官针对个案寻找答案,其寻找的范围首先是制定法,寻找的方法是坚持法律解释的独断性,其所寻找出来的答案应是已存在于法律之中的意义,而不是法官或其他什么人的意志。发现的思维与论证的思维不同,发现是寻找已经存在的意义,论证则可能是得出新的意义。但为什么我把法律论证也纳入司法克制主义的范畴呢?这主要是因为,法律论证虽然是近几年兴起的非形式逻辑的方法,但是,从其倡导的主旨来看这是维护法制的方法,在司法过程中认真实行法律论证的方法,起码可以克服法官裁判的武断。这与法制的总体目标——限制专权是一致的。法律推理与文义解释是法官表达对法律忠诚的传统的方法。当然,这里的推理不包括所谓实质推理,因为实质推理基本上可以说不是推理。只是把其纳入了推理研究者的理论体系,人们才称其为推理。实质推理无非就是价值衡量、利益衡量、法律论证等方法。在我看来,被称为实质推理的各种方法,虽然体现了法官的能动性、创造性等,并且在有些时候还能实现个别正义或实质正义,但它在法治社会中只能是法官要运用的辅助方法。我们现在的学者只注重了能动主义的优点,叙说能动主义给社会和当时带来了什么样的正义,而没有指明能动主义可能给法制造成的伤害。

法治是综合国力的重要组成部分

郝铁川 *

按照时下国内流行的看法，综合国力是指一个国家的总体力量，衡量其强弱的因素主要包括：基本实体（国土面积、人口、资源）、经济力量、军事力量、内政外交、科学技术等五个方面。又据中国社会科学院发布的《2006：全球政治与安全报告》所说，经济力、军事力与外交力是一国综合国力最显著的体现。获得或维持这些力量需要一定的国力资源，包括科技力、人力资源、资本力、信息力和自然资源等。此外，一国的政府调控力非常重要，其主要功能在于提供国力资源成长的环境，包括制度、激励机制和法律环境等。应该说，我国的官员和学者已逐步意识到了法治在综合国力中的重要地位，但与国际社会的主流见解相比，我们对法治在综合国力中的重要性的认识不仅姗姗来迟，而且目前还很不到位。

现在世界上关于竞争力的指标体系有很多种，在所有的指标体系中，法治都是一个核心要素。世界经济论坛暨哈佛大学国际发展中心发布的《2001年全球竞争力报告》中，成长竞争力指标是由技术、公共制度和总体经济环境三大指标加权平均得出的，其中包括了政府采购公正性、法治和契约、司法独立、组织犯罪、财产权的保护、政府决策的中立性指标。相对于经济实力、科技水平等硬件指标，国家的管理属于软件指标，这一软件指标的核心就是法治。在国际竞争中，法治不仅仅是一种制度和实践，更是一种产品、一种品牌。法治环境，诸如政府的清廉程度、对财产权的保护、司法状况等等，在很大程度上都会影响一个国家的投资环境和经济增长。一个国家如果治安状况差，游客的数量就不会多；如果一个国家对私有资产保护不力，外资、跨国公司的进入量就会大大减少，已有

---

* 作者为中央人民政府驻香港特别行政区联络办公室文体宣传部部长。

根据世界经济论坛2006年9月公布的《2006~2007年全球竞争力报告》，中国排名第48位，尚落后印度3位。

（图片及数据来自中国新闻图片网）

的跨国资本也可以"用脚投票"，撤走资本；如果一个国家不能有效地限制政府权力的无限扩展，就必然损害公民的权利进而导致腐败滋生。联合国贸易与发展会议1999年的投资报告指出，政府腐败在跨国公司的投资决策因素中所占比例最高，达63%，而我们通常重视的投资优惠、税收等分别占不到10%。另据一个关于影响非洲外商直接投资（FDI）的调查报告，人们对非洲投资环境最关心的也是法律框架，高达98%。

如前所述，当下国内各种关于综合国力的内涵，都毫无例外地把军事力量列入其中。正像毛泽东同志所说的那样，决定战争胜负的关键是人而不是物。而特定的人如果不能得到法治的正常保护，必然会导致军事力量的削弱。谓予不信，请看"大清洗"对苏军在卫国战争初期严重失利的影响。

1941年6月22日，希特勒出动550万大军对苏联发动了进攻。这场战争并非敌强我弱的较量，实际上是一种势均力敌的搏斗。但历史事实却是：战争开始的第5天，德军就占领了白俄罗斯首都明斯克；7月16日，西部重镇斯摩棱思克失守；8月，德军兵临列宁格勒城下；9月19日，乌克兰共和国首都基辅沦陷；11月底，德军先头部队进抵莫斯科城郊，它们已看到了克里姆林宫尖顶上的红星。

为什么短短几个月德军就势不可挡地兵临莫斯科城下，而强大的苏军却兵败如山倒呢？战后，苏联军界认为，20世纪30年代末期对军队的"大清洗"，使红军丧失了众多久经考验的军事领导人，严重削弱了战斗力，从而导致了卫国战争初期的惨败。

苏联"大清洗"始于1936年，1937年则开始推广到军队中。在这场"大清洗"中，被清洗的红军指挥人员和政工人员共有4万人，其中1.5万人被枪决，包括5名元帅中的3人，4名一级集团军级将领中的3人，12名二级集团军级将领的全部，67名军长中的60人，199名师长中的136人，397名旅长中的221人。苏军将领格里戈连科曾评论说："世界上任何一支军队，它的高级指挥干部在任何一次战争（包括第二次世界大战）中都没有受到这样大的损失。甚至全军覆没的结果也不至于此。就是缴械投降的法西斯德国和帝国主义日本所损失的高级指挥干部也比这少得多。"希特勒敢于向苏联发动进攻，在很大程度上是认为苏军经过"大清洗"后已经不堪一击。他在反驳某些德军将领认为不宜进攻苏联的观点时说："苏军将领中最有才华的部分已经在1937年被斯大林消灭了。这意味着那些正在成长的接班人还缺乏作战所必需的智慧。"（王清耀：《大清洗对苏军在卫国战争初期严重失利的影响》，载《军事史林》2006年第3期）

回顾历史，不难看出，人们对法治的作用、力量经历了一个不断深化的过程。在中国古代，"德主刑辅"，"刑为盛世所不尚，亦为盛世所不能无"，法律始终是道德的附庸；在古希腊，柏拉图也认为哲学在治国中的分量重于法律，因而企盼"哲学王"来统治国家。进入工业社会以来，人们对法治的看法发生了大变化，"市场经济是法治经济"、"建设法治国家"已成为国际社会的共识。自然经济年代的法律、计划经济年代的法律和市场经济年代的法律，虽有一定的继承性，但扮演角色和所起的作用也不尽相同。法治如今成为综合国力的重要组成部分，实在是当今政治、经济、文化、军事、社会等各个领域共同推动的结果。

和谐社会与诉讼调解

蔡 虹*

自 2004 年党中央在十六届四中全会决议中第一次提出"构建社会主义和谐社会",尤其是去年十六届六中全会公布《中共中央关于构建社会主义和谐社会若干重大问题的决定》以来,"和谐社会"已成为中国政治生活中出现频率最高的"关键词"。构建和谐社会这一社会发展目标,得到了社会各界的广泛认同,各部门结合自己的工作实际积极承担起这一历史责任。法院作为审判机关,在贯彻中央部署、解决社会矛盾、保护合法权益、维护良好秩序等方面具有独到的作用,是构建和谐社会的一支重要力量。但是,在"和谐"之风扑面而来之际,法院的某些做法也引起了笔者的一些注意和思考。

在法院的民事审判工作中,与"和谐"关系最为密切的制度当数诉讼调解制度。为充分发挥调解在纠纷解决过程中以及在矛盾化解后的和谐化功能,不仅最高法院颁布了关于法院调解工作的新的司法解释,而且在法院系统内部鼓励调解的政策导向明显,以调解的成功率来考评法院及法官工作实绩已成普遍现象,有的法院更是以奖金来刺激法官的调解积极性,似乎只有以调解结案才是和谐的。

无可否认,法院调解作为我国民事诉讼中的一项重要制度,确实与判决具有不同的功能,在和谐社会构建方面大有可为。它以当事人之间私权冲突为基础,以当事人一方的诉讼请求为依据, 以司法审判权的介入和审查为特征, 以当事人之间处分自己的权益为内容,具有平等对话、互谅互让、纠纷解决彻底、自动履行率高等好处。因此,充分发挥诉讼调解的制度功能是十分必要的。

但是,根据以往的经验和教训,结合我国现阶段法院在调解实践中存在的问

---

* 作者为中南财经政法大学法学院教授。

题,笔者认为有必要提高警惕,防止三个方面的倾向:

第一,要防止强制及种种变异形式的强制调解之风卷土重来。在我国诉讼调解发展演变的过程中,因为过于追求调解率而发生过许多强制或变相强制调解的现象。为了抑制这种现象,在民诉法制定和修改中,将调解的指导思想由"调解为主"改为"着重调解",之后又发展为"自愿合法调解",强制或变相强制调解的现象曾一度得到了扭转。调解在民事诉讼中的确立,源于私权自治原则和处分原则,法律允许当事人对自己的民事权利和诉讼权利自由处分,这为双方当事人的协商、交涉、讨价还价以及自主达成解决纠纷的协议提供了可能,而这一切必须建立在双方自愿的基础上。在调解的整个过程中,作为调解主持者的法官,应根据需要和可能,尽量为当事人协商解决纠纷创造条件,营造和谐的气氛,但能否调解以及调解最终能否达成协议,应取决于当事人的自愿。

坚持和贯彻自愿原则是诉讼调解制度的生命线,也是调解制度的正当性源泉。只有在双方当事人自愿的基础上达成的调解协议,才是意思自治和处分原则的真实体现,才能将调解制度的优势发挥出来,才能实现真正的和谐。否则,如果当事人是在强制或变相强制的情况下达成调解协议,尽管表面上纠纷解决了,调解率上去了,但却埋下了隐患。实践中,调解后当事人不能履行协议、向上级法院或其他部门上访的,多半都是因为调解违反了自愿原则,当事人之间的纠纷并没有真正得到解决。为了追求调解率,一些法官通常是"劝说"主张权利的一方当事人放弃部分权利,而负有义务的当事人却只是象征性地承担点责任,以此作为向对方作出的让步,当事人称之为"守法的吃亏、违法的占便宜"。如果法院常常以这种方式解决纠纷,势必造成对合法权益的保护不足,这种现象的普遍存在也不利于维护市场经济所要求的良好的经济、法律秩序。调解是诉讼制度的一部分,是法院行使审判权的一种方式,因此它不应当是无原则的"和稀泥"或"各打五十大板",调解不应是没有是非、没有道德、没有底线的。在任何时候,自愿原则如果不能得到很好的贯彻,即使靠强制或变相强制的方法调解结了案,也是不具有正当性的,这不仅会损害当事人的处分权,而且也伤害了法制,伤害了调解制度本身。

在诉讼调解中,法官的作用举足轻重,因为自愿还是强制并不取决于当事人。事实上,完全依当事人自愿达成调解协议的只是少数,多数的调解需要法官或浅或深的介入。只要尊重当事人的处分权,坚持和贯彻自愿原则,法官为促进调解协议的达成所做的说服、提示、建议,对当事人过分要求的批评以及提出调解方案供当事人参考等等,就都是正当的,也是必要的,有利于帮助当事人克服协商中遇到的障碍和打破僵局。在自愿的前提下,当事人一方或双方作出让步,不论其幅度有多大,也不论与判决的结果相差多远,都是正当的;相反,如果让步并非出于当事人的自愿,而是在法官强制或变相强制的情况下作出的,则调解的正当性立即就会发生问题。失去了自愿这个前提,调解不能勉强进行,法官必须依法判决。但是,如果法官将调解的成功率作为追求的目标,强制调解就在所难免。由于法官在调解中具有主导地位,拥有决定当事人命运的裁判权,法官可以使用各种隐蔽的方式对当事人施加压力。如今,审判实务中"以劝压调"、"以拖压调"、"以判压调"的做法又呈卷土重来之势,这是要特别引起重视并加以防范的。

第二,应警惕怠于使用判决、回避矛盾的做法被和谐的外衣所掩盖。判决和调解同为法院行使审判权解决民事争议的手段,不存在孰优孰劣之分。法院处理民事案件优先采用调解方法是可以的,但在当事人不愿意调解或调解不能达成协议时,应及时转入审判,依照事实、证据和法律作出判决。判决虽不像调解那样以当事人的协商和合意解决纠纷,但这并不意味着只要是判决就一定不如调解结案和谐。实践中,有的法官对矛盾棘手、证据不足、事实不易认定、牵涉面大、案外干预多、社会关注度高的案件往往不愿轻易下判,即使双方当事人都明确表示不愿调解仍拖着不判,试图回避矛盾。有一起群体诉讼案件,原告方(100多位村民)诉被告承包合同无效,并扬言只要败诉就群体上访。法院明知合同有效,事实和证据也很清楚,但支持原告于法于理无据,不支持原告又担心其上访,不利于"和谐",所以就迟迟不肯下判,结果反而产生了负面影响,群众反映"法院不讲法,谁闹谁有理",此案现仍在调解中。如此片面理解和谐其实也是对调解制度的误读。"调解不成应及时判决",这是调解制度的应有之意。况且,一份说理透彻和论证充分的判决书同样能够定分止争、化解矛盾、实现和谐。相对于调解而言,判决更能够体现法律上的公平正义。通过充分的说理和论证,让当事人明白自己的法定权利义务是什么,什么是合法的,什么是违法的,什么是法律应当保护的,什么是法律应当制裁的,从而从根本上让当事人服判息讼,使当事人以及社会遵守并服从法律。构建和谐社会的确应充分发挥诉讼调解的独特作用,但也要防止走极端,一定不能忽视判决的作用。毕竟,和谐社会是"民主法治、公平正义"的社会。

第三,应警惕和谐被泛化。和谐被泛化的典型表现是将和谐形式化、表面化、绝对化。这种形而上学的思维方式把和谐与矛盾对立起来,害怕矛盾、回避矛盾,因此常常选择压制和控制矛盾的方法并致力于哪怕放弃原则也要调解结案。然而这种和谐是暂时的、脆弱的,是以牺牲当事人的合理利益为代价的,也是以牺牲调解制度的正当性基础为代价的。和谐应当是辩证的、科学的、相对的,应以"民主法治、公平正义、诚信友爱、充满活力、安定有序、人与自然和谐相处的社会"为基本内涵和特征。这种和谐观从法律上讲承认并关注人的权利、利益、机会的合理公正分配,承认并保障人们的物质利益,鼓励人们为物质利益而奋斗。法院在解决民事冲突的过程中,首先应承认并保障当事人的合法权益,尊重当事人的处分权,尤其在进行调解时,要注意权衡和调整当事人的各种利益关系,而不能一味地要求当事人发扬风格、妥协让步,更不能压抑当事人的权利主张,姑息违法者。

和谐被泛化不仅表现在调解中,也表现在很多方面。在一些地方,本来再正常不过的日常工作硬是要被冠以"和谐"二字,言必称"和谐"。笔者的一位同行应邀为某监狱管理局讲法制课,课毕,监狱领导恳请这位教授为其设计一条标语。见教授不解,领导说,对面小区有"构建和谐社区"的标语,隔壁公安局有"构建和谐的警民关系"的标语,我们一直发愁,总不能说"构建和谐监狱"吧?类似这种不能深刻理解和谐的内涵和本质特征,而一味地让和谐泛化,热衷于概念炒作的情况,这可不太和谐啊!

为人辩护的正义事业

贺海仁 *

　　20世纪80年代被有的人称为"干净的年代",不仅是干净的年代,而且也似乎是"阳光灿烂"的时代。之所以如此,是因为在那个年代,人们的心灵深处流动着对美的事物无限遵从的潜流,更何况还有那诗意的想象力行走在那个时代的天空。于我,能回忆起的80年代的一些事情当中,有一部叫《你为谁辩护》的小说。小说大概讲的是一位律师为犯罪嫌疑人辩护的事,具体情节已经记不大清楚了,但小说的名字还记忆犹新。的确,律师,你在为谁辩护,总是一个问题。不过,仔细想来,这个问题又不是80年代的中国独有的问题。自从有了律师制度以来,人们对这个问题的看法就没有达成一致意见,近代以来中国如此,发展了几百年律师制度的西方也是如此。为什么呢? 我们不妨先把结论放在前头,即律师既不是在为坏人辩护,也不是在为好人辩护;既不是在为穷人辩护,也不是在为富人辩护;既不是为朋友辩护,也不是在为敌人辩护。不妨说,律师的辩护事业是为了所有人的事业,即为人的事业。为人辩护的事业在性质上就是正义的事业。此外,律师自己也是人的组成部分,这种为人辩护的事业也是为律师自己辩护的事业。

一、从丹诺谈起

　　公元2007年4月18日的北京是一个风和日丽的日子。比起往年的春天,北京少了沙尘暴的袭扰,让齐放的花卉少有地显露本色。唯一令人不安的是那柳絮,漫天飘舞,无端地扰乱了行人的视线,平添了无奈的苦恼。午后时分,接到一

---

* 作者为中国社会科学院法学研究所副研究员。

位朋友的短信。短信上说：

在这场弱者与强者的伟大战斗中，只要我的气息尚在，我将永远站在弱者一边。说这句话的是美国最伟大的律师丹诺。今天是他的生日，一百五十年了，我们应该纪念他。

丹诺的名字在中国律师界、法学界已经有了些名声，即使在文化界、哲学界也开始有人关注他。何怀宏先生的那篇题为《经由法律的正义》的文章就是写丹诺的。何怀宏在上个世纪80年代翻译了罗尔斯的《正义论》，随后写出了颇有本土资源意蕴的伦理学著作——《良心论》。一位当代中国的哲学家有机会把笔头转向18世纪美国的一位律师，多少有点令人意外。在文中，何怀宏称丹诺是一位为正义事业而斗争的"老狮子"。这头老狮子大多数的活动疆域似乎不在他的律师楼，而是在法庭上——这个既可以决定人的自由度，也可让人生让人死的地方，自古至今充满了神秘和别样的恐惧。不过，能够在现代法庭上大声发言者恐怕就是检察官和律师了。法官通常被称作"高贵的沉默者"——不便开口，而证人和被告则被限制讲话——不能开口。正是在法庭上，丹诺一次又一次地面对检察官，向法官说"我反对"，反对一切在他看来由检察官提出的不合法、不正当和错误的指控。丹诺反对了太多的东西，又需要反对太多的东西，称他为"丹反对"恐怕也不为过。

丹诺所处的时代正是美国建国以来最大的社会结构变革时期，工业革命的铁的法则以不可阻挡的趋势确立着新美国的框架。它所带来的一个后果被正在美国考察的一名外国人——托克维尔观察到并记录下来。确切地讲，托克维尔所考察的当时美国，即1831年到1832年间的美国有24个州（1878年结成联邦时只有东部13个州，后来又多了11个州），人口1300万，还处于一个具有三重待开发的领域的时期——地理上的、工业上的和民主本身的。美国人在这里定居，也由新的地方迁来，他们在阿巴拉契亚山以西，在密西西比河大河谷和大湖区周围，建立家园、建城镇、修路、开凿运河。一位并非来自最初13个殖民地的西部人——安德鲁·杰克逊担任总统。当时群众性的民主正开始取得胜利。人们谈论的总是改良和改革——对奴隶制该怎么办，教育该怎么办，对上帝和宗教该怎么办，对富人该怎么办，对妇女该怎么办，对酒类该怎么办，对监狱该怎么办。此外还要加上儿童该怎么办,因为在 1831 年前后还有 100 万儿童不能入学,他们当中许多人不得不到工厂去劳动。而关于成人的选举权,除了直至 1843 年才勉强承认成人选举权的罗得岛州以外,其余各州只是默认成人有选举权。在纽约州的最高法院首席法官肯特还悲伤地预言成人选举权将使政权"落入对自己有权行使的权利的性质和重要性一无所知的人们手里",并导致"穷人和败家子控制富人"的局面。上面所列举的问题似乎只是亟须解决的问题的一部分,但是这些问题所带来的时代困境和所具有的关键词功能已经可以让人们说:"所有的问题怎么办?"丹诺不能解决所有的这些问题。作为一名职业律师,而不是宣称可以解决一切问题的上帝、圣人,丹诺面对的是在既有的社会环境下,社会成员在面对来自国家的指控时如何为之辩护的问题。他既不能像革命者那样先把自己所认为的不合理、不公正的社会制度推倒重建,也不能如同罗尔斯那样假定一个正义的社会结构,然后从容地排列和整合正义诸原则。

二、为人辩护的事业

人们总是称道那些为穷人和弱势群体辩护的律师,正如丹诺在一生中大部分时间的所作所为一样。然而,丹诺也为富人辩护。在他的职业生涯中,他对所有当事人辩护——不论穷人、富人。在著名的娄伯—利奥波德案中,被控者两位富家子弟涉嫌杀害了一名少年,丹诺顶着舆论的压力代理了这桩为"富人"辩护的案件。他要再一次向世人证明,所有被国家指控犯罪的人都有权利得到公正的审判,而不论被指控者是什么人。在这个案件中,丹诺的结辩演说在法庭上持续了三天,最终使法庭作出了免予死刑的有罪判决。

关乎所有人的困难和福祉就是道德问题;平等地对待所有的人就是正义问题。所有的人是指人人——不论是伦理学意义上的好人和坏人,社会学意义上的熟人和陌生人,政治学意义上的朋友和敌人。这让我想起了著名的希波克拉底誓言,它为医生的职业道德早早地竖立起一块丰碑:

仰赖医神阿波罗·埃斯克雷波斯及天地诸神为证,鄙人敬谨直誓
愿以自身能力及判断力所及,遵守此约。我愿尽余之能力与判断力所

及,遵守为病家谋利益之信条,并抵制一切堕落和害人行为,我不得将危害药品给予他人,并不作该项之指导,虽有人请求亦必不与之。我愿以此纯洁与神圣之精神,终身执行我职务。凡患结石者,我不施手术,此则有待于专家为之。无论至于何处,遇男或女,贵人及奴婢,我之唯一目的,为病家谋幸福,并检点吾身,不作各种害人及恶劣行为,尤不作诱奸之事。凡我所见所闻,无论有无业务关系,我认为应守秘密者,我愿保守秘密。尚使我严守上述誓言时,请求神祇让我生命与医术能得无上光荣,我苟违誓,天地鬼神实共殛之。

希波克拉底誓言告诫所有的执业医生一个并非简单的道理:你所医治的对象是人。这个誓言在中外医学界相当有名,它的理念也为法律界所仿效。德肖微茨是美国哈佛法学院的法学教授,也是一位卓越的法律实践者,因在几起颇受争议的案件中为犯罪嫌疑人辩护而家喻户晓,被誉为"这个国家最后可以求助的好律师——有几分像法律界里的圣犹大"。他说律师就是"手术室的医生,唯一的目的就是挽救病人的生命,不管他是好人还是坏人、圣人还是罪犯"。每一个个案虽然只涉及一个或几个具体的被告,但由于被告也是人的这个信念,决定了为一两个被告辩护的事业也是为所有人辩护的事业。把被告看作人,而不是坏人、富人或敌人正是现代辩护制度得以确立的起点,但倘若现代辩护制度不是建立在对人的价值观基础上,为谁辩护的问题将永远存在争议。

但是,一直以来,人们总是对律师为那些在特定时代"不受欢迎的人"辩护充满了不解、不满甚至敌意。"不受欢迎的人"在任何时代都会以这样或那样的形式存在,律师的辩护似乎总是与林林总总的不受欢迎的人联系在一起。因而,律师在为人做辩护的过程中总是先要论证辩护行为的正当性,即首先需要为自己的行为进行辩护,但为此所进行辩护的场合不在法庭上,面对的也不是法官,而是在法庭以外的社会,面对的是大众。在把社会分为穷人和富人、好人和坏人、朋友和敌人的时代,这种为富人、敌人或坏人等这些"不受欢迎的人"辩护而首先要为律师辩护行为的正当性进行辩护尤为频繁。19 世纪 30 年代丹诺所处的美国如此,一个世纪后,已经摆脱了社会重大转型期困境的德肖微茨所在的美国也是如此。他告诉我们,正是在当代美国,不到半个世纪之前,主流律师就因为受到恐吓而不敢为那些受到国会政治迫害、上黑名单、面临刑事审判甚至死刑的共产主义者辩护。麦卡锡参议员和上百万的美国人,包括许多律师、法学教授和律师协会的领导人,都支持对"同情共产党的律师"的攻击,这就使得那些支持公民自由和宪法权利的正派律师,要冒着丢掉饭碗的风险去为受到指控的共产党员辩护。

前不久,著名的刑法教授马克昌等人出版了《特别辩护》一书,记述了他与其他人共同为"两案"被告做辩护人的过程。书中披露的一个重要问题仍然是"你在为谁辩护"。这在当时似乎是只能有疑问却不能回答的问题。在"国人皆可曰杀"的气氛之下,不是有许多被指定为"两案"被告做辩护人的人害怕代理案件吗?这里的逻辑依然是,既然"四人帮"是坏人、敌人,律师为什么要为坏人、敌人辩护呢?但事实上,为"四人帮"辩护,不是为作为"四人帮"这些人辩护,也不是为"四人帮"的罪行辩护,而是为作为人的"四人帮"辩护。这些话虽然很拗口,但你必须说出来。

其实,自从中国在20世纪初开始议论引进律师制度,律师"你为谁辩护"的争议在制度层面就没有停止过。让我们极其简略地回顾一下中国"百年律师"的情况。1906年(光绪三十二年),清末修律大臣沈家本、伍廷芳联名上书清廷,请求恩准设立律师制度,对此,张之洞等大臣激烈反对,认为在中国实行律师制度会使"讼师奸谋得其尝试"。此议案遂胎死腹中,随后死亡的还有未批准律师制度的大清王朝。1940年代中期,距北洋政府建立律师制度30余年,费孝通先生写完了《无讼》论文并发表。在该文中,他告诉人们当时的乡民对律师的看法:"在乡土社会里,一说起'讼师',大家就会联想到'挑拨是非'之类的恶行。作刀笔吏的在这种社会里是没有地位的。可是在都市里律师之上还要加个大字,报纸的封面可能全幅是律师的题名录。而且好好的公司和个人都会去请律师做常年顾问。在传统眼光中,都市真是个是非场,规矩人是住不得的了。"1950年代初,中央人民政府司法部发出了《关于取缔黑律师及讼棍事件的通报》,取缔了一批在社会上挑词架讼、敲诈勒索的黑律师。1957年,反"右"开始,律师被认为丧失阶级立场,替坏人说话,新中国的律师制度过早夭折,不过,陪葬的是新中国在1954年宪法框架下的整个法律制度。1986年3月,国务院办公厅转发司法部《关于加强和改革律师工作的报告》，报告指责"有些地区和部门的同志……把聘请律师当顾问看成是'自找麻烦'、'束缚手脚'；少数负责同志和政法干部还把律师执行辩护制度说成是'丧失立场'、'替坏人说话'，有的甚至刁难、辱骂、捆绑和非法监禁律师"。1995 年律师体制全面改革，律师不再是国家干部，而是社会法律工作者，与此同时，律师也被称为"个体户"——个体户在中国好像不是一个中性词。2004～2006 年，著名的刑事辩护律师田文昌在各个讲台上，对社会中有人说他是黑社会的帮凶为自己也为整个律师辩护——律师既不是天使，也不是魔鬼，律师就是律师。由此看来，自从中国有了律师的话题后，人们似乎就只争论一个问题：律师——你在为谁辩护？或者说，律师是干什么的？这是一个看似简单的问题，然而，一百年来，虽然不同时空的人问出了同样一个问题，却没有人给出过明确的答案。

好人当然需要辩护，正如穷人总是需要得到辩护一样。好人之所以需要辩护只是出于简单的道德情感，因为好人不能受到冤枉，更不能受到刑罚的制裁。但所有的好人都是穷人吗？穷人为什么也需要得到辩护？穷人中间就没有公认的坏人吗？富人中间就没有公认的好人吗？也许这样的提问本身就有问题，这样的提问隐含着连自己都吃惊的阴谋，它似乎早有了答案：如果穷人中有了坏人，这个坏人就不再是穷人——他连穷的资格都没有了；富人中有了好人，这个好人就需要从富人行列中脱离出来，不能再与富人们为伍。

律师对每一个案件的精心辩护所取得的胜利都是个案的胜利，如果有什么正义在里面的话，充其量也是个案的正义，但是这样一来，个案正义与不公正的社会结构有何关联？换句话说，个案正义与制度正义有何关联？假如法律规定，任何人在夜幕来临时都不得在大桥底下过夜，那么，一位无家可归的流浪者因此而被指控违反了法律，一个为这位流浪者辩护的律师，将在法庭上说些什么？假定任何律师都知道法律的这条规定，而且这条法律明确规定了"任何人"在没有例外的情况下都需遵守这条规定；又假如这条规定的立法意图之一是要保持城市的整洁；还假定任何人都知道这位流浪汉在桥底下过夜不是浪漫的艺术家在体验生活，而是无力缴纳租金的穷人（当然，更无力购买属于自己的住房）。正如任何行业都有自己的不成文的戒律，律师行业也有自己的不成文的戒律。律师在法庭上不得说"对此案,法律规定明确,事实确凿,我实在无话可说"。律师在法庭上不得沉默,这是一条不成文的戒律。此外,律师在法庭上也不能说"亲爱的检察官,你的指控完全正确,我完全同意"。律师不得在法庭上迎合指控者的观点,这也是一条不成文的戒律。律师的这些戒律就是律师的职业伦理,是律师的内在之德。很显然,没有了这种性质的内在之德,律师就不是律师。然而,只是为了遵守这些戒律,一位律师就可以在法庭上胡言乱语、大放厥词、为说而说吗? 其实,为正义的目的所做的任何辩护,对于任何一位在法庭上的律师都是有无尽的话去说的,这与法律有没有明确的规定无关,也与被指控者的违法或犯罪事实无关。即使违法或犯罪事实确凿,法律的规定也明白无误,确保一场公平的审判过程能够公开进行,这与正义有关。在程序正义的基础上,实质正义则显示了"不是让被指控者逃脱罪行,而是不让一个人免受无辜的惩罚"的道德原则。

三、公益诉讼与制度正义

为人辩护的事业也就是正义的事业,公益诉讼就是为人辩护的正义事业的一个例子。尽管人们总是在争论什么是公益、什么是公益诉讼,但没有妨碍这些概念在 21 世纪初在中国社会所激发的社会改革热情。公益诉讼的受益主体不是一个或几个当事人,甚至不是通常所说的较为弱势的一个群体。公益诉讼从社会最为弱势的人或群体出发试图维护一个社会的正义结构,确定公平正义的社会制度。在这个意义上,公益诉讼是为了人人的诉讼。

所有的诉讼都是以个案形式出现的。以公益目的进行的诉讼是公益诉讼,否则为私人诉讼,但即使是私人诉讼,既有可能包含着个案正义原则,也可能包含制度正义。我的看法是,所有的对个案的公平裁判都是公益诉讼。例如,张三欠李四 1000 元钱,李四诉诸法院,法院判决张三偿还李四 1000 元。这是一个公益诉讼还是私人诉讼呢? 从李四主张并实现了自己的债权角度讲,该案不涉及公共利益,因此不能算作公益诉讼。但是,让我们进一步分析,当支持李四实现其权利主张的法律规定"任何人在事实面前都要清偿其债务",那么,这条规定是针对所有债权人的,而不论这些债权人具有什么样的社会地位和身份。这意味着，这一制度表面上是保护李四的，实际上是保护所有债权人的。但我们做相反的假设，如果这一法律规定"任何人在事实面前都要清偿其债务，但下列情况除外：A.债权人是'地富反坏右'；B.债权人是乙肝病毒携带者；C.债权人身高不足 2 米者；D.债权人是河南人；E.债权人不是城里人"，在后一种情况下，不论李四是否胜诉，案件的确可以体现出个案的正义，但它不是我们所讲的制度正义。衡量公益诉讼的一个重要标准是要看它能否促进了制度正义的构建、实现和落实。谈到公平正义的社会结构，我同意罗尔斯在其《正义论》中的一个观点，即自由、平等和差别对待在这一社会结构中的要素地位、排序地位和相互地位。首先是要确保每一个人享有法律之下的自由，让一个社会充分展示人的个性、创造力和活力，体现人性和人道主义。其次，让每一个人拥有一个平等的资格、地位和发展的起点，否则，自由的享有和实现就是一句空话。要做到这一点，就要考虑差别对待，这意味着考虑问题要从社会中最不利者的角度出发，实现全社会的帕累托最优。社会最不利者，在我看来，主要还不是那些与其他人一样没有存款、住房和汽车的人，而是那些即使经过同样的努力甚至比其他人付出了更多的努力也无法拥有存款、住房和汽车的人，在某种程度上，他们不是缺乏智力、耐心和追求的人，也不是缺乏勤奋和吃苦耐劳品行的人，而是缺乏一种资格、自由和发展空间的人。他们应当获得的东西被认为是不应当，他们已经获得的东西被认为是不应当，换句话说，他们是没有站在社会原点上的人。公益诉讼就是要使那些还不在这个原点上的人站在原点上，即让女人和男人一样首先成为人，让身体矮小者与姚明一样首先成为人，让孙志刚和其他人一样成为人，让农民和城里人一样成为人，等等。站在原点上，就站在了一个平等的起跑线上；拥有了原点，就拥有了资格、主张和声音。如果因为原点的缘故而令一个人失去他应当得到的东西，由于他在原点上，它们会失而复得的；但是没有或缺乏这个原点，他本来就没有得到，也就不存在失去，即使偶然地、侥幸地得到，也会失去或总是处于将要失去的状态。让人们共同站在原点上就是让人成为人。有很多种方法确立这个原点，其中公益诉讼是一种。它是一种理性的方法，在一个可以遵循的管道里，它发挥着自己的独特功能。

为人辩护就是为自己辩护。如果一个社会，在人的资格问题上，可以把一部分人视为与其他的人不同的人，就会出现德国法西斯时期马丁·尼默勒牧师的命题：丧钟向谁敲响。他以懊悔的口吻说：

> 起初他们把魔掌伸向共产党人时，我没有为他们挺身而出，因为我不是共产党员；后来，他们又冲着社会主义者和工联主义者发起攻击，我没有挺身而出，因为二者我都不是；后来他们开始拘捕犹太人，我没有挺身而出，因为我也不是犹太人；当他们冲着我来的时候，已经没有人剩下来为我挺身而出了。

那么，你就可以看到，丧钟最终为自己敲响。律师与其他人相比没有更多的道德优势，但是他或她有比其他人更多的职业优势，律师的职业优势使他们更好地促进了为人人辩护的正义事业。不过，需要注意的是，这里的人人也包括律师自己，律师在为他人做辩护的时候，不是同时也为自己辩护吗？通过论证其他人的正当性来证明和再现自己的正当性，这不正是自己安身立命的实践理性吗？

四、结语：时代困境与出路

任何时代的任何人都面临着困境。人生的困境、历史困境和时代困境构成了人的困境之网。人生的困境需要回答的是人是什么、从哪里来、到哪里去的问题，这也是莎翁所说的"存在还是不存在是一个问题"的命题；历史困境则是"长时段"的困境，人因为没有突破历史阶段而必然承受的特定苦难；人生的困境和历史困境同样具有超越现实的特性，具有普遍的约束力。时代困境则是特定社会的特定阶段的问题和矛盾，大抵而言，时代困境是指特定时代全体成员都自觉或不自觉地感触或感知到并且深陷其中而尚未在制度层面达成共识的整体局面。今天，当我们站在21世纪的门槛上时，中国社会所面对的时代困境是什么？不同于上个世纪80年代初，中国社会对"改革开放"所达到的全社会上下惊人的共识局面——这一局面使中国在不到30年的时间里完成了解决温饱工程的伟大业绩。21世纪之初，在总体上实现小康的背景下，社会反而出现了前所未有的躁动、不安乃至恐惧的精神状态，其形态表现各异，但都共同指向在生存和发展意义上的无力状态。人人都言称自己是某种状态下的受害人，是被时代（而且是有目共睹的正在发展中的时代）剥夺了应得之物或已有之物的受害人。如果这种说法尚有夸大其词的嫌疑，那么，随着"弱势群体"一词的广泛运用和传播，社会各阶层的人都纷纷把自己视为这样或那样的弱势群体的一分子，则逐渐成为常态。被公认为弱势群体的人群的范围从农民、农民工、残障人士、妇女、儿童、老人到工人、市民、大学生、教师，最后竟也发展到干部、知识分子这些在传统上被认为掌握了国家权力和话语权力的人群。最具有代表性的是，那些新富阶层，即拥有了资本权力的人，也并非矫情地把自己放置在弱势群体的队伍当中，这非但没有增加人们的幽默感，反而为严肃的历史平添了沉重的质料。

人人都言说自己是时代的受害者或是弱势群体，这就是 21 世纪初中国社会所处的时代困境。突破困境的方法因困境的类型而有所不同。在我看来，人生的困境的出路在于存在主义哲学家雅斯培所说的"超越的突破"，也即萨特所言的自我的超越。解除历史的困境则需要"哲学的突破"，按照帕森思的说法，"哲学的突破"是指对构成人类处境之宇宙的本质发生了一种理性的认识，而这种认识所达到的层次之高，则是从来都未曾有的，与这种认识随之而来的是对人类处境的本身及其基本意义有了新的解释。那么，作为制度困境内涵的时代困境呢？2006 年秋季，中国的执政党在其纲领性文件《关于构建社会主义和谐社会若干重大问题的决定》中提出了从现在开始，用 14 年时间完成 9 大目标任务。我以为，这 9 大目标任务是针对时代问题或似困境提出的，是执政党对社会、对未来所做出的新的政治承诺。人们或许已经注意到，九大目标任务之首就是民主法制、依法治国和人权，它的具体表述是，到 2020 年，"社会主义民主法制更加完善，依法治国基本方略得到全面落实，人们的权益得到切实尊重和保障"。因此，构建和谐社会的首要目标任务就是构建一个公平正义的社会制度。从改革开放出提出加强社会主义民主、健全社会主义法制，到依法治国作为治国方略和人权入宪，在近 30 年时间内，民主、法治、人权等确实构成了现实社会和政治实践的一个不断需要提及的因素，但首次把它们作为未来 14 年全党全国人民奋斗的首要目标任务尚属首次，这也意味着一个崭新时代的开始。

笔罢，仿佛才忽然意识到，春天的确来临了。

治学三忌

崔 敏[*]

拙著《求真集——我的治学之路》出版后,有些读者来信或来电话谈他们读过此书的一些感想。有学子提到:"在最后一辑中看到您做学问的一些经验与体会,很受教益。能不能请您再谈谈做学问有哪些需要注意避免的问题?"这一问题提得很好,的确应该总结一下这方面的经验。由此而想到撰写此文,题为《治学三忌》。

一忌片面性

我认为,做学问第一个需要注意的,就是著书立说要力求避免片面性。

所谓"做学问",就是要探寻客观事物的发展规律以求解决现实中的问题。用哲学的语言来讲,就是要"认识世界"进而"改造世界"。我们说某人的学问做得好,其意思就是说某人对事物的认识比较全面、分析比较透彻、论述比较深刻、揭示了事物发展的客观规律或接近于客观实际情况。反之,如果说某人的学问做得不好,则是说他对事物的认识不够全面、不够深刻或者不很正确、不符合客观实际情况甚至违背了事物发展的客观规律。

客观地说,人对事物的认识,通常不大可能完全正确。由于每个人看问题的角度不同,在著书或写文章时难免会出现某种片面性,论述不够周延。要说某人对事物的认识"完全正确",那多少有点夸张。其实,任何人都不可能全知全能,在什么事情上都完全正确。学者通过自身的努力,其认识有可能接近于真理,但由于主客观条件的限制,其认识难免出现这样那样的失误。如果把哪个人美化

---

[*] 作者为中国人民公安大学教授。

为全知全能的神,就从根本上违背了马克思主义的认识论。

但是,话说回来,既然要做学问,就要力求科学、严谨,尽可能使提出的论点和论据经得起实践的检验(包括经得起同行学者的推敲和质疑),要尽量避免片面性,尤其不要出现很大的片面性。

片面性有各式各样的表现形式:有的是以偏概全或曰以局部代替全局,好比是"只见树木,不见森林";有的则是攻其一点不及其余,严重者可能导致"一叶障目,不见泰山"。总之,凡是片面性的论断,都与客观实际情况不符,或者说未能准确地反映实际情况,因而难以令人信服,甚至会贻笑大方。

举例来说,近日在某学报看到一篇论文,尽管这篇论文的某些内容并非没有可取之处,但从题目到行文均有明显的片面性。

先看论文的标题:《论犯罪问题非犯罪化处理的程序机制》。如果说对某些轻微犯罪可以采用非犯罪化的方式处理,其立论无疑是正确的,这是构建和谐社会的题中应有之义。但是,该文却把这一命题扩展为"论犯罪问题非犯罪化处理",这就需要商榷了。如果对所有犯罪问题都以非犯罪化的方式处理,那还用得着刑法吗?可见此文的标题就不妥:丢掉了"轻微"二字,就出现了明显的片面性,犯了"以偏概全"的错误。

再看文章的内容,其中有一系列片面的论断。例如,该文提出"刑事诉讼法就是犯罪人的大宪章","限制公权以求人权保障更是其最基本的追求",如此说来,岂不是说刑事诉讼法就是为犯罪人制定的吗?近些年来,诉讼法学界围绕刑事诉讼法的目的展开了热烈的讨论,最后对"双重目的论"达成了共识,一致认为惩罚犯罪与保障人权是刑事诉讼法的双重目的。"限制公权"仅是刑事诉讼法的目的之一,而不是全部目的。离开惩罚犯罪和对司法机关的庄重授权,把刑事诉讼法最基本的追求归结为"限制公权以求人权保障",显然是片面的。

该文还认为:"非犯罪化将被追诉者排除出刑事诉讼程序,从根本上避免了其继续遭受刑事诉讼程序伤害的可能性。"其立论的前提,是把进入刑事诉讼程序视为对被追诉者的伤害,这就把本末倒置甚至把是非颠倒了。依该文的观点,只有"将被追诉者排除出刑事诉讼程序",才能"从根本上避免其继续遭受刑事诉讼程序的伤害"。那么,按照逻辑的推论,最好的办法岂不就是根本不要启动刑事诉讼程序,对犯罪人一概不予追究? 这种论断对犯罪人倍加关怀,却忘记了犯罪对社会造成的严重危害,再次出现了片面性。

该文还认为:"通过非犯罪化的及时运作……防止了犯罪嫌疑人或被告人老是处在可能被追诉的状态,防止了犯罪人在监禁中受到交叉感染而导致其再犯意图和能力加强,从而真正成为刑事诉讼程序的彻底受害者。"从这一论断可以看出:作者并未考虑被害人与社会公众强烈要求惩罚犯罪的愿望,只看到犯罪人在监禁中可能受到交叉感染的一面,而忽视和否定了刑罚的改造功能。不能不说这又是一种片面的观点。

综上所述,这篇文章的毛病,就在于其立论偏颇,以偏概全,出现了种种不应该出现的失误,从标题到若干提法均有不妥之处,其偏差是明显的,这就使论文失去了说服力。

片面性是写文章容易出现的毛病。初出茅庐者更容易有片面性,似乎有可以原谅的一面,但它是做学问的一大忌讳。片面性引发的后果,是对作者自身造成损害。读者会认为作者的理论功底不够,对问题的研究缺乏深度,论述浮浅或看法偏激,对其论著产生负面的评价,反过来会对作者产生很大的杀伤力。因此,必须引起治学者的高度重视,要力求避免才是。

二忌理论脱离实际

理论的生命力,尽在于能够运用它去解决现实中存在的问题。因此,无论研究哪一门学科,都要深入实际,进行大量的调查研究,了解事情的来龙去脉。首先要弄清它究竟"是什么",即摸清该事物的现状和存在问题的症结;进而弄清"为什么",即为什么它会是这个样子而不是另外一种形状;然后才能找准解决问题的方法或途径,提出应当"怎么办"。只有这样的研究,才具有真正的价值,也才能对构建和谐社会和保证国家的健康稳定持续发展起到促进作用。

法学是社会科学的一个重要门类,诉讼法学更是一门实践性极强的应用学科。因此,法学研究特别是诉讼法学的研究,必须面对现实,密切关注立法、司法的进展情况,特别对法律的实际运作状况及存在的问题更应当关心和了解。说到底,理论研究的目的全在于应用。只有大体上吃透国情、社情、民情,跟踪法律实际运行中的现实问题,才能使研究的成果派上用场。

改革开放以来,我国翻译出版了外国的许多法典和法学著作,引进了西方的各种法学理论,大大拓宽了人们的视野,对健全我国的社会主义法治起了很好的借鉴作用。但是在这个过程中,也出现了一些值得注意的倾向,主要的表现是一些学者食洋不化,对西方的一套顶礼膜拜,而对中国的现实国情不屑一顾。著书立说言必称英美;一搞"比较研究",就认为英美法似乎十全十美,而把中国法说得一无是处。其实,他们对英美法究竟是怎么一回事未必真正了解,只看到法条的字面含义,不一定深刻了解执法的实际情况。例如,关于沉默权制度,英美国家都在立法上规定了犯罪嫌疑人在接受讯问时有权保持沉默,但无论在英国或美国,近些年来都对沉默权制度做了重大的调整;再如,单从字面上看,英美刑事诉讼法都特别注重对犯罪嫌疑人的人权保障,但在实际的执行中却往往实行双重标准。近年来不断曝光的美军在伊拉克和关塔那摩虐待囚犯的事例,其残暴和酷虐超出人们的想象,美国人根本不把被关押的外国人当人看待。可见,写在纸上的法律规定是一回事,更重要的还须看实际的执法情况。如果不顾中国的国情,盲目照搬照抄英美法系的那一套,必定会造成削足适履的效果。我认为那种心态和治学方法是不足取的,应注意校正。

三忌空话、套话和假话

理论研究的任务,是要揭示事物本身的内在规律,以及搞清事物相互之间的关系。这就需要尽可能占有各方面的大量资料,批判地吸取前人的思想成果,对各种理论流派和不同观点进行比较和分析,再经过个人的独立思考,运用判断、推理和逻辑论证,进而得出科学的结论。这是一种非常艰苦而复杂的脑力劳动。因此,理论研究工作者必须有严谨治学的精神,要提倡独立思考,刻苦钻研,一不唯书,二不唯上,三不迷信权威,四不随波逐流,五不说违心的话,只能以执著的态度去追求真理,并且只服从真理。而某一理论或观点究竟是不是真理,它并不能由行政长官或司法审判来裁决,而只能靠社会的实践来检验——实践是检验真理的唯一标准。

学术研究贵在创新。反之,最忌讳人云亦云,炒别人的冷饭,更忌讳说空话、套话和假话。当然,人们生活在现实社会,各种关系错综复杂,在某种大环境下,要想一辈子不说一句假话,很难办到。在某种气候下,不得已只能随大流说几句假话,但明知是在说假话时,千万不要发挥——决不可硬要把方的说成是圆的——那就不只是自欺欺人,而且会贻害无穷。至于抄袭、剽窃之类,则更是等而下之,它只会损害自己的人格和声誉,我自己则绝对瞧不起此类角色。

以上三点,我以为是治学之大忌。作为一个"过来人",也可以算是曾经经历过的几点教训。书之于此,愿与青年学子共勉。

《毛选》与法学

郭云忠[*]

何为经典？经典是用来流传的,经典是百读不厌的,经典是见仁见智的,经典是可以各取所需的。就如何从事法学研究、如何进行法学论文写作而言,《毛选》无疑是当之无愧的经典。当前存在于法学研究和论文写作中的诸多弊病,在《毛选》中基本能够找到解决之道。

一、题目

一篇文章在手,我们首先看到的是它的题目。王国维曾提出:"诗有题而诗亡,词有题而词亡。"他解释说:"诗之《三百篇》、《十九首》,词之五代、北宋,皆无题也。非无题也,诗词中之意不能以题尽之也。"(王国维:《王国维文学论著三种》,商务印书馆 2001 年版,第 42 页)当然,现在的论说文不能没有题目,但是,题目要尽可能形象生动、铿锵有力,让人过目难忘。顾名思义,目就是眼睛,眼睛是心灵的窗口,当然要传神。画龙点睛很生动地说明了文章和题目的关系是"龙"和"睛"的关系,而且,睛要"点"出来。可见,题目既要言简意赅、惜墨如金,还要对文章的思想有一个升华。

《毛选》中的经典作品很多,我们重点来看老三篇。老三篇的题目都只有四五个字,都很好记。试想如果由我们现在的法学家来写,《为人民服务》要么写成《在张思德同志追悼大会上的讲话》,要么写成《为人民服务——在张思德同志追悼大会上的讲话》;《愚公移山》很可能写成《在中国共产党第七次全国代表大会闭幕式上的讲话》。

---

* 作者为国家检察官学院科研部副主任。

时下法学文章的题目除了对内容升华不够、充斥赘词之外，还有一个大弊病——滥用副标题。副标题就好像是在人的眼睛上罩了一层纱，或是戴了一副墨镜，让读者与作者难以沟通和交流。副标题要么反映出作者驾驭语言文字的能力不够，要么是对文章的内容消化不良。副标题纯属画蛇添足，极大地扼杀了读者的想象空间。小文章实无必要，就是大部头的著作也应当慎用。翻遍《毛选》是绝对看不到副标题的。再看看我们的四大名著，哪有什么副标题啊！最多就四个字。可以想象，倘若让我们今天的法学家来给四大名著起名字，很可能会加一个副标题：《红楼梦——以贾宝玉林黛玉的爱情为中心，兼论四大家族之兴衰》、《西游记——天上人间僧俗两界之比较研究》、《水浒传——侧重于农民起义原因的分析》、《三国演义——以蜀国为视角的讨论》。当然，不是说所有的著作或文章都不能用副标题，会议综述、与某某人商榷的文章，适当用用还是可以的。

经典的法学名著，题目既简约又铿锵有力，如《政府论》、《君主论》、《社会契约论》、《利维坦》、《论法的精神》、《为权利而斗争》等等。好题目的秘诀就是含蓄：言有尽而意无穷。着墨愈少，读者想象的范围愈大，意味也就愈深远。

二、字句

文章的字句要经得起推敲，遣词造句要简洁、恰当、地道，力戒陈词滥调。

文章的首句和尾句对一篇文章的思想提升非常重要。比如，《为人民服务》开头两句话是："我们共产党和共产党所领导的八路军、新四军，是革命的队伍。我们这个队伍完全是为着解放人民的，是彻底地为人民的利益工作的。"最后一句话是："用这样的方法，寄托我们的哀思，使整个人民团结起来。"《纪念白求恩》的首句是："白求恩同志是加拿大共产党员，五十多岁了，为了帮助中国的抗日战争，受加拿大共产党和美国共产党的派遣，不远万里，来到中国。"尾句是："一个人能力有大小，但只要有这点精神，就是一个高尚的人，一个纯粹的人，一个有道德的人，一个脱离了低级趣味的人，一个有益于人民的人。"

在法学名著中，《拿破仑法典》的语言艺术是众所周知的，自然不必多谈。而融教育学、法学、政治学于一体的经典名著《爱弥儿》，其语言之美也可以从一个有趣的故事得到佐证：康德是一个生活习惯十分有规律的人，大家惯常根据他做保健散步经过各人门前的时间来对表，但是有一回他的时间表打乱了几天，那是他在读《爱弥儿》的时候。他说读卢梭的书他得读几遍，因为在初读时文笔的美妨碍了他去注意内容！（［英］罗素：《西方哲学史》（下卷），马元德译，商务印书馆1963年版，第247页）

法学名著的首句或尾句也常常很精彩。如《爱弥儿》的首句是："出自造物主之手的东西，都是好的，而一旦到了人的手里，就全变坏了。"《古代法》的首句是："世界上最著名的一个法律学制度从一部'法典'开始，也随着它而结束。"《君主论》的首句是："从古至今，统治人类的一切国家，一切政权，不是共和国就是君主国。"《论法的精神》的首句是："从最广泛的意义来说，法是由事物的性质产生出来的必然关系。"《为权利而斗争》的首句是："法的目标是和平，而实现和平的手段是斗争。"尾句是："这无疑是智慧的最后结论：人必须每天不停地开拓生活与自由，然后，才配有生活与自由的享受。"

而时下的很多法学文章，字句经不起推敲不说，甚至还有许多的语法错误。有的作者还喜欢用生僻词，或者故弄玄虚，玩文字游戏。法学研究是要解决社会实际问题的，还是雅俗共赏好，也应当提倡走"作诗如说话"这条路。（朱自清：《论雅俗共赏》，三联书店1998年版，第4页）此外，很多法学文章的首句和尾句，甚至是首段和尾段，都和文章看似相干，实际上不相干，都是编辑删减的对象。常见的就是文章开头长篇累牍地大谈研究方法，或者说一些实无必要的谦辞，如抛砖引玉啦，就教方家啦，他山之石可以攻玉啦等等，结尾还要再高谈阔论一番选题的意义，或是再说一大通限于篇幅本文无法再进一步深入研究另将著文论述云云。

三、韵律

咬文嚼字应从意义和声音两方面着眼。"声"即韵律。一般人谈话写文章，都咕咕噜噜地滚将下去，管他什么声音节奏。从前做古文，对声音节奏却很讲究。朱子说："韩退之、苏明允作文，敝一生之精力，皆从古人声响处学。"清朝桐城派文家学古文,特重朗诵,用意就在揣摩声音节奏。刘海峰谈文时说:"学者求神气而得之音节,求音节而得之字句,思过半矣。"姚姬传甚至认为:"文章之精妙不出字句声色之间,舍此便无可窥寻。"(朱光潜:《谈美·谈文学》,人民文学出版社1988年版,第163页)

《毛选》中的很多文章读起来抑扬顿挫,富有"声"之美,令人非常舒畅。老三篇中就不乏通过声音节奏来表现情趣和意境的佳句。如《愚公移山》中"下定决心,不怕牺牲,排除万难,去争取胜利";《为人民服务》中"人总是要死的,但死的意义有不同","我们都是来自五湖四海,为了一个共同的革命目标,走到一起来了";《纪念白求恩》中"不远万里,来到中国","一个人能力有大小,但只要有这点精神,就是一个高尚的人,一个纯粹的人,一个有道德的人,一个脱离了低级趣味的人,一个有益于人民的人"。

而时下的许多法学文章,声音节奏一点也不响亮流畅,读起来自然不会朗朗上口。根本原因在于作者的思路不清楚,情趣没有洗练好,驾驭文字的能力薄弱。思路和节奏密切相关,思想错乱,节奏就一定错乱。只有先把思想情感洗练好,下笔时才会让思想感情源源涌现,才能把话说得干净些,响亮些,才能"如闻其语,如见其人"。从语言文字表面上看,声音节奏有毛病,一个原因是半文半白,另一个原因是半中半洋。白话文中本来有的字和词,丢着不用,去找文言文的代替字,那何不索性作文言文?最不调和的是在白话文中杂用文言文所特有的语句组织,使读者不知是哼好还是念好。适度的欧化还可以,但是本国语文的特性应当考虑到。用外国文语句构造法来写中文,用不得当,就像用外国话腔调说中国话一样滑稽可笑。(朱光潜:《谈美·谈文学》,人民文学出版社1988年版,第167~169页)

四、形象

"文章之精妙不出字句声色之间"。所谓"色"并不专指颜色,凡是感官所接触的,分为声色嗅味触,合为完整形体或境界,都包含在内。"色"可以说就是具体意象或形象。我们接受事物的形象用感官,领会事物的关系条理用理智。理智是进一步、高一层的心理机能，但是抽象概念须从具体意象得来，所以感官是到达理智的必由之路。因此，要人明了"理"，最好的方法是让他先认识"象"（即"色"），古人所以有"象教"的主张。宗教家宣传教义多借重图画和雕刻。小学教科书必有插画，就是根据这个道理。可惜世间许多高深的思想都埋没在艰涩的文字里，对于文学和文化都是很大的损失。有些思想家知道这一点，虽写说理文，也极力求其和文学作品一样具体。他们通常用两种方法。一是多举例证，拿具体的个别事件说明抽象的普遍原理。二是多用譬喻，理有非直说可明者，即用类似的具体事物来比喻，"以其所知，喻其所不知，而使人知之"。（朱光潜：《谈美·谈文学》，人民文学出版社1988年版，第204~209页）

在老三篇中，毛泽东的独具匠心之处，就在于把抽象的、不易把握的"为人民服务"、"国际主义"和"团结奋斗"精神具体化为三个活生生的人物——张思德、白求恩和愚公。同时把深刻的哲理蕴含于生动具体的故事或事物之中，如愚公移山的故事，用泰山和鸿毛来比喻死的不同种类，等等。

为达到形象生动的效果，有些法学经典著作是以对话体的方式来表达深奥的法哲学思想，如《理想国》、《国家篇 法律篇》等。《爱弥儿》则是通过虚构的一个人物——爱弥儿的成长过程，来阐发卢梭博大精深的教育思想、宗教思想、法律思想和政治思想。欧洲空想社会主义史上的三颗明珠《乌托邦》、《太阳城》、《基督城》，采用的则是文学游记的体裁，通过讲故事来描述包括法律制度在内的理想中的社会制度。这种游记使读者如临其境，如亲其事，如见其人，如睹其物，从而更加具有吸引力和感染力。《刑法的根基与哲学》则是通过引用《圣经》中的法律故事和探讨具体形象的问题——"刑法应该有一张什么样的脸"，来阐发法律精义的。卡多佐曾经以故事"天空的守望者"来倡导看不见、摸不着的信仰，使闻者无不动容。

而时下的法学文章，常常反其道而行之，往往把简单的问题复杂化、生动的问题枯燥化。令读者哀叹："本来还清楚，你一说倒糊涂了！"更有甚者，还喜欢生拉硬造出一些词汇来，把读者弄得一头雾水，不得不怀疑作者是在"以其昏昏，使人昭昭"。

五、形式

文章的好坏,在很大程度上还体现在它外在的形式上,比如篇章结构、行文逻辑、篇幅长短等等。

毛泽东在《反对党八股》中为党八股列举了八大罪状。一是空话连篇,言之无物。他还一针见血地指出:为什么一定要写得那么长,又那么空空洞洞呢?只有一种解释,就是下决心不要群众看。二是装腔作势,借以吓人。凡真理都不装样子吓人,它只是老老实实地说下去和做下去。三是无的放矢,不看对象。四是语言无味,像个瘪三。五是甲乙丙丁,开中药铺。一篇文章充满了这些符号,不提出问题,不分析问题,不解决问题,不表示赞成什么,反对什么,说来说去还是一个中药铺,没有什么真切的内容。这种方法就是形式主义的方法,是按照事物的外部标志来分类,不是按照事物的内部联系来分类的。六是不负责任,到处害人。七是流毒全党,妨害革命。八是传播出去,祸国殃民。

法学文章中的党八股也不少见,对照毛泽东总结的八大罪状,常常有似曾相识之感。尤其是罪状一、二、五,更为常见。好文章要言之有物,要简洁,要实在。文章的展开靠的是内在的逻辑,句与句、段与段之间的衔接与连贯不能仅靠数字和符号。

六、观点

基本观点是一篇文章必不可少的"骨髓"。这绝不仅是出于安排素材和组织结构的需要,最主要的原因是论文的基本观点在最大限度上反映了该论文对学术的贡献,即原创性。(刘南平:《法学博士论文的"骨髓"和"皮囊"——兼论我国法学研究之流弊》,载《中外法学》2000 年第 1 期)不经过深思熟虑,思想就不会升华,也就不可能产生什么原创性的基本观点。古今中外,概莫能外。

我们再以老三篇为例,毛泽东以张思德、白求恩、愚公三个具体人物为对象,升华抽象出三种精神:为人民服务的牺牲精神、爱岗敬业的无私奉献精神、信念坚定的团结奋斗精神。在这短短三千余字的老三篇中,作者用如椽之笔,以其超越时空的非凡想象,驰骋于古今中外、仙俗两界,以生死离合为切入点,观点明确地谱写了为理想而奋斗的三重境界。为何毛泽东没有写纪念雷锋的文章?很可能就是因为在老三篇中已经把人的精神写绝了、写尽了,没有必要再写了。

而时下的法学文章,洋洋洒洒,动辄万言,却空洞无物,真不知作者到底想要说什么。或许,他们忘记了一个规律:经典名著往往都有核心观点,并且常常以比较偏激甚至极端的方式表达出来。如《君主论》明确提出:君主应当像狮子一样凶猛,像狐狸一样狡猾。《社会契约论》提出:人是生而自由的,却无往不在枷锁之中;国家的主权在人民,而最好的政体应该是民主共和国。《古代法》断言:一个国家文化的高低,看它的民法和刑法的比例就能知道,大凡半开化的国家,民法少而刑法多,进化的国家,民法多而刑法少。《为权利而斗争》则高呼:为权利而斗争是对自己的义务,为权利而斗争就是为法律而斗争。

七、态度

朱光潜先生曾谈到:写作的成功与失败,一方面固然要看所传达的情感思想本身的价值,另一方面也要看传达技巧的好坏。传达技巧的好坏大半要靠作者对读者所取的态度是否适宜。态度可以分为不视、仰视、俯视、平视四种。

不视即目中无读者。这种态度可以产生最坏的作品,也可以产生最好的作品。一般空洞议论,陈腐讲章,枯燥叙述之类作品属于前一种。另有一种作品,作者尽管不挺身现在我们面前,他尽管目中不像看见我们的存在,只像在自言自语,而却不失为最上乘的作品。与其说他们"不视",不如说他们"普视"。他们在看我们每一个人,我们却不容易看见他们。普视是最难的事。如果没有深广的心灵,光辉不能四达,普视就流于不视。

仰视难免阿谀逢迎。一个作者存心取悦于读者,本是他的分内事,不过他有他的身份和艺术的良心,如果他将就读者的错误见解、低级的趣味,以猎取世俗的炫耀,仰视就成为对艺术的侮辱。一个作者存心开导读者,也本是他分内事,不过他不能有骄矜气,如果他把自己高举在讲台上,把台下人都看得蒙昧无知,盛气凌人地呵责他们,讥笑他们,教训他们,像教蒙童似的解释这样那样,俯视就成为对读者的侮辱。

在仰视、俯视、平视之中,比较可取的是平视。因为这是人与人之间所应有的友谊的态度。"酒逢知己饮,诗向会人吟"。凡是第一流作家,对于他们的读者大半都持这种平易近人的态度。我们读他们的作品,虽然觉得他们高出我们不知多少倍,同时也觉得他们诚恳亲切,听得见他们的声音,窥得透他们的心曲,使我们很快乐地发现我们渺小的心灵和伟大的心灵也有共通之点。(朱光潜:《谈美·谈文学》,人民文学出版社 1988 年版,第 198~201 页)

在《毛选》中,可能最常见的态度就是平视了。如在《为人民服务》中:"今后我们的队伍里,不管死了谁,不管是炊事员,是战士,只要他是做过一些有益的工作的,我们都要给他送葬,开追悼会。这要成为一个制度。这个方法要介绍到老百姓那里去。村上的人死了,开个追悼会。用这样的方法,寄托我们的哀思,使整个人民团结起来。"又如在《纪念白求恩》中:"我和白求恩同志只见过一面。后来他给我来过许多信。可是因为忙,仅回过他一封信,还不知他收到了没有。对于他的死,我是很悲痛的。现在大家纪念他,可见他的精神感人之深。"每当读到这里,都会觉得作者是在和我们促膝谈心,一股暖流涌入心底。

当今的法学文章,从作者的态度来看,趾高气扬、目中无人者有之;居高临下、横加训斥者有之;正襟危坐、冷若冰霜者有之;喋喋不休、不厌其烦者有之。好文章,应当尽可能地减少作者与读者的敌对情绪,尽量拉近作者与读者的距离,因此,高明的作者表达自己的观点时常常用"我们"而不用"我",就是希望能得到广大读者的认同。而许多法学论文的作者就没有认识到这一点,喜欢用"笔者",一下子就把读者拒之千里之外了。

八、方法

好的方法是开启成功之门的钥匙。文章是研究成果的最终体现,文章的学术价值往往取决于前期的研究方法。

从研究方法而言,《毛选》有三个方面值得我们借鉴:

一是注重调查研究。《反对本本主义》中明确提出:没有调查,就没有发言权。并且大声疾呼:"要不得!要不得!注重调查!反对瞎说!"甚至提出:调查就是解决问题。只有蠢人,才是他一个人,或者邀集一堆人,不作调查,而只是冥思苦想地"想办法","打主意"。还明确提出:到群众中作实际调查去!假手于人是不行的。

二是注重中国的实际情况。《改造我们的学习》中明确反对脱离国情的主观主义,说他们是"言必称希腊,对于自己的祖宗,则对不住,忘记了"。"有些人对自己的东西既无知识,于是剩下了希腊和外国故事,也是可怜得很,从外国故纸堆中零星地捡来的"。说这种人是:墙上芦苇,头重脚轻根底浅;山间竹笋,嘴尖皮厚腹中空。或作讲演,则甲乙丙丁、一二三四的一大串;或做文章,则夸夸其谈的一大篇。无实事求是之意,有哗众取宠之心。华而不实,脆而不坚。自以为是,老子天下第一,"钦差大臣"满天飞。这种作风,拿了律己,则害了自己;拿了教人,则害了别人;拿了指导革命,则害了革命。

三是强调理论联系实践。《整顿党的作风》中指出:"真正的理论在世界上只有一种,就是从客观实际抽出来又在客观实际中得到了证明的理论,没有任何别的东西可以称得起我们所讲的理论。""有两种不完全的知识,一种是现成书本上的知识,一种是偏于感性和局部的知识,这二者都有片面性。只有使二者互相结合,才会产生好的比较完全的知识。"

我们研究法律,当然也应当重视调查研究,重视中国的实际情况,重视理论联系实践。由于法律是用来调控社会的,所以人们自然要强调和关注法律本身的可操作性。现代人已经不再愿意轻易相信那些"著名法学家"瞬间产生的天才想法,而更愿意相信大多数脚踏实地的法律工作者历经数年、日积月累的经验总结,尤其是类似于医学临床试验的法学实证研究。托克维尔曾说:人们在短促的一生中,有的人笃行,有的人立言;前者在发明方法,后者在创造理论。([法]托克维尔:《论美国的民主》(下卷),董果良译,商务印书馆1988年版,第236页)中国现阶段的法学研究,可能更需要笃行,尤其是需要实证研究的方法。

研究任何一门学问,包括法学,都需要花大气力。只有懂得"米煮而为饭,酿则为酒"的道理,才能静下心来,踏踏实实地去调研、分析和论证,才可能具备敏锐的洞察力和感悟力,从而捕捉到稍纵即逝的思想火花。诚如王国维所言:"古今成大事业、大学问者,必经过三种之境界:'昨夜西风凋碧树。独上高楼,望尽天涯路',此第一境也。'衣带渐宽终不悔,为伊消得人憔悴',此第二境也。'众里寻他千百度,回头蓦见,那人正在灯火阑珊处',此第三境也。"(王国维:《王国维文学论著三种》,商务印书馆 2001 年版,第 35 页)从事法学论文写作,还需要才气。只有懂得"人以文显,学以才彰"的道理,才可能学会用优美的语言、精妙的构思、飞驰的想象、深邃的内涵,写出能给人以审美愉悦和哲理思考的经典著作。

知识的互惠与征服

苏 力*

　　今天,生活在地球村的人们日益感到跨文化交流的重要性,也许知识分子对这一点感受尤深。在这个意义上,知识的交流就是一种知识的互惠、互补。对于发展中国家来说,这种对于外国知识的汲取无疑是重要的,是现代化的必需;发达国家在这种知识的交流中,也能获取新的意义,扩大自己的视野,可以看到一种在自己现有知识的框架中难以想象的生活和知识,理解一种不可能的可能,或多或少改变"老子天下第一"的观点。

　　但在有些方面,我在法律社会学调查中发现,这种知识的交流对于有些群体来说只是一种不得已,一种被迫。就其现有的生活而言,他们本来未必需要这种知识——他们需要这种知识仅仅因为他们需要同一些陌生人打交道,他们需要了解对方,以便利用这种对对方的了解来保护自己,或获取某种利益(包括对方的认同)。这种情况比比皆是。但为了避免过分专业化,我仅仅从日常生活切入这个问题,其中的意味则不应限于日常生活。

　　每年,北大校园里都有这样一些孩子,他们一身乡土气走进校园,但是他们或多或少地会受到某种歧视。他们不懂莫扎特、贝多芬,不懂凡·高、莫奈,不懂卡夫卡、博尔赫斯,不懂福柯、德里达,因此,尽管他们可能学业不错,但是在大学校园的"精英"文化环境中,这些人感觉自己总是缺少某些东西,缺少某些"知识",显得"土老帽"。为了让自己适应环境,抛弃这些土气,她或他努力了解城市人的习惯,按照城市人的方式行为。总有不少学子会花费相当的时间、精力来学习这类"知识",装点自己。他们会把一些自己其实并不真正喜欢,也不真正需要,甚至未必是知识的东西当成一种获得这个大学社区承认的执照。他们会学

---

* 作者为北京大学法学院教授。

着喝咖啡,学着跳舞,学着吼摇滚,学着(如果还有一点零钱的话)在情人节买一枝红玫瑰而不是其他什么花送给自己喜爱的姑娘。学习这些"知识"时,他们会很认真、很执著,甚至比对学业更为执著。作为生活的一个部分,就这样,他们度过了校园的4年或7年或10年的生活,他们当中确有一些人变了,变得温文尔雅、绅士风度,变得很妩媚靓丽、风姿绰约。他们也能同其他人一块谈论先前他们不熟悉的人和事了。他们成了白领。他们不说"给我一张纸",而说"请给我一张 paper"。

有些人也许就这样永远变了,但也有不少人,其实骨子里没有变多少。在他们的内心深处也许仍然喜爱故乡的秦腔、花鼓戏或者是那种有头有尾的、讲故事的电影,而不是《费加罗的婚礼》或《胡桃夹子》;也许喜爱的是陕北的"酸曲",而不是迈克尔·杰克逊或麦当娜;也许更喜爱民间的剪纸甚或是近代从西方引进但已经构成当代中国现实一部分的写实主义油画,而不是莫奈或毕加索;喜欢金庸的小说,而不是《第二十二条军规》,不是《审判》,不是《卡拉马佐夫兄弟》。而且,说不定哪一天,他被压抑的偏好又都会重新显现出来,如果环境允许的话。当他因无法获得认同而心灰意懒因此不再追逐周围的承认时,或者相反,当他已功成名就而人们追求他的认同接受时,他就不再谈论这些了。如果他追求的女孩子已经成为他的妻子,他就不会再买一束玫瑰花,也忘记了情人节。他的"劣根性"暴露无遗了。注意这里的引号。

这种现象在近代以及当代中国都不少见,可能在许多发展中国家都不少见。我也不想简单地对此说好说坏。也许中国在过去的一个世纪中,就是在这种"假白领"的摇摆中发展起来,变得日益现代化或"西化"了;也许今天许多外资企业、许多国家机关和单位也都需要这样的人。但是,对于一个人来说,对于一个民族来说,真的有这种必要吗?这种模仿和学习,注意仅仅是这种生活方式的模仿,这种谈资或话题上的模仿,这种举止做派上的模仿和学习,到底有什么效用?对人类社会有什么福利的增进?以及如果确实有,又是对谁的效用?

我并不反对西方的文明,我也不反对一个人更文明起来,谦和礼貌,博闻强记,特别是如果这一切都是他自己的选择。但如果这一切不是为了自己的需求,不是为了自己的福利,同时也没有或未必增进社会的福利,相反仅仅是为了遗忘现在的自己,为了疏远社会,为了脱离日常生活,仅仅是为了一种风尚,那么我觉得这种表面看来很个人性的、实际加总起来是社会化的大规模投资,从长远看来,是没有多少效用的,没有多少福利改善的。它甚至是压迫性的。它不仅压迫自己,甚至也压迫他人。我曾经见到自己的一些同代人,为了圆自己的梦,逼着自己的孩子学习钢琴、小提琴——仅仅是为了圆自己年轻时代的梦。结果孩子成了父母自我心理补偿的工具。

这是一种弱势文化的畸变,一种对自己的不自信。这种表面的知识的交流和互惠中实际隐含了一种文化的自我殖民,自我压迫和消灭。我不想过多地讨论这个问题。这样的事情在一定程度上都与个人选择有关,我不想干预这种个人的选择;如果硬要说这是悲剧,那么到处都有这种悲剧,因此,没有太多的大惊小怪的必要。

我关心的是这种也算是知识交流之现象的背后,关心的是——在我看来——理想的知识交流和互惠必须具备的前提条件,而不是一般地、非语境化地谈论知识的互惠。这个条件就是知识生产和输出的更大的权力关系。这种权力关系还不是个人之间的,而是国家之间的,文明之间的,这种权力关系并不真正基于知识的"真"和社会效用。没有经济实力的大致平等,哪怕同属于生活习惯和便利的知识,也还是会使有些人的这类"知识"更有市场价值,而另一些人的则没有很多市场价值。由此而来,也就没有对自己的自信以及对他人和自己的适度尊重,也就不可能有真正的知识互惠,有的只是看似互惠背后的单向度强加和自我强加,有的只是认同的自我改变,有的只是文化的自我消灭。40年前,在日本和亚洲四小龙崛起之前,韦伯的学说几乎是亚洲学者头上抹不去的一层阴影;而1970年代以后,韦伯关于儒家学说的观点至少受到了某种挑战或调整,人们至少不再认为儒家学说与市场经济不兼容了。

因此,也许还是邓小平说得对,"发展才是硬道理"——知识的真正平等交流和互惠只有在人们富裕起来,有了自信心、有了自主性之后,才有可能进行。中国人的习惯说法叫做"财大气粗"。尽管这种说法有贬义,应当予以警惕,但它在抽象层面还是提示了:知识的流动和流向是随着财富、权力关系变化的。这也就是说,仅仅从理想层面上构建一个知识互惠的理想模式不可能解决现实生活中知识交流和互惠的问题。说不定知识互惠的话题本身就是一个知识强加的新战略,就如同关于人权的对话很少是为了对话,而仅仅是为了征服一样。

我的这番话很容易被理解为是一种抵抗,或是要做出一种抵抗的姿态,有什么民族主义情绪之类的东西——人们会很容易这样理解。我其实并不是在抵抗,也不想发出什么抵抗的宣言。不仅是到了这个年龄,到拿了洋博士回来之后,再搞那一套,且不追究你是否沽名钓誉、故作姿态,也不会有多少人信的;更重要的是,如同我在一开始就说的,我还是相信有些知识确实是互惠的、互补的,甚至是目前中国必须努力学习的,而且——如果提醒能起作用——即使有一天中国发展起来了,也还是应当不断努力学习其他人的(一切的)对于人类生存有利的知识。因此,我上面说的仅仅是指出在知识交流中还有另一方面的现实,无法用知识话语本身改变的现实,我和你都处在这种宿命之中的现实。在这个意义上,我们都是尼采意义上的人,一种不断斗争着的人,是“超善恶”的;或者用老子的话来说“天地不仁,以万物为刍狗”。因此,我的这些言说不是一种道德话语(尽管可能被理解为道德话语),不隐含什么规范的追求,我只是看穿而已。我是绝望者,绝望者无所谓抵抗。

更重要的是,我的例子也表明,这种知识强加现象不仅在跨文化交流中存在,而且就存在于我们的身边,存在于我们同他人(包括同学生)的交流中,这个强加者和被强加者同时就是你、是我,而且仅仅你我“自觉”也无法改变。

如果理解了这一点,我们就会发现,所谓重构知识互惠的理想模式也许从一开始就是一种没有意义的努力——你如何要求人们在行动上而不是在言辞上采纳这种模式?! 也许只是学者有了一套政治正确以及隐含在其后的社会利益分配而已? 有意义的也许只是生存的斗争,只是实力!

寻求法律的精神家园

周永坤[*]

　　我是谁？我从哪里来？到哪里去？思考这些"无用"的问题似乎是人的专利。但是千万不要小视这些问题，它是人所特有的对自己精神家园的追求，正是这一追求显示出人这个物类的特质。这一追求寄托着人类的理想，它从灵魂深处规约着人类的行为，制约着人类社会与人类的未来。这些问题大多是无法"实证"地回答的，回答这些问题是哲学与伦理学的任务。法律作为规范人类行为的"该当"的规范，它的良恶与精神家园的有无息息相关。法理学的首要任务就在于通过对法律的精神家园的追求而促进法律走向公平与正义。

　　西方法理学从古希腊开始就以孜孜以求法律的精神家园为己任。古希腊的自然法学思潮将法律的精神归之于自然，这个"自然"是自然赋予人类的理性。通过这一逻辑转换，将法律与人的精神相连接。不过这一理性毕竟过于抽象，过于不确定，它的权威性令人怀疑。中世纪的法学对这一问题的回答与古希腊、古罗马没有根本的区别，他们只是为这一精神（理性）寻找到一个远离尘世的、纯净的、高于人的权威的家园——天国的上帝，使理性更具神圣性。如果像康德那样将上帝理解为一个不以人的意志所左右的、客观的、精神的存在，这一存在作为最高的、最终的合法性依据，上帝应该是人类一个伟大的创造物。正是他成为人的精神的载体与家园，正是他使人的精神具备了神圣性与至上性。正是在上帝之光的照耀下，借助上帝的权威，西方的法律取得了至上的地位，为现代法治社会的建立奠定了基础。但是，上帝是容易被滥用的，由于上帝与理性同样是可以装进完全不同的东西的，而且一旦有人垄断了与上帝沟通的渠道，上帝将成为作恶的工具。中世纪的宗教裁判所就是这样的例子。17 到 18 世纪的启蒙运动

---

[*] 作者为苏州大学法学院教授。

对这一弊端进行了清理,再次将法律的精神与人的理性相沟通。与古希腊不同的是,他们力图为理性找到"科学"的根据,因为这时科学取代上帝成为最终最高的精神权威。这一努力的代表作首推鼎鼎大名的《论法的精神》这一鸿篇巨制。正是在这一精神引导下,法发生了巨大的变革,人们称这一变革为法律现代化,其实质是一次法律精神的历史性的跃进。但是老的问题仍然存在:科学为人类带来福音,同样,多少恶行借科学之名行之!康德从方法论的视角对科学证明理性的能力提出了质疑。他认为价值是不可证明的,只有形式意义的存在才可以证明。他确立了形式理性对于法律的精神引导作用,但是康德并没有把价值交给魔鬼,而是为法律找到比理性更为具体的精神:自由。在康德那里,法律是一个人的自由与他人的自由共存的条件的总和,这一条件的表现就是人的权利。所以康德的法哲学是以权利开篇,以权利终结的。他的权利是世界公民的权利。但是康德的睿智并没有得到足够的重视。当希特勒的恶法以自然法之名行之的时候,法理学几乎进入了进退维谷的境地。人们再次想到法律有一些不可违背的原则,必须无条件地遵守。对这一精神的追求就形成了 20 世纪下半叶轰轰烈烈的人权运动。至此,人们终于认识到,法律的精神于人权,岂有他哉!接下来的努力便是进一步刻画这一精神的维纳斯之像。

中国古代社会的法理思想将法律的精神家园归之于一个字:理。中国历史上第一个大法官称为"理官",中国历代的法律家都试图将法律与"理"相沟通。但是由于中国的"理"中包含了"天尊地卑"的等级主义与王权主义,它的核心不是人,不是自主的人,更不是人的权利,而是统治人的权力。人是为权力而存在的,对权力的服从是根本的理。因此,这个"理"与实在法的张力便不足,在事涉王权的问题上,理更是与法律合一,与权力合一,导致法律精神的迷失与法律工具主义的泛滥。这是中国法律劣于西方法律甚至印度法律、伊斯兰法律的一个根本原因。与这一法律相匹配的法理学当然是与法律同构的。基于这一理由,从1930 年代开始就有学者主张中国古代没有法学。如果说这一立论有点极端的话,起码秦以后的正统法学是没有精神脊梁的。

20 世纪初的法律现代化运动的真谛是实现中国法律精神的根本转换:从巩固统治到保障人权。这从清末变法及民国时代法律变革的内容可以清楚地看到：禁革人口买卖，消灭奴隶制；废除刑讯逼供制度，删除非人的酷刑；制定民法典，加强财产权的保护；制定民刑诉讼法，从诉讼程序上加强人权的保护；建立单列的司法机关，成为中立的解决纠纷与保护人权的机构；建立西方式的律师制度。与此同时，在法理学方面也开始学习西方，努力追求法律的精神家园。当然，一切都带有初创的痕迹。

20世纪下半叶，似乎人类的目标已经确定，剩下的只是践行的问题。人们把自己的一切都交给了权力，相信权力会给芸芸众生带来幸福。法律被作为权力意志改造社会的、可有可无的工具。在前期，法律为阶级斗争的工具，甚至阶级镇压的工具，并将法律向这一方向推进。呈现在人们面前的结果几乎是法律的毁灭——它的顶点就是人所共知的"无产阶级文化大革命"。在这一过程中，法理学为法律的阶级性与法律的暴力性寻找必然性的根基——经济基础，在论证阶级性法律的必然性的同时证明了现实的阶级特权立法的正当性。其结果是导致自身的毁灭——一个权力意志工具的法律不需要精神，当然更不需要寻找法律精神的真正的法理学。改革开放促使人们对这一法律与法学开始了反省。但是由于法的阶级性这一法宗教学的教条没有改变，法律由阶级斗争的工具变成了发展经济的工具，这无疑是一大进步。但是，法律仍然是没有精神的存在物，它仍然是权力的创造物与实现权力意志的工具。在经过了近20年的徘徊以后，中国的法律与法学迎来了精神上的新生。在1990年代后期，我国签署了一系列的人权国际公约，同时在立法中也出现了明显的人权导向，中国法律获得了精神的再生。与此同时，非主流的法理学开始呈现人权关注的迹象。

法律的发展过程是一个不断追求自己的精神家园的过程，在这个意义上说，法律的历史刚刚开始，法律绝对没有到消亡之时，法律也永远不会消亡。如果法理学是追求法律的精神家园的学问，那么，法理学正处于青春期，至于中国的法理学则几乎仍处于襁褓之中。

并不是所有自称为法理学的理论都可以称为法理学的。只有寻求法律的精神家园的学问才配此称呼。追求法的精神家园的法理学的基本认识前提就是对权力的不信任，对权力作恶可能的警醒与担忧。在此基础上，将人定法置于价值的天秤之上。这是法理学的基本认识框架。这个价值是承认多元的，以此防止价值独断;这个价值又是相对统一的,这里的统一是指存在某些共同的认知,这些认知同时又是法律实践的规范,它是法律的精神之所在,是不可违反的。违背了它,就是迷失了法律的本真。特别重要的是,这里的价值是建立在所有的人都具有平等的人格这一基础之上的,任何以部分人的人格高于另一部分人的人格的假设不是特权就是歧视,是为现代法律所不取的。也就是说,你所言说的价值可能只为部分人所认同,这并不奇怪;但是,你言说的价值必须将所有的人同样看待,否则你就不在言说价值,而是在宣传特权或歧视。当年希特勒宣传雅利安人优越的理论就是一例。诚如唐德刚先生所言:人总是人,正如狗总是狗,猫总是猫。猫种虽有不同,但所有的猫都捉老鼠,狗种虽有不同,所有的狗都摇尾巴。"人种虽有不同,人类的行为却有其相通之处;其社会组织,因而也有其类似之处。"同理,法理学可以有不同的,但是法理学有一些基本的原则是不能放弃的,那就是对人的尊重,对所有的人的人格平等的承认。法理学应当拒绝以任何标准将人分成"自己人"和"外人"。法律没有敌人,否则就不配称法律;法理学没有敌人,否则就不配称法理学。

对于我们置身于其中的法理学,我想借用新康德主义者拉德布鲁赫反思德国法理学所讲的一句话:"难道还没有从我们身上,从我们经历的灾难,从可悲可叹的自傲、刚愎自用——自以为是,从世界史的巨大变迁中学会点什么吗?"同样,德国当代法理学教科书上的一句话也是不无教益的:"科学认知的可靠性及其成果对社会的有用性在很大程度上取决于科学自身是否有能力并准备着认识并纠正自身的弱点和缺点。"只有经历了巨大的历史疮痛的民族,只有具有自我反省能力的民族,只有对科学与正义充满敬畏的民族才会有此振聋发聩之论。

那么,我国法理学的弱点是什么?可以用一句话来概括:缺乏对法律精神的追求!

首先,我国法理学的定位是科学,它的目标是寻找规律而不是正义,它的基本理论框架是描述法的实在而不是寻找应然的规范。因此它不是规范科学。这样的法理学中人必然成为法律史长河中的泡沫,成为体现规律的客体。其次,这一法理学是缺乏作为类的、一般的"人"这一概念的,而只有阶级的"人"、对立为两个你死我活的阵营的"人"。这一理论作为批判那些行尸走肉式的法律是有意义的,但是,以此作为建构法律的理论基础,必然导致法律精神的迷失乃至疯狂,这在思想史上是不乏其例的。当以空间为畛域把人分成自己人和野蛮人的时候,对野蛮人不要法律,中国古代的夏夷之辩是其例;当以人种为标准区分自己人和外人的时候,对非我族类的人不用法律,希特勒是其典型;当以意识形态为标准将人分成自己人和外人的时候,对不信我神的是人不用法律,中世纪的十字军东征是其适例;当以阶级为标准把人分成人民和敌人的时候,对敌人不要法律,中国的"文化大革命"是其典型。更为严重的是,它的结果不仅仅是对"非我的人"不用法律,而是对所有的人不用法律。因为你是"自己人"还是"外人"是由权力说了算的,是没有标准的、任意的。

法律·多数·少数

李琦*

法哲学的根本问题,乃是法律的正当性问题,也就是对法律的正当性的追问并试图加以回答。法律的正当性无疑要求法律本身具有合理性, 即它能够被我们认为是"好"的、契合于我们的目的的。这样的立场,构成了法律的正当性理论中的"规范主义"。此外,与法律表达何种"意志"同样重要的,是法律表达"谁的"意志。从"君权神授"到"主权在民"的流变,正是法律的正当性来源的流变。在这流变的背后,一以贯之的则是"同意":法律得到了谁的同意,是"天命"(神意),还是"众意"(公意)?

法律是具有普遍约束力的规则,违反规则者将受到法律的强制性惩罚,其严重程度甚至可以是剥夺生命。也正是这"强制"和"惩罚"导致了法律的正当性问题,至少是突显了法律的正当性问题。只有得到了受规则约束者的全体同意,这样的规则才最可能具有有效性,也才是正当的。故而,伦理学强调义务以及由义务所生的责任(惩罚)必须以义务承当者(责任人)的承诺为依据。天才的贝卡利亚即主张刑罚这一最严厉的强制性惩罚须因承诺而获得正当性。但是, 全体的"一致同意"是不可能的。这至少是因为资源稀缺构成了人类生活的基本前提,利益差异乃至对立无可避免,而不同的个体又总是存在偏好差异的。政治学家夏皮罗提出了两个"视为当然的关于政治的假定":"一是没有一种决策会对所有人的利益都是中性的;二是期望在关于人类目标上的持久的歧异性是合理的。"摆脱这种"需要一致同意却又不可能一致同意"的困境的几乎唯一出路是,拟制出"一致同意",从而使包含着强制和惩罚的法律获得正当性。

怎么获得构造法律的正当性所必需的"拟制的一致同意"呢?在各执己见而

---

* 作者为厦门大学法学院教授。

形成"多数"与"少数"的分野时,逻辑上无非两种选择:一是少数服从多数,二是多数服从少数。稍具常识的人都知道现代社会以少数服从多数为通例——所谓民主即是指"多数决"。那么,为什么是少数服从多数,而不是多数服从少数?

一种可能的解释是,"多数决"才更接近于"拟制的一致同意",少数则离"拟制的一致同意"要更远。这自然是直观的和客观的。达尔关于多数规则的四项证明的第一项就是,"如果一个联合体中的成员需要集体决策以达到他们的目的,而且一个民主单位的边界是既定的,那么,就要求多数规则去实现最大限度的自决"。之所以要特别强调"一个民主单位的边界是既定的",不仅因为事实上的"民主单位"(如民族国家)都是"边界既定"的,还因为若"民主单位的边界"不定,则逻辑上不可能存在"多数"与"少数"的分野,也就无所谓"多数决",亦无所谓"少数决"——也许唯剩抓阄一途了。不过,"多数决才更接近于拟制的一致同意"这一"直观的和客观的"理由,难免力度不足。

有没有别的理由来为"多数决"做正当性证明呢?这首先需要澄清两个问题:第一,多数并不必然等同于正确。精英民主论正由此认为"多数决"其实是"多数暴政",也"降低决策水平"。此处,自来存在两种对立的观点。法国思想家孔多塞认为,多数会做出正确选择的概率要比少数做出正确选择的概率大。达尔赞同这样的观点并充分地引用为他自己主张多数决的论据。这里隐含的问题其实是,就公共事务而言,它是一个科学的问题而存在"正确/错误"之分野吗?第二,多数并不具有对于少数的天然的、不证自明的优先性。如果承认每一个体的独立性和至上性,就不能认为若干在数量上为多的个体天然地优先于另一些在数量上为少的个体。

那么为什么还是少数服从多数?

由于利益的差异,备选的行动方案可能会有许多。在许多备选方案的前提下,多数人选择的方案只能有一个,而少数人所选择的方案则可能有无数个,即存在不止一个"少数"。此时如果采取的是"多数服从少数"的规则,那么在前文澄清了两个问题之后,服从哪个"少数"?而如果反其道行之,即采取"少数服从多数"的规则,由于"多数"意见是具有唯一性的,这样如何选择的问题就不存在了。

北京酒仙桥地区的危房改造过程中，尝试用"民主投票"的方式决定拆迁的进程，但投票率不足七成，且有三分之一的居民投了反对票。不但投票的初衷没有实现，反而引发了更多的争议。

　　这个解释或许是更不容易得到赞同的关于"少数服从多数"的证明，因为这个解释居然舍弃了对多数是否更加正确或多数是否能够优先于少数的判断（其实我的舍弃也就意味着反对这样的理由）。但是，这个解释恰好反映了法律的独特性，遵循了法律的独特的内在逻辑：把价值问题转化为技术问题。在意见分歧下依何种意见行事，这自然是个价值问题；何种意见是"正确的／合理的"，或者何人的意见是应该具有优先性的，更是明显的价值问题。这样的"价值难题"怎么解决呢？尤其是，在无法等待而必须采取行动的时候，价值难题怎么解决呢？"锤子—剪刀—布"（甚至更没有智力含量的抓阄），然后采取行动？这就是典型的"把价值问题转化为技术问题"。在意见因分歧而众多的时候，按照具有唯一性的多数意见行事，而不是在众多的少数意见之间陷于选择的困难，正是"把价值问题转化为技术问题"。这也正如在"实质正义"难以判明的时候，依照"程序正义"行事。

　　如果可能的备选行动方案只有两个，自然多数只有一个，少数也只有一个。那么为什么还是少数服从多数？因为得到多数赞成的方案，才是最容易得到实施的方案。这是宪法学家赖曼所阐述的观点。这个时候考虑的并不是何者更"正确／合理"的问题，而是哪个行动方案能够更便捷地被实施。这也是一种接近于"把价值问题转化为技术问题"的思路。

"多数决"也是有例外的。这样的例外有两种大不相同的情形。

现实的民主运作中存在一种叫做"多数规则的稀释"的情形：如果许多公民放弃了他们对公共决策的参与，"多数规则"就被"稀释"了，即决策实际上是少数人做出的，其少数的程度可能低到只要26%——略略的多于"半数的半数"。这是因为两个"过半数"规则：享有投票权/表决权的人的过半数的参与投票/表决，则可做出决定；投票/表决的过半数同意，即为"拟制的一致同意"。这样的情形也正凸显了所谓的"一致同意"仅仅是"拟制的"。

为什么"少数服从多数"中的多数只是普通的多数即"过半数"的多数，而不是"绝对多数"或"特别多数"如五分之三、三分之二、四分之三？达尔认为，按照孔多塞的论证，"少数"的人数越少，其正确的概率就越小。所以，如果决策要求的是"绝对多数"，实际上就是正确概率小的少数人做出集体决策了。

实际上在某些情况下采取的是"绝对多数"而不是普通的多数，其典型和最为常见的情形就是宪法修正案在议会要求获得特别多数的通过。这构成了"多数决"的例外的第二种情形。为什么这个情况下是"少数决定"？或者说，反而是将少数的意见作为"拟制的一致同意"？

试着如此解释吧：一项公共决议如果仅仅是"过半数多数"的同意，那么它的分歧和争议就可以说是非常之大——大到几乎不存在多数。直接选举中就常常出现这种微弱多数的局面，如美国当年布什和戈尔的总统选举、我国台湾地区2006年国民党和民进党的"高雄市长"之选。在某些情况下，如果存在这么大的分歧，与其强行采取行动，还不如暂时维持原状。只有当这些关系重大的决策，能够得到明显多数的同意，从而可以表明不存在太严重的分歧和争议的条件下，才可以做出并付诸执行。

因此，以"绝对多数"原则表现出来的"少数决定"，说明了法律在动、静之间取舍的一个标准：在没有充足的理由的时候，法律宁静不动，即维持现状优先于变革。此也正是法律的优点和可被作为弊端之所在。

谋杀历史的罪恶

杨忠民[*]

一

德国作家君特·格拉斯在新作《剥洋葱》中,第一次向世人袒露了他隐藏达60多年的秘密:1944年,17岁的"我"曾是德国纳粹武装党卫军的一员!这则消息在2006年夏季的媒体上颇夺人眼球——格拉斯是因《铁皮鼓》而出尽风头的,这部辛辣剖析人性的弱点、无情嘲讽纳粹法西斯的长篇小说曾给作家本人,连同他的同胞和国家带来过巨大的骄傲。先是1979年,根据《铁皮鼓》改编拍摄的同名电影摘取了戛纳金棕榈奖;接着是1980年,这部电影又捧走了奥斯卡最佳外语片的小金人;更为辉煌的是,1999年诺贝尔文学奖的桂冠戴在了格拉斯的头上。想想看,假若如此灿烂的荣誉落在了一位中国作家的身上,那会在国人心中激起怎样的自豪情感? 因此,说格拉斯在德国民众的心目中与英雄差不多,大抵是不会错的。更让人尊敬的,还有格拉斯一以贯之的反纳粹姿态,在小说的写作中如此,日常生活里亦无例外。比如在1985年,美国总统里根访问当时的联邦德国,总理科尔曾陪同其参观一个葬有49具武装党卫军尸体的德国士兵公墓,对于这样一次颇有"参拜"之嫌的参观,格拉斯就公开发表过言辞激烈的批评,这虽然使政府生出几分尴尬,但却让大多数人感觉到这位作家在道德上的完美。然而,在被众人仰望了数十年之后,这位"英雄"居然以近乎自首的姿态自揭疮疤,一夜之间还原为前纳粹武装党卫军的一员,即刻缩小了身高的尺寸,成了道德的"侏儒"、"小人",社会的大哗是可以想见的。普通民众对格拉斯嗤之以鼻

---

* 作者为中国人民公安大学教授。

自不用说,就是知名人士、政府高官也多有指责。像德国犹太人中央理事会主席就说:"(格拉斯)对自己党卫军历史的沉默使他从前的言论变得荒谬不堪。"而德国的文化部长则认为:"把自己视为道德法庭的他,这下咎由自取。"连德国的总理默克尔也发了一通感慨:"毕竟格拉斯对别人评头品足是毫不留情的,所以今天他迟来的坦白遭到了大量批评也是不足为怪的……我可以理解现在人们对他的反应。"记性好的媒体还把1985年的那桩旧事翻出来,不无嘲讽地说:格拉斯本人也许就是墓地中的第50个党卫军。

或许格拉斯真该挨一通骂,谁叫他在一袭高贵的华服里居然暗自捂着一只大虱子,时间又如此之久——错讹的历史,曾经让德国、奥地利一些文化名流多多少少与纳粹沾上过边,像著名哲学家马丁·海德格尔、著名指挥家赫伯特·冯·卡拉扬等人都曾在上世纪30年代加入过纳粹。而与格拉斯不同的是,他们的历史污点大多在二战后没多久便曝了光,也挨过不少唾沫。不过,话说回来,已近80高龄的格拉斯,能够将自己这颗老洋葱在公众面前剥得赤身裸体,切成碎片,任人煎炒,却不能说不是一种勇气。法谚有云:迟到的正义也是正义。可以置换一下:迟到的勇气也是勇气。别忘了,就在2003年,媒体也曾曝光,1972~1982年间担任联合国秘书长,1986~1992年间担任奥地利总统的库尔特·瓦尔德海姆在第二次世界大战期间是个纳粹分子,并曾伙同他人在前南斯拉夫犯下过屠杀科扎腊区无辜平民的战争罪行。尽管瓦尔德海姆矢口否认,但媒体公布的材料却最终证明此非妄说。两相比较,谁都会说格拉斯更有勇气,也更有道德。

从格拉斯想到瓦尔德海姆,更想到了一个叫大卫·欧文的英国人。

就在格拉斯事件的同一年早些时候——2006年春季,大卫·欧文被奥地利维也纳州刑事法院判定有罪,并判处3年有期徒刑。与格拉斯的"自首案"相比,欧文案件的引人关注更甚于前者。之所以如此,是因为法院认定欧文的罪行是否定纳粹德国在二战中迫害犹太人的历史。据中国的媒体报道,欧文作为英国右翼历史学家,从上世纪60年代开始就以自由撰稿人的身份研究"第三帝国"历史,"他不仅搜集了大量纳粹高官的信件、日记、档案,还到欧洲各国以及阿根廷等国寻访纳粹党徒,收集资料。几十年来,欧文写了30多本书,几乎为纳粹的所有重要人物写了传记。在书中,他为德国法西斯大规模屠杀犹太人开脱罪责"。"……1989年，欧文在奥地利进行了两场演讲，宣扬他的'大屠杀质疑论'。由于他的行为触犯了奥地利法律，奥地利警方签发了逮捕令。2005年11月，欧文接受一个右翼团体的邀请，再次前往奥地利演讲。他本以为奥地利政府只是口头说说，况且逮捕令已签发了16年，说不定早已过期。但就在欧文驾车入境时，奥地利警方将其拘捕。在2006年2月20日的审判中，戴手铐的欧文拿着他写的《希特勒的战争》不停地为自己辩护。然而，陪审团和法官最终认定欧文有罪，判处其3年徒刑。"（见2006年3月10日《环球时报》）

欧文在受审时不过67岁，以此推算，二战结束时他至多还是一个懵懂无知的孩童。"欧文的父亲是一名英国海军司令，曾参加过两次世界大战。1942年，他指挥的军舰被德军鱼雷击毁，对于这段历史，欧文的印象似乎并不深。"因此，将欧文本人与纳粹铐在一起的，并非是他当过什么纳粹党徒，更谈不上与希特勒有着种族或者血缘上的联系，而是他作为一个二战后才成长起来的"历史学家"，却居然竭尽全力地将纳粹们的尸骨从地下一一翻检出来，试图漂白洗净！如果说，对于自己曾有的污点或罪恶，格拉斯的坦白或瓦尔德海姆的否认所引出的问题仅仅被限定在道德范畴之中——坦白或忏悔，似乎更为教堂里的神甫们所乐意听取，法律对此并不抱有特别的期待；那么，欧文案件所发生的问题却远远越出了道德界限，一脚踏进法律评价的领域：否定纳粹法西斯的罪恶也会上升为一项不可饶恕的刑事罪行。

二

在历史学家眼中，对于过往的历史，一个文明的社会应当有着最真实最长久的记忆。如果历史的真实可以被轻易地擦去，或者被任意地扭曲，这样的社会不是原始蒙昧的，就是野蛮专横的。若问欧洲现代文明成熟的标志究竟是什么，选项或许有很多很多，但以上面的标准来看，对于纳粹法西斯的罪恶坚持永远的自觉记忆，应当是最重要的必选答案之一。欧洲这块在古老和现代的人文太阳交相灼射下的灿烂之地、文明之地，居然在20世纪上半叶倏忽间生长出纳粹主义，构筑起向世界宣战的法西斯大本营，而自身也成为灭绝种族乃至反人类的各种暴行肆意蹂躏的屠杀之地、苦难之地！对此，诸多的欧洲国家和民族身上的创痛和内心的反思相互交织，已经成为了对那段历史一种自觉而刻骨铭心的记忆——这种记忆既是个人的，更是国家和民族的。从1970年联邦德国总理勃兰特在波兰犹太人死难者纪念碑前的深深一跪，到2005年大屠杀警世碑在柏林勃兰登堡门旁的牢牢竖立；从作为纳粹犯罪现场长期保留的奥斯威辛等诸多集中营，到2007年1月刚刚揭幕的法国犹太人大屠杀纪念馆；从数十年来对纳粹罪犯的执著追踪、捕捉、审判，到小说、诗歌、摄影、绘画、戏剧、影视对纳粹罪行的严厉拷问……其实无不表征着这种记忆的自觉、深刻和顽强。

记忆历史，大致有两种截然相反的功用：让曾有的事实再次发生，或者防止它重新上演。前者无疑是对经验的累积，后者则是对教训的记取。欧洲国家和民族对于纳粹罪恶的记忆当然属于后者——时刻警惕纳粹主义的卷土重来。这种警惕绝非杞人之忧，要知道，希特勒连同他的第三帝国虽然早已折戟沉沙、烟飞灰灭，但它的幽灵始终还徘徊在欧洲大陆，甚至游走于世界的许多角落。人们所需要警惕的，不仅仅是那些啸聚于街头的"光头党"，或者弥漫于学术沙龙的"新法西斯主义"；不仅仅是风吹过耳的纳粹党歌、军歌，或者涂抹在受难者墓碑上的污物、反犹标语；甚至也不仅仅是疯狂砸碎犹太人商店的橱窗，或者纵火焚烧有色人种移民居住的篷帐——这些固然是这个幽灵渴望复活的蠢动，而更需要警惕的，还有不时响起的"魂兮归来"的招魂声——一种否定纳粹罪恶的声音。

人们常说，希特勒及其纳粹主义已经被钉在了历史的耻辱柱上。撇开抽象的道德意蕴不谈，这句话在现实中的法律象征，无疑更多指向的是那个著名的纽伦堡审判。从文明社会与历史记忆的关系来看，在对第三帝国进行了严厉的武器批判之后，之所以还有必要借助这样一个审判来对第三帝国进行法律上的否定——依据法律和事实，将一大批纳粹元凶认定为战争罪犯、反人类罪犯、反和平罪犯，并处以包括极刑在内的各种严厉刑罚，其意义之一就是将纳粹的罪恶深刻于大众、民族和国家的历史记忆之中，使耻辱柱上的绳索捆得更紧，铁钉钉得更牢。以此看去，欲使纳粹亡灵复活，端赖于那具早已腐臭的躯体是否能够从耻辱柱上解下。而要做到这一点，招魂者们首先必须动摇法律的判决，否定那次审判对于纳粹罪恶事实的认定。于是，才会出现欧文这样的"历史学家"，或摇笔于私家的书斋,或奔走于列国的集会,费尽心力,用各种编造的"真相"来否定纳粹的罪恶。比如,称1938年11月9日对犹太人建筑肆意打砸抢的"水晶之夜"是化装成纳粹冲锋队的外人干的;称希特勒对大屠杀毫不知情;称德国从来没有设置过死亡集中营;称犹太人大多是死于伤寒,而毒气室、焚尸炉等是后人为吸引游客兴建的"项目";称犹太人的死亡人数远远不到600万;等等。

欧文被新纳粹主义者奉为"我们时代最为勇敢的反潮流历史学家",如此则表明,作为一个纳粹招魂者,欧文无疑是出色的。而这种出色更凸现了他言论的危险:他不是用空洞的口号否定法律的判决,而是以对"事实真相"的细细述说来扭曲历史的记忆,变形历史的记忆,直至将一场大劫难从大众、民族和国家的历史记忆中静悄悄地谋杀干净。这种谋杀是软性的,没有鲜血,也没有任何疼痛,但对于早已远离那场劫难的人们,却具有相当的迷惑性;尤其对于那些从不知道我们这个星球上曾经有过怎样的纳粹怪兽和怎样的巨大灾难的年青一代来说,这种谋杀犹如吸食大麻一般,容易激起对于逝去时代的迷幻想象。在这种想象中,纳粹时代似乎是一个无可比拟的伟大时代,一个没有饥馑只有富强的时代;一个没有淋漓鲜血只有灿烂阳光的时代;一个没有尸骨如山的屠场只有四处铺满鲜花的时代;一个没有令人心悸的恐惧只有人人幸福笑脸的时代……因此,在二战结束许多年之后,欧洲居然还会出现像"光头党"这样的纳粹新生代,而某些雅利安青年则把纳粹的军服、勋章、佩剑、旗帜当成耍酷炫耀的器物,将《我的奋斗》作为必读的经典,而"嘿!希特勒"式的致礼更是习惯为日常的举动——这一切,完全可以从欧文这类纳粹招魂者们对历史的谋杀中找出其发生的逻辑。人们有理由担心,当纳粹罪恶的时代对于过来人已经记忆依稀,而后来者却在迷幻的想象中充满憧憬时,希特勒及其纳粹主义从耻辱柱上挣脱而下将不远矣!

无论欧文在法庭上如何自我辩护,人们都毫不怀疑,漂白纳粹尸骨就是为了召唤希特勒的亡灵;而否定纳粹的屠杀罪恶,则是为了让这一罪恶重演。从这一意义上说,谋杀历史也如同真正的谋杀一样,已经无法仅仅用道德来谴责,而必须以法律手段予以严厉的否定。对于形形色色的"历史杀手",也应当如同对待纳粹元凶一样,用法律钉在历史的耻辱柱上。

从有关资料来看,在这一问题上,走在最前面并且最坚决的欧洲国家,首推纳粹主义发源地之一的奥地利。早在 1945 年 5 月 8 日,奥地利就颁布了《禁止纳粹法》,明确规定任何公开称赞纳粹组织或颂扬希特勒本人的行为将受到法律制裁。这一法律后来在修改时又补充规定:凡在公众面前以印刷品形式,散发支持或带有纳粹性质的文件或图像资料;要求、鼓动或教唆纳粹行动的行为;美化纳粹组织的建立和措施等行为都将受到法律制裁。情节严重的可判处 5 年至 10 年有期徒刑,特别严重的可判处 20 年有期徒刑。在各种媒体或公共场合否认、大力美化、颂扬或者为纳粹辩护的行为亦无例外。奥地利还制定了一系列配套法律,如《制服禁止法》、《徽章禁止法》和《公共场所滋事制裁法》等等。相对于奥地利来说,背负更为沉重历史的德国的步履要迟缓一些,二战后的十多年间在法律上少有作为,躲躲闪闪。不过,在经历了 20 世纪 60 年代至 70 年代一段深刻而痛苦的全民族反思之后,德国人的法律行动便开始紧紧跟上了。1979 年,德国联邦法院在一项判决中认为,否认"第三帝国"屠杀犹太人的历史,就是对每个受害者的污辱,将给幸存者带来新的伤害;1985 年 4 月,德国联邦议会通过一项决议,将否定迫害犹太人的行为判定为对犹太人的侵害,要求给予法律的惩处;1994 年 5 月,德国的《反纳粹和反刑事犯罪法》出台,规定在公开场合宣传、不承认或者淡化纳粹屠杀犹太人的罪行,可以处以最高 5 年的监禁。在法国,1990 年则通过了《盖索法》,将任何否定纽伦堡审判和东京审判所界定的"反人类罪行"的行为明确规定为刑事犯罪,给予严厉惩处。在比利时,国家议会于 1995 年 3 月通过一项法律,将否定纳粹大屠杀事实、规模以及方式的行为纳入刑法调整的范畴;2005 年 5 月,国家议会更将上述法律适用的范围扩大到被欧洲议会和欧盟成员国法律所承认的所有种族屠杀和反人类罪行……截至 2006 年,在法律上将否定、美化纳粹罪恶的行为规定为犯罪的欧洲国家已达 11 个,即奥地利、德国、比利时、捷克、法国、以色列、立陶宛、波兰、罗马尼亚、斯洛伐克和瑞士。

或许,以为一纸法律就可以将纳粹招魂者们铲除干净,实在是一种奢望。而事实上,作为纳粹招魂者,欧文既不是第一个,也远远不会是最后一个——在审理欧文案件之前,仅 1999 年至 2004 年,奥地利的法院已审判了 158 起违犯《禁止纳粹法》的案件;2003 年,德国政府也曾对于一个早已移居加拿大却拼命颂扬希特勒的德国人钦德尔发出过国际通缉令,并最终于 2005 年将其遣返。而"光头党"至今仍未销声匿迹,都足以说明这一点。然而,用法律来捍卫历史的真实记忆,以时刻警惕劫难的重演,却是任何一个对历史真正负责任的国家和民族的当然立场和必要姿态。正是在这一点上,我们尤其应当对欧洲 11 国的这一立法充满深深的敬意。

三

对于欧文案件的判决,一些英国人曾指责奥地利"侵犯了欧文的言论自由权利"。对此,德国总理默克尔回应说:"包括德国在内的欧盟国家,有道德义务对抗欧文所做的那种宣传,关于此事我们不能拿言论自由来辩驳。"这句话不应当解读为仅仅是对指责者的简单反驳——其中颇有深意之处,在于指出即使是作为宪法精神之一的言论自由权利,也存在着一条不能逾越的边界:禁止以言论自由来否定纳粹罪恶。以默克尔的身份,他表达的立场当然不是个人的,而是德国这个国家的。前面提到的德国联邦法院在 1979 年通过的那项重要判决,就曾经将任何否认"第三帝国"屠杀犹太人的历史的言论,排除在言论自由的范畴之外,不作为言论自由予以保护。其实,这种对言论自由权利划定如此边界的,不独是德国,可以说,立法禁止否定纳粹罪恶的欧洲 11 国无一例外地都具有同样的立场。

由此,自然引出了一个问题:欧洲人为什么要为一向尊崇的言论自由划定这样一个边界? 有人给出的一种解释说:"一种可能是,二战中德国、奥地利是纳粹言论和暴行的发源地,给世界各国人民造成了巨大的痛苦。战后,出于赎罪的目的,作出上述规定,以表达反省和忏悔之意。"(见《南方人物周刊》2006 年第 5 期所载《"叫魂"教授关进班房》)这种解释或许有几分道理,但不能完全令人满意——忏悔和反省作为动因只是答案之一,但不是答案的全部,何况这一动因还只局限于德国、奥地利这两个国家。在我看来,要寻找到具有普适性意义的答案,只有抛开纯粹的忏悔和反省,回到言论自由的基本价值上来。

人们之所以需要言论自由,不仅仅因为如同洛克所说的,"大声说出心里话的自由"乃是人"最低级(最基本)的自由",而且因为它是可以向自由的敌人——

专制暴政——大声说"不"的自由。在这个意义上,对抗专制暴政,应当是言论自由的基本价值。而人们之所以需要对言论自由设定边界,并非是为了将自己置于枷锁之中,相反,束缚自由的意义,乃是使自由获得保障,从而使人自己也获得保障。这仿佛是一个悖论,然而却是极为普通的常识:没有束缚的自由,必将反对自由本身。关键在于,言论自由的边界如何在法律上划定,却是一个充满价值取向的问题。纳粹德国的《民族与帝国紧急状态排除法》、《保卫德国人民法》以及《保卫人民与国家法令》为"言论自由"划定的边界是:禁止人们发出任何质疑纳粹法西斯统治的声音。如果说,在这条边界内,人们的言论还享有某种"自由"的话,那么就只剩下了可以选择以何种旋律、何种语调和文笔为希特勒及其纳粹主义唱颂歌献诗篇的"自由"。这种"自由",显然只属于宠物,但却很难说是人的自由。与之相反,欧洲11国的立法为言论自由划定的重要边界——禁止否定纳粹罪恶,尽管会使欧文或者欧文们丧失了声音,却让警惕纳粹亡灵复活的言论喧哗不已,让防止政府权力异化为专制暴政的监督大声鼎沸。两种不同的边界,凸现出两种截然不同的价值取向:维护专制暴政的"言论自由"与对抗专制暴政的言论自由。对于每一个真正的人来说,倘若选择前者,则自由亡;而选择后者,则自由存。从这一角度看去,禁止否定纳粹罪恶的言论,其实是对言论自由的一种捍卫。这可以看做是对前面问题最具有普适性意义的答案。

四

2007 年的 1 月 27 日是联合国大会确定的死于纳粹大屠杀的犹太人和其他受害者的纪念日。之所以提起这个日子,并不是由于这一纪念日的确定与君特·格拉斯的坦白或者奥地利法院对欧文的判决存在着某种直接的关联,而是这三者具有一个共同之处:都在以自己的方式让那段有关纳粹罪恶的历史记忆更加清晰起来。本来,一段人类劫难的历史,于受害者而言,遗忘大约是疗治伤痛的最好药物,谁愿意永远浸泡在血与泪的追忆之中呢?问题在于,当这个世界上还有人——如欧文之流——为了复活这段历史而不惜谋杀历史时,那么,让过去的劫难彻底死亡的方式,唯有记忆——并且是永久的记忆。

客观的了解与中国法学的中国化

喻 中*

题目很大，不妨从一个具体问题开始说起。

在追随时贤著作的过程中，我注意到一个现象，那就是，大家总是在不约而同地强调，中国传统法律"重实体轻程序"，并常常以此来概括中国固有法律的特征。初见这种结论，觉得很有道理。反复思考之后，发现这个众口一词的说法并非天经地义，更不是颠扑不破的绝对真理。

为什么会得出"重实体轻程序"的结论呢？原因有三：其一，论者习惯于把程序等同于诉讼程序，把诉讼程序作为唯一的程序。传统中国有贞观律、永徽律，但却没有贞观诉讼律、永徽诉讼律，可见"实体重而程序轻"。其二，把现代形态的法律不加反省地套用于传统中国。现代中国有宪法、行政法、民法、刑法、诉讼法等等，如果把这样的"法律体系"套用于传统中国，能够找到的对应物就只有刑法了，宪法、民法都没有，遑论什么诉讼法或程序法了。其三，在现代西方的法律体系中，诉讼程序比较发达，庭审过程中，一招一式严格认真。相比之下，我们的诉讼常常比较灵活，特别是在送法下乡的途中，怎么方便、怎么实用就怎么来，不那么较真，在一些学者看来，这就是诉讼法不发达、不成熟的表现。因此，加强正规化建设，像西方国家那样"认真对待程序"，就成了一个普遍性的理论诉求了。

然而，这样的分析与论证是有疑问的，以"重实体轻程序"来概括中国固有法律的特征，也是不确切的。因为，一方面，传统中国有相当发达的程序，只是这些程序并不是诉讼程序，而是表现在其他的领域。譬如，祭祀程序、丧葬程序、皇帝临朝程序、结婚离婚程序，甚至是生孩子的程序、建房子的程序、饮酒吃饭的程

---

* 作者为首都经济贸易大学法学院教授。

序,等等,都有极其严格的规定。这些有关人们行为的环节、步骤的规则,虽然不见于某部"法典",却在儒家著作中编述历历。一个"礼"字,可以说是对中国古代程序的高度概括。在繁琐不堪的礼仪规则面前,谁能说中国古代没有程序呢? 谁能说中国古代"重实体轻程序"呢?

另一方面,当代被人看重的诉讼法,在传统中国确实不甚发达,但是,这种不发达并不是一种缺陷,而是中国传统法哲学的必然结果。简而言之,传统中国在特定的经济结构、生产力发展水平尤其是儒家意识形态的支配下,"寻求自然秩序中的和谐"成为朝野上下的一个普遍性的追求,"无讼"也因此成为一个终极目标。"听讼,吾犹人也,必也使无讼乎。"孔夫子的这句话,再清楚不过地表明:诉讼的最高境界,并不在于精致的诉讼过程,而是"消灭诉讼"! 连诉讼本身都在消灭之列,诉讼程序还有发展的必要吗? 可见,传统中国没有现代意义上的诉讼程序,不但不是一种令人遗憾、需要弥补的缺陷,反而表征了传统中国法律的理想图景。

现代学者用"重实体轻程序"来概括中国传统法律的特征,其实是以现代西方法律样式作为标准,来对中国传统法律加以衡量的结果;看似"比较研究"得出的结论,其实是经不起推敲的。因为它是把两种基本不相干的事物加以比较,就像"企鹅"与"天鹅",虽然都是"鹅",但把这两种"鹅"拿来比较,说天鹅能飞,而企鹅不能飞,因此,企鹅"重行走轻飞翔",甚至没有天鹅那样的飞翔技术,乃是一个缺陷,云云。如果这种关于企鹅与天鹅的"比较研究"令人啼笑皆非,那么,以西方近现代法律中的诉讼程序来对照传统中国的法律,宣称传统中国的法律"重实体轻程序",不也就在"五十步"与"百步"之间吗?

不是说在中西法律之间,不能进行必要的"比较研究";而是说,不能把一方的逻辑作为绝对权威的"巴黎米尺",用来丈量另一方。那样的"比较"不仅简单,而且粗暴,严重地妨碍了对于中国传统法律的理解和尊重,同时也没有真正地理解西方法律内在的逻辑。

比较研究的前提,是对中西法律有客观的了解。在《客观的了解与中国文化之再造》一文中,牟宗三说:"所谓'客观的了解',细言之,比如说先秦儒家,就好好正视它如何形成,里面基本义理是什么? 这种属于哲学义理的了解是很难的,了解要'相应','相应'不单单靠熟读文句,也不光靠'理解力'就行,文句通,能解释,不一定叫做了解。此中必须有相应的生命的性情。"(牟宗三:《中国哲学十九讲》,上海古籍出版社 2005 年版,第 357 页)牟先生在此所讲的原则及其方法,虽然是针对中国传统的文化而言,但它也适用于当代中国的法学状况。接着牟先生的话题,本文还想阐明一个内容不同、思维格式相似的命题:通过客观的了解,实现中国法学的中国化。

为什么要强调中国法学的中国化? 原因就在于: 当代中国主流法学的中国化程度较低。这个判断可以通过以下两个方面加以说明:第一,中国法学习惯于以西方法学话语作为标尺,来评判中国法律的"词与物"。在这样的思维定式之下,凡是与西方法学话语不符的,都是错误的;凡是背离西方法学话语的,都是应当反对或抛弃的。西方法律"重程序"而中国法律"轻程序",这就是中国固有法律的病症。在这样的比较研究中,西方法学话语,既仿佛"大写的真理",又令人回想起 20 世纪 70 年代一度盛行的"两个凡是"。当代中国主流法学中各种或隐或显的"两个凡是",导致中国法学偏离了"中国"。第二,由于西方法学的逻辑支配了中国的法学话语, 致使中国法学在相当程度上表现为 "西方法学在中国"。形式上看,中国法学是用汉语表达的法学;但它的内容和实质是在以汉字重述某种西方的法学话语,由此造成的结果是,法学研究类似于西方法学文献的翻译或编译。这样的中国法学,实质上是西方文化在中国的传播,是"唐僧西天取经"在当代的又一次重演。倘若我们不能把唐僧的取经、译经、讲经作为中国思想文化的主要内容,那么, 编译、解释西方法学文献,似乎也不宜作为中国法学的主要内容。

其实,"中国传统法律重实体轻程序"这种似是而非的结论的流行,就像冰山一角,已经表明了中国法学的非中国化倾向。这样的倾向,既妨碍了对于中国固有法律的理解,也难以支持中西法律之间的比较研究,同时还不能较好地回应中国现实社会的需要。

面对这样的法学状况,有必要提出一个根本的任务:逐步使中国法学回归中国,逐步实现中国法学的中国化。要实现这个目标,有赖于牟先生所强调的"客观的了解"。

　　牟先生站在哲学史家的立场上所说的"客观的了解",是要正视比如儒家思想的形成过程及其所包含的基本义理。由于哲学史研究的对象是思想的演变,中国法学关注的对象是社会秩序,因此,与牟先生不同的是,本文所谓的"客观的了解",就是要尊重、正视中国秩序的形成过程及其所包含的基本法理。只有客观地了解这两样东西,才可能促成中国法学的中国化。

　　此外,牟先生还强调:"文句通,能解释,不一定叫做了解。此中必须有相应的生命的性情。"这个意见颇有玩味的价值。因为,对中国固有法律的了解,尤其是"客观的了解",不能仅仅在文句方面下功能,而要注意生命的性情。换言之,就是要把中国固有法律诞生、演变的过程,作为一个有机的生命现象来看待,要走进这种生命现象的内核,按照她自身的逻辑,客观地考察它自己的生长机理。

　　在中国法学界,倘若什么时候出现了这样的比较研究:以传统中国"重礼轻法"为标准看现代西方的"重法轻礼",也许才标志着中国法学的文化自觉开始初步形成,中国法学开始回归中国。

启蒙与创新：当代刑法学者的双重使命

陈兴良　周光权 *

【编者按】刑法学发展中存在哪些问题，中国当代刑法学者负有何种历史使命，如何合理借鉴国外刑法学理论来建构中国的体系，学派论争对于刑法学发展的意义是什么，中国刑法学的前景在哪里？如此等等，都是需要仔细思考的问题。为此，编辑部约请陈兴良教授、周光权教授就相关问题进行集中对谈。两位教授的主张或为一家之言，但其对中国刑法学的未来发展，定有启迪价值。

周光权（以下简称周）：改革开放至今已有 30 年历史，在此阶段，刑法学是起步最早的法学学科，在很长时期内处于"显学"地位，研究相对成熟。但是现在，它在整个法学学科中，早就已经不是"显学"了。法学的发展，在最近 30 年间，先后是刑法学、法理学、民商法学各领风骚十来年。俗话说，"三十年河东，三十年河西"，大概讲的也是这个意思。不过，在当前社会，刑法学离开"显学"位置并非所愿，乃是形势所迫。因为民商法学的重要性得到凸现，它和市场经济的发展紧密相关；民商法与公民的日常生活息息相关，维系着每一个人的生存和发展。以民商法为学业，意味着更多的经济收入和更好的就业机会。事实上，刑法和普通公民尤其是守法公民的关系都较远，许多人一辈子都可以不和刑法打交道。刑法学学科地位的退让是再正常不过的现象，刑法学者"不服"大概也不行。但刑法学者大可不必妄自菲薄，因为刑法学的发展前景还是很好的，有成千上万的疑难复杂案件需要刑法理论加以回答，司法实践对刑法学的需求仍然"旺盛"。当然，对于这个学科的发展，近年来，我们也表示出了自己的担忧。例如，刑法学

---

* 陈兴良为北京大学法学院教授，周光权为清华大学法学院教授。

的基础理论并不扎实，学者的问题意识还有待提高，理论和实务之间在很多情况下难以有效对接。凡此种种，都让人放心不下。我在《刑法学的向度》一书中提出了刑法学的危机和刑法学的突围的命题。我不知道陈老师如何看待现今中国刑法学的研究现状和问题。另外，针对刑法学研究中陷入的种种困境，采用哪些方法解决比较妥当？针对这些相关问题，我想在今天向您讨教，也和您展开一些讨论。

陈兴良（以下简称陈）：我们今天要讨论的问题，属于一个较为宏大的问题，它关乎刑法学科的当代命运。对于中国刑法学的发展而言，一方面，精巧细致的学理研究尤其是规范研究是需要的，否则，无以建构刑法学的专业槽。另外一方面，具有远见的前瞻性思考也不可少，否则，刑法学的发展就会迷失方向。

我想，对你所提的问题的回答，要先从准确评价中国刑法学研究的现状开始。我的感觉是：我国近年来刑法研究从总体上看势头应该说不错。现在，刑法学每年的成果产出总量相当可观，刑法学研究也有值得肯定的地方。一是研究重点较为突出，对基础研究较为重视。例如，对犯罪论体系的研究，最近这些年来一直受到重视，至今余热未消。二是学者的问题意识和主体性意识逐渐增强，逐渐养成独立的学术品性，能够围绕司法实践的需要研究问题和思考问题。三是理论研究的深度有所提高，个别学者提出了一些针对中国问题的范畴或者命题，有的研究成果即使与国外一流成果相比也不逊色。四是理论研究的广度不断拓展，例如在刑法和刑事政策的结合点上进行研究，在刑法学研究中引进哲学思维，对刑法和民法、商法交叉问题进行研究，等等，这些刑法理论研究成果对于解决中国当下的刑事立法与刑事司法的问题都表现出其独特的实践价值。

我对于中国刑法学的总体发展基本上持一个肯定性的评价，中国刑法学从30年前，随着第一部刑法的颁布而恢复重建，此后经历"严打"，随着刑事立法与刑事司法的曲折发展而蹒跚前行，虽然命运多舛，但刑法理论的逻辑路径得以延伸。今日之刑法学与30年前之刑法学，不可同日而语。因此，我对中国刑法学的未来表示乐观。但是，和你一样，我对中国刑法学发展中所出现的许多问题，亦有担忧。毫不避讳地说，中国刑法学规范发展的时间实在太短，这是中国刑法学先天不足，非我辈所能左右。大陆法系国家刑法学的真正发展，而且是非常规范地发展,有着数百年的历史。以贝卡里亚 1764 年出版《论犯罪与刑罚》一书起算,将近 250 年;以李斯特 1881 年出版《德国刑法教科书》起算,将近 120 年;以贝林 1906 年出版《犯罪论》起算,也已逾 100 年。而中国刑法学的规范发展,也就是二三十年的时间。这个差距,任何人都知道是一个什么概念。这不是说,最近一百年来我国的刑法学者没有在从事刑法研究。其实,我国刑法学者一直在引入外国刑法理论。上世纪的前三四十年,主要学习德日刑法。在战火纷飞、国恨家仇交织的氛围下,学习的效果如何,结论不言而喻。后三四十年,主要学习前苏联,学得比较匆忙,并且充满意识形态色彩。至于十年"文革"期间,连公检法都砸烂了,哪来刑法学的生存余地?刑法规范研究发展的时间短促,导致我们对关切刑法本源的基本问题难以从容地、反复地展开讨论,刑法学的根基自然不牢,对刑法具体问题的思考就难以超越德日目前的研究,只能给人以"望其项背"的感觉。

周:刚才你回顾了中国刑法学的发展过程,你认为与大陆法系国家刑法理论的发展历史相比较,中国刑法学的历史是十分短暂的,你的这种叙述本身隐含了一个前提:目前中国的刑法学是大陆法系刑法学的一部分。那么,中华法系具有几千年的历史,中国古代律学也有悠久的传统,为何不将中国刑法学与中国古代律学相连接,更多地继承中国古代的法律文化传统,而必须从大陆法系刑法学寻找刑法理论的源头,言必称德日呢?

陈:你提的这个问题,也是我一直在思考的一个问题。作为一个中国人,当然需要从中国的文化传统中汲取思想营养,中国古代也确实存在一些对当今中国仍然具有深远影响的刑法思想,这是值得肯定的。但是,我必须强调一点,就是我们今天的刑法学不可能是中国古代律学的延续。因为,法律知识本身具有对法系和文字的依赖性,而这两方面都不能为中国古代律学提供支持,律学在中国近代的失传具有其必然性。以法系而言,清末中华法系已经走到了历史的尽头,我们现在采用的是大陆法系的法制结构。因此,中国古代律学的法律基础已经不复存在。以文字而言,中国古代律学具有对于文字的极大依存性,作为五四运动一部分的新文化运动,以白话文取代文言文,也使律学丧失了文字基础。在这种情况下,律学只是一种死的文化,难以在当今中国刑法学中复活。这不是要割断历史传统,而是我们不得不面对的中国刑法学的现实,也可以说是中国刑法学的一种宿命。

我曾经在《转型与变革:刑法学的一种知识论考察》一文中说过这样的话:相对于大陆法系国家上百年的刑法学理论传统,我国刑法学的学术积累是薄弱的。当前,我国刑法学正处在一个转折点上:既有的理论体系和研究方法已经走到了尽头,难以适应理论发展与法治建设的需要。如何完成我国刑法学的现代转型,是摆在我国刑法学者面前的迫切任务。我们再也不能满足于刑法的理论现状,应当以一种改革的精神推动我国刑法学的发展。我现在仍然坚持这样的观点。

周:我完全赞成您的主张。中国刑法学发展所面临的困境,除了您刚才谈到的以外,我自己认为还有一个就是:刑法学研究的"地基"打歪了。初学中国刑法学的人都知道,认定犯罪的基本方法是犯罪构成的四要件理论,即如果犯罪客体要件、犯罪客观要件、犯罪主体要件、犯罪主观要件这四大要件齐备就可以认定有罪。这套犯罪构成理论来源于前苏联,是中国刑法学的核心理论,为司法人员所熟悉,在司法实践中颇具影响力。但是这套犯罪构成理论本身存在难以克服的内在矛盾,面对复杂犯罪可以说是捉襟见肘。十年以前,李海东博士在其所著的《刑法原理入门(犯罪论基础)》一书中,就提出过这样令人警醒的问题:我们的刑法理论研究是不是总体上存在着某种根本性的偏差,才会出现这种刚刚起步就已经到达了理论终点的感觉?他说:十几年来刑法学研究的发表物数量巨大是一个不争的事实,但它与研究的质量没有关系。李海东博士的话听起来刺耳,但是,却说得很在理。今天的中国刑法理论,本质上、整体上还处在20多年以前上一代刑法学者们的认识框架中。这个框架是以本身尚处于摸索阶段、完全不成熟的70多年以前前苏联刑法学理论为基础的。前苏联刑法学是一个"大杂烩",是"一锅粥",是政权建立之初、需要独树一帜时的选择,多少有些"慌不择路"的意味!这样一来,理论体系内部的不合理之处必然难以避免,理论要自恰就有很大的问题。所以我说,前苏联的刑法学观点,充斥着错误、混乱和含糊不清,在强调中央集权、高扬惩罚大旗的时代,或许有其存在意义。但在人权保障观念得到逐步提倡、社会不断开放、新型犯罪需要刑法学及时给予解释的社会状况下,抱着前苏联维辛斯基式的刑法学理论不放,很难说是明智的态度。

陈: 的确需要承认,前苏联刑法学中的意识形态气息极其明显,因为它更多的是政治革命家的选择,而不是刑法学者详尽论证、反复论争的结果。政治家们钦定的刑法学,其首要的任务就是满足政治斗争、巩固政权的需要,将刑法制度直接服务于政治斗争,成为政权巩固的武器。刑法着眼于惩罚、着眼于控诉,试图显示国家权力的强大无比,而基本上不考虑辩护机会的赋予,对辩护权利的行使本能地持排斥态度。如果国家只是单纯地把刑法作为惩罚的工具,更多地考虑惩罚的便利性、灵活性和容易性,在这种刑法观基础上建构起来的刑法学,就不是规范性的,而是政治性的。

受意识形态摆布、操纵的刑法学,对其他法系刑法学的改造,惯用的手法就是"删繁就简"。也就是说,在很多时候出于使用上便利的考虑来设计刑法制度,尽量避免制度上、权力上的相互钳制,也试图防止认定犯罪过程的过于繁复,将犯罪构成要件理论简单化,自然就在情理之中。但是,把对犯罪这种人间最为复杂的社会现象的认定过程,降格为将犯罪客体、犯罪客观方面、犯罪主体、犯罪主观方面这四大块拼凑在一起的"搭积木"式的游戏,会带来许多遗留的问题。游戏的过程枯燥无味,这自然不用说了;有时,拼凑四大构成要件的游戏,还带有"儿戏"的味道,因为依据这种理论认定犯罪时,出错的几率,比起德日阶层式的犯罪评价体系要高得多。

周: 犯罪论是整个刑法理论的轴心,犯罪论运转不灵,刑法学这架机器自然就"失灵"。我们的犯罪构成四要件理论,不够精巧,也实在有些"囫囵吞枣"!我曾经打过这样的比方:犯罪认定过程极其复杂,一如厨师炒一盘美味可口的回锅肉!根据四要件理论认定犯罪,只要四要件凑齐,就足以认定犯罪,这个逻辑,就像一个初级厨师炒回锅肉,不分青红皂白,将肉、菜和调料一股脑倒入锅中搅和,这样炒出来的菜,味道能够好到哪里去?根据德日阶层的犯罪成立理论认定犯罪,需要先考虑犯罪客观要件是否齐备,考虑行为的性质,再审查主观要件是否符合,行为人是否具有谴责可能性,层层递进,环环相扣,也丝丝入扣。这种思维逻辑,就像一个高级厨师炒回锅肉,先放肉还是菜,调料何时丢到锅里,有很多讲究,要看火候,这样炒出来的菜,才能拿得出手。所以,比起我们的犯罪构成四要件理论,还是阶层的理论更为高明。以前,我们大多有一种误解,认为德日刑法理论中的犯罪成立理论只是学者在"象牙塔"里建构的东西,以为它是在司法实践中完全"不中用"的"花拳绣腿",法官不可能按照那套理论处理刑事案件。可是,我最近看了冯军教授翻译的《德国波恩州法院关于一起故意杀人未遂案的判决书》,彻底改变了这种看法。按理说,一起普通的故意杀人未遂案,交给中国法官按照犯罪构成四要件理论进行判决,只用一千多字交代完犯罪客体、犯罪客观方面、犯罪主体、犯罪主观方面,判决书即算写完。但在德国的这个判决,洋洋洒洒近万言。主审法官布伦(Buhren)就是明确按照构成要件符合性、违法性和责任的顺序进行裁判的,并且先后使用了"从法律的观点来看"危害行为所造成的损害是刑法典第212条意义上的未遂的故意杀人,"该危害行为(Tat)是违法的","被告人患有持续的精神疾病"这样的字样,这充分说明,德日的阶层式犯罪成立要件理论也是深入司法官员的内心的,也是具有实践理性的,不是停留在纸面上图好看的东西。用这样的理论所作出的判决书,对事实和判决理由交代得再清楚不过,说理透彻,读起来就是一种享受,我估计在这样的判决书面前,哪怕是再桀骜不驯的罪犯,也得"胜败皆服"。

在明显不合理的前苏联犯罪构成要件理论之上讨论刑法问题,再聪明的学者得出的结论也有限。我也正是在这个意义上说,我们的刑法学的"地基"从一开始就打歪了!地基没有打好,在上面再盖建筑物,盖得再高,再富丽堂皇,也是危险建筑!这给未来的刑法学研究设置了障碍。我之所以提出"刑法学的突围"命题,就是认为我国刑法学受到前苏联刑法学的全方位渗透,并且成为前苏联刑法学长期占领的精神领地,在这种情况下,要解决刑法学发展的先天不足弊病,必须返回问题的起点——思考刑法的根基问题,以实现理论上的创新。

陈:是的,在刑法学研究上创新的确是非常必要的。社会的迅猛发展,犯罪浪潮高涨的现实,都提出了中国刑法学的创新问题。我最近也感觉到,中国刑法学研究目前比较成问题的是,刑法学者的时代感和使命感并不是特别强烈,在体系建构方面的努力明显不足。紧密联系中国的刑事立法与司法实务的刑法理论成果,和中国社会发展休戚相关的刑法理论成果,以及具有创新性的刑法理论成果并不多见。上述种种表现,都决定了中国刑法学者现在仍然面临启蒙与创新这样的双重使命。

启蒙，就是要去除前苏联刑法学之魅，充分揭示该理论体系的诸种弊端。我十年以前写过一本书，书名就是《刑法的启蒙》。我在书中疏理了一些西方法学乃至思想史上的著名学者的刑法思想，展示了不同学者对刑法学的学术贡献。我所说的启蒙，和《刑法的启蒙》中讲的还不完全一样。我所说的启蒙，主要是针对前苏联刑法学来的。那套简单化、意识形态化的刑法理论，如果长期在中国存在下去，就会将中国刑法学的发展耽误了。所以，在刑法学研究方面，需要进行一次思想启蒙运动！我最近在思考这样的问题：同样是中国的法学学科，为什么民商法不会提出甩掉包袱、告别前苏联传统这样的问题？这主要是因为在刑法学中，犯罪构成要件问题是牵一发而动全身的，而犯罪构成要件又恰好来自于前苏联理论。但在民商法学中，却没有这样的来自前苏联的核心命题，所以，民商法学能够"轻装前进"，与德日民商法学的对话毫无障碍。反观刑法学，要和德日刑法学者对话，有时候"驴唇不对马嘴"，令你毫无办法。所以说，前苏联传统对于刑法学而言，实际上是一个沉重的话题，更是沉重的包袱。在今后相当长的一个时期，我们都还不得不面对这个话题。在我看来，中国刑法学的去苏俄化，乃势所必然。

创新，就是积极借鉴在德日规范地发展了200多年、影响世界上100多个国家的阶层式犯罪成立理论，在此基础上建构中国的刑法学体系；同时，结合中国目前面临的各种问题，进行问题的思考，以凸现学者的问题意识。如此，才能厘清思路、开阔视野。创新能力不足，中国刑法学就有愧于时代，对于世界也就毫无贡献可言。刑法学者要将理论创新和回应司法的呼吁结合起来，中国正处在一个重大的社会转型时期，复杂、疑难、新型的犯罪案件层出不穷，对这些案件的处理为刑法学的发展提供了一个难得的契机。我们应当抓住这些机遇，研究各种各样亟待解决的刑法问题，唯有如此，中国刑法学才能实现创新。

启蒙和创新，二者不可偏废，且都是需要刑法学者花费大量精力才能完成的历史使命。启蒙，可能更多地意味着对体系的思考；创新，则意味着对体系思考和问题思考的并重。

周：按照我的理解，学者要实现创新，要有使命感，是以他对当代社会和所处的时代有特别清醒认识为前提的。社会发展对刑法学创新会带来重大影响；学者的时代感、使命感、危机感之间，是环环相扣的关系。学者在他的研究中，必须很清楚地看到社会发展会对刑法学创新带来的各种巨大影响。刑法学创新和时代紧密关联的例子，在国外比比皆是。我们今天经常挂在嘴边的许多刑法理论，都是20世纪中后期以来西方刑法学者为回应社会突飞猛进所提出的。比如，关于因果关系的条件说、相当因果关系说都是以传统犯罪为研究对象的，在一般情况下因果关系是否存在需要控方证明。但在现代化进程不断加快的20世纪，发生了大量的有关食品卫生、环境污染（有害物质排放、辐射扩散等）的犯罪，在这些公害犯罪中，往往难以精确地认定因果关系，因而导致举证困难，不利于保护法益。为此，理论上就特别提出了"疫学的因果关系"。又比如，信赖原则是随着现代汽车作为高速交通工具在社会中的普遍使用而发展起来的关于过失免责的理论。从事交通运输的人在根据交通规则而行动的时候，只要不存在特别的情况，就可以信赖其他从事交通运输的人也会根据交通规则而行动，如果因为其他从事交通运输的人采取无视交通规则的行动而发生了事故，就不应对此追究规则遵守者的责任。信赖原则是一种免责理论，是今天处理交通肇事等过失犯罪时必须加以考虑的。再比如，监督过失理论的提出和现代社会的工业化进程、社会高度分工都存在紧密关联。因为在分工较少的年代，凡事都个人亲力亲为，谈不上谁监督、管理谁，自然就没有监督过失概念产生的必要性。所以，刑法学上的创新，说到底，还是形势所迫，形势比人强！还比如，市民刑法与敌人刑法的区分，这是雅科布斯在21世纪初所提出来的重要思想。他认为，对于犯罪人，可以分为市民和敌人。遭受刑罚制裁的市民在法律上的地位仍然保留，刑罚的功能在于对市民不遵守规范的行为进行否定。但是，受到制裁的敌人，被排除在法律保护之外，他是必须用战争征讨的人。换言之，敌人刑法是对危险的排除。雅科布斯由此得出结论：一个清晰明确的敌人刑法比起整个刑法中四处混杂着敌人刑法的规定，从法治国的角度看，危险更少。对于雅科布斯的主张，人们完全有理由进行质疑，现在国内也有一些学者对这个观点进行批评。但是，批评者是否真的吃透了雅氏的意思，批评的"靶子"是不是打歪了，颇值得怀疑。我们要看到，雅氏要求我们区别对待犯罪人，刑事立法要应对社会中新出现的问题的观点,都是值得我们思考的。这些都是刑法学者具有时代感,在此基础上实现理论创新、完成其历史使命的典型例证。

陈:要加强对问题的思考,要进行必要的理论创新,就必须关注社会热点问题。例如,运用刑事和解制度处理案件,是当前社会关注的重点,也是刑法和刑事诉讼法、刑事政策学上交叉的热点问题。根据我的看法,刑事和解是在被告人认罪并且悔罪的基础上进行的和解,和解意味着被害人在刑事过程中更具有某些话语权。在研究刑事和解制度时,就必须注意:一是刑事和解必须是司法人员主持的,决定权操纵在司法人员手里。刑事案件的被告人除了侵害被害人利益之外,还侵害国家、社会利益,所以对案件的和解,不能是被害人和被告人或者其辩护人达成协议案件就可以和解。二是和解必须建立在被告人认罪并且悔罪的基础上,认罪和悔罪不是同样的概念,有的被告人认罪时非常爽快,但毫无悔恨之意,不对被害人的受害表示歉意。对于这样的案件,如果罪犯为了换取较轻的处罚,提出要和解,被害人迫于无奈,为了得到少得可怜的赔偿,也愿意和解的,是不是司法人员一定就要同意他们进行刑事和解,我认为还是有疑问的。我的看法是:对于被告人只是认罪,但是拒不真诚悔罪的案件,不能允许其进行和解,至少必须在司法人员对被告人进行教育、促使其真诚悔罪并且出具书面的悔罪材料之后,才能启动悔罪程序。被告人不悔罪就允许和解,刑罚的特殊预防目的就不可能达到,也不能强制国民养成规范意识,积极的刑罚预防不可能得到实现。所以,在对当前的一些热点问题进行研究时,需要保持理论上的谨慎,也需要总结实践中成功的做法,同时纠正实践中可能出现的偏差。这样,理论和实践的互动才有基础,才有前景,刑法学的创新才有土壤,相关的成果也才会有较为持久的生命力。

周:中国刑法学要实现创新,除了我们的刑法学者自身要投入足够的精力之外,也需要借鉴国外的理论。现在,刑法学界对德日刑法理论似乎特别重视,但是,如何处理好中国刑法学的创新和学习德日理论之间的关系是需要我们慎重考虑的问题。我的观点是:我们必须保持谦虚的态度,学会在学习精巧的国外刑法理论中创新;同时,的确要考虑中国国情的特殊性,在刑法学研究领域仍然有一个类似于建设中国特色的社会主义的问题。合理借鉴,决不是照搬,要防止国外刑法理论在中国"水土不服"的问题。中国和德日等大陆法系国家在文化根基上有些差异,从刑法发生学上看,也有明显不同。所以照搬国外的理论,肯定是不行的。但是,从另外的意义上看,中国刑法学和德日刑法理论之间,或者不同点更少,而相同之处更多,故意夸大这种差异,有时于事无补。也就是说,在犯罪论、刑罚论等刑法学根本问题上,中国刑法学没有必要拒斥已经在世界上100多个国家产生根本性影响的德国刑法学体系。苏联学者的标新立异、别出心裁,在有的时候意味着创造,的确值得提倡,但在特定情况下,这样的举动则意味着走弯路,是在浪费学术资源。

陈: 我也认为,有的学者过分夸大中国刑法学的特殊性,从而排斥德日理论,的确是有问题的。实际上,刑法的基础并不完全是依文化的不同而转移的。现代社会正在摆脱文化偏见的影响,不同的文化之间完全可以合理地期待一些共同的东西。例如对他人生命、健康、人格、名誉、住宅权、财产权利的尊重,对良好社会风尚的维持,对交通规则以及其他通行规则的遵循,等等。只有这样,才能做到"己所不欲、勿施于人"。同样,几乎所有的法律文化对大多数刑事犯罪形态的认定都是一样的,至少从汉谟拉比法典以来的成文法中我们可以得知,法律所关切的利益如生命、财产和名誉等,若干世纪以来都是刑法中所保障的。在当今几乎所有的文化中,我们可以找到共同的刑事犯罪范畴:故意杀人、过失致人死亡、性犯罪、放火、伪造货币、诈骗、抢劫、盗窃、侵占,等等。现代各国也正在一步步剔除刑法中的不合理内容,实现非犯罪化,例如,多数国家逐步将通奸、自杀、同性恋、宗教分歧、对政府官员的批评等排除在犯罪圈之外。换句话说,从刑法的角度看,几乎找不到什么样的刑法文化在本质上是不同的。所以,我们所遭遇的各种伤害,其他国家的人也感同身受;我们所要坚决保护的利益,别的刑法文化也肯定承认。这样的文化共同性,决定了德日甚至英美刑法学和我国刑法理论之间的可通约性,刑法学的交流、借鉴具有文化共通性上的基础。在这个问题上,我想再一次引用意大利刑法学家帕多瓦尼教授的一个论断:"除国际法外,刑法是法律科学中对各国具体政治和社会文化特征方面的差别最不敏感的法律学科。"

周: 刑法学的创新,除了积极吸收国外刑法文化之外,还需要注意逐步形成中国刑法学的学派,在学派论争中推进刑法学的发展。因为中国刑法学基本上谈不上规范地发展,没有重视法益侵害对于刑法学的意义,在一些基本的概念中,例如危险犯、犯罪既遂、共犯的属性等,仍然充斥着错误的理论,在这种情况下,我们就难以集中精力讨论"学派论争"问题。实际上,大陆法系刑法学自18世纪以来就在刑事古典学派与刑事实证学派的旗帜下展开"学派之争",使得犯罪论、刑罚论的许多问题被反复、深入地讨论,对抗的激烈程度远远超过我们今天的想象。正是由于两派在理念与方法上均存在重大差异,也正由于他们的杰出贡献,现在我们才可以看到,对于几乎所有的刑法问题,往往存在正反两方面的观点;对同一种犯罪行为的认定和处理,也大多有两种以上的方案供人们选择。学派论争对于刑法学发展的促进作用是难以估量的,因为某一派刑法学者要论证自己的观点正确,必须"机关算尽"! 真理在学派论争与对抗过程中越辩越明。处于对抗背景下的刑法学,不仅要求得理论本身的自足与圆满,在体系上"讲得通",还要考虑社会现实和社会需要。只是理论上讲得通的理论,如果不能有效地惩治犯罪,不能积极回应社会的需要,就会遭受对手的攻击,也容易被社会发展所抛弃。

陈:学派的形成过程,也就是学术共同体的形成过程。我认为,这不仅对中国刑法学,而且对所有中国法学学科的发展都至关重要! 在学派形成过程中,要求刑法学者保持必要的理论胸怀和足够的学术宽容。刑法学者之间必须要有对话,要对话就一定要有付诸文字的积极对抗。在刑法学领域,很难说存在固定不变的、唯一正确的真理性认识,理论始终处于发展、修正过程中。刑法学的发展必须在学派论争、对抗中形成;发展绝不是在将某一家理论、某一派理论先行奉为"金口玉言"之后再对其仅仅作小修小补。我们完全可以这样说,一旦离开了学术对抗,就不会有刑法理论的创新;一旦离开了学术对抗,对刑法学者形成健全的人格也绝无好处。因为没有对抗,刑法学者就会自说自话,画地为牢,甚至会夜郎自大,自然也就没有广博的胸怀,不能广泛采纳国内外学者的意见,害怕批评,不敢正视他人的观点,也接触不到学科前沿知识。

周:学派对抗和论争意味着在中国应当允许多种犯罪论体系和刑罚理论并存,从而消除前苏联犯罪构成四要件理论一枝独秀的反常局面。在国外,五个不同的学者提出五种犯罪论体系,也是再正常不过的事情。体系多元化是学术发展的基础,由此,学术研究才会有自己的风格,有独特性,才能有创造性见解。不过,体系的建立,必须建立在不同学者之间公开的观点交锋、论争过程中,理论建构绝不是闭门造车,更不是不着边际的胡言乱语。当前,中国刑法学的根本问题是没有形成健全的对话、抗争机制,浅层次的重复性研究太多,缺乏创新,而深层次的研究缺乏,这既表现在对刑法理论的哲学基础、宪政基础很少追问,也表现在对具体问题缺乏深入分析,例如,对共同犯罪、间接正犯、不作为、原因自由行为等重大复杂问题,应该是反复、深入讨论的对象,反而研究不多,这不是一种正常现象。

陈:是的。不过,就最近十来年的刑法学研究状况而言,前苏联刑法理论一统天下的局面已经有所松动,但刑法学派论争的局面在中国还远没有形成。当然,现在已经有一些学派论争的萌芽,学者们也逐渐养成确立自己的刑法立场的学术品性,注意解释方法的运用,考虑解释结论的合理化,学派论争最终就是在这种不知不觉的环境下形成的。学派论争的萌芽在目前的表现大致有:有的教授在其著作中倾力肯定犯罪的本质是法益侵害的主张,以贯彻结果无价值论;有的学者则主张行为无价值理论;有特色的、个人独立撰写、反映个人学术主张的教科书渐渐多起来,越来越多的学者不再人云亦云,学术观点逐渐鲜明,学术个性日益彰显。而且中国刑法学者更多的具有个性化的刑法教科书的面世,提出了改造犯罪构成四要件理论的构想,并将改造的方案贯彻到自己的刑法学理论中。这些都为今后的学派论争奠定了基础,提供了素材。像在清华法学院,你的观点和张明楷教授的观点就存在明显的差别,至于黎宏教授和你与张明楷教授之间又存在不少分歧。这可以说是对刑法学派论争方面的有益探索,我深表赞赏。如果这样的研究逐步多起来,真乃中国刑法学发展的幸事。

周:其实,任何一个刑法学者对于学问的贡献,都只能是点点滴滴的,要在德日刑法学规范发展数百年之后,提出一整套"改天换地"的新理论是绝对不可能的。所以,每一个学者基于自己的问题意识,扎扎实实地进行研究,提出独立思考得出的结论,并保持思维的连续性、一贯性,学派论争局面的最后形成才是可以期待的。

陈：我之所以说在目前中国只有学派论争的萌芽，还因为学派论争局面的形成需要上百年乃至数百年的时间，时间的煎熬对于学者的学术品性的养成有时是一件好事。目前，中国还没有哪一个学者能够在短时间内建构一整套内部没有矛盾的刑法理论体系，也没有谁能够彻底地说自己贯彻了哪一派刑法理论的逻辑，自己站稳了哪一刑法学派的立场。事实上，某些现在赞成结果无价值论的学者，在解释某些问题、处理某些案件时，其思维方式可能还是行为无价值论的；某些赞成行为无价值论的学者，对很多问题的分析、处理实际上沿袭了结果无价值论的进路。保持逻辑的一贯性和理论的彻底性，在中国刑法学中还是一个没有引起充分关注和得到较好解决的问题。但是，学派论争迹象的出现总比我们以前根本没有意识到学派论争的价值要好得多，总比20多年以前的刑法教科书动辄将刑法学新派、旧派理论批判为"资产阶级刑法理论"，批判为"资产阶级文化中的糟粕"要好得多！这样说来，只要假以时日，中国刑法学的前景在我们的有生之年还是可以期许的。

贸易、币制与政府管制

——文若虚的跨国生意及之后的故事

车丕照 *

　　文若虚是《初刻拍案惊奇》第一卷"转运汉巧遇洞庭红，波斯胡指破鼍龙壳"里的人物。据书中描写，文先生乃国（明）朝成化年间苏州府长州县人氏，曾家有万贯，但终究坐吃山空，于是便思量做些生意，却又屡做屡赔。某日，一些做国际贸易的近邻又要出海，文先生便提出要与他们一起去散散心。由于大家喜欢文先生的善于说笑，不仅免了他的旅费，还送他一两银子做盘缠。文先生用这一两银子买了一竹篓洞庭红橘子带上船，以备路上解渴。不知行了几日，商船抵达吉零国，同伴们都上岸联系各自的生意去了，只有文若虚留下看船。因怕橘子烂了，便将其摆到甲板上面。满船红艳艳的橘子引得岸上行人好奇，终有一人用一个银钱买下一个橘子吃了。扑鼻的香气，诱得众人纷纷解囊争购，用的都是铸有水草图案的银钱。此时，最初买橘子的那人骑马赶回，说是要将余下的橘子全部买下。但此时的橘子已经是两个银钱一个了（谁说文先生不会做生意）。骑马人拿出铸有树木图案的银钱说："如此钱一个罢了。"文若虚不肯："只要前样的。"那人笑了一笑，又摸出一个龙凤图案的银钱说："这样的一个如何？"文若虚仍道："不情愿。"那人笑道："此钱一个抵百个，料也没得与你，只是与你要。你不要俺这一个，却要那等的，是个傻子！"文若虚宁肯被当做傻子，将最后的 50 多个橘子换了 100 多个水草银钱。看官有所不知，原来"彼国以银为钱，上有文采。有等龙凤文的，最贵重，其次人物，又次禽兽，又次树木，最下通用的是水草。却都是银铸的，分两不异"。可如果将这些银钱带回大明国，图案的差别便毫无意义，人们只认银钱的斤两。文先生利用两国货币制度的不同，大大地赚了一笔。当同船的伙伴们还在从事原始的易货贸易的时候，文先生已经在从事钱货贸易与外汇贸易了。

---

* 作者为清华大学法学院教授。

之后会发生一些什么样的事情呢？

如果文先生的经验无法成为 WTO 的 TRIPS 所规定的 "undisclosed information"的话，那么，大明国的外贸经营者就会：第一，向吉零国出口很多的洞庭红橘子或其他品种的橘子或类似水果；第二，货货交易可能要改为银货交易；第三，如果是银货交易，商人们在回国之前一定会将各种其他图案的银钱统统换成水草图案的银钱。

再后呢？再后就是吉零国的白银大量外流，官府就会考虑对货物进口和银钱外输进行干预。官府最先想到的也许会是禁止橘子这种讨厌的货物的进口。但这种橘子实在是让人讨厌不起来，于是官府会考虑限制橘子的进口。限制进口的首要方法大概是征收关税。征过税的橘子一定会比不征税的橘子卖得贵。文先生曾成功地使橘子卖到每个两个水草银钱，但随后橘子进口数量的增多会使价格下跌，而关税的征收则又会使橘子的零售价格上扬，从而抑制橘子的消费和进口。限制进口的另外一种方法是确定一段时期内的进口数量（配额）。例如，每年只准进口 10 万个橘子；超过此数量的橘子禁止进口，或者虽允许进口但须缴纳很高的关税。为了确保配额制度的实施，官府还可能颁发一种叫"许可证"的文书，上面载明可进口的货物的品种和数量，海关官员凭许可证来放行货物。为了取得这种许可证，进口商或许还要向官府缴纳一些银两。

官府还会采用其他一些方法来限制橘子的进口，例如，对橘子的质量设定技术标准。当时也许还检验不出橘子是否会有氯霉素或其他什么素的残留，但可能会说过甜的橘子会引起体重增加，从而不利于人的健康。

如果橘子的进口影响了吉零国本地的某种水果的销售，果农们也许会请求官府禁止或限制橘子的进口。于是官府可能会说本国的果树种植业属于"幼稚产业"，无法同外国的成熟产业相竞争，必须通过限制进口而对其加以保护。

吉零国的这些做法很容易引起大明朝的不满，大明朝的商人们一方面会请求官府与吉零国交涉，一方面也会试图努力跨越吉零国官府所设立的各种贸易障碍。有什么方法吗？方法之一是教会吉零国的果农在吉零国种植橘子，当然不是无偿的国际援助，而是有偿的技术转让。比如，每教会一户果农收取 1000 个水草银钱，或者果农每收获 10 个橘子便向技术的传授者支付一个水草银钱。但是,不受限制的技术贸易仍然会引起银钱的外流,于是吉零国的官府还会考虑对这种贸易方式加以控制。比如,只有获得官府事先颁发的许可文书,才可以进行这种交易;未经官府许可,技术转让合约无效,或者不评价合约的效力,但不准将银钱带离吉零国。

假如向吉零国的果农传授种植技术会遇到阻碍的话,大明国的商人们大概还会想到直接到吉零国种植橘子,然后在当地销售。如果吉零国的官府考虑到大明国的人直接来吉零国种植橘树,不仅会减少、甚至替代橘子的进口,而且能提高本国种植业的水平,增加官府的税收,甚至能解决闲散人员的就业,那么就会鼓励大明国的人来吉零国种植橘树,或许会考虑给身处异乡的大明人以国民待遇和其他各种优惠待遇,如从第一次收获橘子开始,两年之内官府免收所得税,第三年到第五年减半收税。

其实,吉零国为阻止银钱外流还可采取一个更为简单的方法,就是改变本国的币制。虽然吉零国的货币是由银子铸造,但却不是一种"银本位"(商品本位)的币制,因为一枚银钱的价值不是由其使用或代表的银子的数(重)量,而是由上面所铸就的图案决定的。人们之所以接受一枚龙凤图案的银币,是人们相信,这一枚龙凤图案的银币能换回100枚水草图案的银币。如果其他人拒绝这样交换,那么银币的发行者(官府)一定会承担这种兑换的义务。换句话说,吉零国的币制是一种"信用本位"的币制。既然是一种信用本位的币制,就没有必要以白银来铸币。如果吉零国的造纸与印刷成本与其他国家没有大的差距的话,它自可以发行纸币。发行纸币的直接后果是白银外流受到遏止,大明国的商人大概又要回到易货贸易中去,直接进行货物交换,或者将收入的吉零国货币再换成货物带回大明国。

大明国的商人们肯将吉零国的纸币带回大明国吗?肯的,但前提是:第一,吉零国政府允许本国货币离境并重新入境;第二,带回的吉零国纸币在大明国会卖出好价钱。吉零国与大明国也许会考虑签署一项条约,保证两国货币之间的可兑换性并确定兑换的比率。稳定的汇率对商人们的国际商业交往显然会提供安全的保障。当然,问题仍不会完全解决。也许某一天吉零国政府会指责大明国有意压低本国货币的比价,以谋取国际贸易利益。于是双方的官员需要坐下来进行一轮又一轮的谈判,以求得一个"双赢的结果"。

文若虚的跨国生意大概是《初刻拍案惊奇》的作者虚构的一个故事,而之后的故事则是本文作者的虚构。但这两个虚构并未脱离生活现实。事实上,相同或类似的故事一直都在上演着,并持续到今天。此类故事的人物关系大体上分为三个层面:商人们之间的交往,政府对商人行为的干预,以及政府之间就此所进行的协调。三种人物关系有声有色、丰富多彩,而法律人却只看重其间的法律规则。当今的国际经济法,就是以这三类关系来设定其基本框架的。商人之间的跨国交往是最基本的国际经济交往,交往中逐渐形成了商人的习惯规则,即商人法(law merchant),这种商人法后来又大都被并入各国的民商成文法当中。对商人的跨国经济交往,政府迟早会加以干预。我国唐代就设有市舶使,负责对海外贸易的管理,包括征税等。宋代在广州、泉州、明州、杭州、温州、苏州、华亭县、江阴军等地,设市舶司,又称市舶务,由州郡官兼任。文若虚所处的明代则由内官提举司掌管此类事务。政府管理国际经济交往所遵循的规则,今天被称作经济法或行政法。商人之间的交往和政府对商人行为的管理,迟早会将不同国家的政府拉到一起,可使政府之间彼此约束的法律被称作国际法。在国际经济法这个术语出现之前,上述三类法律规则即早已存在了。国际经济法只是对已有法律规则加以梳理所做的认定,而且无法将上述三类规则从民商法、经济法或行政法以及国际法中抽走。

文若虚抓住机遇创造了一个可进入 MBA 教材的商业神话,同期的其他商人们却不见得都这么幸运。事实上,明朝商人的跨国交易经常需要冒很大的风险,不仅是商业风险和自然风险,还有政治风险,因为从洪武四年(1371 年)开始,明廷就时严时松地实行海禁政策,国际贸易经常等同于走私贸易。今天的商人们也会遇到各种令其头疼的问题,商人的头疼又常会引起政府的头疼,但问题总有解决的办法。毕竟,与文若虚的年代相比,我们的交通、通讯设施发达了很多,我们更容易沟通;而且,我们还有很多事先就确定了的规则,如 WTO 规则。

闲话法院判决书的上网公开

王欣新 *

前一段时间,在报刊媒体上对法院的判决书应否全部上网向社会公开曾出现不同意见的探讨,虽然现在已渐趋平静,但笔者仍不禁想说上几句,算是不吐不快吧。

判决书上网公开具有多方面的积极社会功能,如实现司法公开,制约司法腐败,充分保障利害关系人的知情权,教育民众,宣传法制,以及交流审判工作经验,指导、规范案件审判、促进法官提高业务素质等等。所以,从已经发表的意见看,没有绝对反对判决书上网公开的观点,而争议主要集中在是否应当立即实行全部上网公开这一问题上。

笔者是赞成判决书原则上应当全部上网公开的(后文中的判决书上网公开均指全部上网公开)。从争论的意见看,人们分析判决书上网公开的功能角度不同,对其是否应全部上网公开必然会得出不同的结论。例如,如果仅仅是考虑促进法官对审判工作经验的交流,起到对案件审判的指导、规范作用,那么确实无须判决书的全部上网,只要有一部分或者说很少一部分正确裁判的判决书公开就足够了,而这一点许多法院已经做到了;全部判决书上网公开,那些没有典型意义的案件尤其是可能存在枉法裁判、错误裁判问题的案件的判决书也上网公开,对这一目的的实现是不必要的,甚至还可能产生一些副作用。从教育民众、宣传法制的角度考察也是如此。但是,若从实现司法公开,制约司法腐败,促进民主、法治发展的角度考察,则判决书的全部上网公开,在我国目前的情况下便具有十分重要的意义。要保障法院的审判做到公平、公正、合理,就必须全方位地建立起对审判权行使的各种监督机制,尤其是社会监督机制,而在其他制度

---

* 作者为中国人民大学法学院教授。

尚不健全的情况下,判决书的全部上网公开就成为一项非常重要而又简便可行的实现方式。

判决书上网公开的不同社会功能是不能相互取代的,更不能因某一项功能在部分上网公开情况下就能充分实现,而否定全部上网公开对另一项功能实现的决定性意义。由此,这些不同观点之所以产生,主要是因为双方对问题的考察角度(即判决书上网公开的社会功能)不同。这种必然会发生的分歧,使反对者与赞成者之间的争议因为讨论的根本不是同一个问题而失去实际意义。

本文对判决书全部上网公开的问题,是从实现司法公开,制约司法腐败,促进民主、法治发展的角度考察的。对判决书全部上网公开在此方面具有的重要意义,很多学者们已从诸多角度进行了充分的论述。笔者关注的倒是反对判决书全部上网公开的种种理由与担忧,希望能够加以澄清。

首先必须明确,在我国,判决书原则上全部上网公开是不存在任何法律障碍的。审判公开是我国宪法和法律规定的基本原则,即使是依法不公开审理的案件依法也必须公开宣判,即判决书原则上是要向社会公开的。迄今为止,我国立法对判决书的公开从来没有限制过任何范围、方式,也没有禁止所判决案件的当事人自行将判决书向他人或社会公开,只不过在过去的司法实践中,受场所(如宣判法庭)、技术方法(如公开传播渠道)等客观原因所限,判决书实际向社会公开的程度十分有限。久而久之,依法本应做到但因条件不具备而一时无法做到的状况的长期延续,反倒使某些人形成了判决书不公开或有限公开才是正常惯例的错误观念,甚至在互联网从技术上提供了判决书向社会无限公开的可能性时,仍然存在抵制心理,这是需要加以改变的。必须明确,不是判决书上网公开没有法律依据,而是反对判决书上网公开才没有任何法律依据。

另一方面,笔者主张的判决书公开是指原则上全部上网公开,也就是说存在不公开的例外。为与其他法律规定协调,维护相关当事人的权益,笔者认为,对依法不应公开审理的未成年人犯罪案件,涉及个人隐私、商业秘密等案件的判决书,以及其他涉及不宜公开内容(如一些人名、住址等)的判决书,可以不予公开(但所有利害当事人均要求上网公开的,原则上也应当公开),或者做删改等技术处理后公开。

笔者见到的反对判决书全部上网公开的第一个理由是,判决书不上网并不意味着司法不公开、不民主,否则在没有网络的时代岂不就没有司法公开与民主了?何况其他国家现在也有判决书不全部上网的。此言有一定道理,但却不符合中国国情。的确,判决书上不上网,并不是决定司法公开、民主的关键制度与因素,只要其他法律制度健全且能得到切实执行,同样可以实现司法公开、民主的目标。之所以现在也有判决书不上网或不全部上网的,很大程度上是因为在一些司法制度健全的国家,判决书的上网对司法公开、民主至多只是一种辅助性的技术措施。但我国的情况恰恰是,保障司法公开、民主的其他制度不健全,无法与人相比,才出现为民众普遍关注的审判不独立、司法腐败、一些法官道德与业务素质较低等诸多问题。所以,判决书的上网公开便具有了与其他国家不同的意义,成为实现司法公开、民主的一项另辟蹊径的重要保障制度。

反对判决书全部上网公开的第二个理由是,司法权是独断性权力,其裁判性决定了其不应受到外界不正当因素的干预,判决书上网公开任人评说,会影响司法独立。此言若用在案件审理过程中或许还有几分道理,但是放在判决书上网公开问题上便是完全错误的。因为在司法裁判完成、判决书生效之后,将其上网公布,根本就不属于裁判过程,不适用这一原则。假如有些人认为社会舆论在法官审理案件时必须闭嘴的话(其实在西方民主国家中也并非如此,但对这一观点之对错暂且不谈),那么至少在判决书生效之后当然就可以说三道四加以评判。这一主张的错误,是将司法独立原则适用于司法程序之外,从而得出排斥舆论监督、侵害民众知情权与言论自由的错误结论。

反对判决书全部上网公开的第三个理由是,在目前法院行使司法权经常受到各种不正当因素干扰、少数法官道德与业务素质较低的情况下,将包括可能存在枉法裁判、错误裁判的判决书全部上网公布,不仅不会增强民众对司法的信赖,而且会降低司法的权威与尊严。笔者认为,此言尤其差矣。依此逻辑推导必然会得出下面的错误结论,即司法权威与尊严的降低,不是由于客观上存在枉法裁判、错误裁判,而是由于没有向民众隐瞒住这些枉法裁判、错误裁判存在的客观事实,是由于判决书上网公开使民众得知真情。笔者认为,判决书上网公开并不会影响司法权威与尊严,枉法裁判、错误裁判案件的客观存在,尤其是不敢将它们公之于众的主观心态，才是真正损害司法权威与尊严的。从完善法治建设的高度看，判决书的上网公开只能提高司法权威与尊严，因为实际上它公开的不仅是判决书（判决书真的上网公开之后，这种措施就只具有技术意义了），重要的是它公开表明了我国的司法机关不再害怕面对自己的错误，不再回避错误、掩盖错误，不准备再为继续犯错误留有余地，敢于自己暴露错误的事实，表明了其勇于改正错误、并相信自己能够改正错误的决心，这将使广大民众真正树立起对司法权威与尊严的信心。

有的人主张，只有在各种影响正确裁判的问题解决之后才能将判决书上网公开；还有的人主张筛选一部分判决书上网。这些主张也是不妥的。前者是一种推托之词，因为改革的新事物是从来没有在所有条件都完善之后才诞生的。尽管新事物的诞生确实需要一定的条件，但要求所有条件都必须完善是根本不可能的，这实际上是在反对新事物，拒绝接受新事物，而且是最冠冕堂皇的理由。而只允许部分判决书上网的主张，在实际运作中往往会起到掩盖错误、误导民众、引发民众怀疑、丧失民众信任的相反作用。只有勇敢地将判决书全部上网公开，才能真正树立起司法权威，制约司法腐败，只有在明亮的阳光之下，才会促进司法不公等问题的真正解决。

也谈上访与"闹事"

张 军*

有些地方官员提起上访就"谈虎色变",把上访与"闹事"或违法等同,在不知不觉中也把自己与涉访对象完全对立起来。

那么,上访在法律上究竟属何种性质的行为,其与"闹事"之间到底存在何种关联与区别?这恐怕不仅为法律人所关注与思考,而且为普通公民所关注与争论。上访在我国是一个善遍现象,有其深刻的社会原因。一些地方往往存在这样或那样的涉及公民切身利益的问题,而这些问题又是地方国家机关或单位不愿意或不能解决的,或者说人们对地方国家机关或单位解决该项问题的公正性或能力存有怀疑,在此情况下便往往出现公民上访的现象,比较严重的就是群体上访,社会影响也较大。由于上访既可能涉及公民的切身利益问题,又可能影响到地方国家机关或单位领导的利益和形象问题特别是政绩等,这些地方国家机关或单位的领导往往担心上访会"损害地方形象,给领导脸上抹黑",担心上访会影响到上级对自己和单位的评价以及提拔,所以,一旦有了上访的苗头,地方国家机关或单位的某些负责人往往打着"维护稳定"的幌子,千方百计阻拦上访或"惩罚"上访者。如中途围追堵截上访者,甚至大造声势恐吓上访者,或对某些上访者采取"治安拘留"措施。据媒体报道有的地方甚至挂出了"越级上访就是违法"的标语口号。实践中,由于我们还没有建立一套科学的政府绩效和干部政绩的评价标准和体系,某些上级部门及其领导也对上访存在似是而非的思维和观念,其只关注结果而不在乎过程,简单地认为只要有上访,肯定是下级工作没有做好,假如做好工作了,就不会有上访问题。一句话,"你们自己的事情自己搞定",如果不"搞定",那么就有很多"一票否定制"的后果等待着你。如不能评先

---

* 作者为广西大学法学院教授。

进、不能提拔或者通报批评等，至于这些"一票否定制"的依据问题则无人过问和核查。须知，任何问题和矛盾总是"一个巴掌拍不响"，这种片面化的思维和作为在某种程度上助长了对上访现象的过激处理和简单化处理，

这样的标语让人触目惊心

往往激化了矛盾和问题，或者暂时压制了问题和矛盾，一有合适的机会，这些问题和矛盾还会重新出现甚至变本加厉。

上访，用规范语言表述还是以信访为宜，就其法律性质而言应属于宪法所保障的公民救济权范畴。国务院《信访条例》第二条规定："本条例所称信访，是指公民、法人或者其他组织采用书信、电子邮件、传真、电话、走访等形式，向各级人民政府、县级以上人民政府工作部门反映情况，提出建议、意见或者投诉请求，依法由有关行政机关处理的活动。采用前款规定的形式，反映情况，提出建议、意见或者投诉请求的公民、法人或者其他组织，称信访人。"实践中的信访部门并不完全局限于行政机关，还涉及其他国家机关，因此其范围比国务院《信访条例》中规定的信访的范围更宽，但含义上并无实质区别。

我们都知道"无救济即无权利"的英国著名法谚，它实际上强调和突出的是在法治社会中权利保障的特殊意义和机制，如果仅仅是抽象地规定某些权利，而当权利受到侵犯时又没有一个切实可行的方式获得救济和帮助，这些权利就可能流于形式。特定国家的公民作为一个人应当拥有某些基本的权利，这些权利是作为一个人不可或缺的，它们是如此重要而又往往容易受到以国家为代表的公权力的侵犯，于是近代以来的法治国家往往通过法律的最高规范——宪法来确认和保障这些基本权利。如生命权、健康权、财产权、受教育权、获得国家帮助权等，这些权利对公民而言都代表或意味着实实在在的具体利益。在法律上，

我们往往把这类权利叫做实体上的权利。而宪法规定和保障的还有另外一类权利,即程序上的权利,如救济权。这类权利本身或许不能表明某项直接的具体的利益,行使这类权利的人也并不必然获得对其有利的结果,但这类权利往往对实体权利起着重要的保障作用,当公民的实体权利受到侵犯或威胁的时候,他们就可以行使这些程序上的权利以寻求救济和保障。如向国家司法机关起诉以维护自己的合法权益,向有关国家机关申诉以期纠正国家机关及其工作人员的违法或不当的行为。正因为如此,各国宪法在规定公民实体基本权利的同时,也规定了公民程序上的基本权利。作为权利受到侵害后的救济手段和机制的救济权如请愿权、诉愿权等,均属于这类权利。我国宪法也规定了属于救济权范畴的申诉权、控告权等,即公民对国家机关及其工作人员的职务行为有涉公民利益或公共利益时有权提出申诉和控告。就申诉权而言,可以区分为诉讼上的申诉权利和非诉讼上的申诉权利。我国诉讼法就规定和体现了诉讼上的救济权,如民事诉讼法、行政诉讼法和刑事诉讼法上规定的公民在其合法权益受到侵害的时候有权向人民法院提起诉讼,当事人对人民法院的生效判决不服的有权按照法律程序提出申诉等;而我国《行政复议法》上规定的复议申请权、国务院《信访条例》中规定的信访权体现和保障的是非诉讼上的救济权。此外,我国《国家赔偿法》规定的国家赔偿请求权则属于另外一种特殊的救济权,即当公民合法权益受到国家机关违法行为侵犯的时候有权要求赔偿,这种权利覆盖了诉讼和行政两个领域,赔偿义务主体既包括政府的行政赔偿,也包括法院和检察院的司法赔偿。

可见,救济权乃是作为保障公民实体权利的第二性的权利或权利保障机制出现的,上访作为一种程序权利和救济权,虽然蕴涵着追求公平正义的机制功能,但本身并不具有实体意义上的直接的利益判断。我们不能简单地说上访就一定是"闹事"或者"违法",如果上访是在法律规定的范围和程序下进行,在法律上应当视为一种正常的权利行使。上访是公民行使救济权的表现,是公民向国家寻求救济的一种方式,是为了保障实体权利而赋予公民并以法律加以保障的程序权。正当程序本身并不具有直接的利益判断,但仍具有独立的程序公正的价值。因此,信访制度的建立和完善不仅体现和落实着公民的救济权,而且也为社会矛盾和冲突提供了一个处理的通道和缓冲机制，对缓和社会冲突和矛盾、监督国家权力的行使具有特殊的意义和功能。许多群众不满意的问题在上访的过程中凸现，使得我们能够通过现有的制度机制及时有效地解决这些问题，国家机关亦可借此不断改进和提高工作水平和质量，避免了某些问题的蔓延和激化，可以说确保公民的信访权利，对维护社会稳定、保障公民权益、构建和谐社会善莫大焉！正因为如此，国务院还适时修正和完善了适用于行政领域的《中华人民共和国信访条例》，其中体现了许多新的理念和原则，如执政为民原则、行政公开原则、正当程序原则、便民原则和及时处理原则等。

上访所要求和维护的实体利益可能值得法律保护，也可能不值得法律保护，但在没有做出具体的调查核实之前，无法先入之见地做出一个肯定或者否定的判断，除非上访本身已经超出法律所规定的行使权利的条件和空间。因此，把上访现象和行为用"闹事"的标准判断，其实蕴涵着一个可怕的思维倾向，即把复杂问题简单化，先入之见的主观意图可能构成对上访问题处理的不合理干扰。"闹事"也并不是一个严格的法律概念，某些干部脑中的"闹事"概念实际上已先入为主地蕴涵着"故意找茬"、"过不去"、"对着干"的主观意思。首先，把上访通通概称为"闹事"在法律人看来既不准确也不严肃，反而会混淆是非概念和合法与非法的标准。实际上，绝大多数的上访行为和现象都有其道理和原因，都在某种程度上反映了政府工作的不足和问题，一概将上访视为闹事会曲解这些涉访对象的行为，激起其对立情绪，于问题之解决无补。比较妥当的方法还是不用"闹事"概念判断上访行为，而是从社会调整的基本规范——法律角度做出基本判断为宜，这直接涉及对上访行为的基本定位和定性问题。其次，上访行为的多少与地方政府的政绩并无直接因果关联。有时上访所反映和要求的是对历史问题的解决，现任政府实际上没有法律责任；有时上访是公民法律意识的觉醒和对违法行为的不满和监督的结果；有时上访可能是公民对某些问题和法律的认识错误造成的。对待上访，不管其主观态度如何，在法律限度之内的上访是不应当受到压制和剥夺的，如果问题出在法律本身，那就需要通过立法修正错误。当上访行为超越了法律规定的范围和程序，特别是演化为一种违法行为或群体违法事件的时候，这样的上访将不再被视为一种法律权利，反而还需要依法承担相应的法律责任。最后,对某些群体上访事件,似乎更应从包括法律在内的广泛的角度进行思考、分析和判断,找寻这些现象和问题发生的原因,然后以积极主动的态度建设性地寻求妥善解决的方法和措施,即便是有些问题一时无法妥善解决,只要是本着"执政为民"和解决问题的态度,涉访对象的要求至少得到一定程度的重视和尊重,仍然可以在一定程度上缓和矛盾和冲突。同时,有些上访从制度角度看未必是坏事,或许问题的关键并不在于上访者要说什么,而在于我们必须听取他们的问题,因为这是我们正确思维、决策和行为所必需的一个前提和条件,上访使我们对某些问题和因素考虑得更为周全,促使我们从制度角度反思这些问题和冲突的原因,尝试从根源上解决问题,避免铸成更大的错误。如果哪天公民对上访的通道完全失去信心,不再相信和寻求国家和政府的帮助与救济,而在现有法律体制之外寻求"自己的救济方法",那才是真正的可怕和"闹事",那才是真正的危害稳定。

法律是在现行的社会文化、政治体制和历史背景等综合因素下的社会调整的基本规范和制度,而造成这种公民群体上访的原因并不局限于法律,可能涉及其他诸多因素,如历史、制度缺陷,某些个人缺点,公民对法律的理解和守法意识等。显然,对于某种法律现象,从法律、法社会学、社会学等多重角度和意义上寻找原因和解决问题的办法,更有助于法律制度的完善与和谐社会的构建。或许有人会提出上访会被人利用作为攻击党和政府的手段,以至于破坏社会稳定,这种情况不是不可能存在,但现行法律对此已有具体规定。我们真正需要做的只有两件事情:一个是使我们的信访制度更加科学和完善,尽可能少地给某些人违法犯罪提供机会,但我们不能因噎废食,毕竟我们离不开"食",而且国家有义务保障公民之"食";另一个就是依法执法和合理执法,通过执法活动体现和落实信访制度的公平价值和救济功能,达成对公民合法权益的有效保护,维护社会的和谐与稳定,使它真正成为解决社会冲突和矛盾的缓冲阀和机制。

谁喜欢诉讼?

柳经纬 *

　　在我国传统的思想观念里,诉讼绝不是什么美善之事,"恶人告状"、"讼棍"等都表达了一种对诉讼的鄙视态度;对于涉己诉讼,更是避之如避瘟疫。因此,依国人的传统观念,是不会有人喜欢诉讼的。然而,在今日社会,法治昌明,情形有所改变,虽不是人人都喜欢诉讼,但至少有些人是喜欢诉讼的。

　　一是通过诉讼获得了本来无法获得的利益的当事人。人是趋利避害的动物,只要有利可图,什么事都有人干,无论它是道德还是不道德的。诉讼也一样,如果能够通过诉讼获得好处乃至发财,即便被认为是"恶人告状"也是值得。笔者曾经见过某法院在1999年《合同法》颁布之前审理的一起案件,如果读者先生经历过这样的案件,保准多半也会喜欢诉讼。该案的案情是:某运输公司为筹备春运,向某进出口公司购买N辆某国产大巴,总价款近M百万元;合同约定买方应支付卖方定金75万元;如任何一方违约,须向守约方支付违约金25万元。在运输公司支付了75万元定金后,进出口公司也从产地国进口了大巴。交付之时,运输公司发现大巴的颜色与合同约定不符。于是,在交涉未果后,运输公司向法院提起诉讼,请求:(1)解除合同;(2)判令被告进出口公司加倍返还定金合计150万元;(3)判令被告进出口公司支付违约金25万元。受理的法院依法作出了判决,支持了原告的全部诉讼请求,原告运输公司因此赢得了近100万元(75万加倍返还的定金加上25万违约金)的利益。我们完全可以设想,倘若被告进出口公司交付的汽车符合合同要求,原告运输公司接受该车并将所购车辆投入当年的春运,苦心经营,即使不发生任何营业、交通事故等风险,也不可能获得百万元的利润。仅仅是因为被告进出口公司所交车辆颜色不符合约定,原告通过法院的

---

* 作者为中国政法大学教授。

一纸判决书就可获得如此巨大的利益。这样的诉讼，除了抱有不占他人便宜之坚定信念的人以外，恐怕没人不喜欢。上述案件在笔者所接触的案件中，并非绝无仅有。当然，出现这样的案件须具备两个条件：一是法律不健全。1999年《合同法》颁行之前，我国法律既未对单方解除合同的法定事由作出限定，也未对违约金和定金是否可同时请求作出规定。倘若此案发生在《合同法》颁行之后，法官断无支持原告请求的法律依据。因为《合同法》第九十四条第四项规定只有在一方违约"致使不能实现合同目的"时，才能单方解除合同，本案卖方交付的汽车颜色不符合合同约定，虽构成违约行为，但不足于导致"不能实现合同目的"，买方解除合同的理由不能成立；依第一百一十六条规定，当事人既约定违约金又约定定金的，一方违约时，他方只能选择其一，而不能同时请求违约金和定金责任。二是承审的法官对何谓公正缺乏基本的判断。倘若审理的法官知道何谓公正，也断不会作出如此利益失衡的判决。随着国家法制的健全，法官素质的提高，相信上述类型的判决将越来越少，通过诉讼来获取本不该获得的利益的可能性也将越来越小。因此，这一类喜欢诉讼的人也必将越来越少，而越来越多的人则因诉讼"费时费力费钱"而不喜欢诉讼，避之唯恐不及。

二是律师。律师以代理诉讼为业，打官司是律师的生存之道。因此，律师属于最为喜欢诉讼的群体。法治昌明时代，法律越来越复杂，诉讼也越来越重程序，诉讼成为一种专业性极强的社会活动，倘若诉讼不是委托身怀绝技的律师代理，一般民众恐怕难以应付，尤其是在对方当事人委托了律师的情况下，更是如此。律师也因为具有法律和诉讼的专业技术，而在接受当事人的委托中获得可观的代理费收入，成为较为富裕的阶层，律师也因此成为诸多法科学生未来择业的目标之一。不仅如此，同样精通法律和诉讼技巧的法官有时也对律师的收入多有羡慕，不少的法官毅然脱下法袍，加入律师的队伍，喜欢起诉讼来。由于律师在接受当事人的委托中能够获得可观的收入，因此作为别无所长，只拥有法律和诉讼专业技术的律师，喜欢诉讼是理所当然的，完全在情理之中。在市场经济年代，律师之喜欢诉讼，犹如丧葬业者之喜欢丧事，希望纠纷越多越好（这当然不是指自家的诉讼，犹如丧葬业者不可能喜欢自家丧事一样，律师是不会喜欢自己或自家人涉讼的）。例如，有的律师在开发商交房时，当场向购房者发放名片和自己的专业介绍广告,希望购房者一旦发现开发商交付的房屋有问题时便联系自己;有的律师在接受当事人咨询时,极力怂恿当事人诉讼;有的律师鼓动当事人提高诉讼标的金额,无论合理还是不合理,尽量往高写,于是常常出现狮子口大开的诉求,道理很简单,律师的代理费也因此而水涨船高。如果说上述这些律师以刚出道者居多,并不能代表律师群体形象的话,那么绝大多数律师尤其是成功的律师在他的职业履历中,都会介绍自己成功代理过哪些重大疑难案件,其喜欢诉讼之情溢于言表。

然而,在笔者与律师的接触中,又着实感受到很多律师其实也不是很喜欢诉讼,一些成功的律师甚至表示了对诉讼的厌恶,少部分有条件的律师则远离诉讼而转向非诉讼代理。律师不喜欢诉讼的原因大体有二:一是案件的胜负常常无法从专业上加以把握,按照国家法律规定认为必将胜诉的案件,可能因为其他因素的存在而遭受败诉;而认为胜诉法律依据不足的案件却有可能因其他因素而胜诉。因此,律师即便精通法律,也无法准确预测诉讼结果,这就使得律师在接受当事人的委托时缺乏底气,显得"九分"的不专业。二是法院的门难进,法官的脸难看,律师为了中长期的利益,一般不愿得罪法官,因此在法官面前总是战战兢兢、唯唯诺诺,无法施展自己的专业才能,更无法彰显自己的人格;倘若遇到不专业的法官或者已经无法保持中立的法官,律师更会感到无奈。因此,除了大学刚毕业的法科学生还会感到法庭上那种唇枪舌剑带来的兴奋以外,多数律师之所以喜欢诉讼实在是因生计所迫。一旦他们的生计有了充分的保障,他们中的多数人就会远离诉讼。

三是法官。法官与律师一样,都是靠自己的法律和诉讼专业技术吃饭的群体。与律师不同,法官靠纳税人养活,吃国家财政的饭,不必像律师那样为生计而挣扎,即便法院没有案件可办,也不会发生生计问题。因此,法官对于诉讼的态度与律师有别。一方面,从内部竞争来看,大多数法官都希望自己成为办案的能手,成为一名优秀的法官,进而获得晋升的资格。衡量一名法官是否优秀,除了人为的因素外,办案的数量和质量是最重要的指标。因此,法官希望自己能遇到易办的案件和典型的案件,前者可以在案件的量上反映自己的办案能力,后者可以在案件的质上展示自己的办案能力。不仅法官如此,法院也是如此。同级法院之间也存在类似的竞争，各法院处理的案件情况都会在上级法院的月份或季度简报中得到反映，法院办理案件的数量和质量也是考核法院的指标之一，从地域先进一直到全国优秀法院，都离不开案件的量和质。而且，按照我国现行政治体制，人大监督法院，法院院长须于每年人大会议上向同级人大报告工作，在院长的工作报告中，我们常常会看到这样的字句：当年受理民事、刑事、行政、执行各类案件多少，与上一年相比，同比增长多少……以此说明法院工作的业绩，并希冀得到人大代表们的赞许和获得人大的通过。由此可见，法官之喜欢诉讼，不似律师那样纯属于金钱的驱动，而是来自法院内部的竞争机制。这种竞争机制有时也会发生畸形的变化，有的法院为了造就明星法官，在统计数字上做文章，培育出年审数百案件的"高产法官"；有的法院为了增加案件数量，将一个案件分拆成数个乃至十数个案件；甚至有的法院为了办案指标，干脆造假案，以增加案件数量。法官之喜欢诉讼，到了无所不及的地步。但是，另一方面，法官其实也不是很喜欢诉讼，尤其是那些棘手的诉讼案件，法官绝无喜欢的理由。例如，法院得靠同级政府的财政拨款吃饭，"拿人的手短，吃人的嘴软"，法官是不喜欢以同级政府或其部门为被告的诉讼的，这会使法院很为难：一方面法院肩负着主持正义的神圣职责，另一方面法院又绝不敢得罪政府。又如，权大还是法大的问题在理论上虽无争议，但是当个案中的原被告双方都持有某些权势领导的条子时，法官就会感到左右为难，因为两头都得罪不起呀！这样的案件，法官是绝对不喜欢的。还有执行难的案件、具有社会群体性的案件（例如拖欠农民工工资的案件），法官通常也不喜欢，因为这会把法官推到社会舆论的风口浪尖上去，稍有不慎，即会招来社会舆论的谴责，常常是吃力不讨好。还有，当诉讼案件如潮水般涌进法院，当卷宗材料堆满法官的案头时，法官也会因为不堪重负而不喜欢诉讼。

有社会就会有纠纷，有纠纷就会有诉讼，这是不依我们的意志为转移的社会规律。因此，喜欢也罢，不喜欢也罢，诉讼总是会发生的，不是发生在你我之间就是发生在张三李四之间，而且诉讼无论是从量上还是从类型上看，必将呈现出不断增长的态势。伴随着诉讼的增长，律师和法官这样的法律职业群体作为社会纠纷的寄生物，也不会消失，而是越来越壮大，成功的律师和法官还是法科学生的楷模。因此，谈论喜欢还是不喜欢诉讼，其实是多余的。

以孩子的名义

皮艺军 *

本文谈谈孩子们的权利与司法保护。

儿童权利在国际上已是一个无须大声疾呼的话题。但在中国却不然,中国这么个大国到了 21 世纪还没有一部独立的少年法,仅此一点,就足以说明了中国孩子的权利状况是值得沉重反省的。

小孩是与大人相对应的,但中国人并不愿意承认,在儿童社会的对面一定有一个与他们对立的"成人社会"。在这个"长幼有序"的国度里,成年人只愿意把孩子看做是自己的一部分,其义务是对孩子加以塑造、调教并拷贝成与自己尽可能相同的模样。年长的成年人对待年轻的成年人也同样持这种观念,代代相袭。因此,在我们这个以老年人的价值观为参照系的前喻社会里,孩子的发展空间是被人为地缩小了。

在中国人的眼里,"孩子是独立的权利主体"这样一个概念到现在也没有得到普遍的认可。把孩子看做是"有耳无口的人",其实就是把孩子定义为只需听从、顺从,而他们不必辩解也不必被倾听的一群人。在中国,孩子实际不是被引导,而是被统治的,是被置于成年人的"任性"之中。于是,在教育的旗号下,可以把成年人的意志任意强加给孩子,可以任意增加学习内容,任意延长课时,可以任意为孩子们设计前途。所谓任性和任意,就是唯成年人意志是从。从这种可以任性而为的意志中,我们看到了中国人所迷恋的东西——权力。当今所盛行的应试教育体现的就是这种权力的滥用。

中国是有家长制传统的,既然家长意志就是权力的体现,那么孩子的生存状况就离不开对于权力的屈从,不屈从的孩子因此被制度化地淘汰出局。家长意志

---

* 作者为中国政法大学教授。

是从家庭这种首属群体的文化中滋生出来的,逐渐向全社会蔓延开来,与前市民社会中所崇尚的权力观念相融合,完成对社会资源的占有和对社会成员的统治。从这一点上来看,丧失权利主体地位的孩子,不正是社会中所有弱势权利群体的代表吗?那些对孩子施加强权的成年人,也不过是在释放或是转移他们所承受的来自于社会更强大的整体压力而已。这也正说明为什么有那么多的中国人已经看到应试教育的绝境或是教育铁幕后的真相,仍然会随波逐流的道理所在。

中国是个尊老爱幼的社会吗?尊老当然是事实,而孔孟之道中最受国人追捧的孝道,也就成了尊老的基础。爱幼,在中国则有特别的含义,是从基因传递,包括文化基因传递的角度上来讲的。恤幼,被看做是古代传统在现代的延续,但是如果我们看到孩子的无权地位,我们就会联想到孩子的地位能在多大程度上超出于宠物的水平呢——这不过是生物学意义上的一种抚养与宠爱。在中国社会里,尊老爱幼从来不是对等的。一个背着沉重的书包放学回家的中学生,在公共汽车上被众人勒令给一位到公园遛弯的健康老人让座。"棍棒底下出孝子",说明了在中国这个社会里,培养尊老的孩子是可以不择手段的。

"成人社会"这一概念的提出,就是要把权力对权利的剥夺列入分析的视野之中。这两个社会根本不像成人们所伪饰的那样是浑然一体的,孩子不是"小号的成年人",成人和孩子这二者也并不是天然和谐的,他们之间存在着历史性的冲突,他们对成人社会奉为圭臬的行事规则有着天然的反感与抵触。虽然孩子们的反抗在成人的强权世界中经常被压制下去,但这种反抗从来没有真正平息过。

孩子的无权地位只有通过立法来解决,10年前千呼万唤始出来的《未成年人保护法》今天又面临着大幅度的修改。当年起草此法,历时13年,颁布时才发现这是一部"没有执法主体,没有可操作性"的法律,于是10年后再次修订。从立法和修订过程足见为孩子谋权利是难以想见的艰难。虽然这是中国第一部有关少年的法律,但却是一部"成人法",是以成人义务为本位的"保护法",而不是以儿童权利为本位的"儿童宪法"。以保护为主旨的法律给公众的感觉变成了——我保护你什么,你就有什么权利。对此,孩子无话可说,以为世道便是如此。

孩子们作为人世间最为孱弱的群体,虽然并不明白权利的内涵,但他们却天生就知道自己有很多需要是必须得到满足的。成年人所要做的,只是当面承认这些权利并告诉孩子们如何去满足自己的需要。于是,社会就应当先把孩子到底有哪些权利给摆一摆,就像《儿童权利公约》里那样,把孩子的几十项权利加以枚举。权利既存,再作保护。我们的报章惊呼:新的《未成年人保护法》"赋予了孩子五项权利"(指该法第三条中规定的"发展权、生存权、受保护权、参与权和受教育权"等五项权利)!很可惜,在今日的中国,孩子的权利居然依旧是"被赋予的"。这不禁让笔者想起影片《满城尽带黄金甲》中皇上对太子元杰所说的一句话:"天地万物,朕赐给你,才是你的。朕不给,你不要抢。"听罢此言,不禁让人浮想联翩。

还会有人说,中国还有一部《预防未成年人犯罪法》呢!连成年人都没有这样一部法律,孩子却倒先有了,能说对少年司法不重视吗?在谈及向孩子普法或是少年司法之际,我们的本能反应不是对孩子权利的司法保护,而大多想的是孩子需要有法律来管管。因为国门洞开之初的上个世纪80年代,青少年犯罪就成为一个让社会高度关注的问题。于是就有了1983年的"严打",于是中国的犯罪研究就从青少年犯罪研究开始,于是中国犯罪学研究会晚于中国青少年犯罪研究会10年后诞生,于是学界里就有了"儿子生了个老子"之说。"严打政策"制定者的潜意识里最初一定是以为犯罪是可以消灭的,一定认为在这么好的制度条件下孩子们不应当犯罪,一定认为青少年罪犯占总数一半以上这样的比例是可以颠倒过来的。他们可曾想见,青少年犯罪成为少数,老年人关满了大牢,于国于家将会成何体统?青少年越轨的高发生率,不过是人的生理、心理铁律在青春期的正常反应,内因是决定性的。对这种正常的社会现象,本不必抱有过度的道德焦虑,更不必做出过度的司法反应。然而,成人世界在少年的青春躁动面前变得忧心忡忡且义愤填膺。针对孩子而提出的"法盲犯罪论"甚嚣尘上,窃以为把孩子用法律管起来、孩子背会了法条以后自然就会规矩起来。当我们看到这则消息——"四少年杀人被判无期之后相互对视一笑"(自知少年杀人无死罪),就会顿悟,仅有法律管束不了人的野性,一定还要有更为基本的规则才会使人摆脱无序。这就是规范的教化。

儿童权利问题的讨论是缘于我国近年来意欲建立的少年司法制度才愈益热烈起来。犹如美国法学家庞德所热情赞颂的那样:少年司法制度是英国大宪章以来,司法史上最伟大的发明。社会越来越意识到只有动用法律的强力,才可能更有效地实现对儿童的权利保护。然而,我们发现少年司法制度并不是严格意义上的司法制度,它是如此特殊,你走得离它越近,就越会发现它的体系中法理学的含义越淡薄。对儿童的全方位的保护,使之变得更像是一个人类的文化生态体系。因为你从儿童的身上发现了人类最原始的欲念、最本能的冲动、最率真的动机,这些最能体现"本我"和"潜意识"的东西,恰恰是人类文明的原始驱力所在。遗憾的是,所有这些在人类的绝大部分发展史中都是被遗忘和被忽略的。即使发现了它的存在,更多的是压抑,更少的是升华。从儿童身上可以发现成人社会的弊病——成年人在文明的异化过程中所启动的自我防御机制,伪饰自己,不愿意承认儿童可成为全人类的镜子,不愿考虑儿童与成年人在权利上的平等,麻木得不能为儿童的纯真而得到感悟,不愿承认自己客观上从未停止对儿童权益各种形式的掳夺,不愿承认自己在忽略儿童的道路上已经走了有多遥远。有鉴于此,不再像母鸡养小鸡那样感性地对待儿童的存在,而是从理性的层面思考儿童权益的文化含义,这是社会文明现代化程度的一个重要标志,也是人文精神得以张扬的一个表征。

最后还需要提及的另一个有意思的现象是,在参加中国少年司法制度建构的学者队伍中,大多是犯罪学专家,包括储槐植先生、王牧先生那样融汇刑法学和犯罪学为一体的学者,而少有刑法学的专家介入到少年司法研讨之中。究其原因有三:首先,从学科定位和方法论上来讲,少年司法是一门与犯罪学相近的整合学科,而不是规范学,纯粹的刑法研究在此领域里难于施展。特别是看到少年司法的种种改革探索活动,我们的刑法学家总会抑制不住要大声疾呼"无法可依"。其次,刑法学在当今中国是声名赫赫的显学,功利回报是显而易见的。而少年司法则是一个需要投入的领域,即对一个弱势群体情感上的投入,在司法保护上的理性投入。这是一门远离功利的隐性学科,在学术上还可能会被贬之为"小儿科",被彻底地边缘化。最后,还应指出,刑法学把固守陈规作为己任,而犯罪学却更具人文精神和叛逆性。在参与少年司法的改革中,犯罪学研究将深入到社会体制的最隐秘的内核,将面临成人社会传统习惯势力的严重挑战,学者也将面临对自身学术良知的严酷拷问。但是,笔者预想这种应战与挑战所产生的结果一定是极具颠覆性的。和许多投身这一领域的学者一样,我们以孩子的名义,为这种颠覆性的创新而感奋不已。

要有个捎话儿的人

许章润[*]

一

清华大学蓝旗营住宅区,万圣书园西边围墙外,夏日的晚上,常常有民工赤膊光脚,坐在马路边上聊天。日未出而作,日已落末息,苦累一天,工棚若蒸,无处可遁,旁观街上汽车来往,时光便有了歇凉的意思。1986年,我获授硕士学位,新婚燕尔,颇为自重,觉得是个人。两口子留在政法大学教书,一家住这种工屋,凡两年,历寒暑,对此有些体会。

一次出万圣,拎书缓步,听他们一口乡音,便聊了起来。坐者多为年轻人,互报家门,老家居然相距不过二十里。有人便说:"你是清华大学教授,教法律,代表我们去立一部法,保护我们的利益,如何?"还有的民工师傅说:"老师,我们可不可以五六十个人签名要求制定一个法律?我们推荐你和其他愿意为我们立法的人,把这个法送到政府,让他们通过。费用,我们凑。"

二

现在中国还没有这种做法。我说。

是的,现在的中国没有这种做法。他们和我们,其实都找不到能在大房子里代传心意的人,连个捎话儿的都没有。重庆的一家律师事务所受托起草了一部条例,是第一次由民间力量起草法律的先例,已经算是破天荒了。说来其实不复杂,这一切的背后是一个公民社会的发育问题。所谓的"民工"以亿计,但无组

---

[*] 作者为清华大学法学院教授。

织，便是散沙，一方面毫无自保能力，任人宰割；另一方面，一旦议起，触景生情，便成洪流。"矿难"频频，对策之一是要求领导干部或者矿主定期下矿井，实为无效无力之策，令人想起过去"领导带头，群众加油"时代的遗迹，颇有些"时代的错位"的意味。

相反，若从公民社会的发育着眼，容忍不同利益团体、公民社群以组织化的力量，相互较量来分割利益边际，例如容忍自发自主的矿工工会的存在以对抗矿主，可能更具现代意义，也更具现实意义。文绉绉的"公民社会"，专业术语，讲的其实是小民百姓联合起来过好日子的问题，原不只是书斋中拿耳刮勺在茶杯里搅风波。

另一方面，政治精英与经济精英勾肩搭背，巍然强势，其他人只好靠天收，早已是不争的现实。君不见，那房产商人说话狠狠的，恨恨的，若无背后参与分红的撑腰，他小样儿有几个胆，何至于如此寡头派儿。一些学术精英，特别是经济学界人士，傍大款，参与分红，代为言声，也不是什么秘密。那边厢，人大代表、政协委员不少，可都是委派的，而不是一人一票选出来的，因此既不向选民负责，也无须负责。区区所在的清华大学据说有人大代表、政协委员若干，什么时候与我们这些"选民"沟通过呢？天知道。大家连他们是谁都不知道，也不关心。此非一地一时如此，全国皆然，历来如此。而且，科技专才其实官瘾十足，煞能经营，特别是无价值理性杯葛，益且变本加厉，真正的中国特色，绝对超出一般良善民众的想象。像钟南山先生那样的好大夫，少见。陈景润式的书生，如今倒是缺乏"科学脑筋"的"文科"居多呢！

三

实际上，在此情形下，根本就不存在真正意义上的选民和选区。既然如此，你指望以利益作为纽带而联名提议立法，当然不可能。也就因此，中国的很多法律权利是闲置的权利，缺乏落实机制。立法提议权不过其中一项而已。也正因为刻下中国提炼不同利益集团的意见、表达民意的机制尚付阙如，造成社会自我整合能力不彰，公民社群未能获得充分发育。光靠全能型政府、家父般的辖制来打理一切,终究捉襟见肘,按下葫芦浮起瓢,这一大家子非乱套不可。为什么有这么多的上访和矿难,问题就在于此。至于什么"群体性事件",还不是因为无人捎话,没有沟通渠道,彼此阻隔,导致双方都不信任对方,都缺乏弹性。愤激之下,广场效应发酵,只好诉诸肢体语言。退一万步,即便如此,你不把它当做"事件",它就不算个"事件",让社会自己折腾去吧!挥挥胳膊,喊喊口号,或者浪漫而自愿不吃饭,只要不打砸抢,大家一起过过干瘾,又有何妨?

我们有宪法,也有选举法。但是它们关于选举的诸种规定都是一种原则性的规则模式,而不是一种操作性的、程序性的规则模式,加之缺乏配套规则,一切遂成摆设。怎么办?从技术角度而言,最终的解决办法当然还是形成"政治市场"与"立法市场"。所谓政治市场,是"模拟"意义上的,而非真正经济学意义上的市场。其基本命意指政权开放。即权力资源向社会开放,让各种社会集团、不同利益群体能够形成自己的代言人,从而都有发表自己利益诉求、参与利益博弈的机会。特别是草根阶层、弱势群体必得有自己的政治代言人,以沟通利益分歧,参与利益分红。也就因此,处此太平盛世,劳而有闲,也有趣,大家合计捣鼓个什么协会、研究会,办个刊物之类的,既是人的联合权利,也是为政府和国家分忧的形式,何必卡那么紧。道理很简单,不管是"和谐"还是"祥和",都意味着大家有说话和表达的空间。各阶层各集团皆有所得,都有自己的出气孔和发泄渠道,这个社会才可能是稳定的结构,也才可能赢得所谓的"和谐"与"祥和"。毛主席曾经讲过如何处理"十大关系",如今讲"科学发展",都是未雨绸缪,都是高瞻远瞩,说明大家心里对此都有认识,剩下的只是要不要做以及如何做的事了。

四

因此,怎样把它们落实为选举法的具体程序性、可操作的规定,还有很长一段路要走,牵扯到选举规则本身的修改和政治利益的重新界定等等一系列问题。但是,某些技术性措施却不妨先行采用。如果真想把这个模拟政治市场从理论层面落实到操作层面的话,例如,可以通过修改选举法中的候选人与选民关系条款,把它变成不以你的出生地也不以你的籍贯地来作为代表归属的标准,而应该以你现在的工作地作为标杆。否则，最高法院首席大法官同时是人大代表，而代表的居然是"山西省"，而山西那地界儿究竟关卿何事，终是了不了之的一锅粥。又如，限制担任公共职务的人作为民意代表的名额。现在的人大代表里面，其实党、政、人大的官员占了大多数，大多数省、地、市的一二把手甚至三四把手都是全国人大或者省人大的代表，真不知道他们都是怎么选出来的，又能代表谁，怎么个代表法。剩下的还有那些"星"，能歌善舞的，或者球踢得好、跑得快，败坏着大家的政治胃口。

就立法市场而言，现在中国的立法实际上是一种"官府立法"。经由民意代表反映全民意志或者集团意志，从而形成一个凝聚了的、妥协了的利益立场，以此来落实、分配利益的机制，根本就不存在。所以，在中国目前的情况下，倡导"模拟"立法市场实际上是为了抵消立法提请权官府坐大的问题，提醒大家注意有权提请立法、拥有立法权的提请者不仅限定于政府之内不同机构这样一种狭隘的利益分配方式，而引入一个民众利益，尤其是弱势群体利益加入到立法当中，从而表达他们的诉求。否则，众口喧哗，缺位的偏偏是权益主体。诸如《邮政法》的修订，倘若仅由邮政总局操作，当然难免垄断，肥水不流外人田嘛！民资与

外资特快专递业务只得熄火了，受损的是消费者。据说，商务部、工商总局和发改委三部门都希望由自家来主持制定反垄断法，势成竞争，也不过是在政府内部的利益调剂。至于治安管理、教育、医疗、税制的改革，其立法牵连千家万户，没有民主与公开的立法机制为凭，公正即无保障。

人大代表提案固然是一种方式。但既无选民与选区来支撑，而指望代表的"觉悟"或者

"责任感",终究是靠不住的事。代表们要么本身为官、经商、治学、弄文、卖艺,日日夜夜忙得很或者闲得慌,"代议"一事靠边站吧!昔年梁漱溟先生曾经慨言,中国的议员没有阶级利益,只有个人利益,而苦恼的也正是这一问题——前面打一棍,后面无人撑嘛!况且,既非以此为业,则提案水准难能保证,甚至笑话百出,莫名其妙,也就在所难免。什么中国妇女与外国男子结婚,外男必须写"保证书",什么要将相声教育写入中小学教材,不一而足。据媒体报道,此次人大开会,居然有代表提议制定《从政道德法》,规定公务员体重不得超标,荒唐错乱若此,则所谓"议政"之流于形式,可想而知。

在此情形下,退而求其次,"立法听证"作为一种表意形式,不妨推广使用。甚至如同"三读"通过一样,将"三听"作为法定形式,任何立法都得经此过程,方能修成正果。立法涉及的利益团体,基于正当理据可以提请举行听证,立法者不得拒绝。现在的问题是,立法听证并非立法的必经程序,只不过高层倡导执政为民,在此背景下,仅仅把它作为一个随机性的、点缀性的立法形式。虽然《立法法》规定应当举行包括听证在内的多种方式"民主立法",但实际上执行寥寥。不过,虽然即便有,也是形式一下,但有形式总比连个形式都没有要好。毕竟,程序正义就是如此。还有,如果所有法律一定要经过立法听证才能通过,那么,听证者的资格就一定不能限定在指定的代表范围内。所谓网上报名、随机海选,更是扯淡。在利益集团表达机制尚欠完善的今日,不妨采行更为真切而灵活的替代形式,而首要的是"真切"二字。例如,采取自愿报名的占1/3,指定的占1/3,专家占1/3这样一种方式,将它作为一种必经程序,融汇利益团体和一般民众,精英与草根等等多种声音。这样做肯定会增加立法成本,但必定有助于提高立法质量,从而最终降低法律的成本。

至于人大开会,尤其是常委会讨论、审议法案,无论哪一级别,为何不设立几个旁听席,向公民开放呢?此为世界通则,中国不当自绝于外。大家安安静静、规规矩矩坐在那儿听,尤其让中、小学生们听,也是一种民主培训,活生生的公民课程,将中国打造为成熟的政治民族的一种方式。中国人并非天生不擅此道,实际上,近一个世纪前,少年梁漱溟就常常旁听议会辩论。还有,为何用小民血汗税金维持的国营电视频道什么都播,尤其爱做广告,什么丰乳肥臀的灵丹妙药,让一家老小看得心惊肉跳,就偏偏不能将咱人民的代表大会实况实播,实话实说呢? 人民代表大会唠的就是大家过日子的家常,又不算什么国家机密,何必藏着掖着,防民如寇?! 什么"大政方针",还不是为了安顿家常。若无对于万万众生居家过日子的柴米油盐的细细盘算,要它劳什子"大政方针"能当饭吃吗? 这些都是老生常谈,可为了"科学发展",还是要谈,不谈不落实,既无科学的发展,也无发展的科学。

五

现在都在讲"和平崛起"。对于"和平崛起"的解读同样牵涉到政治市场和立法市场的问题。对外而言,"和平崛起"意味着要建构国家形象,以理性、和平与负责任的大国形象,纵横捭阖,切实担当起自己的道义和法律职责。同时,按照康德的说法,和平也包括一国之内人民之间的非战争状态,一种基于权利让渡原则而形成的"我的与你的"关系。换言之,一国之内,人民将公平建立在彼此利益各得其所的基础之上,而以"代言人"之"文斗"来分配权益,便是和平,"一种甜蜜的梦"。由此,在当下中国的语境中,"和平崛起"的倡导者一定要兑现国内政治民主化的承诺,便是其应有之义。"共和制"的内涵之意与弦外之音,尽在于此。一日不兑现,即一日难以避免"武斗"的可能性,也就一日无"和平"可言。专家说法,这叫政治的合法性问题。变成百姓的心思,用康德的话来说,就是"让正义统治吧,哪怕世界上的恶棍全都倒台"!——兹事体大,真正是一大关口呢!

说来说去,还是一个找人在大房子里替我们说话的事。人在人情在,人走人情卖,没人在那儿盯着不行。老土话讲出的却是大道理。毕竟,政治和法制,孩子与票子,都是关于过日子的事体儿,也就是过日子本身,谁也无法置身事外。大家都要过日子,痛痒相关,休戚与共,就让大家一起参与好了。古今圣贤,衮衮诸公,不都喋喋不休人是群居的社会性政治动物吗? 这"参与",可是动物的本性。

如何参与? 参与什么? 雇人为自己说话,如此而已。就如梁漱溟先生所言,实行民主,"末了出头来过问政治的,仍不外是几个政党"。既然如此,那就让它们来打工好啦!

法官大人

於兴中*

　　我实在想不出还有什么职业比做法官更为神圣、更为艰难。不用说人世间有多少冤案要待法官予以昭雪，更不用说法官手中的大笔轻轻一挥，财产会被分割、感情会被伤害、人头会被斩落，即使在解决那些每时每刻发生的琐碎纠纷时，如果能判断清楚谁是谁非，就已经是极不寻常、劳心费神的事。事实上，正如有人曾指出的，对于具体的个人而言，解决一件与自己有关的纠纷要远比读一份国情咨文、听一场周末弥撒更为重要。而当一件纠纷或一场官司牵涉到大宗财产、重要权利、生死存亡时，那就更是如此。自由主义法学的带头人罗纳德·德沃金甚至认为，法官点点头给人们带来的得失要远比立法机关的任何一项议案所带来的更大。可见法官角色之重要。

　　我越是这么想，就越不能理解为什么有人敢当法官，为什么有人知道了自己要当法官竟然还可以食能甘味、睡能成寐。美国已故著名法官伦尼特·汉德一生听讼，成绩卓著，深受人们敬仰。但最后人们请他谈谈有何感想时，他却坦诚地说，对诉讼的恐惧远胜于对死亡和纳税的恐惧。实是肺腑之言。

　　世事之复杂，人心之不可测，事物之多变，恐怕连神都难以把握，凡人如何能洞悉一切、明察秋毫、拨雾见天、伸张正义？听讼审案，一不留神，则可能殃及无辜，也可能使罪魁祸首逍遥法外。要在正义邪恶、是非对错之间做到泾渭分明、不偏不倚、不盈不损，法官所面临的实在是既神圣而又十分艰难的工作，不是所有的人都可以胜任。因此，任何社会对法官的资质和修养都会有较高的要求。中国传统文化要求法官铁面无私、公正廉明、体恤民情。中世纪西方人则要求法官应该具备公正、智慧、坚强、克制、善良、正派等品质，同时还要求法官博

---

* 作者为香港中文大学法学院教授。

学多闻、阅历丰富。在这个意义上，人们期望法官是神而不是人。

当代自由主义法律传统已经不太相信那些美好的品质在具体案件的处理上会有多大帮助。因为人世间具备那诸多美德的人毕竟凤毛麟角。像所罗门王、包拯或布莱克顿、库克甚至霍姆斯这样的法官要几世才遇一个。要等到他们再世，法院早就被堆积如山的冤案、错案、悬案压塌了。退而求其次，自由主义者们只要求法官做到中立、客观、诚实、有礼，把法官作为人来看待。即使如此，自由主义者们对法官能否做到中立和客观仍心存疑惑，于是设计了形形色色的程序和措施来限制法官的任意性，以确保正义的落实。例如，美国的法官们被要求不仅要做到公正，而且要"显得公正"。"显得公正"就是看上去公正，就是让旁观者对某一场审判有一个公正的印象。换句话说，一份判决的制作者除了必须做到案件内在逻辑上的自圆其说之外，还应该顾及案件当事人、旁观者、其他法官以及外界舆论对它的可能反应。

当然，一场审判还不足以说明某位法官是否公正；只有法官在若干案件中所表现出来的一贯行为大致公正时，才可以给人以公正的印象。培根虽然能说出"不公正的审判会污染正义的源头"的名言，却因为自己未能坚持到底，涉足司法腐败，终究不能成为近代法治精神的代言人。而同是大法官的库克虽然在仕途上大起大落，却始终如一追求法律至上，最终成就了《权利请愿书》(Petition of Right, 1928) 那样辉煌的杰作。事殊而理同。

显得公正有一个前提，就是判决必须公开，而且必须由审案法官具名签署。这样人们才能知道对某一案件的判决是否公正，哪一位法官的判决一贯公正或只是偶尔公正，哪一位法官有真知灼见，哪一位法官只能做到平庸。我们把法官分成若干等级，但我们不知道这些等级到底意味着什么：它们只是为便于区分隶属关系而设计的行政级别，还是基于对法官业务水平的一种评判标准？只有当由法官署名的判决公开后，我们才可能从各级法官判决的水平上看出法官的级别到底意味着什么。

既要做得公正，还要显得公正，这绝非易事。无论把法官看作神，还是看作人，法官都应该受到普遍尊敬。而这种尊敬不仅仅是因为法官背后的强制力，不仅仅是因为法官为我们定纷止争，也不仅仅是因为法官为社会惩恶除祸，更重

穿上法袍，戴上假发，君临法庭，这时的法官活像一个演员。但演员是假戏真演或真戏假演，而法官则是真戏真演。图为香港最高法院的大法官们。

要的是出于对法官所面对的困难的深刻理解。百官之中，唯有法官难做。法官是普通人，但由于他们被摆在一个不普通的位置，我们便不能把他们作为普通人看待。这就是为什么西方人总会称法官为"尊敬的法官"或"法官大人"。崇高的职业需要具有超凡的才智、丰富的情感和高度灵性的人。不是随便任何人都可以当法官的。

最低限度，法官应该具有诚实、敬业、热爱生命等品质。穿上法袍，戴上假发，君临法庭，这时的法官活像一个演员。但法官毕竟不是演员。演员是假戏真演或真戏假演，而法官则是真戏真演。虚是戏的生命，而实则是司法公正的源头。

法官应该是一个诚实的人。一个不诚实的法官可能作出一次公正的判决，但绝不可能成为一个公正的法官。诚实的人是一个实事求是、不说或尽量少说空话的人。关于不说或尽量少说空话方面，有一个很好的例子。一般明智的人刚刚被任命为法官后，都会向前辈法官请教，希望从中受益。前康涅狄格州高级法院法官罗波特·散特回忆说，他初为法官时，一位出色的同僚给了他两条忠告：一是不要把法袍穿在西服上面，二是开庭前先去上厕所。这是两条何等实在的忠告！但散特法官觉得还远远不够，便去请教该法院的主法官。主法官的回答是，审理案件的风格因人而异，你应该发展你自己的风格，仅此而已。这两位法官平实的忠告不是什么大道理，但对于新上任的法官来说却要比空泛的大道理管用得多。而这绝不仅仅是实用主义的简单范例。

法官应该是一个敬业的人。"业"在这儿的含义是韦伯所说的"志业"而不是一般意义上的"职业"。一个人的理想、事业和生命，三者结合起来称为"志业"。敬业的法官以听讼理案为事业，以追求正义为理想，把毕生精力奉献给自己的理想和事业，只凭自己的良心行事。敬业的法官是熟谙自己职责的法官。他知道该向谁负责，不该向谁负责。他忠于自己的志业，服从法律，服从正义，向当事人负责，向自己的同僚负责。更重要的是他知道自己的局限。他以无限虔诚的态度对待每一件案件，但并不关心某一项社会政策执行的情况，因为执行社会政策不属于他的职责。他是独立的裁判，而不是政府的工作人员。他为民众办事，但却不是人民的公仆。

法官应该是一个热爱生命的人。法律的基础是理性，法官断案也应凭借理性。但是，冷冰冰的理性之光需要想象和感情的温暖予以调和。而"只有热爱人的人才可以审判人"（泰格尔：《新月集》）。虽然现代法律观念提醒人们，法律制度的自治要求法官在穿上法袍的那一刻起放弃一切原有的信念和感情，使自己的脑袋成为一块无色无彩的玻璃板，但古今中外那些家喻户晓的杰出法官无一不是法理情并重者。事实上，具有玻璃板资质的头脑恐怕无论从事任何活动，都不会出类拔萃。理想的法官应该是心性、智性与灵性三方面都得到了高度发展的人物，而不是鬼故事中的那些冷酷无情的判官。一个只会援引法律规则的人有希望充当一副性能良好的法律机器，但却不能成为一名受人敬仰的优秀法官。

谁在"法律强势榜"上？

侯 健[*]

　　10日，胡润中国富豪榜也公布，榜单最低门槛设在 8 亿元，有 813 位富豪入围，上榜富豪总财富达到 34452 亿元，相当于 2006 年 GDP 的 16%。令人感兴趣的还有在 10 月 8 日发布的 2007 胡润强势榜，据介绍，该榜主要强调开创性、影响力和话语权，入选人士所在行业涵盖了制造、能源、房地产、钢铁、快速消费品、IT、零售、金融和农业。

　　关于"强势"（以及"弱势"），可以从不同的角度来定义。这些排行榜所关注的都是个人及其所代表的企业。但是，我们也可以换一个视角，从社会和政治的角度将中国的各社会群体和集团根据其影响立法和政策的能力大小进行排序。这个排序有一个困难，即标准难以量化，它不能像财富的数量那样准确，但是通过对立法过程中各社会群体和集团的表现的观察，人们还是可以看出谁属于强势准属于弱势。

　　朱景文教授主编的《中国法律发展报告》采用社会学调查方法，将法律发展的指标体系分为立法、法律实施和法律教育与研究三个分指标，每个分指标从机构、人员、职能活动和经费收入四个方面分析，建立法律发展研究的数据库。这一研究启发人们，可以对立法和政策的过程进行细致分析，把标准细化，以此衡量不同利益群体和集团的影响能力。比如，可以考虑这些因素：群体的组织化程度，组织内部的成员数量与其潜在成员数量之间的比例，集团整体的经济资源和经济实力，集团成员的整体文化水平，是否存在有利的制度条件，等等。如果这样的排行榜可以排出，不妨把它称为"法律强势榜"，也每年发布一次，以使人们了解谁在法律上具有强势地位，哪个社会集团对立法、法律实施和政策制

---

[*] 作者为复旦大学法学院教授。

定具有较大的影响力。

排出这样一个榜单，需要细致的研究。这里只说一说一些现实情况。近年来，各利益集团影响立法、政策逐渐成为国家决策过程中的常见现象，立法的图景在发生变化。2004年宪法修正案规定了"公民的合法的私有财产不受侵犯"等内容。在这次修宪的背后，人们看到了全国工商联的影子。同年，最高人民法院发布了酝酿4年之久的《保险法》司法解释，这一司法解释带有保险公司集团势力游说的痕迹。在《企业所得税法》的制定过程中，2005年1月5日，54家在华跨国公司联合向国务院法制办、财政部、商务部、国家税务总局提交了一份报告《在华投资的跨国公司对新企业所得税的若干看法》。《企业所得税法》最终给予了5年的过渡期等优惠措施。从《公司法》修订起草小组负责人主编的《新公司法修订研究报告》（张穹主编，中国法制出版社2005年版）一书中，人们看到了中国企业联合会和中国企业家协会、全国总工会、中国注册会计师协会等组织的意见。在《劳动合同法（草案）》的意见征询期间，代表美国投资者的上海美国商会和美中贸易全国委员会分别向全国人大法工委提交了公开意见，欧盟商会也递交了法律意见书。《反垄断法》更不能免受经济垄断势力的影响。最明显的例子是，在国有企业以及有关政府部门的要求下，在总则第七条中增加了一项规定："国有经济占控制地位的关系国民经济命脉和国家安全的行业以及依法实行专营专卖的行业，国家对其商品和服务的合法经营活动予以保护，并对经营者的经营行为及其商品和服务的价格依法实施监管和调控，维护消费者利益，促进技术进步。"2007年6月13日，国务院法制办、信息产业部和国家邮政局在北京召开《邮政法》修订工作企业座谈会，拿出第九次修改稿，其中有关邮政专营的条款空缺，理由是因各方面的争议很大，这部分内容"待研究"。从1999年启动的《邮政法》修订工作不知何时可以结束，而主要原因就是各方利益集团在邮政专营问题上的较量还没有一个结果：一方是国有邮政企业，另一方是中国国际货运代理协会下属的中国国际快递工作委员会、国内民营快递企业。

在中国目前形成的社会集团中，房地产集团是发育比较成熟的集团，它们在各地有协会，在全国工商联有房地产商会（2005年11月之前称为"住宅产业商会"），在舆论界呼风唤雨，在国家政策上有强大的影响。2006年，全国工商联房地产商会第一届理事会在工作报告中就总结了过去几年影响国家政策的情况:"2003年以来国家针对宏观调控和房地产行业的具体情况,连续出台了一批针对房地产市场的政策,我会面对这一行业大的变化,积极发挥行业桥梁纽带作用,借助全国工商联的平台建立政企沟通渠道。我们在宏观调控以来一共7次就政策变化向政府建言献策。……2003年1次、2004年1次、2005年3次、2006年2次。第一次是2003年6月中国人民银行下发了121号文件,个人住房贷款管理等方面全方位在房地产业产生了较大的反响。我会于2003年6月25日在全联的指导下,商会组织了业界专家、企业代表和银行界的人士举行了当前房地产行业自律发展趋势和金融热点问题的座谈会。这次座谈会全联的主管商会主席参加了,并在会后整理形成对房地产信贷的建议,上报全国工商联,并有全国工商联转国家政府……"2003年6月,中国人民银行出台121号文件《关于进一步加强房地产信贷业务管理的通知》,要求各商业银行严控开发贷款、严控土地储备贷款、严防建筑贷款垫资、加强个人住房贷款管理等。对此文件,房地产集团极力反对。全国工商联出面写出一个报告上报给国务院。最后促成了2003年8月31日国务院18号文件《关于促进房地产市场持续健康发展的通知》的出台。该文件确认房地产业是国民经济的支柱产业,发展是健康的;提出要坚持住房市场化的基本方向,更大程度地发挥市场在资源配置中的基础性作用;还下放了房地产政策的决策权力,各地区可以因地制宜,分别决策,使房地产业的发展与当地经济和社会发展相适应,与相关产业相协调,等等。央行的121号文件被束之高阁。这是利益集团影响国家决策的一个典型事例。在2007年的富豪榜上,房地产行业富豪表现相当突出。《福布斯》中国财富榜,有十几名地产商跻身其中,而前四名富豪均专门或者主要从事房地产业。胡润财富榜上,在前十名富豪中,有四位专门从事房地产业,还有四位的主要业务是房地产。他们尝到了影响政府决策的甜蜜果实。

既然是排行榜,就有排名靠前的,也有排名靠后的,更有榜上无名的。在目前利益表达结构的转型时期,各社会集团和群体影响立法和决策的能力出现了巨大的差距:一方面是有组织或者已经高度组织化的利益集团,另一方面是由大量、分散的成员构成的无组织的利益群体。在没有发育成为利益集团的利益群体与成熟的利益集团之间,在发育水平低的利益集团与发育水平高的利益集团之间,在与政府部门关系不密切的利益集团(圈外集团)与关系密切的利益集团(圈内集团)之间,表达能力是存在差距的,后者要强于前者。在《邮政法》的修订过程中,非邮政企业联合起来,表达了对邮政专营的强烈不满,然而广大邮政用户却是沉默的。在《保险法》司法解释征求意见的过程中,人们只能听见保险公司的声音,却听不见保险客户的声音。广大邮政用户和保险客户虽然人数众多,却是沉默的。他们没有利益集团化,只能做失语的利益群体。而那些容易联合起来或者能够依托社团开展活动的利益集团,则在公共决策的形成过程中发出了他们的声音。而一些政府部门或者依托政府组织形式存在的利益集团(例如公务人员集团),不必发出声音,就可以把自己的利益要求表达在公共决策之中,因为他们自身就是决策者。

显然,有这样一个排行榜,是对立法公平的嘲讽。但是我们不能因为它是对立法公平的嘲讽,就否认事实。这样的一个排行榜,表明了不同社会集团和群体影响立法和政策的能力悬殊这一事实。这是需要引起我们认真关注和思考的。

海瑞应无恙

刘笃才 *

现在流行将法说成"游戏规则"。不过,说同样的话却可能表示着不同的意思。有人说"游戏规则"强调的是规则的普遍存在,以证明法的重要性,言下之意是:即使做游戏,也要讲规则,在社会生活的其他方面,规则更是不可或缺。但有人却把法当成是"游戏规则",有意无意赋予了另外的意义,那就是把规则游戏化。言外之意:虽然说是规则,毕竟只是游戏,当不得真的。这就不仅把规则,而且把一切都游戏化了。什么社会,什么人生,都成了游戏。

还有吴思先生发明的"潜规则"一词。这个词现在已经不仅在史学界流行,而且在社会上也有普及的势头。中国旧日的官场是个尔虞我诈的世界,人们说的是一套,做的是一套。说的不去做,做的不能说。又有许多说不清、道不明,只可意会不可言传的东西,难以完全掌握,需要暗中摸索。潜规则一词的概括确实很传神。其实,潜规则并不神秘,在官场中它的存在是公开的秘密,老于此道的官场中人对其早就心领神会,心照不宣,一切尽在不言中了。只是刚进官场的读书人,往往蒙在鼓里,被表面的冠冕堂皇所迷惑。当然这一切对于现代人特别是青年读者已经相当陌生,他们可能没有接触过揭露官场黑幕的旧小说,所以"潜规则"一出现立即成为流行广泛的社会"关键词"。对大多数人来说,潜规则为理解旧日官场运作提供了一把钥匙,但在有些人那里,潜规则也可能被误读为历史的规律、社会的真理。如果说当年的厚黑学,将"厚黑"提高到学问层面具有明显的讽刺意味,因为厚黑二字已经显示了作者的价值判断,但还是不能阻止有些人(不是一切人)从中寻找处世的学问,那么,像潜规则这样的没有多少贬义的中性词语,可能更容易被人们认同。加之"规则"一词又往往被人们在正面意

---

* 作者为辽宁大学法学院教授。

海瑞像

义上应用,它有可能使这些历来摆不到台面上的东西大摇大摆走上历史的、社会的舞台,取得"合法性",乃至成为一副解决一切问题的药方,甚至成为衡量一切是非的标准。如果那样,就太可怕了。

基于以上原因,我不大敢用吴思先生发明的潜规则一词。在表达类似的意思时,我宁可用社会学固有的"非正式规则"的用语。因为这个词本身就提醒人们,相对于非正式规则还有正式规则的存在。正式规则由于受到包括国家在内的社会主导力量和社会主流意识形态的支持,相对于非正式规则,具有优势的地位。非正式规则在一定意义上对正式规则是一种补充,起的是辅助作用。当然,两者之间不仅相辅相成,而且存在差异,存在矛盾,存在冲突。在一定情况下非正式规则还会破坏正式规则的贯彻执行。这时候,两者是此消彼长,不是东风压倒西风,就是西风压倒东风。

在现代社会组织中,正式规则起着支配性的作用。这是法治社会的特征。按照马克斯·韦伯所构建的科层制理论,理想的科层制即官僚制具有下述特点:(1)在职能专业化的基础上分工,按权力自上而下排列成严格规定的等级层次结构体系。(2)有明确划分责权的规章制度。(3)为了合理地应用这些规则,必须对有关人员进行专门训练和培训。(4)系统化的工作程序与公私分明的界线。(5)严格的公事公办。任何任职者都不能滥用其正式的职权,只接受有关准则的指导,但合法权力能以各种不同的方式来行使。(6)注重官员的知识和能力。问题是在中国古代早就出现了官僚制,而且也不乏法律以及规章制度等正式规则,却没有形成合理的科层制,原因何在?就在于由于皇权的存在、宗法制的影响,官场通行的是另一套规则,缺乏"公事公办"的精神。非正式规则(也就是所谓潜规则）的作用远远超过了以至压倒了正式规则。

当今中国的法治建设所遇到的问题仍然有这方面的原因。毫无疑问，国家制定颁布的法律是社会正式规则的主要存在形式和表现形态。所谓法治，所谓依法治国，就是对法之优势地位的肯定。一个法治社会应该是"法律"这一社会正式规则支配的社会。而在我国的法治建设过程中，由于非正式规则的干扰，打官司变成了打关系，讲人情代替了讲国法。在有些地方党纪和国法虽然三令五申不起作用，歪风和邪气反而在这些地方通行无阻。非正式规则压倒正式规则，这本来是一种非正常的现象，却取得了合法性和正当性。很多情况下，将人情、面子强加于人可以大言不惭，而不讲人情、不给面子者居然内心生愧，难怪坚持原则、坚持依法律办事的人被看做，甚至被公开说成是"有病"了。

有意思的是，最近这竟株连到了古代的海瑞。大家知道，海瑞是历史上著名的清官。明代官吏俸禄标准较低，几乎没有人不拿红包吃回扣；海瑞却在俸禄之外一丝不取，以至生活穷苦，一年到头吃不上几回肉。别人都请客送礼，拼命巴结上司；海瑞却对所有过往官员坚持统一的接待标准，以至使权贵人物绕道而行。海瑞不但自己不这样干，还革除一切常例，把别人升官发财的道堵死。他不讲人情，不给面子，不搞关系，不请客送礼，不拿红包、吃回扣、搞摊派，坚持按照法律办事，办起案来"但知国法，不知有阁老尚书"，甚至对提拔自己做官的恩人也不放过。这一切本来是值得称赞的，现在也被人说成是人格病态，心理不正常，是一个偏执病患者。

我前面说，潜规则有可能被误读为历史的规律和社会的真理，这是其表现之一。做出海瑞有病的论断，原因就在于把潜规则作为了衡量一切的尺度。在诊断海瑞有病的人的笔下，潜规则是"不成文法"，是"人之常情、理之必然"，是"在社会运转中自然生长起来的规则"。所以海瑞这个"不按官场规则出牌的另类人物"是"偏执病患者"。

如果旧日官场的潜规则竟然被看做是我们时代的真理，中国的法治建设将更加举步维艰。事涉法治前途，关于海瑞是否有病的问题，不可不辩。

为了证明海瑞有病，有人故意把海瑞的一生说成是"失败的一生"。我不知道这样说的人判定人生成败的标准是什么。海瑞生前，清声远扬，"黄童白叟，填

溢街巷以观公"。海瑞死时,"小民罢市,丧出江上,白衣冠送者夹岸,酹而哭者百里不绝"。海瑞身后,"赠太子太保。谕江浙地方为海瑞建专祠,春秋享祀"。且不说多少贪官污吏早已身败名裂,被钉在历史的耻辱柱上,就是那些当年声名显赫的历史人物,今天又有多少人被人记起,而在几百年之后,一提到古代清官,海瑞的名字可以说妇孺皆知。难道这是人生的失败?

潜规则的潜力和人们对之莫名的恐惧有关。其实它并没有人们想的那么强大。即便从世俗的眼光看,海瑞35岁中举,38岁正式进入仕途。用了不到20年的时间,55岁做到通政使,中央办公厅主任,至少是副部级吧。70多岁了,早已过了离退休年龄,还由于有着强烈呼声而被当局再度邀请出山。即使在当今世界,这也算得上是成功人士,何以说是"失败的一生"?

更重要的是,海瑞的一生没有为了功名、利禄、升迁,而蝇营狗苟,去摧眉折腰事权贵。他不媚世俗,不怕孤立,特立独行,坚持了自己的独立人格,保持了自己不变的信念。

海瑞的成功是正式规则的胜利。它说明所谓潜规则不是不可战胜的。按照淘汰清官的所谓官场潜规则,似乎海瑞注定要被淘汰。但恰恰是海瑞,成了这个规则的例外。海瑞的成功是他坚持正式规则的成功,它证明了正式规则还是具有自己的力量。

鲁迅说过，"捣鬼有术、也有效，然而有限。以此成大事者，古来无有"。所谓官场潜规则的强大，只是表象，那是因为人们对它的恐惧，而不是真的比正式规则还有力量。海瑞看透了这一点。他用实际行动证明了这一点。

例一，海瑞署南平教谕。"御史诣学宫，属吏咸伏谒，瑞独长揖，曰：台谒当以属礼，此堂，师长教士地，不当屈。"人人都卑躬屈膝，拜倒在权势脚下。只有他不跪，而且公开说明他不跪的正当性。御史听了肯定很生气，后果可能很严重。但是，结果是平安无事。为什么?因为海瑞有正式规则的支持。

例二，总督胡宗宪之子过淳安，"怒驿吏，倒悬之。瑞曰：曩胡公按部，令所过毋供张。今其行装盛，必非胡公子。发橐金数千，纳之库，驰告宗宪，宗宪无以罪"。

你看，货真价实的胡公子被故意当做政治骗子对待，其从别处得来的几千银两被收缴入了国库。胡总督一定很生气。但是，后果也并不如人们想象的那么严重，而是"无以罪"。因为根据国家法律，海瑞的行为无可指责，硬要较真儿，倒是胡公子吊打驿吏，索贿千金，存在违法行为。

例三，"都御史鄢懋卿行部过，供具甚薄，抗言邑小不足容车马。懋卿惠甚。然素闻瑞名，为敛威去"。堂堂的监察院长居然被如此慢待，当然很生气，后果应当更严重。可是在小小的七品知县面前，监察院长居然收敛起八面威风铩羽而去，这是为什么?就是因为海瑞身后有正式规则作支撑。

海瑞的经验还告诉我们：如果要对抗官场潜规则，就必须事事有正式规则作依据，处处坚持按法律办事，"不逾规矩一步"。这里的关键是"不逾规矩一步"。即使有人想打击报复，想整他下台，也无从下手。这就是他的力量所在。所以，海瑞"不求合俗，事必认真。九分之真，一分放过，不谓之真"，对于所谓潜规则，没有一丝一毫的妥协。如果你今天在这个问题上妥协了，明天在另一个问题上就无从划清界限了，就会破裤子缠腿，直到把你拽入深潭。

说海瑞有病的人力图证明潜规则的合理性。譬如所谓常例的存在。按照这些常例，大小官吏可在俸禄之外取得各种名目的收入。有人用明代官吏收入低证明其是合理的，"这些常例一日不可无"。明代官吏的俸禄不高是事实，解决的办法却可以有不同的方式。一个选择是通过正常的方式，国家提高俸禄标准；一个选择是通过非正当的方式,这就是所谓常例。从官员这方面看,确实"这些常例一日不可无",但是说这话的人忘了这些常例的来源是靠向人民摊派。据史料记载,在海瑞当知县的地方,这种摊派的标准是每个劳动力(成丁)四五两白银。这样沉重的负担,老百姓还要不要活下去?假如说,官吏的俸禄真低到了不合理的程度,那么我们也不妨问:官员们为什么不通过正当渠道要求国家增加正式俸禄,去争取自己的正当利益?说穿了,他们畏惧皇帝的权力,不敢对皇帝提出这样的要求。因为说不定他们会因此挨板子,丢位子,掉脑袋。说起来,这也够可怜。但是,他们又十分可恶,因为他们转过身就去欺负老百姓,利用自己手中的权力大搞摊派,不间断地无限制地增加人民负担,榨取老百姓的血汗,杀鸡取卵,竭泽而渔。这只能叫做欺软怕硬,弱肉强食。这难道就是"在社会运转中自然生长起来的规则"?

海瑞认为:"我国家官民财法有界限,官自为官,俸禄柴马;民自为民,盖藏衣粟,柴马俸禄外,毫发属民。枉法不枉法,其为赃一也。"官吏除了合法的俸禄补贴外,越过法定的界限,侵占人民的利益,不管枉法不枉法,都是贪赃。所以海瑞不顾一切,坚决革除所谓常例。经过海瑞的改革,全县人民的负担从四五两银子减少到了二钱银左右,只相当于原来的5%,从而大大地减轻了百姓的负担,这是偏执还是正道,不问可知矣!

当然这样做不容易,必须有牺牲,包括个人牺牲各种可能的物质享受。俗话说,"三年清知府,十万雪花银",说的是假清宫。而海瑞是真清,也真穷。做淳安知县,"布袍脱粟,令老仆艺蔬自给"。老母做寿,买肉二斤,竟传作奇闻。曾任都御使,死时室内"葛帏敝箧,有寒士所不堪者"。两袖清风,一贫如洗,在视人生如戏、应该及时行乐的人看来,这样的人生自然是失败,这样的选择自然是"有病"。殊不知所谓"潜规则",才是"官场病"的表现。真正有病的是旧日的官场,而不是摆脱世俗理直气壮依法办事坚持与官场潜规则对抗的海瑞。中国法治建设现在需要的恰恰是海瑞这样的人。正是:

何物潜规则?原是官场病。

海瑞应无恙,误诊不可听!

(本文所引均见张宏杰著《大明王朝的七张面孔》中的《海瑞:偏执症患者》一文)

司法协助亲历记

黄 风[*]

1986年7月，我从中国政法大学毕业留校在比较法研究所任教师。一天，我的指导老师余叔通教授（当时调任司法部教育司司长兼司法协助局局长）来到比较法研究所，让我们查找国际上关于司法协助的资料，因为我国准备与法国、波兰缔结司法协助协定。"司法协助？"我们所有在座的人都面面相觑，真不知它为何物。几个月后，我被借调到司法部司法协助局工作，步入司法协助研究和实践的领域。

一、司法协助第一案

真正让政法界认识司法协助之重要性的是一起发生在1993年的备用信用证诈骗案，国际刑事司法协助在该案办理过程中发挥了无可替代的重要作用。

1993年3月，在中国农业银行衡水中心支行发生了一起100亿美元备用信用证诈骗案。诈骗犯是加拿大国际诈骗集团的两个美籍华人李卓明、梅直方。他们以引进外国投资100亿美元用于衡水建设为诱饵，自称自己的公司实力强大，骗得当地政府信任。进而提出引进外资的条件是当地要出具一个银行的信用凭证，以担保引进资金到期能够偿还。他们的花言巧语蒙蔽了当地官员的视听，农行衡水中心支行为其开出了200张票面金额分别为2500万美元、5000万美元和1亿美元的不可撤销、可转让的备用信用证。这200张备用信用证的总金额是100亿美元。这个数额相当于当时中国全部外汇储备的1/2。

备用信用证是一种金融担保的凭证，其开证行承诺在申请人不能支付或者

---

* 作者为北京师范大学刑事法律科学研究院教授。

不能履行某些义务时向受益人支付一定数额的钱款。李、梅二人将200张备用信用证寄给在加拿大的帕姆和麦西华，后者很快与数家外国银行签订了买卖协议，准备把备用信用证抛进国际金融市场，如果李、梅们的骗子公司承担不了这100亿美元的债务，整个风险和清偿责任就落到中国农业银行的头上。

案发后，中央领导层高度重视，随即组成了由一位国务院领导为组长、公检法司首脑机关负责人参加的"9341"专案领导小组。为最大限度减少国家外汇损失，专案组决定把办案重点放在追证上。公安部通过国际刑警组织向有关国家发出求助函，不久，反馈回来的重要信息是：为开展进一步的合作，中国司法机关必须向有关国家的主管机关正式提出司法协助的请求。实际上，在法制健全的国家，警察机关的权力是很有限的，涉及对人身权利或者财产权利的限制性措施，一般应由司法机关依法处置。追查、扣押、没收和返还被骗信用证离不开外国司法机关的协助。"司法协助"这个陌生的术语让中央领导和"9341"专案组工作人员意识到它的分量。此时，司法部司法协助局被委以重任。

我和我的同事在广泛参考国际惯例和有关国家法律的基础上，在国内各主管机关的协作下，精心拟定了一份致加拿大司法部长的刑事司法协助请求书，它附有一个详细的询问提纲以及相关的证据材料，正文连同附件共计35页，由司法部长肖扬签署后发往加拿大。这是新中国法制史上第一份刑事司法协助请求书。随后，肖扬部长又陆续签署了向美国、澳大利亚等国司法部长提出的司法协助请求书。这些请求书发出后很快得到了积极的回应：加拿大皇家骑警帮助我们询问了帕姆和麦西华；美国联邦储备委员会发文请各金融机构警惕骗子们所使用的备用信用证格式；美国、澳大利亚、英国执法机关还帮助我们冻结、扣押大量被骗取的备用信用证。后来通过民事诉讼等方式陆续把这些备用信用证全部追回。国际金融诈骗集团的犯罪被侦破，国家外汇储备的安全得以保障。

二、域外派员取证第一案

司法协助在中国是一项开先河的事业，没有现成经验模式可借鉴。作为开先河者，我们通过多种途径搜集有关理论和实例，边干边学，在实践中丰富理论,积累经验。这一开创性工作让我很有成就感。

就拿司法协助工作中的调查取证方式来讲,我们感到传统的委托调查取证方式比较落后,往往事倍功半。如果提出请求的机关提供的询问提纲比较简单,被询问人只需回答几个"不"字,就可以结束询问了,被请求方不了解案情,没有义务深入询问。为了提高司法协助效率,我们必须探索出一条新路,那就是按照司法协助发展趋势,走出去,到国外找有关证人直接调取证据,此为派员调查取证。派员调查取证的关键是要得到当地司法机关的配合和支持。我参加的第一个派员调查取证的案件是首钢船务公司原总经理邵军贪污受贿案。

1994年5月我与检察院人员组成调查组赴新加坡找有关证人调查取证,我的任务是负责与当地司法机关进行协调,保证调查工作的进行。此前,检方曾在新加坡警方的合作下,找过证人赖友人、陆耀富,当时他们在律师陪同下接受询问,态度十分蛮横,检方无法取得他们的证言。在最高人民检察院贪污贿赂检察厅的请求下,司法部司法协助局介入此案,通过新加坡使馆,我们与新加坡贪污贿赂调查局(英文缩写CPIB)取得联系。

到新加坡后,我们向CPIB介绍了案情,提出找赖、陆两证人取证的请求。他们十分配合,按照他们的工作程序和习惯,于凌晨到证人家把两个证人分别"请"到CPIB。

CPIB在新加坡相当于香港的廉政公署,极有权威。有一次,我们调查小组与CPIB的同事一起吃饭,出于客气,结账时我们连同新加坡同事的饭钱一起付了,一位新加坡同事轻声对老板说了"CPIB"几个字,老板立即严肃地将新加坡同事的饭钱退给了我们,并收下他们自己付的饭费。

借助于CPIB的权威,两个证人老老实实地承认了行贿的事实并表示愿意作证。由于取到两名关键证人的证言,邵军贪污受贿罪得以认定,该犯被法院判处死刑,缓期两年执行。

类似在司法协助过程中派员调查取证的还有云南红塔集团董事长褚时健贪污案。褚时健以购买设备对外投的资名义把大量资金转往新加坡、香港,为查清这部分事实,我与检察院的办案人员再赴新加坡,在CPIB的配合下,找证人调取了相关证据,对认定褚时健的犯罪事实起了重要作用。

三、被判刑人移管合作第一案

司法协助对于法制建设处于发展中的中国,是一个全新的课题,许多问题不但要向国外学习,更重要的是要结合本国实际情况有所创新。我们在对关押外籍服刑人员较多的云南、广东监狱进行调查研究时,看到有些外籍服刑人员在那里要吃西餐,要进行宗教活动做礼拜,还要给他们配翻译,对我们来讲管理难度很大,成本很高。他们身处异国他乡,远离亲人,有很多不适。有位外籍服刑人员向我哭诉:她因为贩毒被判无期徒刑,刑期比自己的生命还长,感到很绝望。看到这种情况,我感到一种很强的责任感,觉得应该通过国际司法合作来解决这个问题,既为我国监狱减轻负担,又使这些被判刑的外籍人员得到比较人道的待遇,努力创造有利于他们回归社会的条件。

在研究过程中,我注意到国际社会正在开展一种叫被判刑人移管的合作,即把被判刑人迁移到其国籍所属国的监狱,继续服判刑国法院对他判处的刑罚,这是相互承认和执行刑事判决的国际合作形式。结合中国的实际情况来看,这种做法符合我们的需要,应该在我国司法协助当中加以确认和应用。

1997年,乌克兰向我国提出要求,希望把两名在哈尔滨实施抢劫的罪犯(分别被法院判处10年有期徒刑)交给他们。以前我们是通过外交手段处理这类问题,送回去的犯人不论刑期多少实际上就释放了,这不属于司法合作。从乌克兰这个案件开始,我们改变了以往的做法,通过国际合作把被判刑人送回原籍国,让他们在那里继续服刑。这样做既维护了我国司法审判的尊严,同时对各方面都有利。我们与乌克兰大使馆反复磋商,最主要的条件就是要求他们把这两名犯人押解回去后继续执行中国法院判决书判处的徒刑。乌克兰方面很合作,同意我方提出的所有条件。这是第一例移管案件,要严格按国际规则办理。虽然乌克兰执法机关派人来接收两名被判刑人,但他们在中国境内没有执法权。我们效法引渡程序,按照"舱口交接"办理,即双方到飞机舱口互换手铐,这种交换有它实际的法律意义,说明司法管辖的变换,在那里,中国警察把手铐摘下来,乌克兰警察给他们带上乌克兰的手铐。这第一起被判刑人移管案件就这样顺利完成。

从这个案件开始，中国不断和一些国家开展这方面的个案合作。目前我国已和三个国家缔结了被判刑人移管条约。

四、追回大额赃款第一案

2001年10月，中国银行广东分行开平支行余振东、许超凡、许国俊特大贪污挪用公款案事发。这几个人利用职务之便贪污挪用公款金额达4.82亿美元。当时此案重点一是要查找余振东等人的下落，二是要追回巨额赃款。此时，张福森同志调任司法部部长，他很重视司法协助工作，希望我调回司法部继续从事司法协助工作，我接受了组织上的安排。

在办理"1012"专案过程中，司法协助发挥了特殊作用。余振东于案发后大量向美国和加拿大转移资金，我们查出其中一笔355万美元从香港转移到美国旧金山他弟弟余振锋的账户上。中国银行在当地提起民事诉讼，要求对这笔资金进行民事冻结。冻结后，余振锋请了两个律师打官司，要求解冻这355万美元，其理由是：中方没有向当事人送达文书（因余振东在逃，无法送达）；称自己是这355万美元的合法拥有者；还指责中国政府对余振东的追诉有政治背景。旧金山的民事法官表现出对余振东的同情，准备解冻这笔资金。摆在我们面前的唯一办法是通过刑事扣押的方式来保证这笔资金的安全。

外逃贪官余振东被押解回国

公安部通过司法部向美国司法部提出了刑事扣押的请求。美国司法部很快回函说，必须提供余振东账户上的355万美元是从中国银行开平支行转移过

160

来的全部证据,证明资金走向的各个环节。余振东等人一般是以贷款或购买设备的名义将资金从开平支行汇到香港洗钱公司,再从洗钱公司转移到他们自己的账户上或者提现,提供这样的证据材料具有相当大的难度。当时时间非常紧,因为旧金山民事法院很快就要开庭审理余振东提出的解除民事冻结的请求,我们必须抢先完成刑事扣押的手续,才能保证355万美元不重新回到余振东手中。我们火速赶到广东,连续工作几天几夜,在成堆的账目材料中整理出一套完整的和精简的证据材料,立即通过互联网发给美国司法部,并马不停蹄地带着原件材料赶回北京,把书面证据材料通过公安部交给FBI驻北京办事处的联络官。果然不出所料,11月8日旧金山民事法院开庭审理余振东的解冻请求,做出解除民事冻结的初步决定。但是就在11月7日晚上,美国司法部根据中国提供的证据材料做出决定:对355万美元资金实行刑事扣押——这笔资金保住了。后来,美方又通过民事没收程序,没收了这笔款。

2003年9月,张福森部长访问美国,我陪同前往,美国司法部长阿什克罗斯特郑重地将一张355万美元的支票交给了张部长,他说:"这是给您的见面礼,我长这么大,没有拿过这么大面额的支票。这是开平案犯罪嫌疑人余振东转移到美国的资金。现在是物归原主的时候了。"当时我特别振奋,在美国访问的日子里,这种振奋一直持续着。在我从事司法协助工作的生涯里,虽然有过很多的第一次,但从外国把非法转移的资金追回来,这是非同一般的第一次,因为涉及经济利益,它的难度非常大。就说这355万美元,美方曾提出和我们分享,他们认为这笔钱是他们没收的,本应归美国国库所有;考虑到中方为在美国的追缴活动做出的贡献,可以在20%~80%幅度内分享一部分。当时我们也有思想准备,能拿回100万也比一分拿不回来要强。结果,通过我们的努力,355万美元连同利息都完璧归赵了。

五、得到立法确认的双重审查制

在多年从事司法协助工作的过程中,我除了注意实践经验的积累之外,还特别注重理论研究。将司法协助理论上升为法律原则,推进我国的法制进程,是我们法律工作者不遗余力追求的目标。我参加了我国的引渡立法,这其中最值得我骄傲的事就是在引渡立法中确认了对外国引渡请求的双重审查制。

一直以来,对外国引渡请求的审查是由外交部承担,公安部参加。外交部审查主要是从国际关系、政治关系的角度进行,缺乏法律层面的权威性审查,因此是不全面的。我一直认为:中国建立引渡制度,最关键的问题是建立双重审查制,即对外国的引渡请求,除了外交机构的审查以外,还要由司法机关进行审查。因为,在不同意识形态国家之间进行的国际司法合作,应当遵循一些共同的法律规范。例如,前面提到的发生在河北衡水的备用信用证诈骗案,案件侦办时中英关系正处于紧张状态,香港总督彭定康搞的政改方案遭到中国政府的强烈抵制,中国和英国的外交关系处于僵硬状态,然而,英国司法机关在审理我们就该案提出的合作请求时,并未受到外交关系紧张的影响,中英法律界在法律层面的合作获得了极大成功。这就是公正司法的共同标准超脱于政治关系的结果。

在国家与国家之间进行的引渡当中,我们必须更多地去遵循法律标准,由司法机关从法律和条约的角度来审查引渡是否符合条件。我的观点也曾一度受到批驳,包括我很尊重的一些教授们批评我,说我的观点不符合中国国情。我就这个问题写了一些文章、专著,而且在《引渡法》起草时,我和我的同事极力坚持设置双重审查制。终于,我们的观点被立法部门接受。在已通过实施的《引渡法》中,这一双重审查制被确认了。该法规定:外国的引渡请求,向外交部提出,外交部受理后主要审查该请求是否符合条约规定的形式要件;真正实质性审查,主要由最高法院或者是最高法院指定的高级法院进行,审查外国引渡请求是否符合法定条件。经过这种双重审查程序,引渡变成了真正意义上的司法合作。

看到我所追求的一些理念已经体现在我们的法律中,或者已经在实际司法工作中成为了现实,我感到非常欣慰。

尘封的检察制度史

吴丹红[*]

到台北不久,我就听说正在举办一个"检察世纪文物展",却一直没有时间去。在台湾"中央研究院"共用一间研究室的另外一位博士,是台湾大学法律史专家王泰升教授的高足,刚好他参与了这个项目,跟我介绍了这个展览的很多看点,勾起了我的浓厚兴趣。我的指导教授简资修先生也提议,趁到台大与会的时间,去附近看一下这个"传说中"的展览。

那天是 2006 年的 6 月,台北的夏天很炎热,午后的阳光晒得人昏昏欲睡。但是走进台北青少年宫的展览大厅,却发现这里别有一方风景。热情的台大法律系学生志愿者,把我们引领到那些珍贵的文物面前,历史气息穿透百余年的光阴,扑面而来。从日治时期的原始文件,到清末的立法典籍,再到民国的卷宗文案,最后到台湾的硬件设施,一路下来,恍如隔世。那个遥远而又缥缈的检察制度,渐渐地在我们眼前清晰起来。

志愿学生介绍说,台湾地区的检察制度如果从 1896 年的日治时期算起,已经走过 110 年了,如果从 1906 年清末改制算,则刚好是一个世纪。我未曾听闻大陆举行检察制度百年历史回顾的活动,不知道是因为法史学界对中国检察制度的起源还未成定论,还是已经淡忘了那个尴尬时代的历史性时刻。大陆很多法制史教材把中国检察制度的渊源追溯到古代的御史、都察,其实未免过于牵强。即使古制中真有"检察"一词,也绝非现代检察制度之意,就好比中国古代的"经济"一词非现代通用的经济之意。语言的面具会掩盖事实的差异。据我所知,当时的御史、都察"纠举百僚"又"推鞫狱讼",是兼检控、审判于一体的职位,与代表国家行使公诉权的现代检察官有着本质的区别。而现代检察制度的出现,众

---

* 作者为中国政法大学副教授。

所公认的是法国的国王代理人,大约17世纪才正名。1906年的清末改制,沈家本参酌各国法例,移植检察制度,当年的《大理院审判编制法》规定:"凡大理院以下各级审判厅局均须设有检察官,其检察局附属该衙署,于刑事有提起公诉之责,检察官可请求用正当之法律,监视判决后正当施行。"也就是说,检察官负有提起公诉和监督法律实施两大职能。但是,1906年编成的《刑事民事诉讼法》仍然没有规定检察制度,而是由审判机关同时享有犯罪追诉和裁判的权力。

1907年这一年,是光绪三十三年,内忧外患的清朝已经风雨飘摇。在沈家本等人的努力下,清政府在这一年编成了《法院编制法》,第一次在"审判厅"外单独设置"检察厅",这比《大理院审判编制法》的规定又进了一步。《法院编制法》第九十条明确规定检察官的职权为:实施侦查、提起公诉、实行公诉、指挥刑事裁判之执行,并在特定的民事诉讼事件中为诉讼当事人或公益代表人。同年编成的《各级审判厅试办章程》,沿袭了"检察厅"的称谓,并进一步规定检察官对于婚姻、亲族、嗣续等民事案件的审判,也须莅庭监督。由于《法院编制法》要到

台湾地区的检察官服

1910年才能正式实施,因此,在1907年之后的3年,实际上都是《各级审判厅试办章程》在发挥作用。李启成博士在《晚清各级审判厅研究》中指出,清末各级审判厅在实践上已经采用国家检察官提起刑事诉讼的制度。因此,1907年作为中国检察制度的起点,无论在制定法确立、机构设施和操作层面上讲,都当之无愧。

台湾大学的林钰雄教授在其著作《检察官论》一书中曾说过,欧陆创设检察官制度的目的,是为了废除当时法院审判所采行的纠问制度,把追诉职能从中分离出来,通过

确立诉讼上的权力分立原则,监督裁判的进行,以保障刑事司法权行使的客观性与正确性,同时保障人民权利。可是,这项伟大的制度来到中国的时候,却远远没有想象中的光环。要从专制社会的母体中诞生体现权力分立和保障人民权利的检察制度,难度可想而知。诚然,清政府采用检察制度时的姿势也很难看,检察制度初创的目的并没有完全贯彻,但不可否认的是,1907 年,我国的检察制度已经蹒跚起步了。民国成立之后,清政府"临终"颁布的法制并没有因之而废除。北洋政府沿用了《各级审判厅试办章程》和《法院编制法》,采检察厅与审判厅分立制,两厅的经费行政各自独立,但共同隶属于司法部。北洋政府时期的检察制度,已承认"检察一体"的原则。也就是说,全国虽然有若干检察厅,但仍然合成一体,如同银行的总行和分行一样,对于外部而言是独立的,内部则是一体的,检察官对于长官的命令有服从的义务。在检察一体原则下,司法总长可以指挥检察官的工作,各检察厅长官对于该管辖区内检察官的事务,有自行处理并移交其他检察官办理的权力,检察官也可以在情急情况下在管辖区外行使职权,甚至上级检察官在必要时也可以代理所属检察厅的检察官,这与法官独立原则是迥异的。问题在于,这种上级对下级的行政监督权,是否包含上级检察官可以指挥命令下级检察官就个案应如何行使司法职权?《法院编制法》只是笼统规定,监督权之作用,不影响于裁判上所执行事务及审判官的审判权。但是,如何认定司法总长对于检察事务的指挥已经"影响于裁判上所执行事务",则完全是实践操作上的事情。

这个从北洋政府时期就遗留下的问题,在历经"扯皮"之后,终于在几十年后酿成一件不可收场的大事,那就是著名的"奉命不上诉"案件。

在这次文物展上,我看到了一张已经有些发黄的竖排格纸,淡绿的线框,页眉是"台湾台中地方法院检察处通用纸",而这一页的中间,则用毛笔写着"谨呈首席延",落款是"黄向坚",而后面的批文则大书"奉令不上诉"。简老师看到这个的时候,忍不住一声低呼,因为这也是他第一次看到这个名案的原物。

事情得回到大约半个世纪前。1958 年,台湾省南投县县长李国桢被依贪渎罪起诉,一审判无罪,检察官不满打算上诉,但却遭到上级首席检察官的施压,并在公文上批下"奉命不上诉"的指示,在当时引起轩然大波。

根据王泰升教授的说法，当时承办案件的检察官黄向坚对一审判被告李国桢无罪部分不服，就把上诉理由书送首席检察官延宪谅核办。延宪谅再三表示，上级长官希望该案不要上诉，而且明确跟黄检察官讲，这是司法行政部长谷凤翔的意思。可是刚好碰到黄检察官是个"缺心眼"的主儿，不体会上头的苦心，看看上诉期间快过了，延宪谅首席检察官还不核准，急了，就自己写了声明上诉书，不经过首席检察官核准，直接送到法院去了。当黄检察官再把上诉理由书给延宪谅审阅时，延竟然在上面签下"奉令不上诉"后退回。这件事情虽然最

"奉令不上诉"批文

后因为黄检察官的据理力争，法院认定上诉有效，但是已经被外界所知。当时的《自由中国》杂志第三辑专门组织批判，连续发表多篇社论，矛头直指干涉检察官独立办案的政治力量。监察委员会同时开始调查，谷凤翔部长为撇清他没有下达命令来干涉黄检察官上诉，就把延首席检察官移送惩戒，最后延检察官受撤职处分。虽然在这个案件中，司法行政部长转嫁责任，"逃过一劫"，但舆论认为行政不应干涉检察官办案，已经成为大势所趋。由这个反面例子出发，台湾地区的检察官开始走上完全独立办案之路。

当然，检察独立是相对的，把它与司法独立联系起来，其实在理论上未必站得住脚。因为检察权兼有行政权与司法权的性质，与单纯的司法权不同。司法独立是法院系统的事情，与奉行检察一体的检察系统无关。但检察一体并未否定检察官的独立办案，行政上的领导并不意味着在具体个案上的绝对服从，否则无疑有损"独立行使检察权"之虞。现代社会，检察机关肩负着起诉犯罪、维护法制统一的使命，依照检察一体原则构建起来的检察权在侦破犯罪中非常高效，但反过来一旦被滥用也非常具有破坏力。因上命下从的检察指令权行使不当，阻碍独立行使检察权而妨害司法公正的例子，在近现代法制史上并不罕见。日

本的"造船疑狱事件"和美国"水门事件"中行政首长对检察官干涉的行为,都是典型的例子。前者的结果是日本首相吉田茂名誉扫地,发出指令的检察总长也被迫辞职,吉田茂在其他党派的攻击下不久就下台,退出政界。后者是尼克松总统"偷鸡不成蚀把米",败走麦城。正是这些丑闻,使日本和美国的检察独立最终破冰而出。有丑闻并不可怕,可怕的是丑闻不为人知。

2005 年,台湾地区又发生了一起"未经检察长核可径行起诉案",检察一体原则再次受到挑战。不过,该案与"奉令不上诉"案的差别在于,并没有行政权力干涉检察官的办案,只是检察官对检察机关内部检察长的指挥、监督权力及其范围,提出了质疑。时非昨日,检察官就个案所为的判断不受干涉已经是"通说"了。不过,如何协调检察官独立与检察一体化,依然值得研究。那个传唤陈水扁到花莲地检署配合侦办案件的检察官李子春,曾被舆论奉为英雄。2006 年末,对吴淑珍等进行侦查、起诉的台北地检署的几位检察官,也风光一时。检察制度走过百年的泥泞,已然实践着它权力分立的初衷,其中既有检察官个人的抗争,也有新闻自由的推动,而大环境则是司法独立和检察独立渐渐成为法治社会的选择。

事件的发生是偶然的,但背后是必然的制度演进。台湾地区检察制度这几年的发展,看似在加强检察官的权力,实际上却是检察官权力的限缩和检察官角色的转换。台湾地区的检察官,曾经拥有令他们同行羡慕的庞大权力,举凡传唤、拘提逮捕、搜索、扣押、监听、羁押、起诉、不起诉等,都在其权限内。但是在 20 世纪 90 年代以来,随着"非常法制"时代的结束,民主自由呼声的日益高涨,已经存在近一个世纪的检察官强制处分权受到极大挑战。先是 1995 年羁押处分决定权被大法官解释宣告"寿终正寝",然后是在 1997 年修订《刑事诉讼法》正式把羁押处分决定权划归法院。2000 年发生的检察官搜索"国会"及报社,造成"立法院"及媒体对检察体系的不信任,加速了对检察官权力的限制幅度。2001 年修法削弱了侦查中检察官的搜索和扣押权,改由采取司法令状主义。由于当事人进行主义的推行,2002 年修正的《刑事诉讼法》规定了检察官实质的举证责任,确立了检察官在审判阶段的当事人地位。2005 年,台湾"立法院"审查《通讯保障监察法》修正草案,其中最重要的部分就是检察官不再有签发监听票的权力。2006 年,检察官的拘提权又面临挑战,岌岌可危哉。检察机关历来被认为是打击犯罪的权力机关,其权力行使也是为达到惩治犯罪的目的,然权力是一柄双刃剑,所到之处也可能威胁公民的权利。不经法院许可,检察官就可以羁押被告两个月,检察官只要"想"搜索公民住宅,就可以自行签发搜索票,这原本都是台湾地区检察制度的常态。但是随着人权保障观念的抬头,司法机关和公民渐次觉醒,逼迫检察机关在权力行使上做出必要的"让步"。检察官不得不从传统的"司法官"的角色,转换到"当事人"的角色。当然,检察官并不是被剥夺了所有的权力。例如,随着科技犯罪的增加,检察官在侦查中也拥有了一些新型的强制处分权。为了减轻法院的负担,检察官被赋予更大的起诉裁量权,可以不起诉的范围得到扩大。甚至,检察官可以采取"认罪协商"的制度。检察官角色的转变,使得检察工作的重心,渐次转移到公诉上来。"好钢用在刀刃上",又有使刀的好手,刀才能所向披靡。

百年的沧海桑田,在历史长河中如白驹过隙。1907 年,是中国检察制度史一个被淡忘的起点,也未必有人会认同 2007 年是它的百年华诞,但两岸检察制度发展留给我们的思考却是意味深长的。台湾地区检察制度的这些变革,其大背景当然是人权保障观念的提升。检察权力有可能侵犯人权之处,都受到限制,有助于加强程序公正之处,皆得到提升。其中,《刑事诉讼法》的变动,对检察权的影响最为重大。《刑事诉讼法》所确立的"程序正义"和"人权保障"观念,对检察机关秉持的"发现真实"观念尤其构成强大冲击,随着刑事诉讼制度走向法治化,检察制度也被推动着走向法治化。这是台湾地区检察制度变革带给我们的新气象。与此同脉的大陆地区检察制度,而今也走过了百年的历程,在人权保障彰显的 21 世纪,我们也期待有所进益吧。

商鞅"法治故事"的反思

——寻找我们需要的法治

马小红 *

商鞅是战国时期著名的法家,他在秦国推行"富国强兵"、"以法治国"的"新法",奠定了秦国的霸业,但其本身因政治上的失势而遭到身亡车裂之刑。不夸张地说,商鞅的一些政治主张和"法治"见解洞穿了两千余年的历史时空,影响至今。我们今天常说的人性"好利恶害"、行政"以法为本"、执法"刑无等级"等都可以在《商君书》中看到充分而有力的论证。然而商鞅最为后世难忘的还是他为推行新法而留下的"南门徙木"与"刑太子师、傅"的"法治故事"。这两则故事最能反映商鞅及法家的"法治"的本质,也最能说明汉代以后的中国人之所以抑制法治而张扬礼治的明智。透视古人和近人对商鞅法治故事和法家法治的反思以及不同的评价,我们也许可以明白古人并不像我们所认为的那样简单或愚昧,因为我们今天所需要的法治与古人对礼治的选择并不矛盾——在不同的历史条件下,最大程度地争取民的权利。

"南门徙木"是商鞅为推行新法而精心设计的变法步骤,太史公司马迁在《史记·商君传》中记述了事情的原委:

> 令既具,未布,恐民之不信,已乃立三丈之木于都市南门,募民有能徙置北门者予十金。民怪之,莫敢徙。复曰"能徙者予五十金"。有一人徙之,辄予五十金,以明不欺。卒下令。

大意是商鞅制定了秦国的变法令,尚未公布,担忧民众对"新法"的推行信心不足或以为新法不便,于是就在城南门立起"三丈之木",出榜宣称若有人能将"木"移到城的北门,即赏"十金"。也许此事在一般民众看来有些离谱,如此容

---

* 作者为中国人民大学法学院教授。

易的事情,就能领"十金"之赏,这与法家"刻薄寡恩"的形象实在太不相符。更何况法家虽重"法",但也崇"术",人们很难不担心其中有诈,结果是无人揭榜。然而当商鞅宣布奖赏加到"五十金"时,就果真应了那句"重赏之下必有勇夫"的老话,终于有人揭榜移木,拿走了"五十金"的重赏——商鞅的目的达到了,秦人由此知道了商鞅令出必行的"执政风格"。

太史公继续记"刑太子师、傅"的原因和效果:

> 令行于民期年,秦民之国都言初令之不便者以千数。于是太子犯法。卫鞅曰:"法之不行,自上犯之。"将法太子。太子,君嗣也,不可施刑,刑其傅公子虔,黥其师公孙贾。明日,秦人皆趋令。行之十年,秦民大悦,道不拾遗,山无盗贼,家给人足。民勇于功战,怯于私斗,乡邑大治。秦民初言令不便者有来言令便者,卫鞅曰"此乱化之民也",尽迁之于边城。其后,民未敢议令。

就是说,南门徙木后,商鞅便开始推行新法,开始数以千计的人认为新法并不好,太子也触犯了新法,商鞅说"法之所以无法推行,是因为地位高的人不遵守法度"。但太子是君主的继承人,不能用刑罚惩处,于是便对太子的师、傅二人用了刑。自此,秦人都开始遵守法令了。新法推行了十年,秦国的民众十分高兴,因为秦国变成了物质充足、国力强大、社会稳定的大国。一开始反对新法的人又不知趣地来说新法的好处,令人意外的是商鞅听到赞扬并不高兴,反而认为这些初言新法不便如今又来歌功颂德者都是不安分的"乱民",于是将他们迁往荒凉的边城,自此以后,秦民只知守法,不敢议法。

在古代,商鞅的"法治故事"并不为人们所欣赏,因为人们从商鞅的成功中看到的是"刻薄寡恩"和世风不古,法家的"法"因为缺乏情理的支撑而被冠以"酷法"之名,"法治"在中国古人的心中甚至成为"暴政"的代名词,如果人们承认了商鞅的法治就等于承认了暴政,就等于将自身置于了刑网之中。中国古人的智慧就在于"不以成败论英雄"。尽管秦国奋行法治统一了六国,但以秦为非、怀古诵孔之声在秦高压政策下也未曾有过须臾的停止;尽管秦始皇堪称"千古一帝",但终其一生屡遭时人称之为"义士"者的暗杀。种种迹象说明,人们不甘心就此戴上法家法治的枷锁而失去儒家礼治温和的约束。在此有必要简单地比较一下法家的法治与儒家的礼治。如果单纯从"治国"角度来说,法家法治主张的是一种强有力的由上而下的单向约束甚至是管制。而儒家礼治则主张以是非为前提的双向制约——君主以忠义良顺制约百姓,百姓以仁慈制约君主——当然双向的强度并不相等,上对下的约束有制度、法令、机构设施等等,较下对上的约束(比如舆论、习俗)更为有力。但与法家的法治相比,儒家所提倡的礼治确实有着开明之气,也是当时民众所能选择的最佳的"维权"方案。

秦的统一政权十五年而亡,其灭亡的原因不是因为经济萧条,国力衰竭,也不是因为统治集团腐朽没落,帝王昏庸无能。恰恰相反,秦的国力、经济在古代社会中可谓首屈一指,而秦始皇的明察和大略也鲜有人可以匹敌,秦亡的直接原因今天说来有些"搞笑",竟是"法逼民反"。翻阅汉代人总结秦亡教训的典籍,随处可见"民苦秦苛法久矣"的感叹,秦民可能怎么都不会理解作为他们子孙的我们如何要如此急切地呼唤法治。秦亡更深层的原因则在苛法致使政权失去了民心,商鞅的法治故事被当成了反面的教材,拒绝法治——这正是中国古人的明智选择。由此,我们就可以明白为什么汉以后的帝王不仅重新扯起了礼治的大旗,而且再也无人敢公然标榜"以法治国",因为那可是等于承认了自己是人人可诛的"民贼独夫"。由于贬抑法治,张扬礼治,中国的古人得以起码在表面上远离了法家法治的残暴,而享受儒家"礼治"所带来的专制社会中难能可贵的开明。在众口铄金的古代,在对法治的一片打压声中,也有持不同政见者,比如宋代的政治家王安石在感慨自己变法的艰难遭际时,想到了商鞅,同病相怜,为商鞅抱不平:"世人未可非商鞅,商鞅有令能必行。"但王安石对商鞅的评价并不为社会主流认可,因为中国古人知道,不问是非前提的"有令必行"是帝王的工具,百姓的灾难——这不为中国的古人所接受,其实也不能为现在的我们所容忍。如果换位思考,事情就变得很简单,假如我们生活在古代,难道我们愿意接纳秦始皇那样的法治统治而牺牲礼治吗?所以,"令行"与"不行",有"功"与无"功",并不是中国古人所最关心的,礼治之下,令的善恶、民的安逸与否更为重要。这就难怪王安石的政敌司马光所主张的宽厚之政更能得到民众的拥戴,因为那是中国古人所追求和期待的"礼治"社会中帝王应行之政,是一个自律为主、上下在一定程度上可以互为制约的社会。礼治社会中,民没有参政的权利,但议政的权利却是合理合法的,这种议政的传统造就了中国人"天下兴亡,匹夫有责"的责任感,这在今天似乎也是可宝贵的。

斗转星移,近代社会对商鞅及其法治故事的评价却陡然间有了变化。20世纪初,法家成为学界研究的热门题目,商鞅、韩非这些在历史上有些声名狼藉的人物受到了汉以来从未有过的追捧。究其原因,一是因为中国武力不敌西方,在本土作战竟然不能获胜,反而要割地赔款。这不能不引起人们对文质彬彬的礼治文化的反思,而怀念法家的铁血法治。二是与历史上周边少数民族入主中原的情形也大不相同,近代的入侵者没有对汉文化的崇尚,更没有被汉文化同化,相反,随着武力的征服,西学涌入中国——一场真正的危机到来了——"国土"与"国学"同时沦亡。西学在中国的传播,使中国人认识到西方强悍的武力背后,有一种能风靡世界的文化支持。自古以来,从未遭遇过的"文化危机"动摇了中国人的价值观,而这正是百余年来中国人痛苦迷茫、常常"找不到北"的根源。危机与痛苦迫使人们反思,在从物质到精神的中西异同比较中,"法治不张"自然成为人们关注的焦点。然而令人惋惜的是,在情急之中,近代学界对中西法治的比较过于注重形式和表象。因为认为中国社会缺乏法治,所以法家就备受近代学人的关注甚至推崇,"以法为本"与法律至上、"刑无等级"与法律平等就那么自然而然地联系在了一起,而商鞅创下的"法治故事"更是一反历史的"定论",成为备受社会赞赏的"智慧"。"南门徙木"树立了法律的威严,而"刑太子师、傅"不也体现了法治的公正吗? 商鞅最终的遭遇不仅引起近人的无限同情,而且引起人们对国家历史与民族性格的反思。2004年12月25日《中国档案报》的《档案大观》专栏为纪念毛泽东而全文刊发了毛泽东中学时代的一篇作文《商鞅徙木立信论》,这是迄今为止发现的毛泽东最早的一篇文稿,当天的报纸上附有毛泽东手迹的原始图片及毛泽东老师的评语。此文作于1912年,当时毛泽东年不满20,从商鞅的故事中毛泽东感叹中国国民的愚钝,感叹商鞅之法虽为"良法"却不见信于民,以致要"徙木立信"。且不要认为那是年轻的毛泽东一时的逆反之作,毛泽东的老师们批语更反映出了当时的社会时尚,即普遍的对中国传统文化的反省和对法治救国所寄予的厚望。《商鞅徙木立信论》言:

> 吾读史至商鞅徙木立信一事,而叹吾国国民之愚也,而叹执政者

之煞费苦心也，而叹数千年来民智之不开、国几蹈于沦亡之惨也。……商鞅之法，良法也。今试一披吾国四千余年之纪载，而求其利国福民伟大之政治家，商鞅不首屈一指乎？鞅当孝公之世，中原鼎沸，战事正殷，举国疲劳，不堪言状。于是而欲战胜诸国，统一中原，不綦难哉？于是而变法之令出，其法惩奸宄以保人民之权利，务耕织以增进国民之富力，尚军功以树国威，孥贫怠以绝消耗。此诚我国从来未有之大政策，民何惮而不信？乃必徙木以立信者，吾于是知政者之具费苦心也，吾于是知吾国国民之愚也，吾于是知数千年来民智黑暗国几蹈于沦亡之惨境有由来也……

毛泽东的老师对青年毛泽东这篇充满激昂文字的作文，有这样的评价："实切社会立论，目光如炬，落墨大方，恰似报笔，而义法亦入古……精理名言，古未曾有……逆折而入，笔力挺拔……历观生作，练成一色文字，自是伟大之器，再加功候，吾不知其所至……"文末还写有以下总评："有法律知识，具哲理思想，借题发挥，纯以唱叹之笔出之，是为压题法，至推论商君之法为从来未有之大政策，言之凿凿，绝无浮烟涨墨绕其笔端，是有功于社会文字。"并令全班学生"传观"。读罢毛泽东老师的批语，我真的有些汗颜，同在学校为人师表，百年前的"师者"为何那样目光如炬，识英才而得英才？反观百年后的我们，虽然也"为人师表"，却少有"得天下英才而教育之"的胸怀和责任感，在忙于应付"量化"的工作量考核中名缰利锁，忙于"制造"着"研究的成果"，哪还有暇顾及到一个学生的"伟大之器"。同为"师者"的我们也只好以"精英教育"转向"大众教育"而自我安慰或解嘲了。今天所谓的"大众教育"，即使目光如豆，但凡有一技之长或有现炒现卖之能者都可以为师，这究竟是为师者的颓变，还是制度造成的弊端——这已是题外话，需要专门撰文检讨。本文所要论及的是毛泽东的老师们对青年毛泽东作文的评价，反映了人们期待商鞅思想复活的急切心情，那种急切，古人不能理解，但我们可以理解。因为那是亘古未有的民族生死存亡的关头，只要有民族之性、爱国之心的人都急切地期望中国的强大，哪怕如商鞅振奋秦国那样采取非常的铁血手腕和政策，更何况法家的法治在形式和内容上与现代法治也并非截然对立。因此，当时的人们选择法家作为传统的平台来接纳西方的法治也无可厚非。

关键是年轻的毛泽东所处的那个时代对历史的重新评价和反思一直影响到我们现在,其实今天我们在讲法治的时候也很容易将商鞅的法治与现代的法治相提并论,因为这两者从形式到内容实在有着太多的相同之处,比如主张法制的权威性、强调法律体系规范的细致周备、重视法律的强制性功效。还有一点,不管我们是否愿意承认,但它是一个客观的存在,即法家的法治和现代法治对人性都持有非常现实的态度,法家的法治主张充分利用人"好利恶害"的本性以建立国家需要的秩序,而现代法治也不否认法律一个主要的目的就是扼制人的恶性。那么法家的法治果真可以成为中国传统法治转向现代法治的桥梁吗?现实实在令人失望,近代当我们企图用法家法治去契合来自西方的法治时,一向为国人所自豪的中国文化的融合力却消失殆尽,一些在西方行之有效的法律制度和理念在近代中国被改造的非驴非马,就是连商鞅变法十年的那种社会秩序井然的效果我们也难以企及。早在中国近代维新变法后,梁启超就注意到了这个问题,并有着精彩的总结,在《新民说》中,梁启超言:

> 自由之说入,不以之增幸福,而以之破秩序;平等之说入,不以之荷义务,而以之蔑制裁;竞争之说入,不以之敌外界,而以之散内团;权利之说入,不以之图公益,而以之文私见;破坏之说入,不以之箴膏肓,而以之灭国粹。

如果说商鞅的法治带给秦人的是畏惧与苦难,那么近代以来,我们曾寄予无限希望的法治也给了我们许多出乎意料的迷茫和不解。这究竟是为什么?

还是让我们重新审视分析商鞅留下的"法治故事",从中国的法治传统中寻找原因。

先看"南门徙木"。南门徙木为的是"立信",从这一点来说,商鞅无疑达到了目的。但此"信"是"商鞅之信"而不是"法律之信",更何况立信的过程完全将"法"置于权术的股掌之中,"三丈之木"从城南门搬到北门便赏予"十金"已属荒诞,无人揭榜却又加到"五十金",商鞅的行为意味着国家发布的法令无所谓对错,无所谓是非,只要你遵守就有利可图,触犯就祸(害)随其后。这种单纯建立在"利害"基础上的法治,在缺乏制约的权力的支持下,很容易发展成我们今天所说的"恶法"。我们的祖先之所以选择了礼治,正是因为礼治强调法的善恶,强调"虐法非法"。如果法律对民众只是一味地剥夺而无保护之意,如果法律与人们的道德价值观背离,那么,人们不仅可以不再拘泥条文,而且应该废除那样的法制。再看"刑太子师、傅"。商鞅对犯法的太子师、傅用刑,虽然一定程度地体现了"刑无等级"的思想,但更深层的含义却是以法的手段将国家的权力集中于君主一人之手。法为君主之言,任何人不得触犯,法律面前的平等实际上变成君主面前的平等。更令人叫绝的是,商鞅行新法十年后,当一些当年反对新法的人转为赞赏新法时,商鞅却认为这些人是不安分的乱民,将他们迁徙到边城。这种举动明白无误地警告了秦国的臣民,法制是君主的意志,是一种自上而下的单向约束,臣民只有守法的义务,而无"议法"的权利,更不要说参与"立法"了。时至今日,我们在日常的生活中也常常会听到"法治是治老百姓的"这样的抱怨,这种根深蒂固的观念不能不说肇始于商鞅的法治故事。

至此,我们终于可以体察出无论从形式到内容,法家法治与现代法治有多少相同之处,但商鞅法治故事所反映出的法家的法治在本质上与现代法治所要达到的民主目的却是南辕北辙,水火难容,而这本质的差异决定了商鞅的法治无法在当代法治体系中复活。我们近代的痛苦和迷茫就在于我们总是希望用已经为历史所摒弃的法家的法治去契合近代的法治,而那是被历史证明了的决不是我们所需要的法治。今天当我们有暇从容面对传统时,当我们可以深入到法治与礼治本质的思考时,我们可以发现在近代以来我们总想抛弃的礼治中,可以寻找到与现代法治本质的不谋而合之处。形式和内容的差异,并不妨害"民本"、"议政"、"相互制约"这些礼治中的积极因素与现代社会发展趋势的暗合,对法治善恶的不懈追问才能使现实中的法治更为健康,更使人乐于接受和遵守。以礼治更新为传统动力而发展起来的法治才是我们所需要的法治。

也许我们今天不应该怀疑古人对法家看似有失公道的否定,因为古人并不愚昧,他们指责商鞅,摒弃法家,批判秦政,是因为法家的法治中充满了血腥,给当时的人带来太多的苦难。我们今天应该反思的恰恰是近代以来人们对历史过于急切的否定和反思。这种反思的反思,将导引我们寻找到传统与现代法治的恰当契合点,寻找到我们真正需要的法治。

"选举是组织民主政治的头一件事"

侯欣一 *

"中国是有缺点,而且是很大的缺点,这种缺点,一言以蔽之,就是缺乏民主。中国人民非常需要民主。"

"大家的事,大家来议,大家来管,这个权利既已取得,就要拿来实行、练习。若还没有取得,就要努力去争。"

这两段话的出处,前者是 63 年前毛泽东在陕甘宁边区的首府延安会见中外记者团时所言,它刊登在 1944 年 6 月 12 日出版的延安《解放日报》上;后者是时任陕甘宁边区参议会副议长的谢觉哉说的一段话,时间也是 60 多年前。

今天的中国与 60 多年前的中国早已不可同日而语,民主建设也有了实质的进步。笔者在此时重提这两段话,重温这段历史,没有别的目的,只是想告诫社会各界在民主政治建设过程中千万不要忽视了我们已有的共识和承诺。在笔者看来,中国共产党在 60 多年前关于民主政治建设方面已取得的共识和在陕甘宁边区实践中积累的宝贵经验应当成为我们今天取之不竭、用之不尽的精神资源。

一、战争年代、农村环境也要讲民主

陕甘宁边区政府创建于 1937 年 9 月,是国共两党在民族生存危机中所进行的第二次合作的产物。就政权性质而言,陕甘宁边区是中国共产党在抗战期间所创建并由其独自掌控的政治实体,但它在名义上又归南京国民政府领导,是南京国民政府的特别行政区。

60 多年前的中国尚处于战火纷飞的年代,民族生存的危机还未解决。不仅

---

* 作者为南开大学法学院教授。

如此,陕甘宁边区地处西北,是当时中国最为贫穷和落后的地方,文化教育极不发达,文盲达99%,知识分子奇缺,对现代政治几乎一窍不通。面对这种特殊的背景,今天的人们难免要提出一个人人都会想到的问题:战争年代何以民主? 贫穷和愚昧怎能民主? 正如当时有人所言的那样:"民主是一件好事情,但是因为免不了你一嘴我一舌,议论纷纷,所以必然会降低行政效率,甚至毫无效率可言;因此特别是在战争紧急情况之中,民主是绝对不适应的。"

其实,只要我们抛开战争和农村环境这一表面现象,仔细分析当时边区所处的客观环境,就会知道正是边区所处的特殊背景,特别是边区的双重身份决定了陕甘宁边区政府必须高度重视民主,重视民主建设。这是因为:对国家来说,陕甘宁边区存在的目的是要团结根据地内一切爱国人士进行抗战,保家卫国;而对共产党来讲,陕甘宁边区又是中共在政治上的试验区,试验是否成功决定着抗战后共产党在未来中国政局中的地位和作用。换言之,根据地建设的好坏关系到抗战胜利后国共两党在对国家权力的争夺中所处的地位。

由此可见,边区政府的任务十分艰巨,甚至说尚处于生存的危机之中。而要完成这一任务,唯一的办法就是搞好民主,调动和发挥各方面的积极性,不断扩大边区的影响和实力。"选举是和日寇反共分子斗争——即保卫边区的法宝。"(谢觉哉语,本文第二部分引文均为谢觉哉的话)对此,边区领导人认识得极为清楚,按照毛泽东的说法,边区的作用就是要做出个榜样给全国人民看。边区政府秘书长李维汉说得更为明白:陕甘宁边区的任务就是要在执行党的政策中带个好头,自觉承担试验、推广、完善政策的任务。

而多党并存的竞争格局也使民主的存在有了客观的前提。

二、中国共产党人对民主建设的认识

众所周知,民主政治建设是一个非常宏大的话题,它应该如何入手,有没有客观规律? 不同的学者自会有不同的主张,不同的政治派别和国家也理所当然地有着自己的理解和实践。经过深思熟虑之后,中国共产党对此也有了基本共识,我们不妨引用谢觉哉的言论来对此加以说明:"选举是组织民主政治的开始,没有选举,民主政治开不得张。"也就是说,民主政治建设必须从选举开始,舍此别无他途。

而要搞好选举又必须做好如下几点:

第一,必须对选举的意义有一个正确和全面的了解。边区领导人认为选举的意义可以体现在几方面:选举是使根据地政权合法化的唯一手段,只有经过最广大民众选举产生的政府才是合法的;选举还是人民对政府的定期监督,离开了良好的选举制度,任何政权都会腐败,即使是边区这样的民国政治首善之区也不能例外。"有些同志认为只要事情做得对,老百姓满意,就是民主。不知这并不是人民民主,你是治者,人民是被治者。你做得好,是'明主',但离人民的民主差得天远。明主当然也好,然而没有人民的监督、选择,'明主'也可以变成昏君。不是吗?边区各级政府因久未选举,不少地方已发生强迫命令、贪污腐化、人民敢怒不敢言的事。"因而,"选举是人民对政府工作的大检阅"。"如果乡参议会一月一开会,半年一改选,大家来检查工作,批评工作,老百姓压在心里的话,尽量吐出(当然这要选举办得好)。那么,坏蛋不早就踢开了吗?比党和政府来把他撤职或开除,要好得多……"政府工作人员干的好坏,民众最清楚,他可以瞒上,但无法欺下;不仅如此,真正、良好的选举还可以扩大政权的存在基础,使根据地政权获得更多人的拥护。

第二,必须肃清一些错误的观点和认识。在各种错误的观点和认识中,尤以拖延选举和玩弄选举最为可怕。"我们反对'人民文化低不够民主,需要伊尹周公之流来训'的胡说。政权一开始就不民主,而说我是准备民主,那仍是伊尹周公之流的说法,那种苦味道,我们尝够了。""又有同志说:选举还不是这么一回事!老百姓懂得什么?上头人准备名单,在大会上提出,大家举手就完事。选举是他,不选举也是他,不是,这是玩弄选举,等于侮辱老百姓。"不仅如此,边区党和政府的领导人还对轻视选举的产生原因进行了分析。"没有取得政权时,怪人家不民主,取得政权后,自己又有些不民主。不是我们不愿意民主,而是没有民主习惯,对民主工作方式不熟悉。相反,封建残余的反映仍相对存在,这是我们民主工作缺点的根本来源。"

第三,必须坚持在选举中学习民主的工作原则。面对着人民群众觉悟低,不会民主,需要先强化学习的论调,谢觉哉旗帜鲜明地指出:唯一正确的方法是在选举中学习民主。"主要办法,是人民从自己的实际经验中来认识政治,提高自己。没有打过仗的人,听到炮声就跑;没有饿过饭的人,只知道为什么不吃肉糜。人民对政治也是一样,参加过一两次政治斗争,就会尝到政治的味道。说出了或者解决了自己对政府的意见,就会知道自己的能力。然而这样锻炼的总的机会,只选举时才有。""睡在床上学泅水,绊住脚跟学跑步,是不会学出什么来的。"

这些认识不仅在当时具有极大的指导意义,即使是放在今天也仍然具有启迪。

三、根据地的做法

在陕甘宁边区的历史上一共举行了三次大规模的选举,时间分别是 1937 年 7 月 15 日至 11 月 30 日、1941 年 1 月 17 日至 11 月 23 日、1945 年 10 月 15 日至 12 月 30 日。为了搞好选举工作,边区政府先后制定和颁布了《陕甘宁边区选举条例》(1941 年 1 月 1 日)、《陕甘宁边区各级参议会选举条例》(1942 年 4 月)、《陕甘宁边区选举委员会工作细则》、《陕甘宁边区各级选举委员会组织规程》(1944 年 12 月)等一系列法律法规,使边区的选举一直在法制的轨道中进行。

选举对于边区民众而言是一件新鲜事,因而在最初的选举中难免会出现一些问题,如有些选民认为选出来的人是给公家办事的,而所有公家的事就是向老百姓要钱、要粮和要人,因而故意选出一些老实木讷的人,使他们什么都不能干。也有的人把办公事当作苦差事,进而把选举当作一种报复手段,自己恨谁,就选谁。还有的人受中国传统观念影响,认为只能选那些家里富有的人,才能压得住人,等等。

但这些问题很快就得到了解决。纵观边区的选举,其基本做法如下。

一是实行普遍的、平等的、无记名的直接选举。陕甘宁边区政权分为乡、县和边区三级,三级的权力机关——参议会的参议员均实行直接选举。按照陕甘宁边区法律规定,凡拥护民主、主张抗战的一切公民都有选举权和被选举权,地主、富农、资本家和僧侣等原来在第二次国内革命战争中被剥夺选举权和被选举权的人的权利均被恢复。乡一级候选人由选民自由提出,不附加任何限制条件,县一级需有 10 人以上联名提出,边区一级需有 20 人以上联名提出。1941 年边区盐池县共选出乡一级参议员 519 人,其中工人 11 人,雇农 30 人,贫农 299 人,中农 130 人,地主商人 17 人,富农 32 人,充分体现了普遍性。普遍的选举原则打破了阶级划分的界限,在边区各阶级中引起了极大的反响。一位地主候选人的名字上了红榜后,非常激动,逢人便说:我的名字上了红榜。一些原来逃离边区的地主和富农又纷纷迁回到边区定居。

选举是一件复杂的组织工作,技术性很强,为了适应边区民众的文化素质,人们开动脑筋发明了许多卓有成效的办法,如投豆子法。在每个候选人背后放一只筐,选举人从他们背后依次走过,如果要选 11 人,每个选举人就发 11 颗豆子,喜欢谁,就在那人背后的筐里放上一颗豆子。这种办法的好处是不至于弄错人,适应文盲的选民,但需要每个候选人都坐在那里,又太麻烦,而且也不太保密。于是后来又有了烧香法。把选票事先印好,选民在自己喜欢的名字上烧一个洞。在采取这种选举办法的地方,许多认真的选民就事先把候选人名单的次序背熟。

二是充分竞选,让选民了解候选人。陕甘宁边区在选举时允许竞选,并把竞选看作选举能否成功的重要环节,认为只有经过激烈的竞选,选民才能对被选举人的情况有所了解,投票才能有的放矢。为此,投票开始前所有候选人要一一介绍自己的情况,发表演说,接受选民的提问。有的还打着写有自己情况的牌子,向选民推销自己。一位村长,在竞选第二任连任时,向选民讲道:"去年众人选我当村长,老实说,我常常忘了本,眼睛只往上头看,做起工作来是给上级完成任务,却没有想到是给众人谋利益,要听众人的话。如今我可懂了:一则,上级也是为众人谋利益的;二则,我是众人选出来的,是众人的人。"而那些政党的候选人则还准备有竞选纲领,并加以印刷,在选民中分发。有了竞选之后,选民们一个个地比较候选人的条件,按照自己的标准进行选择。

三是严格执行"三三制"原则,防止一党独占。"三三制"原则是指从候选人的确定和选举的结果上,均严格要求在各级参议会和政府的人员组成中,共产党员只占三分之一,非党的左派进步人士占三分之一,中间分子占三分之一。为了落实这一原则,边区还具体发明了申请退出(超过标准的政党人员可以在本党内经事先协商之后申请退出)和依法聘请(人数不足的派别,由政府依法加以聘请)等制度,使这一原则的实现有了确实保证。如边区第二届参议会在选举政府委员时,大会提出的候选人共39人,共产党员超过了三分之一的规定,于是,谢觉哉、王维舟、马锡五、马文瑞等12位共产党人主动退出。"三三制"原则的确立,既来自中共的大局意识,还与民众的斗争有着极大的关系。如,1941年合水县某区在进行区级选举时,主持选举工作的中共区委书记,只念中共的候选人,不念其他候选人,选民就当场质问:"选举是政府选,还是老百姓选,是共产党包办,还是抗日党派都有份?"可见,人民权利的获得,没有一项是唾手可得的。

四是将选举同每个人的切身利益挂钩。选举不和选民的切身利益挂钩,选举不会成功。边区的做法一是选出来的人必须有职有权,二是必须随时接受选民的监督,三是要能带领大家翻身发财。有了这几条之后,老百姓对选举表现出了极大的参与热情,开始对自己手里的选举权极为珍惜,克服了世世代代形成的怕官心理和从不过问政事的习惯。一位农村妇女在大家提她丈夫为候选人时,经过慎重考虑,对选民说:"我男人抽大烟,很不好,选了他会误事。"另一位农村妇女投票给了一位自己不满意的人,极为后悔,拉着管理人一定要从票箱中拿出这一票,没能如愿之后,懊悔地对人说自己做了一件错事。还有一位选民在选举结束后,走到当选人跟前郑重地说:"不要忘了,今天是咱们选了你,你要代表咱们的利益,不然,还可以罢免的。"

由此可见,民主政治建设并不神秘,只要我们真心对待,认真去搞,而且循着正确的轨道,没有搞不好之理。而且搞好了,受益无穷。

边区的选举彻底改变了过去由少数人在少数人中挑选和多数人在少数人中挑选的弊端,加之每隔一段时间的定期改选,给边区的各级官员造成了极大的压力,从而使边区的吏治发生了根本的改变。同时,边区的选举扩大了政权的阶级基础。边区的广大农民由衷地说:"现在选举的办法很好,不是咱们抓权柄,不是地主抓权柄,而是大家来管事。"而临近边区的国民党统治区的民众则说:"人家边区老百姓多么好,选一个乡长,政府都这么认真,由人民从好的里面选好的,咱们那里,愿叫谁当,就委任一个来。"

了解了陕甘宁边区民主选举的历史之后,你或许就会真正地理解共产党是何以最终夺取天下,而国民党又是为何失败的了。

人人有屋住

——民国时期的住宅权保障

张 群[*]

　　虽然中国的先贤在两千年前就提出了安居乐业的思想，在一千年前的唐代就写出了"安得广厦千万间，大庇天下寒士俱欢颜"的诗句，在三百年前的清代又曾实行针对旗人的福利分房制度，并在北京地区开始按揭买房（指"扣俸饷认买官房"），但近代意义上的住宅保障立法则是西法东渐后的产物。不过，这却不能解释为中国人法律智慧的缺乏与权利观念的淡漠。其实，无论在19世纪的英国，还是20世纪初的中国，住宅立法都是因应住宅问题而出台的，而不是如许多学者所说的光为了保障住宅权。所谓住宅问题，大致包括住宅不足、住宅的不可承受性与住宅不适宜居住等三个方面。对于民国时期的中国人来说，故都的北京尚且臭气熏天，新兴城市广州自来水里还跑出小鱼，自然不会有什么心情谈居住的舒适。能够在城市有半间地下室或者一个亭子间，摆脱黄梅戏里董永那样上无片瓦、下无寸土的生活，就感天谢地了。民国的住宅立法自然也超越不了这一局限。

　　遗憾的是，20世纪二三十年代的中国人没有英吉利人民的幸运。在英国农民因为圈地运动被迫进城打工的时候，不但有恩格斯这样的革命导师为他们呼吁，写下了著名的《英国工人阶级状况》一书和《论住宅问题》等论文，还有政府和社会日益增加的人道关注与行政干预。从1851年开始，英国政府陆续出台多部法律以改善工人的住宅状况。而民国的中国民工可以援用的思想资源只有孙中山"住宅是人生四大需要之一"这样一句大话。虽然也有一些市政学家提出"居住舒服的权利"，但影响实在有限。即使在偏僻的安源小城，罢工的宣言也不过提出"每房至多不得过三十八人"的要求。而在寸土寸金的上海滩，七十二家

---

* 作者为中国社会科学院法学研究所助理研究员。

房客的故事也就习以为常了。

更为不幸的是频繁爆发的战争毁坏了大量的房屋。战争始终是住宅问题的重要根源。且不说共产党"左倾"错误时期在根据地实施的烧房政策(《中央致两湖省委信——两湖军阀混战形势下党的任务》[中央临时政治局扩大会议(一九二七年十一月九日至十日)],载《中共中央文件选集三(1927)》,毛泽东和黄克诚先后因为抵制这一政策遭到撤职和降职的处分),单是持续八年之久的抗日战争,就使得中国住宅状况倒退了至少五十年。炮火的轰炸和人为的破坏造成了绝对意义上的住宅短缺。广州市在抗战期间被毁坏的房屋,数近五万间,面积约四千市亩,其中有三万六千余间且是全部拆毁,荒芜一片。武汉市在抗战之前房屋有112178栋,占地面积19123亩,抗日战争期间炸毁的占总栋数的6.17%,总面积的36.15%。南昌市原有的45214栋高大的店房与住宅,被战争的炮火摧毁了35025栋,损失的总和占原有房屋的75%。

可以说,民国时期中国住宅状况的低劣及其日益恶化是前所未有的。我们只有在充分了解这一历史背景的前提下,才可能对当时的住宅立法有正确的评价,而不会仅仅依据所谓法治或人权的标准做出轻率的判断,也才能认识到1949年以后中国住宅权遭遇的挫折有着深远的历史渊源,而不完全是福利分房制度的过错。

民国住宅立法是从20世纪30年代南京国民政府开始的。随后不断颁布和完善,逐渐形成了一个以土地法为核心、以行政立法和地方立法为枝干的双层次住宅法律体系。随着战争状态的结束,《内地房荒救济办法》(1938年)、《非常时期重庆市房屋租赁暂行办法》(1938年)、《战时房屋租赁条例》(1943年)、《房屋租赁条例》(1947年)等均先后宣告失效,土地法则至今还在我国台湾地区实行。虽然这些立法也难免"全盘西化"和"一纸空文"等常见的对民国法制的指责,但只要我们深入历史,不带过于浓烈的偏见,则其中的良苦用心、得失成败,实在有不能不让人感叹再三者也。

民国住宅立法以制度的形式确认了政府对住宅保障的责任。土地法中规定,城市地方的政府要建设相当数量的准备房屋,供市民承租自住。所谓准备房屋,指"随时可供租赁之房屋"。旧土地法的起草人吴尚鹰曾解释说,这一制度

"用意在责成市政当局,维持市民住居之相当便利。倘能依此规定,负责维持,则除因非常情形,人口突进,决无房屋缺乏之虞,市民不致因住居问题而起恐慌"。反之,如果发生"非常事故,不能维持房屋数额之常状,致发生房屋缺乏时,即应施以救济"。这就在制度上承认和赋予了政府对防范住宅缺乏、保障居民住宅权的责任。事实上,各级政府是承认这一责任的。如抗战前的青岛市政府曾公开指出,对于那些居住在草房和垒洞中的贫民,"自非由公家建设平民住所,尽量容纳,殊不足整市容而广利济。此平民住所建筑之所以不可或缓也"。在抗战中召开的第三次全国内政会议上,有关官员也指出,"对于市区房屋不敷情形,政府亦应妥筹补救办法,以谋供应平衡,而求居住问题之解决"。抗战后的北平市地政局局长在北平市参议会上指出:"本局职司地政,对房荒之解决,责无旁贷。"但囿于财力的限制,政府未能大规模建设公共住宅,只能借助私人的力量,鼓励私人建筑房屋和将空屋出租、限制租金等。

与当时西方国家的住宅法大多独成体系不同,民国政府并未颁布专门的住宅法,而是选择了在土地法的框架下解决住宅问题,将住宅问题看作土地问题的附属。对此曾有一个学理上的解释:"房屋为土地的定着物,人民直接使用房屋,就是间接使用土地,故房屋使用问题亦应属于市地使用问题范围之内。""市民住宅的问题,尤为市地使用中一个最重要的问题,有财力的人可以购买基地或租地自建住宅,财力不足的人只能租住房屋,更贫穷的人则并租住房屋也感

20世纪30年代,"石库门"房子是上海独具特色的里弄住宅,是大部分居民的栖身之地。"石库门"建筑里弄在上海最多的时候有九千多处,曾占上海市区全部住宅面积的六成以上。

南京现存的民国时期的里弄式居民住宅

着种种困难。故房屋使用问题，乃一变而为房屋救济问题，这是本节定名为房屋救济的理由。"从理论上来说，这一法律体系上的安排是比较科学的。住宅问题的产生很大程度上根源于土地价格的日益上涨和人口的增多。只有解决好土地问题，才能解决好住宅问题。这也是当时中国土地问题十分严重而住宅问题还不突出的现状的反映。因此，强调土地问题的优先解决是可以理解的。

但是，在土地法的框架下解决住宅问题又是对住宅问题简单化的一个表现。纵观民国法律史，有关住宅保障的立法逐步成文化和系统化，然而其一开始就处在土地法的笼罩之下，没有取得独立地位。由此可见，民国政府没有认识到住宅问题和土地问题的重大不同，这一特点和西方住宅法的早期历史（如在英国住宅问题曾附属于卫生问题）是可以互相印证的。因而有关规定比较原则和简略，缺乏操作性。这直接导致抗战爆发后不能很快适用，只好另行制定单行条例。这说明：附属于土地法的住宅立法体系是存在很大问题的。在现代工业发达、城市人口激增的情况下，住宅问题日益重要，住宅法需要单独成编。

在西方国家，以保护承租人为主要目的的房租管制和增加住宅供应的公共住宅政策是住宅保障的两项基本措施。通过各种手段积极增加住宅供应更被视为住宅保障的治本之策。民国立法者对于两者的关系有比较正确的认识，在施行房租管制、加强现有房源的合理利用的同时，通过经济的、行政的各种手段，鼓励私人建筑房屋，或由政府直接投资建筑房屋，增加住宅供应。在有关立法中，相当一部分是以积极增加住宅供应为内容的，如《内地房荒救济办法》（1938年）、《鼓励人民兴建房屋实施方案》（1948年）、《奖助民营住宅建筑条例草案》（1948年）以及《上海市解救房荒治本办法》（1946年）等。即使是专门的房租管制法规中也有一些奖励建筑房屋的规定,如《房屋租赁条例》(1947年)规定,房荒地区政府应奖励人民建筑住宅。《北平市房屋租赁补充办法》(1948年)也规定,在房荒期间建筑的房屋,给予免征土地税及改良物税 4 年、2 年、1 年的奖励。这是民国时期住宅立法的一大特色。

民国时期的住宅立法呈现出明显的临时性和过渡性。除了民法上的规定以外,新旧土地法和三部房屋租赁条例所规定的房租管制措施均属于临时的救济措施(包括汪伪的有关立法),其适用的地域范围和时间都有限制。而且,在立法上对于战时立法与和平立法区分得相当清楚和严格。旧土地法的起草人吴尚鹰曾公开承认,房屋救济条款是为应对即将发生的"房屋问题"的:"我国都市日见发达,房屋问题,当随之发生。于此全国适用之土地法,略为原则上之指导,俾各都市政府有所遵循,未尝不当。若无适当之规定,则市政当局,或不为相当之注意,于是占有房屋者,得以从中渔利,乘房屋之缺乏,以为趁火打劫之机会,影响于社会利益颇为重要。"虽然这些立法呈现出一种保护承租人利益的趋势,但基本上还是以双方当事人的契约关系为基础的,政府干预的强度局限于非常有限的范围内。民法是永恒的,无论战争时期还是和平时期,均有效力。房屋租赁条例等则随着战争的结束而失效,土地法的有关规定在和平时期也处于冷藏状态。从法理上说,这一区分,除了说明当时还不接受住房保障的观念以外,也因为房屋租赁在本质上还是属于私权的范围,只有在出现必要的情况下,如前述的抗战爆发或住宅极度紧张(准备房租不足),公权力才可以且有责任干预(对私权加以限制),否则即为行政不作为。这也是土地法中的房屋救济条款和随后三部房屋租赁条例出台的理论依据。

在具体措施上,无论是中央的土地法、行政立法和地方立法,都很重视用经济的手段,来引导民间资本和私人力量参与住宅问题的解决。特别是上海市,除了减免私人建筑房屋的税捐、协助取得地皮和贷款等一般措施外,还曾由上海市冬令救济委员会推行房屋义卖计划及《房屋义卖券发行办法》(1947年),以救济难民,解决房荒。此可谓利用市场力量之大成。当时曾有学者专门从土地政策和住宅政策的角度讨论这一办法的意义。这固然有当时政府财力非常薄弱、必须借助私人力量的因素,但政府包办的方式从来不能彻底解决住宅问题。而且政府要对住宅保障承担责任并不是说政府要为所有人提供住宅,或者政府要主导所有住宅建设,而不需要房地产市场发挥作用。而且,当时的立法很重视对私人建筑房屋的监管(如上海市对受资助建筑的平民住宅出卖或改变用途的限制和处罚),并通过更为优惠的经济措施来引导私人力量投资于平民住宅的建设,如对平民住宅和普通房屋比例的规定、豁免平民住宅的全部税捐等。这充分体现了立法者善于利用市场力量实现住宅保障的眼光和魄力。因为战争等原因,民国住宅立法未能尽数实施,难以判断其实际效果。但考诸二战后其他国家住宅保障的经验,上述思路无疑是正确的。

最后还要指出的是,在抗战后期,联合国善后救济总署即支持中国政府在各收复区城市实施房屋修建计划,先后发布了《各收复区城市房屋修建方针》(行总济京(35)字第一二五四七号训令)、《房屋住所修建计划次序(行总振恤厅通告第六号)》。可惜的是,作为当前唯一研究该课题的《联合国善后救济总署与中国》一书对此实在着墨不多,无法了解这一同样体现了白求恩式共产主义友情的更多内情。在抗日战争中,当时还是江西赣南专员的蒋经国先生提出"人人有屋住"的口号,并发放低息贷款帮助人民建筑住宅。这句话后来成为我国台湾地区国民住宅的兴建口号。在抗战结束后开始的复兴建国热潮中,著名建筑学家梁思成在1945年发表文章,发出居者有其屋、城市规划最高目标是安居乐业的呼喊。梁的夫人林徽因则撰文介绍了外国的住宅设计制度。林在文中还指出,往日的住宅设计只是为有产阶级服务,现在是为大多数人设计。这可谓民国学者对住宅问题最深刻的思考。但似乎曲终人尽散,不可再得也。

道　歉

周　珂*

前些天去朝阳医院看病，汽车尾灯被一辆三轮儿撞坏了，骑车的是个外地中年人，看得出他很紧张，同时心里也在急速地想对策，什么也说不出来。我对他说，你道个歉吧。那人一脸茫然问道，道歉怎么个话？我说道个歉你就走吧。真是蹬三轮儿的，他连说了三个道歉。我说道一个歉就够了，我倒还欠了你两个。那人将信将疑地骑上车走了，好远了回过头望了我一眼，那眼神分明是在说，去医院那家伙八成是看精神病吧。

道歉是个重要的事，似乎也不是件容易事。我上学的时候，讨厌记英语单词，但一看到 apologize 就觉得这个词可得记住，否则有一天干了对不起英美人的事，连个道歉都说不出来，那多不合适呀。好在这个词里有个发音"债"，想想也对，道歉不就是做了对不起别人的事，欠了人家的债吗？还就真记住了。那年在香港时，有位英文很好的朋友，说这个单词时丢了一个音儿，我还给他纠正了。不过，这么多年了，这个词一直没有机会向外国人说，我也确实不欠他们什么债。

道歉曾经是中国人的美德。圣人云，吾日三省吾身。这个省就是检讨自己，时时提醒自己是否犯了错误，如果是对别人的错误，认识到了，说出来了，就是道歉。汉武帝曾下过《轮台罪己诏》，那么大的官，叱咤风云，功盖千秋，居然肯把自己的错误说成是罪，连道歉都显得那么有气魄。古代西方人的道歉也不含糊，电影里常见那些有身份的人要求对方道歉，否则就决斗，一个词居然值一条命。

总的来说中国人更重视道歉，从圣人那儿说，卢梭在《忏悔录》中的省身哲学比孔子晚了两千多年。逻辑上，重视道歉的人会相应地重视不让自己犯错误，尽

---

* 作者为中国人民大学法学院教授。

量避免做对不起别人的事情。秋菊打官司不就是要个道歉吗？而不重视道歉的人有两种，第一种是犯了错误也拒不道歉，即拒不承担道歉的结果；第二种是视道歉为儿戏，目的也是逃避错误的结果，他该对不起你以后还会对不起你。历史上中国人没做什么对不起别国人的事情，而有些干了对不起邻国人的事或者是对邻国不干人事的民族在道歉问题上不是真糊涂就是装糊涂，或是拒不道歉，或是把道歉说成是给您添麻烦了，甚至已经道了歉还会找后账收回来。譬如有个叫安倍的，大概起名时就惦记着一定让慰安妇走背字，果然一上台就否认慰安妇历史并否认了以往的道歉。

　　道歉好像是昔盛今衰。作为普通百姓，如今还有谁每天反反复复地自我反省？你闭着眼反省琢磨着该给谁道歉，睁开眼一看，股票涨盘错过去了。更别说为道歉拿命来，法律早就禁止了。我理解道歉的"道"除了"说"的意思，同时也有道德、道义或精神方面的含义。人要是对物质的东西追求太多了，肯定对精神的或道德的东西就看淡多了。常见如今发生纠纷时人们要的是经济上的补偿，除了名誉、精神损失外，还有请求补偿青春损失、处男损失，要的都是真金白银，道

歉一文不值。作为有头脸的人就更不把道歉当回事了。有个什么剧组,在云南一个自然保护区折腾了一阵子,把美丽的环境破坏了,一走了之,媒体曝光,人们要求他道歉,他根本就不搭理你。松花江污染,国内国外沸沸扬扬,闯祸的是个大公司,人们也是要求他道歉,同样也是白搭。

如今和谐社会是个关键词。干了对不起人的事连个道歉都不说,吃亏者肯定不痛快,窝在心里早晚是个事。更严重的是,法律如果对此不闻不问,那无疑是在纵容非正义,长此以往,社会将失去公正,法律将失去尊严,国家将失去民心。当然我们的法律里早就规定了赔礼道歉,是作为承担民事责任的一种形式。我认识的民法界朋友不少,看过的民法论著也不少,但专门研究赔礼道歉的如凤毛麟角。看来当今的民法更重视的是物质利益及其功能,这也是时代特色。

道歉的衰落还有一个重要的原因,道歉需要有个前提,就是谁对谁错,是非标准。要是没搞清对错就急赤白脸地让人道歉那就荒唐了,而且法律在这种情况下也不会在意道歉。当今这个世界又一次进入混沌,西方人正热衷于后现代哲学,否定之否定之 N 否定,连半大孩子都会玩颠覆,大人们拿着"不是"当理说的就太普遍了。我在《茶座》说过美国在伊拉克找大规模杀伤性武器的事,他打人的理由不成立,那就是打错了人,他道歉了吗? 他不道歉联合国安理会拿他怎样了? 我是教环境法的,我们环境法的承担环境民事责任形式中就没有赔礼道歉这么一说,为什么? 我认为就是当时立法者对污染环境的行为是否应受到法律的非难说不准,对污染行为的法律价值评判有难言之隐。今年"两会"政府工作报告坦承环境保护未达到规定的目标,可以看做是省身了,中国的环境正义有望,理直气壮的污染者该向那位蹬三轮儿的学习如何道歉了,说一遍就成。

再想想自己,做过的对不起别人的事太多了,有的连道歉的机会都没有了,每思至此,心如刀割。省身也好,忏悔也罢,都不过是精神上的慰藉,唯有努力做事,认真做人,让接受过道歉的人说道:"嗨,那家伙道歉后变好了。"这才是道歉的真谛。

土地、村落与男系继承制

冯亚东 *

今日学界受女权运动思潮影响,对古代社会盛行的"男系财产继承制"颇多微词。但其实深究其成因,却系古代社会农耕民族应对生存环境而表现出的一种大智慧。远古人类由狩猎生活方式转入农耕,可以说在人类发展史上具有深刻的、影响后世几乎所有制度的重要意义;人类族群从此定居在可耕种且"不动"的土地的中心地带,形成了固定的两性家庭以及由众多家庭结成的村落。

在西安近郊展示的半坡古人类遗址,我们可以看到远古由狩猎方式向农耕方式转型时期的"村落"雏形。浐河之滨为大片可耕种的土地,河边有一片规模化"村落"式的遗址,近处有河,远处为山,显然可供渔猎以补农耕之不足。村落的中心区有一大房子似的建筑,应该是村落首长的居所及讨论公共事务的场所(即使"大房子"的功能还可能属于敬神的"神庙",也仍然具有超越世俗权力的威权意义)。围绕大房子建有众多的小房子,供各个"家庭"的成员们居住。从另一角度看,人类是政治的动物(亚里士多德语),而政治的核心含义便是"人管人";房子有了大小之别,人与人之间的管理者与被管理者的关系也就有了符号意象和物质载体,有了规范土地、家庭、家族及村落等级秩序的中心坐标(学界通常认为半坡族群属于新石器时代后期的母系氏族社会,但完全固定的村落生活方式已经预示着必然向"父系"转型的趋势)。

由众多家庭所结成的村落之经济学意义在于:以不动的居所为固定的中心而辐射四周不动的土地("不动产"的概念由此而来)——日出而作,日落而息——尽可能充分利用自然光照进行劳作。由于耕种土地不适宜负重行走太远(往外运送肥料和往回运送农产品)——否则便失去效率(时间和体力都耗费

---

* 作者为西南财经大学法学院教授。

路程上），故村落与土地边缘的距离必须控制在两三公里之内（即使后来有了车马，仍不可能延伸太远），以致自然村落的规模不可能随人口增加而不断扩大，于是只能是在原村落的基础上分裂繁殖，形成与原村落搭界的新村落，进而结成协调村落关系及管理河流用水秩序的村落共同体联盟即"国家"。

俗话说：男女搭配、干活不累。非常个性化的农业劳动生活中相应形成个性化的性伴侣也就十分自然——而这一点对食色男女双方来说意义本是对等的（开初并不可能存在男女不平等现象）。"男耕女织"，也就解决了每个人乃至大群体之温与饱的基本生存问题。于是，在经过不断"试错"后，在从事生产的事前，以个人乃至由个人延伸出的必不可少的性伴侣即"家庭"为单位，分配并占有土地的"私有"观念及相应制度便会逐步成形；在不可移动的大片土地的中心地带，继而出现基于地缘血缘紧密结合的定居型的两性家庭和由众多家庭结成的村落（人类在本性和利益需要上趋于结群而居）。对土地及相应生产资料的分配和长时期稳定占有，成为生存与发展的首要前提——春种秋收，有田才能种，有种才得食——土地成为象征食品和财富的几乎唯一形式（狩猎时代对流动不定的野兽不大可能事先就瓜分和占有）。

在成年男女固定的两性搭配下，所生育的子女自然就有了无争议可识别的"父亲"——父系的血缘脉络得以凸显，以及"父亲"的社会身份及显要地位在群体中逐步确立；而过去在群交状态下所有成员都只能识其"母"而不能识其"父"，即在身份关系上只有"母"系而无"父"系。父系和母系各自血缘系统的清晰化，为族群视管理需要而编织各种纲常伦理提供了谱系依据；而男人和女人之间所谓的"不平等"问题，也由此而生

半坡村遗址

发。家庭在血缘上的自然延伸及子孙们基于农业经济的独立要求，便形成由同一男性祖宗率若干子孙家庭组成的家族（表征血缘家族的另一面便为地缘村落），而"在采用单纯占领的方式寻觅食物的条件下，家族共同体似乎并不存在"（韦伯语）。

农耕方式下唯一值得关注的财产就是土地（房子往往可能因太简陋而失去关注价值，又因其"不动产"的性质故而实际上依附于不动的土地转移）；而耕种土地需要一种长期稳定的秩序，这便决定了其继承转移一般只能在处于土地中心区的村落家族的内部进行。由于人们对"近亲繁殖"危害的逐步认识，故家族内部是禁止通婚的——中国古代社会十分讲究"同姓不通婚"，因为"五百年前是一家"；每个人的姓氏都必须随父而定，由姓氏便可在较大范围内识别是否属于同一父系血缘（毕竟人口及村落是不断繁殖分裂的），而由姓氏下的字辈便可界分出同宗父系血缘的层级辈分。

在此父系血缘家族（村落）的生存定式下，女子成年以后往往就只能出嫁到其他村落（家族）——李家村的女子只能嫁给高家庄的男儿。"男婚女嫁"的格局下如果女子享有对土地的继承权，则势必"带走"土地而搅乱土地的稳定格局，于此"男系财产继承制"的确立便自在情理之中。而女子在形式上虽不享有继承权，但却并不影响其对土地成果的占有和享受——"丈夫"对土地所享有的继承权利便也大体保证了妻子及子女的生活需要；在总体上由于家族与家族相互之间均盛行"男婚女嫁"和"男系继承制"，于是也就基本实现了大范围群体中男女成员实质上的和谐与平等。在另一方面，中国古代社会之所以特别看重男系血缘系统的纯正（对妻子的通奸行为予以重罚），从深层次考察应该说与确保土地稳定格局亦有关联（否则土地完全可能落入外姓外族手中）。

2007年5月，笔者在京城大有庄有幸与中国社科院考古所的陈星灿先生相识，聊起上述话题。陈先生突发一问：为什么不能是男人出嫁女人留守土地？我恍然醒悟这真是一个"问题"，思忖片刻勉强作答：可能源于固定的两性搭配中男人在日常生产、社会生活诸方面所特有的生理优势——女人因需要长时间地生儿育女撑不起土地的"半边天"；由于"父亲们"在日常家庭生产生活中对妻子、子女在生理、心理及综合能力上所具有的强大优势，男权（夫权）、父权乃至君权社会的建立便十分自然。虽然这显属一种对人之生存状态的经验性感悟与猜测,但至少可以肯定的是:男权社会的建立并非一时心血来潮的人为拟制,而是农耕条件下迫于生计而不得不为之必然选择。历史的漫长过程中但凡农耕群体几乎都不约而同建立起相似制度,便为明证。

但即使这样,男系继承制仍然会导致土地格局的紧张。由于父亲的一份土地在数个儿子之间继承分配,必然导致土地的"分零"以至于失去效率,故历史上许多土地民族曾经实行的"长子继承制",便系应对这一生存困境的又一智慧;不能获得生产资料而又长大成人的次子们,被制度性地"挤出"原住土地,只能另谋生路,以致后来满世界都步履着人类的踪迹。

中国古代社会虽然并无常态性的"长子继承制"(其原因应该是同较好的土地扩张条件相关),但事实上仍存在一种"挤出"机制。旧时代北方关内地区流行的"走西口"、"闯关东",不就是男人们不能再留守土地而背井离乡的一种无奈吗(如果说从"走"字中还只能感受一种离别的无奈,那从"闯"字中便可读到一种背水一搏的悲怆)!再作一设问:人往高处走——荒凉北域的人们为何不向关内相对发达地区反向流动呢?不也就是脚下实实在在的土地对人的一种系念吗——有地才为"高"!

今天中国农村因实行土地承包制而按人头分配和占有土地,又因强调"男女平等"而致女子事实上占有一份土地,于是造成女子出嫁异地后仍主张对原土地权利的新问题。在平等至上的现代社会,我们有什么正当理由要求出嫁女子必须放弃对原土地的"权利"呢?由夫家所在的集体另分一份土地并不能成立必须放弃"原权利"的充足理由(何况到夫家所在的集体后未必能分到一块同等面积和质量的土地)。而一旦允许其继续占有,则几个回合下来又该如何维持必要的土地运作秩序呢?完全依赖土地谋生、几乎纯靠体力农作的民族,只能也只应当由固守土地的居民占有和耕种土地!由此看来,所谓妇女解放、男女平等或女权运动,都只能是在挣脱土地羁绊(工业化)或在较纯粹的土地公有制条件下,才有可能实现。

红被面覆盖的讲台

张卫平 *

1988 年我已经是有所谓"法学黄埔军校"（当然是之一）之称的西南政法学院法律系的一名讲师，尽管只有硕士学位，但"物以稀为贵"，那时的研究生比现在的博士后还要少得多，十分精贵。

出于生计的考虑，虽然刚毕业不到两年，却已经在讲台上站了几百个小时了。讲得最"惨烈"的时候是连续讲一周，而且从上午讲到晚上，一连讲 10 小时左右。民事诉讼法、行政诉讼法的法律条文几乎可以倒背如流（不过随着研究的深入，有的条文就记不清了，甚至完全忘记了，这是一个很有意思的现象。记忆力最好的时候也许是一个人最无知的时候），案例更是脱口而出，各种法律概念、相互区别、特征，可以说是张口就来。其实这并没有什么高明，不过是熟能生巧的"说书"而已，讲出来的东西全都是别人的东西。但如同许多刚出道的人一样，听到一两句夸耀，便自我感觉相当良好。

1988 年我国颁布了行政诉讼法，虽然我的专业是民事诉讼法，但我对行政诉讼法也十分关注，且都为程序法，毕竟也有诸多相同或相似之处，因此掌握起来也比较快一些，于是便在法律系斗胆开讲了行政诉讼法课程。出于普及行政诉讼法的形势需要，不时有单位请我去讲行政诉讼法，反映也还不错。那时在校外讲课已经是常事。当时在学校讲课，每课时 1.28 元，而在外讲课，每课时是 5 元。回过头看，经济的确在发展，现在哪还有一节课 5 元的低价。

一天一个自称听过我讲课的人来找我，此人看样子是已经工作的机关干部。经自我介绍，知道他是南江县司法局的一般干部，也姓张，说想请我到他所在的县里去讲讲行政诉讼法。一是他夸我讲得好，二是态度也很真诚，我也就没

---

* 作者为清华大学法学院教授。

有想更多的,十分痛快地就答应下来了。没多久,他告诉我,局里和县里都很支持,要我务必去讲,时间就定在某月某日。

南江,一个我完全陌生的小城,地处四川北际,与陕西交界,距重庆有好几百公里。早上4点30分我便从重庆牛角沱长途车站搭乘了去南江的公共汽车。出重庆市区后,沿途不断有人上车,车顶上也有了新"乘客"——鸡、鹅、鸭,当然也少不了扁担箩筐什么的。汽车沿着蜿蜒不平的山区土路爬行,一路摇摇晃晃。乘客绝大多数是乡下人,由于起得太早的缘故,许多人依着靠背昏昏欲睡,随着车的颠簸而东倒西歪。

8月的四川盆地,天气十分闷热,六七点钟以后,太阳便开始发威,直射铁皮车厢,车厢就像一个蒸笼(那时可没有空调大巴)。车里充斥着呛人的旱烟与臭汗的混合味,特别难闻。我们的车不时被前面的解放牌大车带起的尘土笼罩着。不一会儿,就已经有人探出身子在大口大口地呕吐,车里地板上流着呕吐物,感觉特别不好,只想翻胃。颠簸中,自己心里一个劲儿地直后悔,真不该听了别人好话就答应下来,这下可好,遭这样的罪。嗨,后悔也没有用,坚持吧。好听的话就是陷阱。这是我的总结。

晚上7点,总算到了南江县城,天还没有黑,看看车上的人,个个像是从大漠沙尘中走来的骆驼,头发、眉毛上全是尘土,连眼睫毛上都挂满了尘土,整个脸大概只有两个眼睛还算干净的。

司法局的张同志已经在车站等我,旁边还站着一个个头比他矮一些的人,一看就知道是那时典型的县里的干部,白色的长袖衬衫,袖子卷到肘部,领角有些皱,身着蓝色"的确良"裤子。老张很高兴地接过我的行李,说:"张老师,你好!你真的来了!辛苦了,辛苦了!"并热情地把旁边的人介绍给我,"这位是司法局李局长"。姓李的局长连连说,谢谢我的到来。出于礼貌我不便把心中的不快表示出来,嘴上一个劲儿地说:"没什么,没什么。"显得特别的大度。

县城很小,东西走向,城南一条小河蜿蜒淌过,城北小街依山而上。走进城里,远远地能看到街边墙上贴有不少一开大小红色海报或通知之类的东西。走近一看是通知,上面写着:"四川名牌大学——西南政法学院讲师张卫平同志将于某年某月某日至某日在县委大礼堂讲课,上午8点~11点,下午2点~5点;礼堂座位有限,除个别单位全部参加外,其他单位仅限股级以上干部参加。这是一次十分难得的机会,千万不要错过,请各机关单位安排好日常工作,准时参加。"

没有走多远,又看到同样的红纸黄字的通知。走过几条街才发现,每条街上都张贴着好几张这样的通知,几乎可以说满城都是。一条街上还挂着"热烈欢迎张卫平老师来南江讲课"的横幅,看到这些,我的视线变得模糊起来,嗓子像被什么东西堵住了似的。李局长还说:"我们这里从来就没来过大学的老师,老百姓更没有听过大学老师讲课,我是军人,只读过初中。我们也不知道应该怎样表达我们的欢迎和感激之情,也不知道这样写合适不合适。"听到这些话,我心里更是激动不已。

我的住宿被安排在县委招待所,也就是当地最好的住所了。李局长说,你住的房间就是县里最好的房间,省委书记,当时的政治局委员杨汝岱杨书记来南江就住在这个房间,平时不让人住的。他们以其习惯的价值判断,即权力级阶差异的观念来表达对我讲课的重视和好意。

讲座式的讲课我至少经历了上百次,但这次在南江的讲座仍是迄今为止我感觉最好的之一。说是县委的"大礼堂",其实就是一间很大的瓦房而已,大概能容纳500人左右。讲台是一张桌子,上面覆盖着红丝绸,显得特别鲜亮。休息时才发现桌上覆盖的红丝绸其实就是一床崭新的红绸被面。

这次讲座,讲得真是潇洒,既有理性,也有激情,既有实例,也有逻辑,既有严词,也有幽默。听讲座的人不时递上条子,要我回答问题,也有的希望我讲讲执行、谈谈公证、议议罚款等等,我根据自己的理解,尽情诠释,竭力求证,指点路径,如同上帝的使者一般。第二天来的人更多,过道两边也站着人。老张告诉我:这两天机关里人都在议论我,我的讲课成了这里一大新闻。执法遇到问题时,人们就会指出,张老师如是说。现在想来真是后怕,不知道那时讲的是否真是正确的。

最后一天,讲完课,天边还留有一抹淡红,我抬头漫步在小城的石板路上,目不斜视,只用余光扫视着街上的男女,感觉自己就像奥斯特利茨大战后的拿破仑。入夜,小城一片寂静,远处不时传来几声狗叫,我靠着门框,遥望着天空,静静地倾听着小河低声的咏唱。

你可能并不认识的吕法官

吕忠梅 *

　　说起吕忠梅教授,您或多或少会有一点了解。5年前的一纸任命,吕教授成为了吕法官,教师证加上了法官证,讲台换成了审判席,论文让位于判决书,自己讲课变成了听当事人诉说……似乎什么都没有变,却什么都变了。

　　我不能确切地告诉你,这些变化是怎样发生的,但我每天都在感受着变化,变化的背后还有更多东西。

一、倾听的力量

　　我到法院不久, 收到了一位七旬老人的来信。信中讲述了她丈夫的一生——一位18岁入党,解放前的白区地下党工作者,解放后因遭人陷害,1957年即被降职,但仍然以对党和人民的无限忠诚,勤恳工作;"文革"期间再受迫害,被遣返到农村劳动,受尽折磨;"文革"结束后,虽然回到了城市,也安排了工作,但他人的诬陷始终没有得到澄清,直到去世。

　　老人最后写道:"我已经是一个年逾七十的耄耋老人,不知道还有多少时间在人世。我自己这一生并无遗憾,只是为丈夫有太多的不平。许久以来,只要一躺下,眼前就会出现过去几十年的一幕一幕,想到他所受过的苦难……因此,我有一个强烈的愿望,希望能够有懂得法律的人告诉我,是否可以用法律的手段追究那个诬告者,让我能够带着这样的消息去见我的丈夫。"

　　看完信后,我拨通了老人留下的电话,告诉她对于历史事件所造成的结果,现行法律难以再做处理,但我愿意听听她的家庭故事,为她提供一点帮助。然后

---

* 作者为湖北经济学院院长,教授。

我们约定了见面的时间。那是一个大夏天,老人在小阿姨的搀扶下来到法院。坐下来后,来不及擦擦汗,就从包里拿出一本书递给我:"这是我丈夫出版的小说,是有点传记性质的,书中主人公的原型就是他自己,你读过后就会了解他的。"我接过书,告诉她一定会读的。

接下来,老人开始讲述她丈夫的故事。从她的讲述中,我看到了一个坚定的革命者和共产党员,从地下党工作的出生入死到一次又一次运动的不公待遇,都没有将个人利益与得失放在心上,只要有机会,就多为大家做事情。老人说:虽然她和孩子跟着这样的丈夫和父亲吃了不少苦,遭了很多罪,却一直坚信他是一个好人。无论在什么情形下,他都告诉家人要相信党和人民,从来没有放弃过自己的信仰。但一直到去世,也没有还他清白,相反,那个恶意诬陷他的人,却在多次的运动中春风得意,一路曜升,使人想起来就心绪难平。

在将近 3 个小时的讲述中,我很少说话,沉浸在老人对往事的回忆之中。等她讲完,我想说点法律上的事,老人打断了我:"这个问题你在电话中已经给我说清楚了。我今天来,就是要给一个法官讲讲我丈夫的故事,让执法者知道他是一个什么样的人,不用你们真的给他再做什么定论。你听了,我已经非常满足。没有几天了,我就会去见他,我会告诉他今天的事情,相信他也会和我一样的欣慰,因为现在的法制越来越健全了,法官也越来越公正了,再也不会发生那个年代的事情,再也不会有他那样受不白之冤的人了。"

老人带着满足的神情,蹒跚着离开了法院,我却难以平静。老人的故事,还有她离去时的神情,铭刻在了我的心中。因为我是法官,她愿意来讲述;因为法律是现在,她希望我倾听;因为法治是未来,她期待大家去实现。

二、公正还要看得见

在一次院长接访日中,我接待了一位特殊的当事人。他说案件在一审已经完全胜诉,但还是上诉了。我问他:"对方都不上诉你还要上诉?"

他反问我:"法院是不是讲理的地方?"我说当然是呀。

他又问:"不让我讲理的法官是不是好法官? 这样的法官办的案子我们信不

信?"

我告诉他,判决的结果已经证明法官认可了你的"讲理",支持你的诉讼请求本身就说明了问题。他说:"可我一点也不知道法官是怎么认的这个理。我是原告,也是有理的一方,但在开庭的时候,我一讲话法官就打断我,要我说得简单一些;而对方要说话,法官不仅不打断他,而且还要他把这个说清楚、那个也说清楚。"

我听着他的讲述,心里大体明白了是怎么回事——在法官的心中,已经形成了对原告理由的确信而将调查重点放在了被告一方。我问明案件上诉后的情况便送走了当事人。

我与一审承办法官通了电话,询问了这个案件的基本情况。承办法官告诉我,这是一个简单的债务纠纷,法律关系十分清楚,原告的证据也非常充分,被告提出了几条勉强的抗辩理由,因此,开庭时法庭调查和辩论的焦点主要是针对被告提供的事实证据和抗辩理由展开。原告没有请律师,在庭上不是围绕案件争议的事实与焦点发言,总是要讲述与被告的各种复杂关系,而这些并不是本案需要查明的法律事实,所以才一再打断他。

这位法官问我:"开庭最重要的是查明案件当事人争议的法律事实,我做错了吗?"我回答:"从审判程序上讲你并没有错,但是从审判的技术与技巧上看,还是有提高的必要。让当事人看见你的公正、让当事人理解你做出决定的过程、和'不会讲理'的人讲理需要一点技巧。"

我又向二审承办法官询问,回答是准备开庭。我建议,准备一个计时器带到庭上。开庭过程中注意把握两个问题:第一,在法庭调查和辩论开始前,明确告诉双方当事人需要说明的问题,进行必要的引导;第二,给双方当事人同等的发言时间,以计时器铃声为准。二审法官答应按照我的建议去试一试。

两个月以后,我接到了那位来访者的信,在信中他告诉我,二审法官高水平、公正地审理了他的案件,这次胜诉他心服口服。

同样的案件,同样的判决结果,仅仅因为法官多说了几句话加上一个小闹钟,就对当事人产生了完全不同的心理效应。这不仅仅是一种形式。法官的工作,要求他不仅要内心公正,而且公正还必须以某种方式表现出来,让当事人看得见。法官不仅是一个精通法律的实践者,还应该是一个能娴熟地驾驭庭审的艺术家。

三、岂是一个"社会公益"了得

我曾经主持审理了一起行政上诉案件。一百多名原告诉市政府的某一具体行政行为违法。在开庭前,上诉人及其代理人通过来信来访反映,这个案件有很深的背景,涉及前后几任政府领导,原审法院受到了来自各方面的干预,不得已才作出了不公正的判决。

案件开始审理后,我了解了更多情况,原告方已经多次围堵省、市政府大门,政府负责人也多次与其代表对话,都未能使问题得到解决。事件涉及几千人,现在起诉的仅百余人。如果法院不能很好地处理,将可能引发更大的社会稳定问题。仔细阅卷以后,我们发现此案涉及政府前后两个相关的具体行政行为,被诉行为部分限制了上诉人根据前一行为所获得的利益,但该行为本身从实体到程序都不存在错误。这是一个典型的因政府前后政策不一致而引起的信赖利益保护案件。

在开庭过程中,合议庭主要针对案件焦点进行了查证。庭审结束后,上诉人的诉讼代表告诉我们,通过这次开庭使他们了解了政府决策的过程。但无论如何,政府不该出尔反尔。

合议庭评议认为:从法律上讲,上诉人的上诉理由应该得到支持,他们被损害的利益应该得到补偿。但是,设置行政审判的目的在于为已经激化的官民冲突减压,是缓解和消除社会矛盾与纠纷的手段,如果判决反而引发新的矛盾,显然是背离了司法的目的——定分止争。合议庭决定对该案进行协调。

我约请了政府主要领导。政府一方提出,如果这个案件法院不理,是否就不会有这么多的事情呢?政府的决策既然已经作出,它就应该有效力。现在一百多人诉讼,赢了,接下来必然会有更多的人仿效,岂不是越来越乱。

我也表明了观点:法院是让老百姓发泄对政府的不满的合法场所,设置行政诉讼,目的就在于保持社会的稳定。法官司法公正就是对维护稳定的最大贡献,通过案件的审理,能够发现老百姓与政府之间的矛盾与分歧,这种机制让老百姓在发泄不满的同时,也使政府明了自己的错误,消除一些误会与分歧。政府如果已经知道自己错了,为什么不能通过行政机制去纠正,非要等着老百姓来告呢?如果政府能够改变自己的行政行为,充分考虑老百姓的利益保护问题,还会引起更多的诉讼或者上访吗?如果法院不理或者理了也是简单地驳回老百姓的请求,短时间内,老百姓的不满主要会指向法院,政府可以清静。但是,矛盾并不是法院引发的,利益也不是法院侵害的,最终还是得由政府来解决,当然,可能会是上级政府。

政府最终同意了法院的建议。几天后,政府重新作出具体行政行为,上诉人向法院提交撤诉申请,法院准予撤诉,此案审结。

法官的工作,必然会遇到各种不同于法律思维的思维方式——政治的、经济的、社会的。法官的智慧,恰恰就体现在如何将这些不同的思维转化成为法律的思维,并将它们表达出来,使不是学法律的人听得懂、看得到。在不违背法律原则的前提下,实现法律效果与社会效果的统一,需要的是法官的利益平衡能力与技术。

司法能力蕴涵在法官对一个又一个案件的处理过程中。

四、"无人上班"事件

有一年接近年底,我到一个中级法院去进行调研。在走访了几个已经事先确定的基层法院后,我提出来要到最远的一个基层法院去看看,并且要求不事先打招呼,下午直接过去。

中午1点,我们请一名中院领导坐到我们的车上带路,直奔目的地。半路上,因为修路需要绕道行驶,迷路了。我们不得不与基层法院联系,请求指路。

但所有的电话都无人接听。我问:"都快3点了,这个法院下午不上班吗?"无人回答。

我们一路问到法院,车一到,等在门口的院长赶紧跑过来,说事先不知道我们要来,所以没有到路口去等候。我说:"你能带我到各个业务庭看看吗?"

院长似乎知道我的心思,带着我们一行,看过了每个业务庭室。几乎每个办公室都有人在,只有少量的办公室门关着,有两个案件正在开庭。

一切都在告诉我,这个法院的工作情况正常!

听过院里的汇报,又去看人民法庭,走到第二个法庭时,正赶上法官们吃晚饭,我们便在法庭里和法官一起在他们的小食堂里,一边吃饭,一边聊天。知道了他们这一年有四个月的工资还没拿到,有一名法官的妻子下岗,还有一名法官的两个孩子上学,他们的生活十分艰难。

有一位法官问我:听说有一名法官,妻子有病不能工作,为了供孩子上大学,他每天下班后去蹬三轮车,你们领导还批评他,说他败坏了法官的形象,有这样的事吗?我说,我知道的也是这样。

法官问:拿不到工资,也不能拿当事人的钱,靠劳动挣钱还不行吗?我无言。

我问院长,对于特别困难的法官,能给点补助吗?院长回答,已经想了很多办法来解决法官的生活困难问题,但实在是杯水车薪。财政拨款连人头费都不够,办公经费更没有着落,因为交不了电话费,院里的电话已经都被停机一个多月了。反复给电信局做工作,才保留了我办公室的一部电话。今天下午,我到外面开会,办公室没人,你们的电话也没有接到。

院长深深地低下头,满脸的愧疚。我说:这是一个误会,是我不了解情况。

法官们七嘴八舌地说,不仅是停电话,停电、停水,我们都经历过。

这顿饭,我吃出了太多的滋味,也体会了更多的东西。不仅仅是因为我无法回答法官关于靠劳动养活家人有什么错的提问;更因为无法将法官、法院、司法这样一些无比崇高而富含尊严与权威的概念与没有工资、电话停机、下班后蹬三轮车的残酷现实联系在一起。

这些,仅仅是"钱"的问题吗?

去年,我又去了这个法院,见到了已经离职的老院长和现任院长,他们告诉我,自从省里实行政法队伍建设经费转移支付以后,日子比过去好过多了,再也不会为停电停水发愁了。我告诉他们,我为他们感到高兴,但却没有那么乐观,因为,解决了一个省的问题,并不等于解决了国家的问题。

我并没有也不可能描述法官工作与生活的全部,但所见所闻、所感所受却是中国司法制度运行的实际。这些现实,从书本中无法知道;如果不是亲身经历,坐在书斋里是无论如何想象不出的。社会气象万千,人心千差万别,纠纷千奇百怪,法官不会面对完全相同的案件,社会不能按照法律的假定发展。要将一个具有普适性的法律条文应用于这个案件,并且让当事人信服,绝不仅仅是拥有法律知识,具有一定的理论水平就能胜任;法官面对案件,也绝不是事实认定与法律适用、逻辑推理与文字表达那么简单;司法公正不是单靠法律制度的设计、理想蓝图的描绘就可以实现的。

应对美国反倾销核查二三事

张 燕[*]

掐指算来,我代理反倾销案件已经有若干年头了,这期间先后处理了大大小小十余起反倾销案件,这些案件主要涉及美欧等发达国家,尤以美国居多。依照美国法,其反倾销基本程序为:立案——发放调查问卷——核查——初裁——辩论——终裁。这些程序虽环环相扣,个个重要,但令我感触最深的,却是居于承上启下地位,能够与美国反倾销调查的主管部门——美国商务部派出的官员面对面交锋的中间一环——核查。

所谓核查,是指美国商务部派遣其调查人员到涉案中国企业,通过与该企业的高管及相关人员进行"审问式"交谈,工厂参观,现场核验采集材料等方式,对该企业的结构、销售、财务等情况进行实地检查,以审核涉案企业借助调查问卷答复向美国商务部报告的各类信息是否真实可信,从而可以作为裁决的依据。一旦调查人员认定,涉案企业存在着虚报瞒报材料和数据等情况,该企业的核查即为未通过,美国商务部将因此对该企业提交的信息不予采信,转而采用最不利于该企业的信息确定其倾销税率(通常是最高税率,经常高达百分之几百)。

基于核查在反倾销中具有的"牵一发而动全身"的重要作用,每次核查,对垒双方——美国商务部和我代理的企业均对此铆足精神,全力以赴。核查过程中,因立场不同而导致的碰撞时有发生,因观念差异而引发的趣事亦多有亲闻。其中若干因给我印象较为深刻,试不揣冒昧,以秃笔记述之。

一、政府控制——时光倒流七十年

迄今为止,美国一直将中国视为非市场经济国家,按照美国商务部的理解,

---

[*] 作者为上海昊理文律师事务所律师。

非市场经济国家的一个重要特征，就是该国境内的企业全部受到政府的控制。由此,在对该国产品进行反倾销调查时,不管其国内有多少企业报名应诉,它们均只能获得一个全国统一的税率(在中国即为中国统一税率)。随着中国市场改革的深入,虽然美国商务部也逐步意识到上述理解的过于僵硬和不合时宜,并被迫对该理解进行了软化,即允许涉案企业举证证明自己不受政府控制,若证明成功,即可不受全国统一税率的规制,但根植于美国商务部脑海之中的"非市场经济国家政企不分"的陈腐观念,并没有因为该软化而有明显的改变。时至今日,在对中国企业进行核查时,美国商务部仍要求其核查人员戴着有色眼镜,以蛛网密布的过时思维对涉案企业与中国政府的关系进行严查,力求找出这些企业为中国政府"操纵"的蛛丝马迹。由于这种做法与中国的现实情况严重相悖,在核查时,我常常感觉自己就像被核查官催眠,在其陈词滥调的引领下,沿着被强行逆转的时间通道,被迫与其一同回到那早已远去的计划经济时代。此时的场景,便如美国经典影片"时光倒流七十年"所展现的,几个穿着现代服饰的人,罔顾其身处的已是21世纪的摩登时代,而执意要回到遥远的过去。所不同的是,"时光"一片男主人公回到过去的目的,是追求唯美的爱情,而美国商务部核查人员回到过去的目的,则是找出中国经济体制数十年未变,政府过去和现在一直都在控制企业的证据。由于该证据根本不存在,故此种徒劳无益的时光倒流除了浪费时间和精力,令人头晕目眩之外,并无任何实际价值。有趣的是,对此倒流表示不屑的除了我们中方律师和企业之外,还有一些年轻的美国核查官。

去年3月在山东应对一个大蒜案件的核查时,来了两位年轻的核查官,其中领队的因系前苏联移民的后裔,故对社会主义国家的经济体制改革有着比较深刻的理解和认同。虽然在核查开始时,该核查官也耐着性子,煞有介事地按照美国商务部拟定的核查大纲,照本宣科地宣读诸如"你们的管理人员以前在政府工作过吗"、"你们公司与中国中央和地方政府有关系吗"等老掉牙的问题,但在得到我们一连串的"没有"回答之后,她在询问与"政府控制"有关的最后一个问题即"政府对你们的外汇使用有限制吗"之时,还未等我们答复,自己就先做出了"没有"的回答。

核查官和我们都笑了起来。"这些问题都很可笑,不是吗?"乘着氛围比较轻松,我问核查官。

她点了点头,而后又摇了摇头。从她嘴角带笑的无奈神情中,我看出了她的观点:尽管这些问题确实很可笑,因为根据这些核查官的实地观察和亲身感受,中国企业早已不受政府控制,但鉴于他们远在华盛顿,高高在上的"上峰"无视中国的现实,顽固坚持"中国仍为非市场经济国家"的过时观念,他们这些下属人员即使觉得可笑,也必须不折不扣地执行上峰的指示,一遍又一遍地重复念叨着那些连他们自己都觉得是毫无意义的问题,做着他们并不认为有趣的时光倒流游戏。用一部中国电影的片名来形容,这位核查官的笑应该属于"烦恼人的笑"。

衷心希望美国政府正视现实,尽快承认中国的市场经济国家地位,结束这无聊的时光变换游戏,相信到时候开怀大笑的,将不仅仅是我们。

二、财务数据——傲慢与偏见

在核查中国企业时,美国商务部核查官的一个检查重点,是这些企业报送的财务数据是否准确、真实。由于受中国是非市场经济国家,而非市场经济国家中的企业财务信息普遍失真这一错误观念的影响,许多核查官在审查中国企业的财务账时,事先都存有这些账是假账的偏见。在核查过程中,这种偏见常常通过核查官自以为是、以偏概全的傲慢态度体现出来。根据我的经验,对付此类傲慢与偏见,关键是"打铁还需自身硬",让事实说话,以确凿无误的数据服人。因为有些核查官虽然很牛,讲话不太中听,但毕竟不敢睁着眼睛说瞎话,把白的说成黑的。鉴此,只要涉案企业有一套规范的财务制度,保存的账目完整、清晰、准确,在铁的事实面前,再傲慢的核查官也不得不低下其高昂的头颅。此类情况我遇到不少,试举一例述之。

2006年9月在安徽应对一个小龙虾案件的核查时,来了一位年长的男核查官。此公素以对中国企业要求苛刻、吹毛求疵著称,尤以挑财务账上的毛病为特色。在核查该企业的销售数据时,此公使用销售经理自行记录的销售台账上的数据核对销售收入明细账上的数据。由于销售经理未将个别内销录入销售台

世贸组织公布的最新数据显示，中国是 2007 年全球遭反倾销投诉最频繁的国家。2007 年 8 月，美国商会又对从中国进口的轮胎进行反倾销调查。

账，这导致两个数据无法对上。此公在发现这一问题后，宛如挖到了金矿，兴奋与傲慢之情溢于言表：

"你们的账有问题，数据对不上。"

"不可能，请问你是如何对账的？"由于这家企业的财务运作十分严谨和规范，我们信心十足地向此公询问。

"我使用你们的销售台账与销售收入明细账相对，但这两个帐的累计数据不一样。"此公牛气冲天地表示。

"喔，原来是这样，我明白数据对不上的原因了，是因为我记的销售台账只记了外销和大额内销，小额内销则没有记。而财务那边，则是所有的销售都入账了。"企业的销售经理向此公解释。

"请将你所说的小额内销数据给我，我算算能否对的上。"认为自己已抓到大鱼的此公显然不相信销售经理的解释。

销售经理赶忙把数据整理后提交给此公，此公拿到后马上在计算器上噼里啪啦一通计算，可能是因为太过激动，此公在将补充数据与销售台账上的原数据相加时出现了错误，但对自己充满信心的此公显然已不知自我批评为何物，而是马上将责任推到了我们头上。

"数据还是对不上，你们的账肯定有问题。"

"这不可能,应该是你算错了。"我们反击道。

"我给你们一次机会,你们在我面前计算,如果数据还是对不上,有关销售数据的核查即视为未通过。"平素即怀疑中国企业普遍做假账,如今又自以为查获证据的此公倨傲地表示。

销售经理临危受命,在不成功即成仁的紧张凝重氛围中对台账数据及补充数据进行了一笔一笔的累加。由于销售经理对自己经手的这些数据了然于胸,手中有粮自然心中不慌,很快,累计数字就算出来了,该数字与此公已记录在案的、销售收入明细账上的合计数据完全相同。

一脸傲慢的此公此时慌了神,原先的牛气早已不见了踪影,变成了垂头丧气。

"看来你们的账是正确的,可是我怎么会算错呢?"此公尴尬地嗫嚅着。

"犯错是正常的,及时改正就可以了。"我们一语双关地对他说。

在遭遇了这一滑铁卢之后,此公的态度确实谦逊了不少,最终,在平和的氛围中,我们顺利地完成了核查。

事实胜于雄辩,在面对美国人的傲慢与偏见时,争辩固然重要,但更重要的是有针对性地举出铿锵有力的证据,令其傲慢与偏见失去基础,从而不得不恢复理性与公正,我想,此经验不仅适用于反倾销核查,而且也可以适用于与美国人的其他纠纷。

三、工作与休息——一半是海水,一半是火焰

美国核查官留给我的一个深刻印象,是他们对工作和休息的准确把握和严格区分。工作时间的美国核查官,普遍严肃认真,严谨敬业,虽彬彬有礼但注意与被核查企业保持距离,并在发现问题时不讲情面,穷追不舍。休息时间的美国核查官,则一改工作时的呆板态度,与企业人员谈天说地,有说有笑。觥筹交错、莺歌燕舞者亦时有之。值得一提的是,尽管在工作时和休息时判若两人,但核查官们的角色转换大多比较自然,基本不存在角色混杂错位的情况。而对此种转换感觉不自然和不适应的,往往是重人情的中国企业。

2006年7月在内蒙古应对一个蜂蜜案件的核查时,来了一位二十几岁的年

轻小伙子。小伙子是爱尔兰裔,性格外向,十分健谈。核查第一天,通过与小伙子的闲聊,我们了解到当天是他的生日。为了尽地主之谊,表达中国人的盛情好客之意,被核查企业的老总当即拍板,在当地著名的"蒙古大营"为小伙子举办一场生日晚宴。当天晚上,参加核查的公司所有人员及我悉数到场,在别具风情的蒙古包内与小伙子齐唱生日歌,共享生日餐,同饮生日酒。受现场热烈气氛的感染,这位第一次在外国过生日的小伙子不仅向我们展示了其"千杯不醉"的海量,在"干杯"、"cheers"的"伴奏"下将一杯杯的奶酒一饮而尽,而且还借助现场的卡拉OK设备和宽阔的场地,让我们领略了其深沉的歌喉及出众的舞姿。他与公司外销经理的一曲合唱,与公司财务经理的一段对舞均获得了满堂彩。晚会最终在"友谊地久天长"的和谐氛围中结束。

第二天早上核查继续进行时,仍对昨晚氛围意犹未尽的公司外销经理和财务经理很快就遭遇了已被他们视为"哥们"的小伙子的"袭击"。由于对公司报送的外销信息及相关财务数据存在疑问,小伙子一连问了好几个尖锐且不留情面的问题。此时的小伙子,已经很自然地完成了由休息时的客,到工作时的主的转变。昨晚挂在他脸上的可掬笑容已经没有了,取而代之的是满脸的严肃和认真。本以为小伙子会客客气气,但却遭遇"残酷斗争,无情打击"的外销经理和财务经理在赶忙找资料的同时,也对小伙子态度的变化犯起了嘀咕。

"这家伙怎么这么不够意思,昨天我们还唱歌跳舞呢,今天就翻脸不认人了。"

"美国核查官就是这样的,他们工作和休息是分得很清楚的,不信,你们看晚上吃饭时,他的态度又会变得和昨晚一样随和。"我对外销经理和财务经理解释道。

果不其然,当天晚上的送行晚宴,小伙子又在推杯换盏中与公司的外销经理和财务经理成了哥们、姐们,并一再对本次核查给公司添的麻烦表示歉意。

休息时和工作时的美国核查官,用王朔那本颇为流行的小说来形容,真可谓"一半是海水,一半是火焰"。

北大法律学系 77 级同学杂忆

陈兴良 *

一、老郭不老

倾接烟台大学法学院院长,也是我的大学同学汤唯发来的短信,称老郭今年60 岁,让我们这些老同学写点东西祝贺一下,这时我才感到老郭是名副其实的老郭了。

郭明瑞,我们同学们无论年龄大小,均称其为老郭。老郭这一称呼,从 1978年 2 月底入学我们就这么叫了。现在回想起来,其实那时老郭也才 31 岁。在一般人群中,31 岁的人大概是不配称老的,但我们这个群体是较为特殊的。1977 年"文革"结束以后恢复高考,积蓄了 11 届的中学毕业生一起参加。作为这次高考的佼佼者,我们一不小心考上了北大,从而发生了命运的转折。1978 年 2 月底入学时,我们班上同学的年龄参差不齐。最年长的是 1947 年出生的,最年小的是1960 年出生的。从 1947 年到 1960 年,几乎每年出生的人都有。老郭是 1947 年出生的,可以说是我们班上的最年长者。相对于年长我十岁的老郭来说,我们是小字辈,因而对老郭称"老"是一点也不奇怪的。31 岁方为大一新生,这是极为特殊的。老郭这个称呼,也就这么一直叫下来了。直到今年老郭 60 岁,突然之间才感觉老郭真是老了,都已经到了退休年龄。

老郭的老,当然不仅在于年龄,而且还在于资历。老郭家在山东烟台招远郭家庄。1966 年高中毕业时大学停止招生,老郭不得不中断学业,后来有机会到部队当兵。他入学前早已从部队退伍,回到郭家庄农村种地。如果我没有记错的

---

* 作者为北京大学法学院教授。

话,干了几年农活以后,老郭因当过兵又有文化,就在乡村中学当起了老师。当过兵,务过农,又当过中学老师,而且已经娶妻生子,其生活经历之复杂与社会经验之丰富,是当时班上年少如我者所无法比拟的。因此,在同学相处当中,老郭不仅是我们学习上请教的学长,也是生活上求教的对象。

我和老郭不仅同学4年,而且在北大37楼的320房间同居了4年,可谓狭义上的"同窗"。我感觉老郭是一个极为质朴的人,在他的身上还保留着农民朴实的天性,尤其在学习上也有一种勤奋的精神。给我印象最深的是老郭学外语,因为入学时老郭已经过了学习外语的最佳年龄,因此外语学习对于老郭来说是较为吃力的。但老郭还是捡起荒废了好多年的俄语,慢慢地找到俄语的感觉。那时外语一般只有英语和俄语两个语种,学俄语的"老三届"居多,因为他们上中学时学的是俄语,因而有些俄语的基础。学英语的年少一些,因为"文革"以后中学不再教俄语,改为教英语了,像我在中学学的就是英语。在我们宿舍,老郭和姜明安学的都是俄语。我不懂俄语,估计老郭和姜明安满口胶东腔和湘西口音的俄语好听不了。不过他们的笔译都大有长进,在大三时就在当时的《国外法学》杂志上发表俄文的译作,这是我们这些年少者望洋兴叹的。

在大学学习的时候,老郭就对民法、婚姻法有兴趣。那时实际上并无民法,只有一部上个世纪50年代颁布的《婚姻法》。我那时感兴趣的是法理,民法学得并不扎实。而老郭则很早就进入民法的专业领域,奠定了牢固的学术基础。1981年底我们从北大毕业,老郭留校任教,就选择了民法专业。1984年前后北大民法教研室出版的《民法教程》一书,老郭参与了撰稿。这本民法教科书是我国在上个世纪80年代初较早出版的一本民法教科书,当时在法学界产生了较大的学术影响。在1986年前后,烟台大学建立,老郭为与家人团聚回到了家乡。烟大的法律学科,从法律系初建发展到法学院,都包含着老郭的心血。尤其是烟大的民法学科,即使在全国范围内,也是一个具有较大学术影响的法学学科。后来,老郭当了烟大校长,行政管理工作牵扯了不少精力。不过为将烟大建成知名学府,老郭的付出还是值得的。

转眼之间,入学北大已经快30年了,从北大毕业也快26年了,真是逝者如斯夫。在对岁月催人老的感慨之余,我发现每一代人都有每一代人的艰辛与收

2002 年 5 月毕业 20
周年时二组同学合影
（左起第四为郭明瑞）

获,不过我们这一代人相对来说还是较为幸运的。尽管我们经历了"文化大革命"的十年动乱,个人生活多多少少受到政治运动的影响,但我们还是赶上了改革开放的浪潮,并且成为最早的受益者。今天能够在学术上取得一点成就,除了个人的主观努力以外,我们还应该更多地感谢社会的赐予。

老郭和我之间,存在十年的年龄差距。在一般情况下也许就是两代人的区分了,但历史的捉弄使我们有幸成为大学同学,一起在北大美丽的校园里度过了四年的光阴,这是值得缅怀的。尽管从北大毕业以后,我和老郭各自开始了学术上的追求。尤其是老郭到烟大工作以后,平时联系少了,只有在同学聚会或者到烟大讲学时偶有见面。但我始终觉得这么多年过去了,老郭并没有太大的变化。从这个意义上来说,老郭不老。人老似乎是自然规律不可抗拒。因此,这里的不老主要是指精神上的不老以及心理上的不老。在现在这个时代,60 岁不是一个可以倚老的年龄,而是一个思想才开始成熟的年龄。我期望老郭的青春从 60 岁开始,继续保持学术上的追求。

老郭不老,年方六十。

二、小徐不小

我这个人喜欢对称,写完"老郭不老",就想到"小徐不小"这个题目,觉得挺有意思的。之所以想到要写一写小徐,还因为正好在写完"老郭不老"后的不久,与小徐在北京见了一面,这时我真得感到时光流逝岁月易老,"小徐不小",也是这次我与小徐见面的一种感受。

说了半天,还没有提到小徐的大名,他就是徐友军。在北大法律系 77 级同学中,小徐的年龄不是最小的,但也是次小。他是 1959 年出生的,18 岁考入北大,与老郭相比,整整小了 12 岁,正好一轮。我虽然只比小徐大两岁,但资历却比小徐深多了。小徐是高中应届毕业生,相比之下,我高中毕业后下乡两年,又在公安局工作一年半,已经算是有社会生活经验的了,更不用说还有老郭这样具有十年以上工作经历的老同志。因此,称"小徐"是一点也不冤枉徐友军的。说小徐"小",不仅仅是因为他的年龄小,而且是由于他的长相显小,说话一口带有北京味的学生腔,给人感觉整个一个稚气未脱的中学生。当然,小徐从来都是倚小卖小的,见到老同志态度特别谦虚,在酒瓶盖厚的镜片后面眨巴着两只小眼睛,向老同志问一些十分幼稚的问题,有时老同志都不太爱搭理他。可以说,小徐的青春期是在我们班上度过的。在这样一种年龄结构的班集体中,受益的还是年龄小的同学,对此,小徐是深有体会的。

说到小徐,还不能不提到他所在的一组。我们班共有 81 名同学,男女搭配分为八个小组。和小徐的一组紧邻,我在二组。在北大上学的大多数时间,一组住在 37 号楼的 319 房间,我们二组住在隔壁的 320 房间。之所以对我自己住的房间号记得这么清楚,是因为当时北大中关村附近有一趟公共汽车线路就是 320。小徐所在的一组,后来出了个大名鼎鼎的李克强,不过那时李克强学习刻苦,总是早出晚归,在他们的宿舍白天是见不到的,正如我们宿舍的姜明安。我们这些年龄小的同学稍稍偷懒一点,有时白天还在宿舍聊聊天。虽然我们班里有八个组,但一组与二组的关系之好是出了名的,当时我们有句话形容一组与二组的关系:拆了墙就是一家人,不拆墙也是一家人。这句话记不清是从哪个样板戏的台词中演化而来的,至今仍在我们一组和二组之间流传。本文开头说到最近与小徐在北京见了一面,就是因为二组的宋凯楚来北京参加全国高院院长会议,由一组在京的谢思敏张罗,一起聚一聚。为此,远在深圳的小徐和黄雄坤特地乘飞机赶过来,就为这一小聚。这次聚会邀请二组的我、姜明安等参加,后来谢维宪也来了。

在这次聚会中，我得知小徐已经升任深圳市知识产权局的局长。谈到"小徐"这个称谓，小徐说有好几次有人打电话到局里，张口就说找小徐，弄得局里接电话的同志十分纳闷，我们局里哪有小徐？后来说找徐友军，才弄清楚找谁。不用问，这准是班里的同学打来的电话。殊不知，小徐都已经快 50 了，好歹也是局长大人。老郭年刚 30 就称"老"，小徐年近 50 仍称"小"，这也许就是宿命。大学同学的时间只不过是四年，与后来数十年的社会经历相比，是十分短暂的一段时光。但这段时间具有某种凝固效应：仿佛我们生命的时钟在毕业的那一时刻停摆了：在这段时间称老郭的，永远称老郭；在这段时间称小徐的，永远称小徐。

小徐上大学时，年龄虽小，但其智力与其年龄是不相符合的，在这个意义上来说，小徐是有些早熟的。在班里的时候，我们就喜欢讨论一些国家大事。谈到激动处，小徐的嗓门可大了，到底是年轻，总是有满腔热血可供挥洒。说来，小徐是个爱激动的人。当遇到一些自以为应该挺身而出的关头，总是沉不住气，愿意跳将出来，也就是现在人们所说的"参与意识较强"。记得在上个世纪 80 年代初的时候，我和小徐还一起写过一张大字报，充分发挥我们学法律的知识优势，设计了一个"大学自治的宪章"，按照条文排列，俨然是在立法。我忘了有没有署名，反正贴出去不久就被其他大字报给覆盖了，庆幸没有引起学校当局的注意。现在想来，当时在北大三角地贴一张大字报，就和现在在互联网的某个论坛上发一个帖子一样，说淹了就淹了，其实没有必要大惊小怪。

大学毕业后，我考到人大读研究生，小徐则留在北大读研究生。我读的是刑法，小徐读的是刑诉法，我们的专业还真是相近。上个世纪 80 年代后期到 90 年代早期，在我的印象中是较为压抑的，甚至

1981 年初我和徐友军（左）摄于无锡

有些窒息。我们都在生活和事业的双重挣扎之中，我和小徐虽时有见面，但经过生活的历练，我们都沉稳了许多。不过，小徐爱激动的性情丝毫未改。到人大以后，我已经钻到刑法中去了，小徐也喜欢上了在我当时看来十分枯燥的刑诉法。当时我们的生活都很困顿，我到过小徐在北大西门对面的蔚秀园的宿舍，一如我在人大的红楼陋室，局促而拥挤。我在大学都快坚持不下去了，几番动摇想去机关，以解决住房的燃眉之急，虽然那时，我们都已经在各自的专业上修炼得差不多了，很快会有学术上的出头之日。记得那时小徐担任《中外法学》的兼职编辑，主持发表了几期刑诉法的笔谈，其新锐的思想至今看来也不过时。就在学术有成之际，我没有离开学术界，小徐倒跟随其妻子去了深圳。以一个北大法律学系副教授的身份，从深圳市法制局的科员干起，一干就是 15 年，到处长，到副局长，再到知识产权局的局长，我真不知道小徐是如何适应官场的。在小徐离开北大不久，随着依法治国方略入宪，法治的春天到来了，法学的黄金季节也降临了。可是刑诉法学界却没有了小徐，否则，凭小徐的资历与功力，小徐早就在刑诉法学界叱咤风云、呼风唤雨了。深圳的官场多了一个局长，刑诉法学界少了一个新锐学者，这是我所为小徐惋惜的。我曾婉转地向小徐表达过这个意思，不过小徐似乎不以为然。在小徐去深圳后不久，我到深圳出差，见到了参加工作时间不长的小徐，他已经进入角色，说起制定深圳特区的地方法规来，头头是道、滔滔不绝。小徐本来是搞刑诉法的，到深圳以后丢了专业，搞起了地方立法，为深圳特区的法制建设可谓呕心沥血。

这就是小徐，总是把自己的满腔热情倾注在工作当中。尽管和李克强比起来，小徐的官当得不够大。但我总是在想，北大人固然要有在历史的紧要关头挺身而出的勇气，民族危难之际义薄云天的情操，但是像小徐这样，到哪个工作岗位都能兢兢业业地干好自己的本职工作，这不也就是北大人应有的高尚品格么？这正应了那句俗语：是金子放在哪里都会闪光。小徐就是这样的金子，有着一颗金子般的心。你看，样板戏的台词又上来了。

小徐不小，年近五十。

拥有法学知识背景的社会精英

何柏生 *

阅读名人传记，常常发现法学领域以外的许多名人早年曾在校攻读过法学专业，或通过其他途径系统地学习过法学知识。

法国文豪巴尔扎克（1799~1850）大家都很熟悉。年轻时候，巴尔扎克曾在大学法律系系统地学习过法律。

被称为"英国小说之父"、曾给世人留下了《汤姆·琼斯》这样的鸿篇巨制的亨利·菲尔丁（1707~1754），由于触怒政府，无法以戏剧演出为谋生手段，生活没着落，30岁时不得不再习法律，三年后取得律师资格。先任治安法官，后任伦敦首任警察厅长。写小说对他来说属于业余爱好。但就是这个业余爱好，却给他带来了盛名，使他成为闻名世界的文豪。

弗兰西斯·培根（1561~1626）是近代归纳法的创始人，是一位革新了人类价值体系和思维方式的哲学巨人。培根智力超人，12岁就上了剑桥大学，攻读神学和形而上学。大学毕业后，又自学法律，获得律师资格。培根长袖善舞，官运亨通，担任过总检察长和大法官。他留给后人的法学名言是："一次不公正的裁判，其恶果甚至超过十次犯罪。因为犯罪虽是冒犯法律——好比污染了水流，而不公正的审判则毁坏法律——好比污染了水源。"培根的成就主要体现在哲学和文学上，但他的哲学思想在方法上对法学研究起了很大的作用。

约瑟夫·熊彼特（1883~1950）是《经济分析史》和《资本主义、社会主义和民主》两本书的作者，是闻名全球的经济学家。这样一位经济学家，年轻时获得的却是法学博士学位，并且开过夫妻店之类的律师事务所。

法学属于社会科学，它对社会科学内各学科的影响自然是巨大的，所以，拥

---

* 作者为西北政法大学教授。

有法学知识背景的人从事其他社会科学学科的活动应该是自然的，且是容易的。但是，在历史上，却有许多拥有法学知识背景的人从事了自然科学的研究。

哥白尼（1473～1543）的日心说标志着近代自然科学的开始。《天体运行论》的发表，犹如晴天霹雳，震撼了欧洲大地。日心说是天文学上的一次伟大革命，引起了人类宇宙观上的一次重大变革，沉重地打击了神权的统治。哥白尼大家熟悉，但知道他拿过法学博士学位的却不多。哥白尼就读的第一所大学是意大利的博洛尼亚大学，该所大学成立于11世纪，是西方第一所真正的大学，比巴黎大学、牛津大学、剑桥大学都要成立得早。哥白尼在博洛尼亚大学攻读的专业是教会法规。此后，他又在帕多瓦大学、费拉拉大学学习法学，并在后一所大学获得教会法规博士学位。回国后，哥白尼当了教士，在工作之余，开始了天文学研究，经过几十年的研究，终于在临死前出版了饱含着毕生心血的巨著——《天体运行论》。

拉瓦锡（1743～1794）是化学界的牛顿，他批判了燃素说，创立了氧化学说，使质量守恒定律得以确立，化学从此步入一个崭新的时代。拉瓦锡是一个富有的律师的儿子，1743年诞生于巴黎。尽管他对自然科学有兴趣，但在选择专业时却还是落了当时的"俗套"——选择了法学。大学毕业后，他取得了律师开业证书，准备以法学为业。然而，科学的魔力实在太大，他最终还是从律师事务所逃到了实验室，搞起科学研究来了。这一搞就搞出来了个伟大的化学家。

哈勃（1889～1953）是有史以来最伟大的天文学家之一，被称为"星系天文学之父"。发现宇宙在膨胀是他最主要的贡献，现代天文学中的许多理论都是建立在他的发现之上。哈勃年轻时先在芝加哥大学天文学院取得了理学学士学位，后到牛津大学学习法律。毕业后，回到美国，开办律师事务所。律师的高收入并没有拴住他那颗迷恋天文的心。不久，他重返芝加哥大学，再次学起了天文学，并取得了天文学博士学位。

在所有拥有法学知识背景的人中，在自然科学诸学科中，以从事数学研究的人算最多。

因初中数学中有一个韦达定理，于是许多中国人知道了韦达（1540～1603）。但大多数人对韦达的生平并不清楚。韦达是法国数学家，确切地说是业余数学家。因为韦达在大学学的是法律,毕业后,也一直从事与法律有关的工作,曾做过法国行政法院审查官和皇室私人律师、最高法院律师。韦达的业余时间全用于从事数学研究,成为法国 16 世纪最伟大的数学家,被称为"代数学之父"。韦达曾用他的数学知识为祖国服务,在法国与西班牙的战争中破译了西班牙的密码信件,气得西班牙人咬牙切齿,说他是巫师,要教皇治他的罪。

费马(1601～1665)也是法国著名的业余数学家,1631 年获奥尔良大学民法学学士。费马当过律师、议员,去世前两天还在办理案子。费马被称为"业余数学家王子",位居一流数学家之列。他给后世数学家留下来的"费马大定律",使多少人费尽了心血。1995 年英国数学家安德鲁·怀尔斯终于解开了这道难题。

在数学家中,拥有法学知识背景的人还有许多,如荷兰数学家维特、胡德、惠更斯,德国数学家莱布尼茨、哥德巴赫、麦比乌斯、魏尔斯特拉斯,英国数学家泰勒、法国数学家笛卡儿、比丰、达朗贝尔、蒙蒂克拉等等。

那么,法学知识背景对这些社会精英的事业有无帮助?

对有些社会精英来说,法学知识背景对他们帮助确实不大。

俄罗斯音乐大师柴可夫斯基,曾上过法律专科学校,并在法务部做过办事员。工作四年后,年已 23 岁的柴可夫斯基才辞职到音乐学院学起了音乐。假如他提早就在音乐学院学音乐,或许出名更早,贡献更大。

近代哲学之父笛卡儿在 20 岁时曾获得过法律学位,但他在法学上没有什么称道的建树,也没从事过法律实务工作。以他的聪明才智,如从事法学研究,定会有重大的斩获。然而,他却对法学没兴趣,且遗产丰厚,也不需靠法学知识谋生。这样,法学界给世界贡献了一位一流的哲学家和一流的数学家,自己却损失惨重。笛卡儿取得的法律学位对他来说没有多大意义。

对有些社会精英来说,法学知识背景对他们帮助是蛮大的。一般来说,从事社会科学以及文学创作的社会精英拥有的法学知识背景对他们的事业帮助较大,有些甚至帮助巨大。

奥地利小说家卡夫卡是西方现代主义文学的先驱和大师。他从小喜爱文学,但迫于父命,不得不进入大学学习法律,直至取得法学博士学位。法学博士文凭不但帮他取得了保险公司的职位,而且对他的文学创作益处多多。卡夫卡

有部长篇小说名叫《审判》,描写了司法制度的虚伪和腐败。《审判》有一段精彩的描述,兹录如下:

> 法律门前站了一个守门人,有个乡下来的人朝守门人走去,请求他允许他进入法律的门内。然而守门人说:此刻不能入内。乡下人仔细考虑,然后就问,以后是否允许他入内。"以后有可能,"守门人说,"可是此刻不行。"因为大门像往常一样敞开着,守门人看在眼里,大笑着说:"如果里边的东西对你那么有诱惑力,你可以不顾我的禁令,竭力闯进去。不过你得注意,我很强大。而我只不过是守门人中最微不足道的一个。从大厅到大厅,守门的人接二连三,一个比一个强大。第三个守门人已经那么可怕,连我也瞧瞧他都受不了。"这些都是这个乡下人没有料到的困难;他原来认为:法律应该确确实实是人人随时都可以接近的。然而,如今他仔细看看那个守门人,穿着裘皮外套,生着大而尖的鼻子,长而稀的黑色鞑靼胡子,他就打定主意:还是得到允许后再进去好。守门人给他一个小凳子,让他坐在大门的一边。乡下人在大门口坐了好几天,好几年。……

卡夫卡要人们知道:法律之门似乎为你开着,但永远无法进入。假如卡夫卡没学过法律,他能否以司法制度的虚伪和腐败为题材就很难说了。法学知识背景无疑对卡夫卡的文学创作起到了锦上添花的作用。

司各特(1771~1832)是英国著名作家,以写历史小说而闻名于世。他在大学学的也是法学。他最难忘的是"苏格兰法"这门课程。这门课程由一位知名法学家讲授,这位法学家不是照本宣科的英雄,而是讲故事的能手。他用许多生动具体的案例,解读苏格兰法的演变过程,深深地吸引了司各特。司各特从而了解了苏格兰的历史传统和风俗习惯,这对他后来的文学创作帮助极大。大学毕业后,司各特又当了律师,承办了形形色色的案件,案件中的许多人物成了他小说中的原型。

高尔斯华绥(1876~1933)是一位获得诺贝尔文学奖的英国作家。他遵从父愿,进入牛津大学学习法律,毕业后,成为律师。父亲鼓励高尔斯华绥学习海洋法,希望他能成为这方面的专家,为此,特为他安排了一年的环球航海旅游。然而,高尔斯华绥实在对文学太痴迷了,环球航海旅游不但没坚定他成为海洋法专家的信念,反而使他下定最后的决心奔向文学的圣殿。高尔斯华绥放弃了律师职业,专事写作。尽管高尔斯华绥后来在文学创作上极有成就,但他却时时感谢父亲,正是父亲让他拥有了法律知识,为他的文学创作增添光彩。他的小说和剧本涉及许多法律事务,由于他精通法律,所以都写得真实准确。他对资产阶级法律机器的腐败揭露得入木三分,显示了行家里手的水准。

摩尔根(1818~1881)是美国人类学家,著有《古代社会》一书。摩尔根在大学学的是法律,终生以律师为职业。摩尔根家乡附近生活着易洛魁人,在童年时,他就与他们交往,熟悉他们的风俗习惯。当律师后,他常替易洛魁人辩护,赢得了他们的信任,被收为养子。这就为他研究易洛魁人提供了方便。经过40多年的研究,《古代社会》一书终于于1877年问世,成为人类学的名著。

德国学者韦伯(1864~1920)在中国学界有着非常高的知名度。他曾获得过法学博士学位,干过律师。尽管他后来以社会学家知名,但早年学过的法学知识对他的社会学研究帮助巨大,只要翻开他的名著《经济与社会》就会清楚这一点。《经济与社会》在中国法学界引用率极高,尤其是有关法律内容的论述部分。

获得诺贝尔经济学奖的哈耶克(1899~1992),拿过两个博士头衔:法学博士和政治学博士。但后来,他从事的却主要是经济学的研究。当然,他的许多书也涉及法学和政治学,甚至就是法学专著和政治学专著。所以,他的法学博士和政治学博士学位没有白拿。

还有许多学者,他们拥有的法学知识尽管对他们成就的事业没有多大帮助,但他们却用来谋生,得以安心从事他们喜爱的工作。

德国哲学家、数学家莱布尼茨(1646~1716)获得过法学博士学位,使他得以进入外交界,以后他又担任一位公爵的法律顾问。衣食有了保障,才好从事哲学、数学研究。

凯莱(1821~1895)是英国数学家,在大学一直学的都是数学,毕业后出任剑桥大学的研究员和助教,由于校方要他出任圣职,他便辞职进入英国林肯法律学院。毕业后,他从事律师工作,一干就是14年。他有着极好的口才,办事干练,收入颇丰,为从事自己喜爱的研究积攒了足够的钱。他脑瓜聪明,工作效率非常高,14 年律师生涯,发表的数学论文就达 300 多篇。待到他得到数学教授席位,就与律师界作揖道别。

除了数学领域,应当说,在政治领域内,拥有法学知识背景的社会精英最多。美国有一半以上的总统曾干过律师。

在经济领域内,拥有法学知识背景的社会精英也很多。笔者手边有本美国学者史蒂文·普雷斯曼著的书,名曰《思想者的足迹——五十位重要的西方经济学家》,介绍了历史上最重要的 50 名西方经济学家。这 50 名经济学家,其中学过法律的有 12 位,具有法学博士学位的就有 4 位,他们除了约瑟夫·熊彼特、弗里德里希·哈耶克外,还有卡尔·门格尔、欧根·冯·庞巴维克。

在作家中,拥有法学知识背景的社会精英占有相当的比例。据笔者对吴富恒主编的《外国著名文学家评传》中所收录的 195 名作家的统计,拥有法学知识背景的作家有 28 人,约占 14%。

在自然科学领域,特别是数学领域,拥有法学知识背景的社会精英也占一定比例。但 20 世纪以后,这一比例明显在减少。

在一些领域内,拥有法学知识背景的社会精英很少,如人类学、心理学领域。据美国学者 Rom Harré 著的《他们改变了心理学——50 位杰出心理学家》的记载,拥有法学知识背景的心理学家只有一人。

美国学者迈哈尔·H.哈特写过一本《历史上最有影响的一百人》的书,入选的人物没有一个是纯粹的法学家。但在学校教育中接受法学教育的人却有 10 人,加上身兼法学家的亚里士多德、柏拉图、洛克、圣·奥古斯丁、卢梭、马基雅弗里,共有 16 人。这还不算那些著名的立法者,如查士丁尼一世、拿破仑等。这就说明,在以往几千年的人类历史中,法学教育的影响是巨大的,证明了法学作为一门显学的崇高地位。

随着社会的发展,在自然科学领域内,拥有法学知识背景的社会精英越来越少,而在社会科学领域内,人数不会有显著的变化。这是因为,社会科学领域内的各学科,他们具有家族相似性,共性、普遍性较多,学了法律后,若兴趣有了转移,再搞别的学科较易,甚至具有优势。而在自然科学领域内,各学科已向纵深发展,从法学已很难再转过去。况且,现在是工业化社会,谋生的途径多,不再靠法学解决温饱问题。人类学、心理学领域拥有法学知识背景的社会精英很少的原因就在这里。这两门学科发展较晚,从业人员靠本专业知识就可谋生,不用借靠法学。

历史上,有些社会精英与法律专业擦肩而过。

16 世纪的宗教改革家马丁·路德(1483~1546)口若悬河,是个学法律的好苗子。谁知天上的一声惊雷阻却了他的法律之旅。1505 年 7 月 2 日,在探望双亲的归途中,突遭雷电袭击。他很害怕,祈求神明保佑,于是皈依基督,改学神学。这样,仅在法律大门内徜徉了数月的他,就与法律"拜拜"了。

德国文豪歌德(1749~1832)"早岁哪知世事艰",父亲掏着昂贵的学费,他却过着花天酒地的花花公子生活。好在他脑瓜机灵,一旦浪子回头,荒废的学业很快就补上了。父亲拿过法学博士学位,他不甘落后,也拿了一个。谁知毕业后不久,他的小说《少年维特之烦恼》轰动全国,名有了,钱有了,也就与法律长别离了。

当然,大家都知道,马克思早年也学过法律,但敌不过黑格尔、康德的诱惑,毅然投入哲学的怀抱。天才就这样从法学界流失,实在痛惜!看来,法律由于太过功利的缘故,拴住的只是"小人",思想巨人则嗤之以鼻。

我的那些 MBA 学生们

杨小强[*]

我到中山大学不久,就兼职给管理学院上 MBA 与 EMBA 的"企业与法律"课程,十年光阴,面授的公司经理已逾数万。MBA 上课一般采取讨论的方式,讨论题是问题式,也是实战式,由真实的案例引领,又不拘泥于此。讨论的时光一直非常美妙,这些 MBA 学员们得出的结论,也时常出乎行家意料。

一、主动承担一个处罚,是为了避免更大的处罚

学员李总开办了一家有限公司,进行了工商登记,但一直未进行税务登记。由于公司有收入却未申报缴税,李总害怕,急于想解决问题,于是有了种种想法。

想法一,补办税务登记。但李总看到《税收征收管理法》第六十条的规定,未按照规定的期限申报办理税务登记的,税务机关可以处两千元以下的罚款;情节严重的,处两千元以上一万元以下的罚款。李总不愿意被罚款,也不想再经营,更担心罚款后仍被追究偷逃税款的责任,便不想补办税务登记。

想法二,进行公司转让。这种有登记瑕疵的公司显然无人接受。

想法三,注销公司。按照我国法律,企业一般要先进行工商设立登记,再进行税务开业登记;先进行工商变更登记,再进行税务变更登记。但顺序不同的是,在企业注销时,要先进行税务注销,结清所欠税款后再进行工商注销。李总的公司未进行税务登记,也就难以进行工商注销。

李总面对法律窘境,简直无路可逃。我提出讨论的问题是:如果你是李总,

---

[*] 作者为中山大学法学院教授。

该怎么办？这个案例既考验道德评判，又检验法律决断，一石二鸟，有相当难度。我为问题的有些尖锐而沾沾自喜。不料，一位公司老总很快发言，说："老师，能不能出个难点的题目，这个容易了点。"继续听他的解决之道，"李总主动注销不能，可以被动等工商局吊销嘛！按照《企业年度检验办法》第十九条规定，企业在责令的期限内未接受年检的，由企业登记机关予以公告。自公告发布之日起，60日内仍未接受年检的，依法吊销营业执照。主动承担一个处罚，是为了避免更大的处罚。"我愕然，下一个问题真应该难一点。

二、无效的政府文件可是大有用场

内地某市到广东招商引资，并承诺给予税收优惠。广东有企业到该市投资一个较大企业，当地市政府承诺，对该企业免缴三年的国税与地税，并由市政府下达了红头文件，当地税务局果然没有征收任何税收。第三年年初，广东企业打算将企业迁移外地，当地市政府不同意，当地税务局也上门要求该广东企业补缴过去两年的税款、滞纳金与罚款，并声称市政府的红头文件无效。这一实例，在 MBA 学员中反响甚大，因为有段时期发生率比较高。

我要求讨论的问题是：面对该广东企业的教训，日后如何对待内地招商引资的税收优惠承诺？的确，市政府的红头文件显然是无效的，因为按照我国《税收征管法》第三条的规定，任何机关、单位和个人不得违反法律、行政法规的规定，擅自作出税收开征、停征以及减税、免税、退税、补税和其他同税收法律、行政法规相抵触的决定。我的问题可真有点难度了，似乎只有唯一的答案。

又有一位公司老总语出惊人，说这个问题他可是跟他的律师探讨过了，市政府的红头文件虽然无效，但无效的政府文件可是大有用场哩。建议是，广东企业不应该接受市政府的文件，而是恳请市政府协助，要求由当地的税务局出具免税的承诺书，遇到税务局要求补缴税款时，处境就天上人间了。《税收征管法》第五十二条可以利用："因税务机关的责任，致使纳税人、扣缴义务人未缴或者少缴税款的，税务机关在三年内可以要求纳税人、扣缴义务人补缴税款，但是不得加收滞纳金。"只要未缴税或少缴税的原因可归责于税务机关，则只用补缴税款本金,而不用承担滞纳金和罚款,更不用承担刑事责任。延期纳税相当于获取了政府的无息贷款,经济上是划算的。利用政府的过错,是可以获取利益的。

三、落后的经济组织形式其实更优越

讲到企业法,肯定要谈到现代企业制度。有一次我出了个讨论题:如何由个体工商户变更登记为有限责任公司?个体工商户是一种较为原始的经济组织形式,有限责任公司则是先进的组织形式,这步跨越在法律上可是旧貌换新颜,脱胎换骨。

孰料,一位饭店老总提出质疑:"个体工商户好端端的,变更为有限责任公司干吗?并非先进的组织形式就是最好,有时落后的组织形式会更优越。"

他进一步阐述他的理由:"先进的经济组织形式为什么会受到国家的推崇与法律的鼓励?因为先进的组织形式最便于国家的管理,也最容易为政府所监控。而越落后原始的组织形式则越逍遥法外。登记为个体工商户就有很多好处,如可以做账不健全。正因为个体户做账不健全,法律上就往往将个体户定性为账册不健全,所以征收税款时对个体户一般不再查账征收,而是采取定期定额征收。税务局在年初确定一个数额;如果发现个体户偷税,一般只是调整税额,补缴税款,而不会征收滞纳金与罚款;个体户只需缴纳个人所得税,不用缴纳企业所得税。"

我的评论是:"的确,与个人独资企业、合伙企业、一般性有限公司、一人有限公司、国有独资公司等相比,个体工商户缴纳的所得税可能会更少,但个体户不能领购增值税专用发票,对于销售交易非常不利。个体工商户组织形式对于饮食业或许合适,因为饮食业缴纳的是营业税,但对于销售业未必如你所言。"

四、开始不要名片了

在商业交往中,公司经理的名片是常用的。有次我在课堂上当场要了一位学员的名片,供大家讨论印制名片的得失。该学员是五家公司的董事长,他的名片很是有趣,正面印的是梁某某董事长,背面印的是 A 公司董事长、B 公司董事长、C 公司董事长、D 公司董事长、E 公司董事长,后面还加上副厅级。

我的点评是,这样印制名片可不好,因为显示的信息是 A、B、C、D、E 公司是关联企业。我们在检讨关联企业时,往往指责它们形成价格联盟协议、互相转移资产逃避债务、证券内幕交易、避税、关联担保等。在现实生活中,关联交易大都发生在上市公司与其大股东之间。大股东在与上市公司进行关联交易时,可以利用其在上市公司中的优势地位影响关联交易正常进行,以不合理的高价将其产品或劣质资产出售或置换给上市公司,换取上市公司的现金或优良资产;或者以不合理的低价从上市公司购买产品或资产,甚至不支付价款,致使上市公司资金被长期占用,严重影响上市公司正常生产经营,进而损害中小股东的合法权益。按照我国现行法律要求,关联企业在进行关联交易时,要求进行信息披露,由独立董事出具书面的同意意见,关联人士有回避义务。

为此,我的建议是,名片上一定要信息简单,或梁董事长把名片分开印,即分别印制五种名片,以避免关联企业关联交易之嫌疑。然而,一位学员反对我的提议,并现身说法。原来此公也是五家公司的总经理,就是分别印制五种名片的,结果有次与外地客户谈签合同时,本来是 C 公司与对方签约,初次见面时,他掏错名片,连续递给对方的前三张名片分别是 A、B、D 的名片,老是没有掏出 C 公司名片,结果客户以为遇上了皮包公司的大骗子,吓得当场拒签走人。

更有几位经理说,现在他们已经不收名片了。每次与人谈生意时,都会带上一本本子,恳请对方签名并留下联系方式。这样做的好处可大了,可以留下客户的联系方式和笔迹(供打官司笔迹鉴定之用),表面看来还温情脉脉得很呢。

羽毛球场上的法学家

何家弘*

　　我在代表最高人民检察院参加了一次中央直属机关的羽毛球赛之后,便产生了组织法学家羽毛球比赛的想法。我首先向中国政法大学出版社的李传敢社长谈了这个想法,并立即得到了他的积极响应。于是我们达成协议:他出钱,我出力——当然不是我自己出力,而是由我担任"主席"的人大法学院羽毛球俱乐部的会员们共同出力。后来,我又得到了山东人民出版社《法学家茶座》编辑部、法制日报社《法学院》专刊部、检察日报社副刊部的热情支持。

　　经过近两个月的繁忙琐碎的筹备工作之后,"首都法学教授迎奥运羽毛球邀请赛"于 2007 年 12 月 30 日在中国人民大学世纪馆举行,来自北京大学法学院、清华大学法学院、中国人民大学法学院、中国政法大学等十余所首都高校的70 多名法学教授挥拍上阵、捉对厮杀,而且不少教授还带来了"学生亲友团"在场边呐喊助阵,那场面真是"相当的热烈"。武汉大学法学院还派出由 5 名教授组成的代表队,作为"特邀运动员"参加了比赛。他们不远千里,不畏严寒,不计成本,不为名次(由于本次邀请赛公布的"参赛资格"是北京地区高等院校中具有法学教授和副教授职称的人员, 所以武汉大学的法学教授只能参加比赛,其成绩不能计入最后的获奖名次),当天早上坐火车赶到北京,赛后又乘火车连夜返回武汉。他们这种参与精神确实让我很感动。

　　在参赛选手中, 最能吸引眼球的大概要算清华大学法学院的张卫平教授了。虽然他身材不高,但是动作矫健,身手不凡,甚至可以做出我辈人很难做出的"跳杀"等高难动作——尽管有人评价说,他跳起扣杀的击球点还不如他站着的击球点高呢!我想,这大概是他自己刻意追求的打球气势,而且一不留神还能

---

* 作者为中国人民大学法学院教授。

产生"时间差"的效果。最为重要的是,他在比赛场上也如同在讲坛上一样,经常语出惊人,幽默搞笑,甚至能让对手和裁判员捧腹大笑,而他自己绝对不笑。有时在跳起扣杀的瞬间,他还不忘向旁边的记者大喊:"快拍照啊!"最后,

张卫平教授在比赛中

他仅获得了教授组男子单打的季军,让人觉得有些遗憾。

北京大学法学院的汪建成教授是 2007 年初才被我"拉下"球场的。虽然他打羽毛球起步很晚,但是他有运动基础,而且不惜花重金聘请专业教练进行"一对一"的指导,再加上高强度集中式训练——据说他一周能打五次球,所以球艺提高很快。他还告诉我,在他坚持羽毛球运动之后,身体状况大为改善,不仅腰围减小 3 寸,而且高血脂和颈椎不适等症状都已消失。在这次比赛中,他取得了教授组男子单打第四名的好成绩,并荣获一枚"特别优秀奖"的奖牌。

在本次比赛中,最幸运的选手当属中国政法大学的皮艺军教授。他一路杀来,屡战屡败,但最后却获得了教授组男子单打的银牌!首先,他抽签进入幸运之组。因为该小组只有两名选手,所以虽他首战就输给了汪建成,但是仍然得以小组第二名的身份进入第二轮比赛。随后,他遇到了同样来自政法大学但颇有实力的郑显文教授,眼看败局已定,但是幸运之神再次光临——郑显文因伤退出比赛,他顺利晋级前四名。在后面的比赛中,他相继输给了武汉大学的宋连斌教授和李新天教授,名列第四,但是由于那两位武汉大学的教授不计名次,所以他就获得了亚军。当颁奖嘉宾把银牌挂在他的脖子上的时候,他的脸上仿佛也流露出几分困惑。难怪有人说,老皮拿了银牌,这事儿找谁说理去!由此可见,规则也有不尽公平合理之处。

与皮艺军相比,中国政法大学的舒国滢教授堪称不幸。他抽签进入了"死亡之组"——遇到了本次比赛教授单打组里实力最强的两位选手,结果他连续输给了中国人民大学的周珂教授和武汉大学的李新天教授,成为本次比赛第一个被淘汰出局的运动员。顺便说一句,他的形象很有些"名不副实"。如果只看他的名字,人们一定会以为他是一位温文尔雅的柔弱学者,其实他的身体相当强壮,性格也很豪放,特别是在羽毛球场上,他的扣杀异常凶猛。因此,首轮就遭淘汰,他显然很不甘心。然而,不幸主人也有幸运之时——政法大学参加教授双打比赛的冯世勇教授临时有急事不能继续参赛,经过组委会的同意,由舒国滢顶替上场。于是,他有了继续征战的机会,并且最终与莫世健教授联手获得了教授组双打比赛的季军。

周珂教授大概是我们这些法学教授中"球龄"最长的一位。他上大学之前就曾经在工厂里跟随一位印尼归国华侨练习,至今已经有 30 多年了。虽然他年过五旬,但是因坚持锻炼而保持着良好的竞技状态。羽毛球单打是非常消耗体力的,据说其运动强度要超过足球和篮球,仅次于拳击。在这次比赛中,周教授接连面对强手,几次打满三局,一天下来,实属不易。我想,那枚教授组男子单打的金牌是对他的球艺、体力和毅力的综合奖励。

黄京平教授(前)与何家弘教授(后)在比赛中可谓分工明确。

此外,清华大学法学院的王晨光教授和张明楷教授、中国人民大学法学院的朱文奇教授和朱力宇教授、龙翼飞教授和吴宏伟教授分别获得了教授组男子双打的第四、五、六名。这次比赛不仅给大家提供了切磋球艺的机会,也给大家提供了增进友谊的机会。由于个人的专业领域和研究方向不同,所以有些教授之间并不熟悉,或者是知名不知人。于是,大家在场上尽力拼杀,在场下热情交流,而且几乎每场比赛结束之后,对手们都会站在一起合影留念。

最后,我必须重点介绍一下我此次比赛的搭档——中国人民大学法学院的黄京平教授。京平君是我20多年以前在人民大学读研究生时的同学。那时,我们就都很喜欢运动,经常一起踢足球、打篮球、打排球。在我们那班研究生中,京平算得上人高马大了。不过,虽然他的外貌很像一条西北汉子,但是言谈举止却颇有些书生气。记得有一次,我们班的研究生要聚餐,买了一些熟食和啤酒之后,还需要两棵白菜,以便拌些凉菜。但是学校的食堂不卖白菜,而卖白菜的商店又很远,于是有人提议"就近取材"——我们宿舍窗外的楼下摆放着一大片食堂的冬储大白菜。我们派京平去"拿"两棵上来。他很痛快地接受了任务,但是去了很长时间也没有回来,后来有人发现他一直在那堆大白菜前面徘徊而不敢下手,似乎在心底进行着痛苦的挣扎。最后,他终于拿起一棵白菜,放进胸前的书包里,快步走了回来。然而,他"拿"回来的那棵白菜太小,不够吃的。我们让他再去"拿"一棵,他不去,大概因为他是学刑法的,知道再去就成了"累犯"。于是,我们班的另一位名叫赵向阳的同学自告奋勇,声称这是小事一桩。他让同学打开楼上的窗户接应,他下去扔一棵上来——我们就住在二楼。他下楼后,果然很快就扔上来一棵白菜。正在这时,一位食堂的师傅看见了,大声问他在干什么。他很认真地回答说:"楼上那小子跟我打赌,愣说不信我能把白菜扔上二楼,还说只要我扔得上去,他就能吃下去。得,我得赶紧上去逼着他把那棵白菜吃下去!"那位师傅也乐了。后来,此君当了澳门政府的高级法律顾问。

京平和我都在检察系统挂职,区别是"我在上他在下"——我在最高人民检察院挂职,他在"最低"人民检察院挂职多年,最近才晋升到北京市第二检察分院。我们都住在世纪城的同一栋楼里,区别是"我在下他在上"——他家就在我家的楼上。为了备战这次比赛,我们做了明确的分工:"他在前我在后"——他负责前场,我负责后场。或者按照他的说法,拿了冠军是他的功劳,拿不了冠军是我的责任。在一个多月的时间内,他抓紧时间,刻苦训练,专攻前场技术,取得了明显的进步。在比赛过程中,我们通过默契的配合,"过四关斩八将",顺利打入决赛,但是在决赛中可实实在在真真切切地"玩儿了一回心跳"。

教授组男子双打决赛被安排为本次比赛的"压轴戏",因此场边站满了观众,那气氛既紧张又热烈。我们的对手是北方工业大学法学院的年轻教授吴铋光和刘泽军。由于我们曾经在小组赛中以2:0取胜他们,所以在决赛的开始时我们有些放松,结果以14:16先失一局。第二局开始后,我们有些急躁,出现了一些失误,比分一直落后,从2:6到7:12再到11:14,对方手中已握有三个"赛点"!我告诉自己要冷静,并一再对京平说"没关系"。京平此时表现得很稳重,特别是在发球的时候,结果我们以18:16扳回一局,并且在第三局一路领先,直到胜利,最终夺得了教授组双打冠军。事后我问京平,在第二局最关键的时候他似乎不太紧张,为什么?他回答说,因为他根本就不知道当时的比分是多少!总之,这次比赛有了一个非常圆满的结局。顺便说一句,许多参加比赛的教授都希望这项赛事能够延续下去,而且已经有些学校表示了承办下一届比赛的意愿。

我想,法学教授们参加这样的比赛,不仅是为了锻炼身体,不仅是为了增进友谊,而且是为了弘扬奥运精神,因为其中也蕴含着法学家们极力倡导的民主与法治的思想。一方面,奥运精神之一就是要鼓励民众的"业余参与",而社会民主也需要民众的"业余参与"。从这个意义上讲,在一个国家的政治生活中,政治家们犹如"专业运动员",老百姓则是"业余参与者"。只有老百姓都积极参与,国家的政治生活才能真正实现民主化。另一方面,奥运会的成功运作必须以科学合理明确有效的规则为基础,必须坚持"按规则做游戏"的行为准则,而这也恰恰是法治的基本精神。如果我们能够通过弘扬奥运精神而帮助国人养成"按规则做游戏"的法治行为习惯,并且在我们的社会中培育起良好的法治行为环境,那么这些体育活动就有了更为深远的社会意义。这话说得有点儿大,但是,谁知道呢?

（感谢《法制日报》记者王建军先生提供图片）

劝酒的艺术和文化

——以法律人为例

林来梵[*]

　　新年又到了。到了这年头,新年使我发毛的理由颇多,其中之一就是不得不跟熟人朋友过量地喝酒,而昔日在日本跟异国朋友斗酒的雄风,在祖国怀抱里早已成为黯然神伤的追忆,不复犹存了。为此每逢酒桌上"将进酒",就只好勉力硬撑,往往败走麦城。

　　我同意喝酒是有"文化"的,构成了所谓"酒文化"的一部分。但曾几何时,喝酒在我们中国人之中则演变出了崭新的内涵,发展出了高超的艺术。这从国人的劝酒行为中可以窥之全豹,而从法律人朋友的劝酒艺术中,更能领略到了其中的三昧:其核心就是,充分巧妙地论证对方必须喝下手中那杯酒的理由,类似于通过充分巧妙的法律论证针对"当下个案"作出正当的裁判。

　　最有典型性的情形是这样的:

　　首先大家甫坐定,互相介绍之后,就可能有一位朋友斟满一杯站了起来,带着满脸的真诚说今天我们有幸请来了某某,然后是一番久仰大名如雷贯耳之类的话,给你敬酒。你说不敢当不敢当我是一介书生不胜酒力我们随意等等,但他说这不行这不行,我们是难得有机会聚在一起,今晚好好叙叙,看得起我就给个面子。话说到这份儿上,其他人再一帮腔,这就不由得你不一饮而尽了。

　　这时大家开始动筷了,但没过多久,又有一个人从桌边站了起来,说了一番大致同样的话,因为你刚才跟第一个喝了,所以你只得跟他也喝了。接着是全桌的人一一如法炮制,向你敬了一轮。由于跟第一位碰杯时就已经确立了满杯饮尽的先例,这一轮你都得如此,偶然想说我酒量不行,能否少喝一点表示意思啊,这时必然全桌哄起,说那怎么行,教授你不给人家面子可不好啊。

---

* 作者为清华大学法学院教授。

这一轮下来,我往往已经是勉为其力了。但中国人讲究礼尚往来,有来无往非礼也,于是接下来不久,我也得一个一个地回敬一轮过去。要害之处在于,你也得满杯,否则就有人叫嚷道:啊那怎么行!敬酒的满杯,被敬的随意嘛。这是规矩呀,不得打破、不得打破!听到这样的说法,你纵然满身是嘴,但这酒桌上的"习惯法",你能不从吗?还是照着喝吧。

这两轮过去,据说在古代叫做"一巡",往往是至少要"酒过三巡"。但现代酒桌上的吃客规模自然大了,你如果没有什么酒量的功底,仅一巡下来就必定开始发晕了。但甫喘定,可能就有一个人在你不经意间举杯站了起来,说道:教授,我是某某大学毕业的,听说你是某某教授的朋友,他正是我当年的老师,我在这里代我老师敬你一杯,今后叫你"师叔"!这时,你得亲切地喝。

可能又有一个人站起来说,教授,我看过你的一篇论文,叫"卧室里的宪法权利"什么的啊,那真是宏文啊,对我启发很大,真是佩服佩服!这杯酒就敬你!唉,自古文人就讲"以文会友",人家还"辅以交杯",还是喝吧,于是,你又喝了。

突然有一个口才较好的人,又指着席间的一位女士朗声说道:教授,这位是我们的某某律师,是我们的"律政俏佳人"呢,人家是你的"粉丝",想敬一杯,你不赏脸吗?在一片快意的暧昧的笑声中,那美人乖巧地举杯站立起来,款款地带着满梨窝的笑意看着你,等着你碰杯。你略不好意思地支支吾吾起来,能不喝吗?

就这样,在一波又一波的劝酒和碰杯的声浪之中,我们沦为酒精的临时通道,沦为面热耳酣的吃客,如果酒力不足,或一不小心,就可能一败"涂地",斯文扫尽。而这一切却都在合情合理地运作之中,每喝一杯的理由,都被论证得振振有词,天衣无缝,使你徒有招架之功就不错了,哪有还手之力啊。你顿然感到,自己居然在大学课堂里慷慨激昂地指点江山,讲授法律论证理论,并且批评当下我国法官的判决书论证不力,或论证的分量不足,没有充分或按比例地完成"必要的论证负担",但一到这法律人的酒桌上,听听人家劝酒的论证艺术,你自己就几乎无言以对了,而你的那套远离人间烟火的理论更是黯然失色。

正在懊恼之中,突然有位仁兄略带微醺地摇晃站了起来,但却声情并茂地说道:教授,您是海归派啊,留学日本呢,抗战八年呢,为我们中国人争气了,我佩服!这杯酒就敬你!如果您看得起我这土鳖,请赏个脸!

我最初一听这话,心里大吃一惊:留学这样的经历,居然也成为要喝酒的理由?但人家话说到那份儿上,你能不喝吗?你口才再好,嘴巴再油,最多也只能说:哪里哪里,海归有什么了不起啊,我早已经"土鳖化"了啊。这时他们就会开心地大笑,但仍然不忘说:那反正我们都是土鳖,土鳖跟土鳖有什么计较的啊,喝一杯!就这样,为了那该死的留学经历,为了不至于被自己的同胞见弃,我豪情万丈地大喝一声:好!喝!俨然像是一位"真的猛士",就一饮而尽。当有点失重地坐下时,恍惚之中感到自己真的实现了"返回法的形而下",返回到了"土鳖"的应有本色之中,返回到了祖国的文化语境之中。

法律人劝酒的艺术如此发达,自然使我们联想起当代我国司法制度的运作现状了。但看官一定注意:这喝酒的文化人类学意义,也实在很大,不容小觑。我是驽钝了一些,去年只好把"四十而不惑",借助国语在音韵上的"开放结构",顺势为自己解释为是"四十二不惑",但至此,还是看出了一些微妙的东西。

喝酒,是有"文化"的,而有"文化"就有文化的个别性。比如在外国,人们彼此之间是不会强逼他人这样喝酒,那是因为要彼此尊重自我决定权那样的权利。而在中国,这种观念就行不通了。这里的文化中,存在一种对他人的人格决定的某种强制,劝喝还是好的,那是温情脉脉的强制游戏。于是,在交往中,在酒桌上,你一定要看透在这些语境之下今人所言的"酒文化",因为那已经发展出了特定的语用学意义的,而且与我们中国古代文人骚客独自"斗酒诗百篇"、"对饮成三人"的豪情,或彼此之间"劝君更进一杯酒"的深情,也是不可同日而语的了。

这也就是说,喝酒的文化,已经不是喝酒本身的文化,而是有延伸部分的了。想对此进行研究的人,大可运用现代语用学的理论来分析,我在这里初步感悟到的是:为什么当今中国人要如此喝酒,是因为我们处在"熟人社会"之中,任何人都怕被排除在这"熟人社会"之外,所以就得这样喝酒。而劝酒的理由论证,就是为了彼此确认进入"熟人社会"的个人身份;通过喝酒进入"熟人社会"的机制,就是使"熟人社会"得以维持或扩大再生产。

那么,通过喝酒进入"熟人社会"的机制为什么重要?这则是因为任何社会都

需要起码限度的真诚,而我们中国人几乎很难对陌生人保持这种真诚,所以就需要喝酒,需要喝酒之后的真情流露,需要喝酒之后的放松放肆,甚至共同出丑也无妨,只有这样,方可建立一种平等主体之间的信赖关系。而这本是一个健全的市民社会也需要的信赖关系,只是因为我们既缺乏自然信赖的文化基础,又缺乏有效保障信赖利益的法律制度及其传统力量,所以就不得不依赖酒精了。

这其实比喝酒本身更加饶有趣味。从哈贝马斯的商谈理论上怎么说,倒是一个值得继续追究下去的课题。

但我现在得走了,今晚又得跟人喝酒去……

聊聊北京胡同，说说城市规划，谈谈法制建设

周大伟 *

前不久，经历了此起彼伏的对拆除北京旧胡同现象的口诛笔伐，无论是官方还是民间，似乎不约而同地恢复了平静。北京旧胡同开始变成了一件人人爱怜的"皇帝的新衣"，人们似乎不再轻言拆除胡同的种种理由。坚持不同观点的人们开始担心，稍有出言不慎，就容易背负上忽视和遗弃历史文化遗产的众责。

我本人无意反对保留和振兴中国的传统文化，但是，无论如何也不愿意在"大众话语霸权"下接受那些不切实际的结论。通过实地考察，人们不难发现，目前北京残留的大部分老胡同都是贫民窟，拆掉这些胡同已经是不得已而为之的事。前不久，我专门骑着自行车在长安街附近的老胡同区域做了实地考察，拍摄了数百张照片。这次考察，再次印证了自己的看法。

为什么说拆掉这些胡同已经是不得已而为之的事呢？首先，新中国定都北京后，没有采用梁思成等专家关于保护旧城的规划方案，毛泽东等人决定采用了苏联专家的建议，将北京定位为现代工业城市的模式。这样，原来只有62平方公里的旧城的命运就不难想象了。现代工业的肢体破墙而入，使原有的北京古城面貌全非。如今已经是积重难返，覆水难收。其次，北京老胡同里的房子，大多是低劣的砖木结构，年久失修后就成为危房。居住质量暂且不论，居住安全甚全成为迫在眉睫的问题。必须清醒地看到，时至今日来奢谈保护北京老城，虽然是亡羊补牢，但实在是太迟了一些。

这是一个令人费解的矛盾状态，不管我们是否情愿，我们都不得不尴尬地加以面对：今天，当人们在长安街上漫步，可以看到很富丽堂皇的景象。但我们稍稍沿一条巷子往里面走走，马上就看到贫民窟一般的老胡同。如同一个人穿了

---

* 作者为旅美法律学者。

北京胡同一角

件新棉袄,外面看上去是绫罗绸缎,可里面却到处暴露着烂棉花。正所谓"金玉其外,败絮其中"。这大概就是我们今天新旧交替阶段的典型写照吧。

在"文化大革命"特殊的年月里,我曾有机会在胡同里的一个亲戚家里生活过两年。胡同里的很多房子冬天漏风,夏天漏雨,没有基本的卫生和防火排水取暖设备。一个胡同几百人,就那么一个很小的公共厕所,早上起来挤在那里排队。北京的大部分胡同里一旦失火,连消防队的救火车也开不进去。我住在里面两年,似乎没有体验到多少那些文学作品里描述的所谓邻里之间的亲情或友情。相反,我看到了太多的贫穷、拥挤、愚昧、落后、争吵乃至斗殴。也许在外面的人觉得很美,至少我没有发现美在什么地方。什么张大妈、李大爷以及老槐树的故事等等,从一开始我就怀疑是文人墨客以旁观者的角度杜撰出来的。

有些海外来客,自称是专门回北京来寻找当年的胡同的。他们发现,原来印象里的胡同有的拆除了,有的变成大杂院了,拉洋车的祥子们也开上出租车了,于是好不伤感,博得了很多人的同情。其实,这些人平时也挺忙的,并不是整天在惦记着我们北京胡同的事儿。他们只是偶尔或顺便回来一次,然后充满怀旧地唠叨几句。问题是,我们到底要为这些人的怀旧情感支付多少代价?当我们奢谈以人为本的时候,是否真正考虑到了目前在胡同里居住的人们。

当然,我并不是说北京的胡同没有文化价值。我也不赞成把它们统统拆掉。比如像皇城、亲王府这些达官贵人的比较完整的四合院,还有一些坐落有文化名人故居的胡同,也是应当保护的。

但不能不看到,一般的北京民居,色彩单调灰暗,缺乏生命的绿色,有的胡同里甚至连一棵树也没有。既没有江南水乡的清秀,也没有西域边城的神秘。文化遗产也分三六九等,完全没有必要一概保护。就像一个家庭里常年积累了很多旧家具,挤满了生活的空间,那么就免不了要抛弃一些不需要的东西。被抛弃的东西中一定会有日后令人垂足叹息的古董。但是如果大家都存心留着旧东西并指望有朝一日把它们变成古董,这些"古董"也就不值钱了。自古以来,人类对待古董古玩的心态其实就是在有意无意地保留和遗弃之间孕育的。

如果我们仔细观察一下,会发现一个很有趣的现象。

从北京城建都以来,出现了一种奇特的人群隔离现象:一面是红墙碧瓦气势恢宏的皇家园林,一面是色调灰暗混乱简陋的胡同杂院;一面是富贵堂皇的满汉全席,一面是鸡零狗碎的牛羊下水。这说明什么呢?说明长久以来北京城里只住着两类人:一类是皇亲国戚,一类是骆驼祥子。皇家贵族式的东西讲究招牌气派,令人叹为观止;而祥子家里的东西则是因陋就简,寒酸得上不了台面。即便这样,祥子们心里还是热乎乎的。因为再寒酸,咱们也是在皇城根儿底下拉洋车的。

最近,有人一提起北京的胡同,就开始扯到人家法国巴黎的街道。这些人讲话的口气倒是有点像钱钟书小说《围城》里那个教育部督学的口吻:"兄弟在英国的时候。"在此动不动就说,"兄弟"在法国的时候,你看看人家首都巴黎的老街道保留得多好!瞧瞧人家巴黎,简直就像个贵妇人,无论什么新式的东西加在上面,就好像在身上多了个项链或首饰,反正是怎么看怎么顺眼。

不过,"兄弟我"(请准许我借用钱老的语言)最近也刚从法国旅行回来。仔细看过法国巴黎的大街小巷后,也是感慨不已。在路易十四的年代留下的法国街道,的确保留得很成功很完美。但是殊不知,与我们北京不同的是,这些街道上的多数建筑其实是介于王室和平民之间的贵族们的住地。当年,这些贵族在巴黎可以拥有可观的私有财产,已经成为为数众多的拥有一定政治话语权的阶层。这些贵族在巴黎建筑的房屋,可以用和皇宫接近的外墙颜色、美观统一的内外建筑设计、坚固考究的铁柱石材,它们和北京的平民胡同杂院岂可同日而语。别忘了,这些贵族们在周末是有机会去凡尔赛宫参加宫廷舞会并在皇家庭院里展开社交活动的。在中国北京的紫禁城周围,有这样一个为数众多的贵族阶层吗?即使有,敢在紫禁城里展开社交活动吗?他们敢用和皇宫一样的颜色造自己的房子吗?他们敢把自己的房子造得和皇宫一样巍峨气派吗?在北京城里,除了极少数皇亲国戚外,胆敢如此张扬的人,恐怕早就被推出午门斩首好几次了。

1949年后,北京城里发生了很大的变化。随着最高领导层入住了昔日皇家的园林,北京市的主要人群也随之被分配为以下四个大的区域:以三里河地区为代表的国家部委机关居住区;以公主坟地区为代表的海陆空三军以及各兵种驻扎区;以中关村地区为代表的大专院校和科研院所集中区;最后一个就是以天桥地区为代表的老北京市民聚集区。在通常情况下,这四个区域的人群在各走各的路,各说各的话。在北京的公共汽车上,你凭人们讲话的声调和内容,可以大致判断出他们居住区的方位。在中国任何一个城市里,我都没有发现类似北京城里的官僚知识阶层和平民阶层如此严重割裂的现象。

这种割裂现象其实一直在延续。在北京的官僚核心阶层(包括文化知识阶层和军伍阶层)长期以来和生活在胡同中的平民百姓(老北京人)并没有密切的来往。在那个颇具轰动效应的50集电视剧《渴望》里,平民出身的刘慧芳和官僚出身的王沪生之间的婚姻,通常只有在"文化大革命"这个导致"公子落难"的非常时期才得以发生。而在一切恢复常态后(王的父亲官复原职后),婚姻顿时陷入了危机。这个电视剧之所以受到普遍的欢迎,其中一个重要的原因就是反映了生活的真实。

在这样一种畸形变态的文化生态中,老北京人练就了像《茶馆》里的王掌柜所说的"当了一辈子的顺民"的心态。他们大多时间里安分守己,服服帖帖。据说有个老北京人,他每天晚上都吃炸酱面,吃了几十年炸酱面,简直令人难以置信。就像马季和赵炎在相声里互相调侃时说的:"别看他肚子这么大,其实里面装的全是炸酱面。"当有人嘲笑此人时,他的回答是:"我就好这一口!"老北京人说:"穷忍着,富耐着,睡不着眯着。""睡不着眯着",有人赞美说这地地道道表达了北京人与世无争得过且过的精粹人生哲学。北京人长年累月生活在皇城脚下,到头来并没有栽培出几个像样的官僚。据说老北京人掰着手指头算,最后也只算出一个在非常时期当过部长的大官:这个北京人的后代名字叫庄则栋,打乒乓出身,在"文革"期间当过一年零十个月的国家体委主任。

即便如此,我们还是要追问:北京人真的就好这一口炸酱面吗?北京人睡不着真的就能这么眯着吗?北京人难道真要世世代代这样生活下去吗?假如这就是人们呼吁要保留和挽救的所谓"京城胡同文化",那么,无论于情还是于理,显然都超出了可以商榷的范围。

当然,据史料记载,北京人也偶有不安分守己的时候。据说当年八国联军打进北京那年月,有些人发现皇城里空了,老佛爷也跑了,顿时胆子就大了很多。他们在那些月黑风高的夜晚,趁着京城里的混乱,在紫禁城里也偷了不少珍宝,然后用板儿车拉回家。皇城里的东西,到底是八国联军抢的多,还是这些暴民偷的多,到现在谁也说不清楚。

可能是我自己悟性迟钝,我是到了美国以后才发现,骑自行车的人和喜欢骑自行车的人,过的是两种不同的生活。海外生活多年后回到北京,又忽然发现,住在胡同里的人和喜欢胡同的人,其实也存在类似的问题。在有些喜欢胡同的人眼里,老胡同如同一个古玩般的大鸟笼子,忙碌的时候可以挂起来,闲暇的时候也可以拿出去遛遛。至于笼子里的鸟儿们的感觉如何,那可就管不了那么多了。

很多自称是酷爱北京胡同的人,其实大多都住在高楼大厦和洋房别墅里。他们内心里大多是瞧不起那些胡同里的普通人的。不知道从哪一天起,祖祖辈辈住在胡同里的人被称为"胡同串子"。记得上个世纪80年代《中国青年报》的一个记者在报道北京新闻时还用了这个带有歧视性的称呼。

同年代的老朋友、作家王朔曾和我谈起过他对胡同的印象。他回忆说,上小学时,老师经常在班里点名要那些交不起两元钱学费的同学站起来。结果教室里呼啦啦站起很多同学,几乎全是"胡同串子"。班里有个很霸道的男生班长也在其中。每当看到这个班长也站着被老师羞辱,王朔就觉得特开心。王朔说他对胡同烦透了,真觉得有一天把北京的胡同全拆了也不心疼。王朔到底是王朔,我们可千万别拿他的话当真。

在王小帅导演的电影《17岁的单车》中,人们再次看到了老胡同居民生活的灰暗和困窘。这部以胡同里的孩子们血腥斗殴为结尾的影片,足以使大陆官方体验尴尬,以至于这部影片迟迟没有被批准在国内公开放映。更有趣的是,影片的摄像师刘杰是这样叙述他对美的认识过程的:"1995年,我要在北京安家,一度选中了什刹海。可是当我走进胡同里的那些房子,我才知道那里没有上下水,没有像样厨房,生活实在不方便。我到郊外去,看到一些荷兰式的房子,一尘不染,生活设施完备,我觉得那才是我想要的生活。2000年,为了拍这部片子,我几乎走遍了北京的胡同,我意识到,那才是最美的地方。"多么矛盾的语境,刘杰想告诉我们什么呢?不属于弱智群体的人们大概都不难解读为:胡同里那些破房子,是我这类人不要去住的,我属于一尘不染的荷兰式社区的;但是,在电影美学的视野中,这些破房子实在是"美极了"。

在中国,洋人们的意见似乎从来都是分量更厚重些。如今在那些酷爱北京胡同的洋人眼皮底下,城市规划部门等不得不格外小心,搞不好人家给你告到联合国去。喜欢穿麻质地中式大褂的法国老太太杜铭那克常住在北京城里,她的一个引人注目的头衔是联合国教科文组织社会及人文科学高级项目官。用她的话说,他们的目标是使胡同里的原住民留下来,不管他们多老、多穷。这大概是为了保护文化遗产的需要。真把我们又搞糊涂了。假如贫穷落后也是文化遗产的一部分,那么当年骆驼祥子的人力洋车和时传祥的淘粪木桶,也不应当在胡同里消失。在新式抽水马桶和公共茅房老式马桶之间,选择哪一个更卫生更舒适更符合人性?我们有理由相信,这些联合国驻北京的"钦差大臣"们会毫不犹豫地选择前者。

使胡同里的原住民留下来,不应该让他们从生活多年的地方消失。我想,没有人反对这个美妙的建议。但是,光是空喊口号有什么用呢?谁来为这些原住民买单呢?据了解,胡同里一个7平米的房子可能落着8个人的户口,在目前已经挤成一团的胡同里,谁有资格留下,谁有义务搬迁?在海内外合力的作用下,北京胡同的拆迁成本正直逼天文数字。联合国能为这些因为分配不公而不断涌入上访大军的人们做主吗?在目前,人们看不出解决这个问题的任何希望。

前不久,我和一个北京出租车司机在路上聊天。他告诉我,他家祖祖辈辈都生活在北京的胡同里,打小就盼着有一天能把胡同拆了,全家搬进楼房里住。不过,最近他改主意了。现如今听说北京的胡同在老外的眼里真成了古董,这回可算是熬出头了。一定要逮个机会捞一把。他说,其实那些老外都是 TMD 傻×,等他们住进去就想明白了。谁让他们爷爷那辈当八国联军欺负咱们来着,我们能蒙他一个算一个。听着他的话,我心里说:这北京人,也真够孙子的。

在这个世界上,叶公好龙的故事其实一直在上演着。前不久,头几批在北京购买了胡同里房子的外籍人士们已经开始大呼上当了。他们搬进胡同后,马上就开始不停地抱怨各种设施的陈旧和不方便或不够现代,似乎才意识到这胡同是百年前的老玩意儿,他们开始感到住在胡同里并不像原来想象得那样舒适,他们甚至对原先赞美有加的胡同建筑格局都发生怀疑。他们终于发现,就像北京传统小吃里的小窝头驴打滚和豆腐汁,偶尔吃几次还行,要是让他们天天吃,无论从口味还是从营养的角度看,恐怕是很难习惯的。

无论如何,城市的发展依然是理由正当的,不以人的意志为转移的。城里人都想过得好一点,农村人都想进城。中国过去不是没有城市,中国人也不是没地方住,只是一个破房子住了一辈子;过去也不是没衣服穿,只是一件衣服穿了一生。在讲究科学的前提下,发展二字依旧是不可动摇的硬道理。

国外的城市规划非常法制化,对一个建设规划,选民们要投票,有时会争论很久。而中国比较长官意志,有些城市严重一点,有些好一点。北京就比较明显,谁的官大谁说了算,至于那些贫民百姓们也就只有听任吆喝了。

新的城市规划一旦成型后是不是能把它法制化,这也是值得我们深入思考的问题。城市的规划不是谁想改就能随便改。打开美国或其他发达国家的有关城市规划的书籍,其中 50% 是与法律有关的内容。你会很奇怪,为什么?因为规划一旦成型,就成为对任何人具有约束力的法律规范了。有时想修改甚至要到法庭上去,其中的程序也比较透明、公开和公正。你有意见可以告知政府,在市议会无法解决就到法庭上见分晓,很多东西都是通过法律判决形成一个规则。我想,这才是现代化城市管理的发展方向。而我们的规划一般都是讲讲大道理,没有把它当成严肃的法律问题来对待和研究。因此,频频发生像庐山别墅和圆明园湖心岛别墅等"丑闻"的事情,就不难理解了。

　　当北京的第一条胡同被拆除时,新的文明在北京拉开了序幕;当最后一条胡同被拆除时,北京的文明开始谢幕了。生活是复杂的,但又往往如此简单。北京不可能只拘泥于老祖宗留下的四合院,我们总要给我们的后代留下些更好的东西。不过别担心,胡同不会被拆光的。但是假如有人非要找回当年骆驼祥子那年月的感觉,无疑也是徒劳的。正如毛泽东有诗指点:"萧瑟秋风今又是,换了人间。"

　　值得我们关注的是,在我们生活的城市里,在百姓与官僚之间,一种新力量正在倔强地生长着,这就是我们经常说的中产阶级人群的崛起。改革开放以来,中国的社会结构正在被奇迹般地分化,城市中的中产阶级作为这种新的力量,正在健康与病态共存中成长着。这种崭新的生命力的背后是知识有价、技术商品化、物欲、私有财产、个人主义、追求平等、反官僚制度。首先他们借助于商业力量寻求自己的立身之地,然后他们借助知识权威来寻找自己的话语空间。借助全球化运动,中国正在体验和温习着一百年前欧洲的革命性变化。著名政治学家塞缪尔·亨廷顿颇为意外地发现,在第三世界现代化的过程中,中产阶级总是最为革命的群体,在维护个人利益、鼓吹自由民主和反对官僚统治问题上,他们比蓝领工人以及贫困农民更有自觉意识。而长期以来被推崇为革命最彻底的后者,事实上更倾向于以革命的名义将抢劫合法化。当然,中产阶级壮大后,又会显露出其保守的特征,然而这对社会的稳定又极为有益。今天,一个不争的事实是,中国在世界经济中扮演着越来越重要的角色。西方发达国家的精英们总有一天会真正明白:中国在很多层面上正在经历一种革新。在那里起作用的不仅仅只是"廉价生产劳动力和粗糙的文化服务业"。为数众多的中国民营企业家、工程师、建筑师、医生、艺术家、律师、教师、服装设计师等阶层正在悄悄改变中国的面貌。这些改变同样根植于中华民族的土壤并会带有强烈的地域色彩。不重视这些改变对于中国的意义,就根本不可能真正理解中国和平崛起的巨大潜力。

　　我想,北京这些胡同拆了以后,也不要再盖什么大楼大厦了,多种植些绿草和建一些街心花园。不要以物为本,还是以人为本为好。如果以人为本,还是以大多数人"为本"为好。北京太拥挤了,空气太不好了;北京人民真的很生气,后果也挺严重。还是给人们多提供一些能舒舒服服呼吸的地方吧!

警惕自杀形态和性质的变异

汤啸天 *

  自杀是一种社会现象。常见的自杀原因是遭受挫折而不能忍受，陷于痛苦而力求摆脱，出于愤懑用自杀表示抗议。一般而言，自杀者是决意以结束自己生命的行为，表明自己与整个社会联系的终结。由于自杀表明个体与社会的联系，故学术界对自杀现象一直予以关注，以便通过自杀现象深入了解社会运行中可能存在的问题。最近一个时期以来，国内有关自杀的报道增多，也出现了一些值得重视的倾向。有的人以自杀的方式实施爆炸，直接危害公共安全，残害无辜；有的人因为讨要工资、追索欠款，以扬言自杀的方式"讨回公道"；有的人因为感情纠葛等个人私事，进行"大造声势"的自杀，甚至指名道姓地要求媒体的节目主持人到现场给予帮助；有的人为洗清自己蒙受的冤屈，以扬言自杀的方式逼迫领导干部到场处理。上述行为均采用爬上高楼或者大型广告牌、站在桥栏的外侧等危险手段，不但迫使有关部门紧急调动大量援救力量，而且造成了公众围观、交通严重堵塞。以上现象说明，由于诸多复杂的原因，自杀的形态和性质都发生了一定变异。其一，自杀由个体行为变成群体行为，显然背后有人组织策划；其二，自杀地点的选择从避开公众视线变为刻意选择在大庭广众之中；其三，自杀方式由悄悄而变为公开展示，甚至是大轰大嗡的"作秀"；其四，自杀的结局由个人生命的结束变为以生命为"筹码"的博弈；其五，自杀由自我生命的处置变为危害公共安全或者实施报复、表达政治主张的手段。

  在人类的法制史上，自杀行为曾经遭到强烈的贬斥，一些国家曾经规定自杀为犯罪行为。目前，世界各国的法律均认定组织、教唆、帮助他人自杀的行为属于犯罪。在承认个人有结束自己生命的权利的同时，正确界定在什么情况下、

---

* 作者为上海市法学会副秘书长、编审。

可以用什么样的手段自杀才不为法律所禁止,才是问题的关键。基本的原则是:自杀行为只能严格限制在自我权利的行使,不能涉及他人,不能危及公共安全和公共秩序。组织、教唆、帮助他人自杀的应当追究刑事责任。政府和社会各方面都应当对可能自杀的人提供心理疏导和行为干预,尽可能降低自杀的发生率。

从国内某些自杀活动的事例我们可以看到,国外的自杀性爆炸手段也具有传染性。用自杀在媒体的镜头前"作秀",用自杀向领导施加压力,用自杀要挟政府让步已经不是极个别。作为文明的社会绝不能倡导"以死相逼",更不能渲染展示性的自杀。所谓展示性自杀,是经过事先谋划,以展现渲染自杀过程作为要挟手段,扰乱公共秩序的行为。以跳楼自杀为例,其过程极为短促。如果不是故意展示准备高坠的过程,从他人知晓其自杀意图后报警,直至在地面上设置援救装置是根本来不及挽救其生命的。政府不能漠视生命,尽力解救有自杀企图者理所应当,但是,绝不能默许以自杀手段扰乱公共秩序,危害公共安全。我国《治安管理处罚法》第二十三条规定:扰乱车站、港口、码头、机场、商店、公园、展览馆或者其他公共场所秩序的行为,应当受到处罚。

在实践中对于"自杀作秀"的行为往往一时难以识别,及时劝解、尽可能援救是必要的,但是,从传统文化的积淀来看,中国人不仅缺乏维护自身权利的意识,还缺乏维护公共秩序的意识。目前,我国公民的权利意识的觉醒尚属初级阶段,权利行使的无序在所难免。作为负责任的政府,既要坚定不移地维护公民的权益,又要防止维权过程中可能出现的权利扩张。具体处理时应当注意如下问题:

一是,在任何情况下都不能把自杀称为"壮举"。必须严格防止对自杀行为的渲染,防止产生以命相逼就能达到目的的错觉。对以自杀手段危害公共安全、扰乱公共秩序的行为必须予以严厉的谴责。要旗帜鲜明地阐明,合法的诉求、合理的要求也不能以非法的、损害公共利益的手段获取;表达意愿必须选择理性、有序、适当的方式。生命不应当成为达成个人愿望的"赌注",以命相拼的做法对自己、对社会都是损害,即便是事出有因,法律也不能予以宽恕。

二是,为"讨薪"受阻的弱势群体提供便捷的法律服务。进城务工的农民作为弱势群体,拿不到应得的工资,政府理应予以援助。当经济困难的弱势群体在急需法律援助的紧急状态下,能否迅即得到便捷、有效的法律援助是对法律援助制度健全程度的考验。各地应当公布法律援助热线电话,实行 24 小时接听服务。对符合法律援助的事项,如果情况紧急,应当暂不进行经济困难的条件审查,及时受理并先行指派法律服务人员提供法律援助。以免事情"闹大"之后,再忙赶到自杀现场做出提供法律援助的表态。

三是,对要挟威逼行为不能做"合理化"描述。对有迹象证明行为人具有展示自杀过程用意的,无论其要挟的对象是政府还是企业或者个人,都不能把要挟行为"合理化",以避免他人模仿。媒体在报道展示性自杀事件的时候,所有报道都必须释明个人的合法要求绝不能用危害公共利益的方式取得。无论自杀是否既遂,均不要出现自杀者的形象和姓名,电视画面可以用马赛克处理,文字表述可以采用"某成年男子"之类的模糊提法。有关领导到现场指挥劝解、援救的报道要做淡化处理。对企图自杀者的劝解应当由谈判专家出面进行。扬言自杀者点名党政领导到场的,不要在媒体上公开报道,以免产生政府处于被动状态的错觉。

四是,对劝解、援救的价值要做出正确的评断。珍爱生命是个人和社会的共同责任,不能笼统地说,自杀既遂就是解救失败。因为展示性自杀事件造成交通中断等扰乱公共秩序的,要如实报道损害的后果。公安机关对扰乱公共秩序行为人作出的处罚要同时报道,并说明处罚的依据。媒体可以采用走访专家学者等形式,对展示性自杀行为予以谴责,对救援未能阻止自杀的原因进行客观分析。

五是,媒体不能把报道自杀事件作为新闻"卖点"。在信息公开的同时,也应当注意报道的分寸,警惕以自杀"扬名"偏颇心态的传染性。当企图自杀者提出要媒体的知名节目主持人到现场的,必要时,可以满足其要求,在有保护的前提下介入劝解,但不宜做现场直播。媒体不能把报道劝阻自杀作为新闻"卖点",现场拍摄的资料应当主要用于对策研究。需要制作播出节目的,应当进行谨慎审查。

六是,明确宣传组织、教唆、帮助他人自杀是犯罪行为。法院应当选择适当案例公开宣判,追究组织、教唆、帮助他人自杀者的刑事责任。对具有组织、教唆、帮助他人自杀或者传授自杀方法、内容的出版物、网站、网页要严格取缔。

幸福的德国猪

史彤彪*

三年前,河北省肃宁县成为人们关注的焦点。但是,这次并非因为那里有个全国最大的毛皮交易市场,而是缘于有的地方活剥动物的宰杀方式。这件事闹得县政府负责人专程进京"灭火",会同中国皮革工业协会,就媒体报道的情况作出解释(血腥屠戮只是个别现象,90%的动物是安乐死的),并采取相关积极措施;国际反裘组织进入中国,本月底将要在芬兰举行的裘皮交易会已遭到当地的抵制。有人嘟囔了,西方人就是喜好小题大做,因为"畜生们"生来就是给人提供食物和皮毛、用于实验的,讲"人道"、"兽道"? 发什么神经! 想用贸易壁垒唬人无异于开国际玩笑! 实际上撮火着急于事无补,更有意义的是,咱们不妨就此一起去考察考察人家以何等的观念来看待动物,法律又以怎样的规定保护动物的。

一、与人权平起平坐的"动物权"

"动物权"起源于英国。1776 年,一个叫劳伦斯的人从法律的角度提出:没有人因为残忍地虐待动物而受过处罚,他唯一的罪行是侵犯了另一个人的财产。1800 年,英国第一个确保动物免受虐待的法律《牛饵法案》获得通过。还在 1824 年那会儿,人类历史上的第一个动物权保护组织就于英伦宣告成立,这个组织在第一次世界大战中以抢救战场上的军马闻名,第二次世界大战中则忙于抢救被德国炸弹炸伤的家禽家畜。英国现行的动物保护法是 1911 年通过的。近年来,伦敦又开始激烈地反对不人道的运输家畜,英国政府曾上诉欧洲委员会,要求禁止禽畜每天运送超过 8 小时,签名附和这项请愿的英国人竟达到近 6 万人,不

---

* 作者为中国人民大学法学院教授。

过这一提案最终遭否决。其他国家向欧洲委员会提案,要求立法保障童工权益,唯独遭到英国的反对。在英国议会起草的《动物权法案》中,对动物的饮食起居都有详细的规定。

在维护动物权方面,走在最前面的欧盟国家当属瑞典。在那里,夫妻离婚时往往既不为分割共同财产,也不为争夺子女的抚养权打官司,而是为宠物的照管权争得不可开交。瑞典议会还批准了农业部提交的《维护动物权法》。德国人更不示弱,议会于 2002 年通过了对宪法第二十条的修正案。别看这个修正案只增加了"和"、"动物"两个词,却非同小可,它使德国成了世界上第一个将维护动物权利作为主要社会目标的国家。从法律角度看,人和动物几乎拥有同等的权利。2005 年 2 月 8 日,德国戴姆勒 – 克莱斯勒公司迫于某动物保护机构的压力,宣布为其所有豪华车提供布艺或者合成革等非真皮车内饰款,说白了就是奔驰汽车公司放弃真皮车型。据说,"每辆轿车都要用掉 4 到 15 头母牛的皮革"。

2002 年,欧盟绝大部分成员国对申根协定中有关保护宠物的条文进行了表决。此举从根本上改变了动物的地位:欧洲的动物与人类同权,它们也和宗教或种族群体一样被视为"少数族群"。

"在美国,宠物有权继承主人的财产!"你不信? 2005 年 6 月 24 日,夏威夷州议会大厦里,州长林格尔真的落笔签署了这项新法令。有关宠物继承主人财产的法案是律师艾米丽·加德纳提出来的,据称她是在带着自己的宠物狗拜访了圣弗朗西斯医院老年看护所的病人后产生了这一想法——那里许多养宠物的老人说,希望在自己死后能用部分遗产使宠物得到很好的照顾。我查阅了美国各州的相关法律之后,竟发现已有 20 个州都有宠物可以继承遗产的规定。没准儿有人会嘀咕,亲戚有钱,要是把遗产一股脑儿都留给宠物,这太不近人情了吧? 别担心,法律上明文规定法庭在保证宠物的生活费、健康开支必需花销的前提下,有权根据实际需要减少宠物可使用的遗产金额。根据有关规定,每个星期五都是夏威夷人被允许"带着宠物去上班的日子",许多议员和其他工作人员也毫无例外地把自家的"四条腿"朋友带在了身边。

二、近乎苛刻的对动物自由的维护

意大利每年约有 15 万只狗和 20 万只猫被主人遗弃街头,其中的 85% 最后死于饥饿。夏季休假期是遗弃宠物事件的多发期,很多人抛弃自己的宠物前往海滩度假。据专家们研究,动物也会有恐惧、愤怒感,心理异常照样产生精神病。以此想来, 如果这些被扔掉的狗和猫能像人一样上街游行示威并高呼口号,其场面将多么壮观,那声势定能撼人心魄! 2004 年 7 月 8 日,意大利议会通过一项法案,规定随意遗弃宠物者将受到严厉处罚:狠心的主人最多将被判处 1 年监禁和 1 万欧元的罚金。该法案同时涉及对虐待动物、组织斗狗(组织非法斗狗者被判 4 年监禁)以及贩卖兽皮者的惩戒。2005 年都灵的新法令规定得更细致:狗主人一个星期至少要遛 3 次狗,否则主人最高被罚 650 美元;遛狗时,人们可以骑着自行车,"但不能让狗太累"(《参考消息》2005 年 4 月 30 日)。在宠物维权者长期不懈的抗争下,如今,意大利向四足宠物敞开大门的公共场所已接近 15 万处,许多酒店、餐馆和酒吧开始允许客人携猫狗入内,门前都贴上了印有狗图案的招贴画,写着"我终于可以进去了"(而过去招贴画上则写"我不能进去")。

英国人对动物的喜爱程度让人有点接受不了。这不,他们的法案中愣规定要提供给动物足够数量和质量的食物和水,给动物提供舒适的生存条件,动物生病时应及时请兽医,动物应有足够的活动空间,要使动物在心理上得到安慰等等。瞧瞧,还真把动物当人看了!

动物好玩儿,可主人要出差旅游时麻烦就来了。对此,西方人事先想到了。根据申根协定,欧洲的猫狗等宠物与它们在其他地方的同类不同,它们在随主人出行时也和主人一样,可以自由出入签署了这一协定的国家。它们的主人再也不用准备许多证明,只要宠物的耳朵上有一个带号码的烙印,或主人携带着记载动物信息的微型集成电路块,就可以在欧盟各国畅行无阻。

其实,要说心细应该数瑞典人。这个国家对宠物的居住条件有明确的讲究,例如猫的居住面积不应低于 0.09 平方米,家鼠的居住面积应大 1 倍,家兔的活动空间的大小要看主人的身份。法规还用几页的篇幅对动物的饮食甚至"社会交往"都做了规定,例如宠物由于与外界交往不够而精神紧张,主人轻则被罚巨款,重则要受半年牢狱之苦。法律不仅规定要用特制的笼子运猫,定期带猫检查身体,甚至还规定在签署了申根协定的国家内外猫都不受限制地享有行动自由。这样一来,甚至把别人家的猫赶出自家院子也属违法之举。

都说德国的法律不厌其详,这方面的例子也可以佐证。2003 年年底前,德国政府全面引入欧盟的养猪业指引,旨在确保欧盟成员国的猪农能公平竞争。其中的一部分新措施包括:猪农每天至少花 20 秒(即早晚各 10 秒)跟每一头猪相处;猪应有两三个木头坑具或稻草公仔作消遣,以防它们打架;每头猪都必须接触到光线,冬季时更要提供额外光源,以免它们心情忧郁;猪舍里的排水沟不能挡路,地上必须铺胶垫或稻草,更须有空调设备;必须设置医疗区,让生病的猪安心休养。农业部门表示会进行抽查,确保猪农遵守规矩。有小型猪场的业主欢迎新例,因为"猪舍会变得卫生,猪可过得舒服些;让猪保持忙碌不无聊十分重要,无聊形同虐待"。不过,大型猪场的业主都十分不满,认为使养猪变得太烦了,还会增加成本。当然,也有猪农指出措施根本无法有效执行:"你怎样证明猪农是否陪伴猪？就是我们也不肯定……猪不会排队给你点数。"好笑吧？不过,有一点要记住,德国人对法律的态度是有权自由地批判但要严格地遵守。

三、判你没商量的司法实践

在这方面,外国人的角度有点邪。英国一男子虐待猪被重罚。这名 60 岁的西约克郡男子迈克尔·鲍威尔因虐待自己饲养的猪被当地法院处以 7500 英镑的罚金,还被终身禁止饲养动物。起因是 2001 年 4 月,一家防止虐待动物组织的调查人员在他家的猪圈里发现了 25 头死猪,这些死猪堆在一起,一些别的动物正在啃食它们。"我养的猪愿杀愿剐都说了不算？"反正英国人不认这个理！

无独有偶。2005 年年初,奥地利一名 25 岁的男子因虐待一匹种马而被判 1 年监禁,但为了保护他的隐私权,法院没有公开其姓名。涉案男子交代罪行时说,事情发生在他喝醉酒以后,当时他迫使这匹种马撞击畜栏,并用刀猛砍马的身体。为此,奥地利媒体戏称他为"杀马碎尸者"。就在去年俄罗斯一男子当着孩子们的面,酒后抓住两只猫猛摔,导致一只死亡,根据俄联邦刑法,该男子被判处 3 年零 9 个月的监禁。

总而言之,西方人在保护动物这类寻常不过的事情上之所以爱较真,归根结底是由于他们认识到"人对动物的态度为文明社会的重要标志之一"。他们把折磨动物由以前的"不良行为"上升到"罪行",其逻辑很简单:残忍对待动物的人,往往也会对人类暴力相向。

其实,东西方在对待动物的观念方面的冲突由来已久,关键问题是如何理性地分析。租界的存在曾刺激了上海人近代市民意识的增长。1872 年 11 月 26 日,司法会审公廨中国谳员转发上海道谕示,要求鸡鸭铺户在贩卖鸡鸭时,不得缚足倒挂,只准装置篮筐内,因为倒挂鸡鸭,"其形象甚觉苦楚",不合人道。但愿 130 多年后的今天,我们能直面西方人挑剔的目光,一丝不苟地做好与动物福利问题密切相关的《畜牧法》的起草工作。

一个包子引发的信任危机

车 浩[*]

真实生活的荒谬度一点也不辜负卡夫卡的想象力。在《变形记》中，人一觉醒来，已是昆虫身。前些日子，当"纸做的包子"这则新闻出台时，相信很多人也是一觉醒来，惶惑不已——原来自己并不是肉食动物，早默默地改吃木头了。一摸肚子，全是纸，还不是报纸，是没文化的纸箱子。愤怒啊。于是万众一口地谴责恶心的纸馅包子和黑心摊主，还要千恩万谢勇敢的记者，帮我们揭穿真相，否则纸包子一直吃下去，余生岂不是变成纸人了？这事影响极坏，据说连美国和日本都知道了。海内外一起震惊，议论热度直升。可谁能想到，不过几天而已，包子就被平反了。原来，经过有关部门的深入调查，发现这个被北京电视台、中央电视台和多家媒体竞相报道的"纸做的包子"，竟然是一个假新闻。

闹了半天，包子不是假的，揭露包子的新闻才是假的。纸馅的包子没查出来，倒是查出一个谎言馅的新闻。事情发生了戏剧性的变化，导演就是北京电视台的《透明度》。

北京电视台的《透明度》宣称该节目的宗旨是："通过记者真实的调查体验，告知消费者在遭遇假冒伪劣商品时如何进行正确的辨别和挑选。"如今，这个以打假为己任的节目自己就贡献了一项假冒伪劣商品，且造假技术之高，把地球人都给忽悠了。它成为了它声称要调查的对象本身。与这场"贼喊捉贼"的闹剧相比，纸包子的荒谬度倒是小意思了。

这实在是让人有点无语了。打假英雄原来也是假的，我们到底还能信谁？

现代社会是一个陌生人社会，也是一个信息开放的社会。恰恰是由于陌生人之间的不信任和对真实信息的高度需求，才会把每个人的信任集中和寄托在

---

* 作者为北京大学法学院副教授。

一些制度和机构上，这些制度和机构被假定更具有"真实"和"责任"的性质，从而获得了超出个体声望的公信力。比如政府，与个人酒后拍胸脯的保证相比，政府的红头文件当然更让人放心；可是，很多事情表明，"总统也是靠不住的"，不是有水门事件么。记者在这里就扮演了比政府更让人信任和尊重的角色。近代以来，新闻媒体与记者，借助于建立在宪法基础之上的言论自由，形成了一支位于立法、行政、司法之外的"第四种权力"。近年来的中国社会，民众的权利意识增强，"第四种权力"在监督公权力运作、揭露社会黑暗、启蒙民智方面有了不少骄人的成就。打开电视，翻开报纸，点击网络，不再是万里山河一片红，深度、冷静、中立的报道和分析随处可见，这些成就承载着无数新闻人的光荣和梦想，也从整体上提升了中国媒体的公信力。

但是，世界上毕竟没有纯粹干净、久居神坛的权力，无论它号称"第几种"。事实上，这次"纸包子"事件并不是偶然的。近年来，虚假新闻屡见不鲜，包括中央电视台在内的多家权威媒体都未能幸免。网络上已经出现"十大假新闻"的评选。虚假新闻的内容开始从娱乐领域侵入到社会领域；造假心理也从夸大或者疏忽升级成彻头彻尾的故意伪造。"纸包子"事件引发全社会关注，是虚假新闻长期被姑息纵容，新闻职业道德长期被轻漫的一个高潮性结果，是"第四种权力"变形的一个侧面。随着"第四种权力"的日益强大，它成为引导人们了解世界、参与判断的重要推力；各种信息铺天盖地袭来，人们相互设防，却又把权威媒体的新闻作为生活中一项最寄寓期待和信任的消费品。在这种大的时代背景下，任何一则假新闻的出现，不仅会在具体个案上欺骗和误导公众，而且从整体上"愚弄这个社会的现代化意识，愚弄人们关注自身权利的信念"。个别新闻人的无良行为，累积成毒瘤，降低的是公众对新闻界的宏观评价。这里不仅仅是耻辱的问题，也没有隔岸观火、洁身自好的道理。公众的信任是媒体生存的基础，虚假新闻积累到一定程度，冲击的是所有媒体的共同基础。不能说"纸包子"事件就会立刻引发公众对新闻界的"信任危机"，但在我看来，至少，也是埋下了伏笔。对此，所有的新闻媒体及其从业者都应该有足够的反思和警惕。也许我担忧过度，有些危言耸听了。但在"信任危机"的"山雨"欲来之前，绸缪一下不是坏事。"纸包子"假新闻被曝光后，中国记协迅速反应，严厉谴责，向全国新闻工作

者发出通报,呼吁杜绝虚假新闻,其坚定立场和忧患意识值得赞赏。

新闻界不是名利场,新闻记者的社会良知是无价的。然而,在市场经济条件下,媒体间日趋激烈的行业竞争,记者自身的利益诉求,都在冲击和挑战新闻界的基本价值。据业内人士称,现在电视台栏目每做出一个专题,至少能拿到5000元左右的稿费(《新京报》2007年7月20日);而如果捕捉到具有轰动效应的大新闻,记者更有可能一夜间成为"京城名记",由此拉动的收视率、点击率以及市场占有率和销量等业绩指标,也驱使节目的审查者在面对"猛料"时心急手松。据当事人事后供述,此次"纸包子"新闻的出台,在很大程度上正是由于其名利心的驱动。因此,商业化的媒体如何克制自身的利益冲动,如何避免用手中的"第四种权力"兑换眼球背后的名利,是一个需要大做文章的问题。

此外,新闻报道的独立性,特别是独立于受众的心理期待,也是面临严峻考验。如今已经是一个全民娱乐、娱乐至死的年代了,网络博客成为无须承担假唱责任的麦克风。作秀也好,炒作也罢,在某种程度上是发布者逐利和受众猎奇的一场合谋。但是,新闻报道毕竟不是行为艺术,娱乐精神至少不能进入严肃的社会新闻领域;娱乐八卦和社会新闻的界限永远也不能模糊。虚假、作秀和炒作之风愈是泛滥,真实、客观和中立的品质就愈显可贵。新闻报道特别是社会新闻的报道,要时刻坚持独立冷静的姿态,才能在猎奇媚俗的诱惑面前,更加凸现出与众不同、不可替代的公信力。这是社会发展带给传统媒体新闻人的挑战,也是显露英雄本色的机遇。

当然,仅仅从道德操守上整风是不够的,重要的还是制度。谁来监督"第四种权力"?无论一种权力的出发点如何神圣,权力执行者多么具有使命感,缺乏监督和制衡,权力都有被滥用的危险,都存在着用来寻租牟利的空间。新闻媒体的监督权同样如此。新闻自由不仅需要保障,也需要限制;不仅需要媒体发挥监督社会的功能,也应该有合理的制度设计实现对监督者的监督。除了道德自律,还要有外部制约,包括同行之间的制衡和问责制的落实等,这些也许都是未来《新闻法》出台时需要考虑的方向。

具体到这次"纸包子"事件,也不宜痛打落水狗。我建议北京电视台,一是不必因噎废食,《透明度》的打假宗旨是对的,过去有成绩,未来也要坚持;二是也不要推脱责任,装聋作哑,企图大事化无,顾左右而言他。不妨置死地而后生,拿出壮士断腕的决心来,就以"虚假新闻"为调查对象做一期节目,告诉一下老百姓以后怎么去辨别真假新闻。诚然,虚假新闻所带来的"信任危机"不可能一朝化解,但是,如果肯拿出这样的大智和大勇,让公众重新树立起对节目的信心也不是难事——人们不也是开始重新吃包子了吗?

事件回放

● 2007 年 7 月 8 日晚 7 时,北京电视台生活频道(BTV-7)《透明度》播出《纸做的包子》,节目曝料称用废纸制作肉馅"已经成了行内公开的秘密"。

● 2007 年 7 月 10 日,北京卫视(BTV-1)《北京新闻》以《"纸箱馅"包子流入早点摊》为题报道此事。随后,多家中央和地方的电视台、报纸转载此报道,并结合猪肉涨价的背景,海外媒体也开始关注。

● 2007 年 7 月 18 日晚间,北京电视台在《北京新闻》中称,"纸馅包子"被认定为虚假报道,北京电视台向社会深刻道歉。

● 2007 年 8 月 12 日下午,北京市第二中级人民法院对"纸包子"假新闻事件的始作俑者訾北佳一审以损害商业信誉、商品声誉罪,判处有期徒刑 1 年,罚款 1000 元。

钉子户：现代社会的"幸"或"不幸"？

杨 明*

> 哪里没有财产权，哪里就没有正义。
>
> ——哈耶克

一

前不久出访新加坡，偶遇新加坡前国会议员。很有意思的是，老先生和我聊了一个物权法的话题——"钉子户"。老先生告诉我，在新加坡发展的起步阶段（上世纪 60 年代），也曾面临过大量的房屋拆迁和补偿问题，却从未产生过所谓的"钉子户"现象。他非常干脆地说，政府会坚决地拆掉任何它认为要拆掉的房子。言语中，老先生不禁流露出对"你们这样一种意识形态的国家"（老先生的原话）居然能有"钉子户"存在的羡慕。

我倒不认为"钉子户"的存在是多么令人自豪的事情，或者说是多么表现法治精神的现象，老先生的这种羡慕实实在在是表错了情。很显然，他混淆了拆迁的两种不同情况：一种是纯商业目的的开发而导致的拆迁，现在很多拆迁即是这种形态；另一种是为了公共利益而进行的拆迁，如修建公路、水利设施等。对于后者，政府坚决地拆掉是没有任何问题的。所以，没有出现"钉子户"现象对于新加坡来说，并非是不幸的，亦如老先生所感受的那样。

在我国《物权法》颁布之后，曾有人欢欣鼓舞地感叹道，"钉子户"终于有了法律的支持！然而，事情的发展却是，"最牛的拆迁房"很快就消失——2007 年 3 月，重庆九龙坡区法院举行听证后，裁定支持房管局关于搬迁的裁决，并发出限

---

* 作者为北京大学法学院副教授。

期履行通知,要求被拆迁人在指定日期前拆除该房屋;如不履行,法院将强制执行。实际上,"钉子户"反映的是拆迁户与开发商之间的紧张关系,之所以"紧张",我认为倒不在于双方谈不拢(他们不能就拆迁补偿金达成一致),而是在于政府在这其中所扮演的角色。透过重庆最牛钉子户事件,我们看到了令人颇为意外的事,申请强制拆迁的居然是房管局,而开发商只是一个似乎无关紧要的"第三人"。本来属于房主与开发商之间的民事问题,演变成了市民与政府部门之间的行政问题,这显然才是紧张关系产生的根源。国外也有所谓的"钉子户",但却没有演绎成类似我国这样的"重大事件"。以美国华盛顿的斯普瑞格思先生为例,他也是一个"钉子户",因为不肯出卖自己的小楼,建筑商只能重新规划了设计。但斯普瑞格思的小楼也没有成为"孤岛",为了保护好小楼的地基,建筑商不得不在小楼的下面安了密密麻麻的支架(参见朱忠保:《中外对待"钉子户"之差别》,来自光明网,2007年7月18日访问)。与中国不同的是,我们看到的只是建筑商和斯普瑞格思先生在交涉,而没有政府强权的参与。

二

一直以来,人们之所以总是津津乐道地谈论"钉子户",我想其中很重要的一个原因在于,个人在强大的政府面前所显现出来的"小"。中国的历史以及传统文化所孕育的东西,似乎与现代法治文明格格不入,"君权神授"是基调,市民社会能否和谐(抱歉我又用了时下最时尚的关于价值取向的词儿)则完全取决于君王能否"体恤和恩泽百姓"。即使是新中国成立以后相当长的一段时间里,我们的价值观也是在强调集体,强调国家至上,而忽视个体权利,坚决摒弃"私"的观念。几千年自上而下的灌输和公权力的压制,终于形成了这样一种观念——即使是关于私人财产,个人也不可能与政府(注意,这里是政府而不是国家。我们通常所谓的国家意志,实际上很多时候不过是政府意志的体现。因此,如果说国家与市民社会之间会出现紧张关系的话,政府才是主导;把一切都简单地推向国家,只不过是将一切都归于抽象,结果就是忽视问题的实质。正如在格劳秀斯、普芬道夫、卢梭、洛克他们那里,国家不过是一种手段,而非自在的目的)进行谈判。这不仅仅表现为一种现实,更可怕的是,它已在意识形态上左右(或者说试图左右)人们的思维。

不知从何时起,"钉子户"这个词孕育而生,它作为一个绝对负面的词汇存在,代表着阻碍建设"四化"、阻碍我们奔向美好小康的明天。在我还是青少年时,被灌输的思想就是如此——新大楼、宽马路就是现代化,就是美好的东西,矮房破楼就是落后。于是,我们往往欢欣鼓舞于城市建设的飞速发展,一片片破旧不堪的房屋被拆掉,取而代之的是现代化的摩天大楼。然而,我们不曾想过的是,或者我们被引导而不去考虑的是,推动四个现代化发展的这片美好蓝图背后,很可能就是开着推土机稀里哗啦即把民宅推倒的事情。这其中,又蕴藏着多少血和泪的故事呢?所以,"强拆民宅"的事情一直以来都被学者们用作批评国家缺乏法治精神的重要例证。

近些年来,"钉子户"一词伴随着大规模的房屋拆迁而深入人心,套用那一句"经典"——"具有中国特色"!政府之所以能在其中扮演重要角色,是因为土地与房屋的产权相分离,只要政府认为有需要,它就能以分配城市功能的名义而确定城市建设项目。为此,政府一直积极地充当拆迁活动的组织者,即使是纯商业目的的开发,背后仍然耸立着政府"强壮"的身形。曾有太多的人寄厚望于《物权法》,或许借此能更好地保障被拆迁人的权利,但我们实际看到的是,《物权法》在拆迁方面并无实质性进展,即使是区分两种拆迁,如何界定"基于公共利益之目的而进行的拆迁"(《物权法》上的征收征用问题),《物权法》都做得不够理想。

目前政府之所以理直气壮地为拆迁撑腰,一个重要原因就是"公共利益"的含义不甚明了,政府随意解释公共利益的范围,有时甚至把商业开发也纳入公共利益的范畴(像"重庆钉子户事件"中这样的商业项目,照样能够以公共利益的名义获得政府的全力支持),要求拆迁户为经济建设让路。曾有媒体发布过"钉子户索要 2000 万"的新闻,后来经央视调查为子虚乌有,产权人不过是要求开发商按产权证上的面积和用途归还相同面积的商业用房,并且提供临时过渡门面。这没有什么不妥。其实,就算他们索要 2000 万又如何呢?请注意,拆迁他们的房子不是为了公共利益,而是纯粹出于商业目的。房子是私人财产,开发商要征用,就请付钱吧!难道这不是产权人的权利吗?我们不是希望"钉子户"越多越好,而是不希望看到顶着公共利益帽子的商业开发却颐指气使地指责那些所谓的"钉子户"。

不少学者只好自我安慰,中国的法治还是在不断进步的,最起码在你不愿搬迁的时候,不再立马把推土机"轰隆隆"地开到你家门前。在苦笑的背后,法律尤其是司法,是否需要真正积极的事情?宪政的根本目标是平等地保障每个人的自由与权利,法治的根本意图是保障平等的交易秩序然而与之不太契合的是,拆迁户被置于不利的政治与法律地位,拒绝拆迁者被戴上"钉子户"的帽子——一则,拒绝拆迁者被认为是只顾私利、损害公共利益的顽固分子;二则,既然是钉子,迟早会被拔掉。

三

当然,房产局在拆迁过程中的积极主动是有法律依据的。最高人民法院《关于当事人达不成拆迁补偿安置协议就补偿安置争议提起民事诉讼人民法院应否受理问题的批复》规定:"拆迁人与被拆迁人或者拆迁人、被拆迁人与房屋承租人达不成拆迁补偿安置协议,就补偿安置争议向人民法院提起民事诉讼的,人民法院不予受理,并告知当事人可以按照《城市房屋拆迁管理条例》第十六条的规定向有关部门申请裁决。"对裁决不服的,拆迁当事人可以申请行政复议或者直接提起行政诉讼。而与此同时,被拆迁人在裁决规定的搬迁期限内未搬迁的,由房屋所在地的市、县人民政府责成有关部门强制拆迁,或者由房屋拆迁管理部门依法申请人民法院强制拆迁。

用老百姓的话来说,拆迁户与开发商不可以就补偿安置争议直接打官司,而只能找政府部门裁决。于是,作为私产的房屋,其产权人的利益能否得到保障,完全依赖于政府部门的公平公正,这风险实在是有点大!有关人士已经出来说明,最高人民法院的这一司法解释也是颇有苦衷的。因为现在一些地方政府的拆迁部门吸纳了法院的有关领导,他们希望法院直接受理拆迁补偿安置争议案;一些地方在没有和拆迁户达成补偿安置协议前,直接向法院起诉,通过申请先予执行的方式,强行将拆迁户的房屋拆除。所以,在很多地方法院不可避免受到地方政府干预的情况下,最高人民法院出台这一司法解释,是为了尽量减少地方政府在拆迁补偿问题上利用法院做文章,以保障拆迁户的合法权益。

尽管如此,该司法解释不可能让所有人释怀,它对于解决拆迁户和拆迁部门矛盾有什么意义?拆迁户与开发商根本就是平等的民事主体,拆迁户固然是开发商眼里的"钉子户",开发商又何尝不是拆迁户眼里的"钉子户"?为什么不让他们在法律的框架下公平博弈(司法权却对此敬而远之),而非要让公权力——行政权力——强行介入私权法律关系呢?(根据2001年生效的《城市房屋拆迁管理条例》,在拆迁程序的各个环节,拆迁户都处于不利地位,开发商则享有四项强制性权利:第一,交易的强制启动权,在尚未征求拆迁户任何意见的情况下,行政机关即可向开发商发放拆迁许可证,不论是否经拆迁户同意,交易都已启动。第二,强制签约权,开发商只要获得拆迁许可,拆迁双方就负有签约义务,不管拆迁户是否情愿。第三,申请强制裁决权,假如拆迁户寻求获得较高补偿,而开发商不答应,即可请求行政管理部门强制裁决。第四,强制执行权,一旦行政部门作出裁决,若拆迁户拒绝执行,开发商即可申请行政或法院强制执行)换言之,即使有行政干预的可能,如果有司法途径来解决拆迁户与开发商之间的纠纷,至少还给私权主体保留了公平博弈的机会,但如果将一切公平正义都寄希望于行政权力的正当行使,此风险实在不值得冒!一个再明显不过的民事诉讼,最后却变成了至多是一个行政诉讼。

吴敬琏这样的泰斗在两会时曾提议:"不能给拆迁户太高费用,因为这些增值的部分中间有很大程度是因为城市化进程的增值,也就是说住户也因城区建设和发展得了利。"他当然被骂惨了,因为这太"精英"了,也主要是其完全没有考虑草根的利益。有人甚至毫不客气地斥之为"被猪油蒙了眼睛"!也许是因为经济学家的出发点和思维与法学者们太不相同了。但至少有一点是要明确的,"钉子户"问题并非首先是利益实现、价值分配和社会财富的增加,而应是私权(产权)被尊重。

现代化进程中的中国,"钉子户"的出现和顽固存在当然不是"幸事",但对于缺乏尊重私权之传统的社会,这也绝不是"不幸",还是那句话:"风能进,雨能进,国王不能进!"

"与众不同"是一种权利

卢建平 *

　　记得在法国读书的时候,有一次课堂讨论,老师给了这样一个案例:A 君是个地道的足球迷,每逢重要赛事,他几乎场场不拉,或是亲临赛场观战,或是面对电视荧屏观看现场直播。他的看球特点是, 只看实时发生的, 而绝对不看录像,因为录像都是对过去的记录,结果已然知晓,毫无悬念可言,所以看起来索然无味。但是,就是有这么一次重要的比赛,是法国国家队与荷兰队的比赛,A 君既无法到现场观战, 也难以收看电视实况转播了——因为那天他要参加期末考试。考试是不能缺席的,而球赛也不能不看;二者同时进行,委屈的只能是球赛了。不能看实时的,那就只好在考试回来以后看录像了。为了追求看实况转播时的那种悬念,A 君特意请同学 B 帮忙将比赛录了下来,并要求 B 不要将结果预先告诉自己。他自己也为此采取了一系列必要的预防措施,如尽量避开球迷众多、人多嘴杂的地方(如食堂)、不看电视、不听广播、不看报纸,甚至他还戴上了耳塞! 然而,A 的机关算尽,也没有料到,B 同学觉得 A 的行为举止怪异,就将 A 的打算告诉了其他同学。等到众同学见到 A 果然言出必随,凡是能够预先知道比赛结果的地方和途径都避开了,愈发觉得好笑。于是就有一个好事者 C,很冲动地跑到 A 的背后,突然拔掉了 A 的耳塞,大喊一声:法国对荷兰,1 比 2! 这个结果当然很糟糕,A 虽然没有与 C 拳脚相向, 但是却以侵权为由将 C 告上了法庭。

　　这个案例显然是虚拟的,却很值得思考。C 到底侵犯了 A 的什么权利? 老师和同学们讨论热烈。有同学说是 "知情权"(right of information or right to be informed),可是知情权本质上是一种积极的权利,即获知某种信息的权利;若有义

---

* 作者为北京师范大学刑事法律科学研究院教授。

务提供该信息的机构或个人怠于提供,则要承担相应的法律责任。而本案中,A的权利其实是一种不想知道的权利(right not to be informed),是那种"惹不起我还躲不起吗"的近乎卑微的权利,因此与知情权关系不大。这种权利在信息漫天飞的现代社会看起来是很不现实的:你想知道的,各路媒体争着抢着告诉你;你不想知道的,你也得被逼着被迫着要知道,逃无处逃,躲无处躲。可是偏偏就有人看重这样的权利,在现代机器制造出来的各种喧闹声中,不是有很多人为了"耳根清净"、"内心安宁"而将噪声制造者告上了法院吗?然而,本案中C制造的好像不是噪音,他所侵犯的是A的"不想知道权",而这种权利的法律依据又在哪里?有同学试图找出该类权利的法律依据,如人权。但老师认为,这种说法太抽象太笼统。又有同学说是人格尊严,老师认为比较接近了,但是仍然不确切,因为最后法官的判决认定:C所侵犯的是A的"与众不同的权利"(right to be different with others)!

"与众不同"竟然是一种权利,这话听起来都让人觉得玄乎!这不是"秃子头上的虱子——明摆着的事实"吗?地球上60多亿人,没有一对是完全相同的;就是双胞胎多胞胎,也没有完全一模一样的;再神奇的现代生命科学里的克隆技术也难以复制出一个完全与我一样的我来。然而,现代法律所确认的人的独特性就是来源于生物学上这么简单的一个事实,因为我是独一无二的,所以我就应该因为我的独特而受到尊重;因为我是无可替代的,所以我就具有了独立的价值,纯粹就是因为我的存在,而不是其他任何的外在因素;不仅我的身体、我的健康、我的生命不受侵犯,而且我的灵魂、我的精神也因此成为一个独立的王国。我自己就是这个王国的国王、主人、主权者:在这里我是绝对自由的,可以天马行空独来独往,而不必听命于任何人。只有我的行为,也只有我的行为,才是法律规范(也许还有道德规范)调整的对象,才进入法律的调整范围。而我的行为受法律规范调整的这一事实也不会反过来改变我的独立人格,影响我的独特价值,它只是给我设定了这样一个规则:在我依据自己的思想支配自己的身体、行使自主的权利的时候,我不得侵害他人的权益!而一切的公共规范、法律规则都是建立在这个基础之上的。C的行为之所以应该受到谴责,就在于他违背了这一规则;而A的权益之所以易受侵犯,就在于这类权益是如此的普遍、通常、司

空见惯、习以为常、熟视无睹,以至于它根本不像一种权利!然而,如果法律不来确认这样普遍、通常、司空见惯、习以为常、熟视无睹的一种状态,权利又从何谈起?如果法律不对每个人的独特性、人格尊严与价值进行保护,法律又有什么用处?我所理解的人权的自然性或天然性,大抵如此;我所知晓的人的主体性、神圣性,也不过如此。世间最平淡无奇的、最自然的,就是人类最可宝贵的。

因此,要让与众不同的权利重要起来,使它从一种卑微的权利凸显为一种高贵的权利,要真正让它"与众不同"起来,从而实现"和而不同"的大同世界。古人认为,同而不和,谓之小人;和而不同,是为君子。这种道德色彩极浓的评价,在现代法治社会还应该上升为法律评价,与众不同应该升格为法律权利;而一切与之相悖的理论与实践都必须受到道德上、法律上的谴责:轻则为背德,中则为侵权,重则为犯罪。政治上,我们把那种将一己之见强加于人的做法称为"霸道"、"霸权",将强行统一人们的行为和思想的体制叫做"极权体制";法律上,我们也应该对无视他人尊严而侵犯他人权益的行为给予必要的制裁,甚至将根据某个人的遗传基因克隆制造千人一面的做法定性为反人类罪!所有这一切,都仅仅是因为,与"多样性是地球的法则"一样,"与众不同"是一项最基本的人权。

猫道主义逻辑质疑

朱伟一 *

  《新京报》有篇报道,说是北大朗润园爱猫者喂养流浪猫;但猫惨遭虐杀。爱猫者有流泪的,还有拣起石块要拼命的。当事人是老师、教授,事情发生在大知识分子成堆的地方,而且大知识分子很动感情。可见,杀猫与爱猫,已经成了大是大非的问题。杀猫可耻,爱猫高尚。我们似乎听到了正义的呼声。果真如此吗?这是一个训练律师逻辑思维的好题目,不妨仔细分析一下。

  首先,有两个用词需要澄清一下。"流浪猫"一词有倾向性,听起来好像与"流浪者"和"流浪汉"挂上了钩,对猫是一种升化。称"流浪猫",而不称"野猫",代表一种倾向。"无主猫"一词似乎更为恰当。这些猫并非家猫,也就是说这些猫并不是属于任何人的财产。既然不是任何人的财产,杀猫者就不存在损害他人财产的问题。

  第二个名词是"虐杀"。什么是虐杀呢?这是一个问题。杀生就是虐杀吗?屠夫天天杀生,算不算虐杀?士兵开枪杀人,算不算虐杀?按照《现代汉语词典》的定义,"虐杀"指"虐待人而死",而"虐待"则指"用残暴狠毒的手段待人"。按照这个定义,虐杀的实施者和实施对象都是人,与动物无关。既然没有适用于动物的专门定义,暂且套用本来是适用人的定义。但即便是适用关于人的定义,虐杀的前提是"残暴狠毒的手段"。杀生本身并不构成"虐杀"。杀猫不等于虐杀。

  是捕杀还是虐杀?这不仅仅是学术问题,不仅仅是咬文嚼字,因为实施"虐杀"的被怀疑对象躲在家中不敢露面。虐杀是一个贬义词,也很煽情,可以激起人们对虐杀者的义愤或仇恨。

  如果不是虐杀,接下来要问:杀动物有没有错?无主猫不是国家保护动物,所

---

* 作者为中国社会科学院法学研究所兼职教授。

以杀猫并不违法。如果杀死老鼠,99%的人还会拍手称快。那么杀猫到底错在哪里?杀猫与杀老鼠有什么不同?有人会说,猫鼠不同,鼠是有害动物。不错,老鼠确实是有害动物,而且与麻雀曾经同被列在"四害"之内——麻雀已不再被列为有害动物,可见"有害"、"无害"是相对和变化的概念。不过,老鼠仍然是有害动物,绝大多数人认为老鼠是有害动物,至少对人类来说是有害动物。但问题是,老鼠是有害动物,无主猫就不是有害动物了吗?老鼠传播疾病,无主猫也传播疾病。到了春天猫还有噪音污染,猫叫的声音十分难听。

辩论并不到此为止。站在无主猫喂食者的立场上,还可以反问:难道动物有害就可以猎杀吗?印度市区有伤人的猴子和妨碍交通的牛,但印度人并不捕杀这两样动物。出于宗教原因,猴和牛在印度受到尊奉。印度有这个共识,猴、牛杀不得,给人造成危害也杀不得。我们这里对猫有这种共识吗?怕是没有。共知与道德有关。尼采说过,"道德是群体的本能在个体中的体现"。北京市内的无主猫还够不上神猫,至少公众还没有这方面的共识。所以,杀猫还是不杀猫,并不是什么道德问题。

反过来说,即便动物无害,我们也是照杀不误。不仅照杀不误,而且照吃不误。中国是一个以中华美食文化而自豪的民族,喜食各种佳肴,喜欢品尝山肴野蔌,敢吃各种飞禽走兽——很勇敢的,牛、羊肉食得,猪肉食得,狗肉食得……不知道哪样动物的肉食不得,不知道哪种动物国人不杀。

剩下来可能还有问题,那就是杀猫的方式。杀猫方式要人道——不,确切地说是要猫道。维也纳市内商贩卖鱼成交后,先用钝器猛击活鱼,打死后再交给买主,以实行革命的人道主义——不,应该是资产阶级的鱼道主义。维也纳的做法对我们有借鉴意义。维也纳的做法表明,捕杀不等于虐杀。

北大朗润园杀猫的责任在谁?答案也有一争。未经其他邻居同意,能否在公用院内喂猫是一个问题;为了消除噪音污染的公害,为了消除疾病传染体而捕杀无主猫,为民除害,则是另一个问题。两者可以分开讨论,也可以一同讨论。如果喂猫者知道或应当知道有邻居讨厌无主猫,而且蠢蠢欲动,但喂猫者仍然在院内喂食、招来无主猫,这岂不是将猫置于危险而不顾吗?所谓"伯仁虽非我杀,却因我而死"。

　　杀猫无大错——至少是无大错,为什么有人对杀猫者如此愤慨呢?我们的思维粗放是一个原因。我们的经济粗放,思维也是粗放。思维粗放,就不讲逻辑关系,不讲逆向思维,不讲换位思维,不讲批评性思维。我们大多数时候只有两个极端:被人管着的时候俯首帖耳,唯命是从;别人管不到的时候,就老子天下第一,丝毫不顾及他人的感受和利益,不顾及他人的权利。

　　我们喜欢强加于人,自作多情之处。真要爱猫,为什么不将其收养在自己家中?是不是嫌脏?是不是嫌麻烦?小区是公共场所,不应该在这里随意豢养动物,除非得到小区内全体居民的同意,至少是得到大多数居民的同意。中国是个人多地少的国家,空间有限,每一寸土地都十分金贵。为民族大局计,计划生育已成为国策。这是十分理智的做法。但人尚且要计划生育,那些阿猫阿狗呢?那些无主猫的喂食者是不是也要肩负起猫计划生育的重任?还有,为了计划生育,可以进行人工流产,有人不禁要问:难道无主猫的命胜过人体内胎儿的生命?这种结论很难让人接受。

　　在危害环境的问题上,我们很少看到有人敢在具体问题上针对具体的人表示愤慨。北京每天都有数百万辆的汽车在排放尾气,北京的孩子每天都在呼吸污浊的空气。怎么见不到见义勇为者站出来大声疾呼呢?这到底是为什么呢?可能有许多原因,一时很难说清楚,需要深入研究。我想欺软怕硬是一个原因。那就是污染者通常是强大的,个人跳出来反对他们有很大风险。实际上,那些喂养无主猫者也是在污染环境,危害人民的生命健康。但你要是敢于制止,就会遇到很大的麻烦。养狗、养猫所带来的危害或不便,一般影响到的是寻常百姓,达官贵人的住处周围是不许猫狗乱跑的,除非他们自己也喜欢猫狗。

　　欺软怕硬已经深入到我们的骨髓之中,已经深入到我们的基因之中。农民兄弟进城摆摊,我们就要围追堵截,必欲除之而后快。但对于那些随地污染的猫狗——北京城内凡猫狗较多的地方,都是乌七八糟,我们并没有听说过城管采取过什么行动。我们这个民族真是够虚伪的。

　　不过在猫狗问题上,西方人也不讲逻辑。西方人批评中、韩两国有人吃狗肉恶习。按照欧美人的逻辑,狗是人类的朋友,吃忠实朋友的肉于心何忍?狗是人类的忠实朋友吗?死于狂犬病者及其家属恐怕并不这样认为。市区内深受狗污

染之苦的居民恐怕并不这样认为。即便狗是人类的忠实朋友,那就吃不得了吗?如果不该吃狗,为什么可以吃牛?难道牛就不是人类的忠实朋友吗?牛为人类耕地,吃的是草,出的是奶,为什么还要吃牛?西方人不仅吃牛,而且吃出了讲究,吃出了名堂,牛排要分几成熟,牛的许多部位要吃,还要明码标价。国人也不甘落后,连牛鞭都要吃。为什么狗肉吃不得,牛肉却吃得?逻辑不通啊!

不过欧美人倒并不是故意伤害中、韩两国人民的感情。美国国内也有稀奇古怪、不讲逻辑的做法。比如,美国有的议员要求立法,禁止食马肉,因为马是人类的朋友。还是上面的问题,如果马是人类的朋友,牛就不是吗?逻辑不通!

不错,不管是狗道主义,还是猫道主义,不管是鱼道主义,还是牛道主义,不同社会和不同的人,因其背景不同态度也不同。但我以为可以有三点共识。第一,相忍为安,不要将自己的好恶强加于他人,自己爱猫并不等于别人也必须爱猫,自己不吃牛肉,并不等于别人不能吃牛肉,至少在现阶段还做不到。第二,爱狗、爱猫,以不损害他人利益为前提,以维护公共场所清洁为前提。第三,不管是狗道主义还是鱼道主义,我们都应该首先关心人道主义,首先关爱人。切记,猫道主义或狗道主义并不等于人道主义——希特勒是爱狗的,但他屠杀犹太人,屠杀俄国人,也屠杀德国人。切记,在某些地方的某个时期,关爱猫狗,远比关爱人容易——关爱猫狗,并不需要我们表现出太多的勇气。

耶鲁第三百届学生毕业典礼见闻

尹曙生 *

在美国探亲期间，适逢赫赫有名的耶鲁大学第三百届学生毕业典礼将到，新闻媒体做了大量报道，号召学生家长参加。我想参加，无奈不是本届毕业生学生家长。可是巧得很，我的邻居、江西南昌赴美探亲的聂先生的女儿是应届毕业生，他是专门来参加女儿毕业典礼的。他对我说，你要是愿意，我们一起去，要是有人盘问，你就说是我女儿的舅舅。我说这样行吗?前第一夫人、现参议员希拉里，现任总统布什，都要参加，保安一定非常严格，怎么会让不是学生家长的人参加呢。他说，我应邀去参加，可学校也没有给我发任何证件，我估计进场时一定会严格检查，不准带任何可能会危及人身安全的东西，就可以了;再说，我们又不能和那些要人近距离接触，现场一定会有很多保安人员，他们的安全不会有任何问题，当局会给愿意参加的人开绿灯的。我将信将疑，抱着试试看的态度，做好参加的准备。

我通过聂先生的女儿详细了解毕业典礼方面的有关情况。有趣的是，对学校邀请当今名人来参加学生毕业典礼，竟然有很多学生、教师反对，实在出乎我的意料。首先是《耶鲁每日新闻报》报道，学校已经发出邀请，前总统克林顿的夫人、现参议员希拉里出席并发表演讲，希拉里已经愉快接受。她是上个世纪70年代从耶鲁大学法学院毕业的，是当今美国政坛有名的人物，请她参加应该无可置疑。可是不!耶鲁大学学生、教师，大多数倾向自由派、倾向民主党，他们欢迎希拉里;可是耶鲁也有一些非常活跃的、支持共和党的保守主义者，听到自己的政敌要来，顿时鼓噪起来。他们接连在报刊上、互联网上发表文章，强烈抨击希拉里，说她野心勃勃，丑闻不断，为了竞选纽约州参议员，如何不择手段，并表

---

* 作者为安徽省公安厅原副厅长。

示，学校如果一意孤行，执意邀请她来参加，他们宁愿去酒馆喝酒，也绝不会去听这个"道貌岸然"的女人的演讲。

希拉里风波还没有平息，《耶鲁每日新闻报》又刊登一条消息：布什总统将会来耶鲁接受荣誉博士学位。这一下可炸了锅。倾向自由派、倾向民主党的学生占大多数，竭力反对布什来学校。他们人多势众，在学校发动抗议，企图阻止。他们致布什公开信，说他通过家族的力量、不正当的手段当选总统，是历届美国总统中最幼稚、最低能的，上台以来，政绩令人失望。竞选连任时承诺的"两党合作"、"发扬有同情心的旧保守主义"等等，都是空话，他要来讲演，是我们向他表达立场的最好机会，在毕业典礼开始之前，我们将在每个学院给学生派发黄色标语，等到布什讲演时，迎接他的不是掌声，而是高高举起的黄色标语，表示他来耶鲁讲演是不受欢迎的。

这还不算，为了贬低布什，他们搜集布什当年在学校学习时的不良记录，并公之于众。布什在耶鲁大学学习时，很不用功，学习成绩平平，把大量时间用在结交朋友、吃喝玩乐上，是一个典型的、不佳的纨绔子弟形象。有的新闻记者为布什到来准备素材，采访当年给布什授课的老师，有几个老师竟然说他不记得有布什这个当总统的学生。这个消息一传出来，使布什总统很难堪。耶鲁大学的教授们，都是百里挑一的美国精英，怎么会如此健忘？其实他们不承认布什是自己的学生，是为了表明美国的知识精英们看不起那些当官的人，官本位在美国是吃不开的，不像在其他国家，总统来参加毕业典礼是莫大的光荣。请都不一定请得来，还反对？

反对归反对，学校当局还是决定邀请他们二位来校演讲。

毕业典礼日程安排三天。第一天下午是校长作为东道主欢迎家长来宾，很简短，晚间有一场音乐会，我没有参加。第二天上午是带有宗教性质的祝祷会，下午是"毕业班日"，是重头戏，届时，希拉里将要来发表演说。一大早，我乘坐老聂开的汽车前往，唯恐去迟了找不到停车位。

会场设在四面为楼房环抱的大庭院里，几千张折叠椅已经摆放整齐。我们通过安全检查进入，去占座位。在庭院正中前面的地方，给毕业生专门留下座位；给学生家长的座位上，已经坐了很多人，好位置已经没有了。我们只好在离主席台较远的地方坐下。坐下后，我的视线落在毕业班学生身上。他们都穿着黑色学士袍，两只宽大而稍短的袖子，走起路来，有点飘飘欲仙的感觉。值得一提的是，他们都戴着五花八门、怪模怪样的帽子。后来了解，耶鲁学生毕业典礼有戴怪帽子的传统，而不是戴清一色的方式帽。从中国内地来参加毕业典礼的家长们，后悔没有给孩子带来皇帝帽、皇后帽、格格帽。要是带来了，准能吸引眼球。

就在我注视学生戴的帽子的当儿，会场的人站起来了，掌声不断。希拉里来了。从掌声判断，她还是挺受欢迎的。因为支持民主党的学生占大多数，反对者的声音被淹没了。她是上个世纪70年代初在耶鲁读书的，毕业后成为著名的女律师，现在又是著名的参议员，说不定哪一天她会像她丈夫那样问鼎总统宝座。说她是"女中豪杰"、耶鲁的骄傲也不为过。在主持人介绍后，又掀起雷鸣般的掌声。我这时最感兴趣的是她的讲演，只有10分钟左右，她讲什么呢。要赢得支持和反对她的人，确实不好讲。我看她没有拿讲稿，站在扩音器前，穿着得体，亭亭玉立，青春焕发，不像一个50多岁的女人。

我注意她开头讲什么，可我听不懂她的话，聂先生到美国进修过几年，能逐句翻译给我听。希拉里开头就说：当年我为什么选择耶鲁而不选择哈佛大学学习法律呢？那是因为受到哈佛法学院一个傲慢的教授的打击以后，做出到耶鲁大学法学院学习的正确决定。你们一定想知道，这是怎么一回事呢？在一次鸡尾酒会上，我的一个朋友把我介绍给那个傲慢的家伙，对他说，这位是才华横溢的希拉里，她正在考虑是进我们哈佛大学法学院，还是进我们的对手耶鲁大学法学院。那个傲慢的教授摆摆手说：第一，我们没有对手，没有哪一所大学法学院可以和我们比；第二，我们哈佛大学法学院也不需要更多的女生。这位傲慢家伙的话，对我是很大的刺激，所以我毅然决然投考耶鲁大学法学院。现在看，我选择对了，要是进了歧视女生的哈佛，我能有今天吗？

台上、台下笑声一片，接着掌声雷动，足足有3分钟之久。那些反对她来讲演的人并不是像他们原来说的，不来听她讲演，绝大多数人都来了，也情不自禁地鼓起掌来。因为希拉里夸的是她的母校耶鲁大学，那些在这个学校读书毕业的学生有什么理由反对呢？后面她讲的为国家，为人类自由民主、公正而奋斗的说教,没有多少新意,但是也没有多少人在意。演讲获得圆满成功。

第三天上午10点半,是正式毕业典礼仪式,总统光临。我们6点钟就到达,停好车,下来一看,排队等候进场的队伍有几公里远。耐心等待吧。这时,四周围有很多抗议总统的人群;有的抗议队伍大喊大叫、又扭又跳;有的抗议队伍默默无语,表情严肃而凝重,人人身上挂着标语牌,上面写着"总统把全国引向深渊"。最引人注目的是有一条标语写着:"杀人犯老布什与小布什,有其父必有其子。"有一个老奶奶,孤身一人,对排队进场的人群不断地说道:"这个总统是靠耍赖才当上的,真正的总统根本不是他,你们不要去听他胡说八道。"我看看四周,有不少戴着墨镜的彪形大汉,在游走,那是保安人员。他们对抗议队伍,不加干涉,只要那些抗议者动口不动手,他们是不会理睬的。中国有句古话,叫做"士可杀,不可辱"。可在这儿,你可以随意侮辱总统,把他骂得狗血喷头,都没有人管;但是你不可以有任何举动,危害总统人身安全。这,就是美国;这,就叫做"君子动口不动手"的游戏规则。

排了一个半小时的队,终于到了安全检查口。我们没有身份证,没有证明是学生家长的任何证件,可是很顺利进入。我知道,虽然没有搜身检查,但是,那些电子眼,是不会放过任何人带危险品进入的。等到我们进到里面,整个露天场地已经挤满了人,加上天气较热,使我们切身感受到"张袂成荫,挥汗成雨"的滋味。我们发扬中国人擅长"挤"的精神,慢慢往前挤,从最后面挤到中间偏后的位置,可以清晰看到主席台上的人。我们满足了。总统还是比参议员影响大,来的人至少是昨天的两三倍。由于人多,大家只能站着。

不一会儿,布什总统在校长陪同下,健步走上主席台。整个会场响起欢呼声和掌声;同时,反对的学生举起黄色标语牌,不停地挥舞着。布什面带微笑,向整个露天会场人群点头致意。当主持人宣布由校长向布什颁发博士荣誉证书时,会场沸腾起来了,尤其是学生家长鼓掌特别起劲,而学生区的黄色标语牌更多、挥舞得更厉害。但是,当主持人宣布请布什总统讲话时,会场顿时安静下来,表现了美国人的理智与克制精神。尊重别人,也是尊重自己。

我不知道布什要说什么、怎样讲,才能赢得与会者、尤其是那些反对派的谅解。布什在第一个任期内,经常说错话,几乎成了笑柄。不知道今天他是否会出错。我用胳膊捅捅老聂,提醒他注意听,给我翻译。

布什说话了,没有客套,没有过渡,没有危言耸听的大道理,而是说:我是从耶鲁大学毕业的学生,是你们的校友;但是我坦率地告诉你们,我在耶鲁的学习成绩平平,所以在耶鲁大学我并不出名,有的老师可能忘记了我这位学生。但是,我在校时,是一个著名的"派对动物",一直忙着寻欢作乐,结交了不少好朋友,他们对我这一生产生巨大影响,没有他们,我可能当不了总统。

此话一出,整个会场沸腾起来,欢呼声、掌声连成一片。黄色标语大幅度减少。我不知道声称不记得有布什这位学生的教授是否参加了毕业典礼,如果参加了,感想如何呢?不是竭力贬低他吗?他干脆来个彻底自我贬低,看你还有什么话要说。实在是高明!

布什做了个手势,会场又安静下来。他接着说:我们的副总统切尼,也在耶鲁大学读过书,可惜的是,他中途退学了,没有拿到毕业文凭,所以他只能当副总统。由此可见,耶鲁大学的毕业文凭很珍贵,含金量很高,我祝贺你们拿到耶鲁大学的毕业文凭。

整个会场又一次沸腾起来,更多的人则是哈哈大笑,笑弯了腰,拿出手绢擦眼泪和鼻涕。我内心激动,佩服布什如此睿智。他拿切尼开涮,说明拿到耶鲁大学文凭是多么值得骄傲的一件事,此话说到了毕业生们的心坎里,他们内心感动难以言表。我再看看学生站立的地方,黄色标语已经没有了。这样的总统,说这样的话,你抗议什么呢?

接着布什希望小校友们关心国家大事,把美国建设得更加繁荣富强。非常简单,就几句话。可是听者却感到亲切。当他离开麦克风时,全场掀起第三次掌声和欢呼声。

不少政治评论家认为布什智商不高,比不上里根、尼克松、克林顿。但是,我从他在耶鲁的讲演得出结论:当今世界唯一的超级大国,他的人民是不会把一个无能的家伙送上总统宝座的。老布什因为第一次打伊拉克,虽然胜利,却没能竞选连任;他的儿子小布什,选举时没有能以压倒多数赢得胜利,最后由法院仲裁当上总统,第一任期内,打阿富汗塔利班,打伊拉克萨达姆,都胜利了,美国人民也付出了沉重代价,经济搞得也不好,可是美国人仍然投他的票,使他竞选连任。我们能说美国人选错总统了吗?我们中国人有崇拜英雄的传统,往往把自己的命运寄托在领袖人物、英雄人物身上,结果是屡屡上当受骗。哲人说过:需要英雄的时代,是可悲的时代。美国的开国元勋们给国家制定了一套有效地制衡政府权力、保障公民民主权利的体制,有无英雄都无所谓了。谁当总统,都得遵守美国的宪法和法律,谁要想胡作非为,是不可能的;谁要想通过不正当手段窃取总统宝座,一定会碰得头破血流。美国建国 200 多年来,政局一直很稳定,难道不值得我们学习吗?

透视美国枪支管制

傅达林*

2007 年 4 月 16 日,美国弗吉尼亚州,小雪。

清晨宁静的校园里,清脆的枪声震惊了大地,一起前所未有的校园血腥屠杀拉开序幕。两个小时后,枪声再度响起……包括凶手在内的 33 人死亡,29 人受伤。这起"史上最严重的校园枪击案"再次撕开美国人的伤口,夜幕下的校园,凝视着摇曳的烛光,聚会的师生在静静流泪中陷入了无尽的悲伤。

枪声和血迹让美国人对枪支泛滥发出了无比沉痛的哀叹,也让世人对美国持枪自由这样"既卖矛又卖盾"的法律充满了惊奇。

一、神奇的"枪文化":"枪是一种权利"

美国是世界上第一个也是至今唯一公民普遍有持枪权利的国家。要问美国法律为什么不禁枪,首先得了解其独特的"枪文化"。

在好莱坞的影视作品中,早期美国人的形象便是胸前横着一支来复枪的"西部牛仔",最能体现美国人野性、刚强、独立不羁的,除了牛仔服就是手中的那支枪了。经过几百年的变迁,美国人造就了一个世界上最富有、最发达、最文明的国家,但这两样东西却没有改变,尤其是那杆握在手中、横在胸前的枪依然如故,几百年来根深蒂固、一成不变。

美国人为什么如此钟爱枪? 难道是天性崇尚暴力吗? 其实相反,美国人视枪如生命般重要,并非喜欢暴力,而是为了抵抗暴力。早在独立战争时,争取自由的美国人就懂得"枪杆子里出政权",公民持枪是对抗暴政、捍卫公民权的最后

---

* 作者为解放军西安政治学院军事法学研究所副教授。

依仗。1776 年 7 月 4 日,在北美洲 13 个殖民地的代表举行的第二届大陆会议上通过的《独立宣言》即宣称:"当追逐同一目标的一连串滥用职权和强取豪夺发生,证明政府企图把人民置于专制统治之下时,那么人民就有权利,也有义务推翻这个政府。"用鲜血换来自由的建国先驱们深刻认识到"人民有推翻暴政的自由"之重要性。而没枪怎么推翻暴政?所以在随后的宪法修正案中,专门规定"人民持有和携带武器的权利不得侵犯"(《权利法案》第二条),这便是美国人普遍持枪的"尚方宝剑"。

时过境迁,今天的美国早已脱离了政府暴政的危险,但美国人对暴政的天然防备心理并没有改变,"防官如防贼,防权如防火,防权力滥用如防洪水"的宪法精神没有改变,坚决保证人民持枪权利的法律也没有改变。这简直让人觉得美国人太"谨慎"或是过于"迂腐"了,但美国人有自己的逻辑。

很多看过《辛德勒名单》的人会感到疑惑,为什么二战时期德国的犹太人任人宰割而不去反抗?原因其实就在于手中没有武器。二战之前德国人民也是合法拥有武器的,但在希特勒上台之后,首先搞枪支登记,然后设法逐步没收枪支,以致犹太人最后只能束手待宰。所以,在美国人的骨子里,"枪不是一种工具,枪是一种权利。"只有保障公民持枪的权利,才能避免政府和军警垄断使用暴力的特权,才能有效防止少数人用枪杆子搞专制统治。

因而,美国人不仅将持枪的权利纳入宪法,还通过无数案例及整个司法制度将这种权利变为公民手中的"果实"。现实生活中,如果一个美国公民的土地被掠夺,房地产开发商要来拆房子,他们就可以拿起枪来维护正义。这种难以想象的持枪权利,并没有在很大程度上出现人们担心的混乱状态,反而对保证美国社会的自由、稳定和发展起到重大作用。在美国,不仅出现过轮椅上 80 多岁老太太拿枪击毙身强力壮抢劫犯的典范,出现过 6 岁小孩在父母被打昏后拿出手枪击倒歹徒的奇迹;更重要的是,公民持枪的权利让美国避免了发生在其他国家的专制政府、军人独裁、国内混战对人民的摧残。除了争取黑人解放的南北战争,美国没有发生过中国"文革"那样的"武斗",也很少听说百姓与政府武装对抗。而前苏联仅仅一个"大清洗",就杀害了 2000 多万人,远远超过美国人因持枪而残杀的数目。

正因为如此,整个19世纪美国政府基本上没有对枪支采取法律限制,这个在其他国家被认为是极其危险的东西,在美国却被当做"秩序的象征和保守主义的图腾"。据联邦调查局估计,目前大约有2.5亿支枪在私人的手里,每年还有500万支新枪被私人购买,几乎人手一枪。在南方一些城市,如有1700万人口的得州,枪支的数量高达6800万支,平均每个人持有4支。难怪有人说,枪支之于美国,犹如汉堡包之于美国、热狗之于美国、摇滚乐之于美国,是美国文化中不可或缺的一部分。

这的确是一种让人不可思议的现象。

二、校园枪击案:令人惊恐的生命消逝

自由的享有必然以另一部分自由的牺牲为代价。美国以持枪权利对抗暴力和专制,也因此付出了越来越大的代价。近年来,枪支的泛滥加之暴力文化的渲染,使得校园枪击事件似乎成为美国难以避免的悲剧。

1998年3月,两名13岁和11岁的男孩在阿肯色州琼斯伯勒的西区中学拉响火警警报,向正在撤离的学生和老师开火,造成四名学生和一名教师丧生。

1999年4月,两名学生枪手在科罗拉多州李特顿的哥伦比亚中学开枪打死十二名学生和一名教师,随后自杀。

2002年1月,一名被弗吉尼亚格伦迪法学院开除的学生开枪杀害了院长、一名教授和一名学生,另有三名学生受伤。

2005年3月,一名16岁的高中学生在明尼苏达州红湖中学开枪打死了五名学生、一名教师和一名保安,随后开枪自杀。在这之前他还并枪射杀了他的祖父及祖父的同伴。

2006年9月29日,一名15岁的学生在威斯康星州西部的一所学校内枪杀了校长。10月2日,卡车司机查尔斯·罗伯特持枪闯入宾夕法尼亚州一所阿米什人社区学校,向十名年龄在6岁至14岁的女学生开枪,随后自杀,五名女学生丧生。

......

统计数字告诉我们,每一年,大约有35万美国人死于枪弹之下,是其他先进

2007 年 4 月 19 日,美国弗吉尼亚理工大学师生在校园追思枪击案遇难者。这起美国"史上最严重的校园枪击案",共造成 33 人死亡,29 人受伤。

国家的 19 倍。其中,尤以青少年的枪支暴力最令美国人坐卧不安。1972 年以来,美国平均每天有 80 多人因枪杀案毙命,其中约有 12 名是儿童,仅 1995 年就有 4643 名青少年死于枪声之下。

数字是冰冷的,而一个个转瞬消逝的鲜活生命,不禁让人陷入深深的沉思:如果连校园的安全都无法保障,如果连孩子的生命都无法保护,政府还有什么资格谈论公民的权利与自由?悲剧并非偶然。从 1991 年酿成 24 人死亡的得克萨斯枪击案到今天的弗吉尼亚校园惨案,无数次枪击事件将美国的枪支管理软肋暴露于众。得克萨斯与弗吉尼亚是美国对枪支管理最为松懈的两个州,人们甚至不需要身份验证就可以合法获得枪支。根据弗吉尼亚州的法律,任何超过 18 岁的居民无须准证就能购买 AK-47 和 Uzis 等冲锋枪,而非居民只需等上 10 天也能买得到这些攻击性武器。所以,自上个世纪 60 年代以来,美国人就展开了关于枪支管制的论辩,并一直持续到现在。然而,由于多种因素的影响,美国人始终无法在枪支管制上达成一致意见,相关讨论就像季节性的台风,每隔一段时期就会因为枪击案的发生而卷土重来,但结果总是不了了之。

对这项代价如此昂贵的自由和权利,美国人在支付了有目共睹的惨重"学费"之后,为什么至今仍不放弃呢?或许,从长期困扰美国政坛的枪支管制立法之争,我们多少可以窥视一二。

三、枪支管制立法:一个争执无休的焦点

美国公民享有持枪权利并非意味着其没有枪支管制,事实上从19世纪末开始,美国各州就开始出台一些管理枪支的法律,只不过大多立法的目的并非为了限制公民的持枪权,而是保证这种权利。

进入20世纪,随着犯罪率上升和民众对罪犯持枪的担忧,美国开始考虑通过立法加强枪支管制。1919年,规定对枪支征收10%联邦税收的《战争税收法》获通过,可谓美国国会最早在枪支问题上采取的行动。1933年,迈阿密发生的试图刺杀罗斯福总统事件,促使国会通过了《1934年全国枪支法》。该法禁止传输和拥有机关枪和锯短长度的霰弹猎枪,并要求已经拥有这类枪支的人进行登记。时隔4年,美国又通过了《1938年联邦火器法》,授予财政部给枪支经销商、制造商和进口商颁发执照的权力,禁止销售武器给已经确认有重罪的犯人和逃犯,规定运输被盗枪支为非法。由于枪支管制并没有获得美国民众的认同,所以无论是立法还是执法都存在很多漏洞。《联邦火器法》施行近30年中,每年只有不到100人被依法逮捕。

20世纪60年代,发生了令人震惊的肯尼迪总统被刺以及民权领袖马丁·路德·金和参议员罗伯特·肯尼迪遭刺事件,枪支管制运动开始在全美大规模兴起。1968年,参众两院经过激烈辩论,美国最终通过了20世纪30年代以来最为实质性的《枪支管制法》,规定禁止跨州运输火器(手枪和长枪)、弹药给私人,禁止出售枪支给未成年人、吸毒者、精神病人以及已被认定为罪犯的人员,强化了对于枪支经销商和收藏者的执照和档案管理等。虽然该法顺利通过,但在实施上遭到维护持枪权利力量的不断阻挠。法案通过的第二年,在全美步枪协会的游说下,国会就废止了关于要求销售霰弹猎枪和来复枪弹药商登记购买者的规定。1986年,美国通过《火器拥有者保护法》,使枪支管制遭受重大挫折。

20世纪90年代初,由于加州斯托克顿恶性校园枪击事件和得克萨斯枪击

案,加之国内不断攀升的犯罪率,美国枪支管制呼声再起,各州的枪支管制组织抓住机会,要求加大枪支管制力度。在手枪管制有限公司的全力推动下,1992年美国国会通过《布雷迪法》,要求在购买枪支时必须有5天的等待时间,以便警方调查购买者的背景。紧接着,在克林顿政府、支持枪支管制组织及其国会盟友的大力游说下,1993年9月13日签署通过了《联邦攻击型枪支管制法案》,禁止美国枪支制造商制造和进口19种军警用半自动攻击型枪支,包括AK-47型步枪、TEC-9型步枪、科尔特(Colt)AR-15型卡宾枪(又称M-16卡宾枪)、伯莱塔(Beretta)AR-70型轻机枪和乌兹(Uzi)冲锋枪等枪支及其仿冒品,并将这些枪支所使用的弹夹管制到10发以下。然而遗憾的是,由于后来美国国会和布什总统没有延期,该法案于2004年9月13日到期作废。

时至今日,枪支管制已经成为美国政治生活中一个极富争议的问题。由于涉及公民权利、政府权力与公共秩序维护之间的关系,交织着文化传统、价值观念、法定权利、利益集团政治和党派之争等多种因素,其复杂程度和争议热度甚至超过了堕胎问题。

四、两难困境:立法会否因惨案而"改道"

争论仍在继续。一起令人震惊的枪击案会成为推动管制枪支立法的催化剂吗? 美国立法会因此再次"改道"吗?

在国外看来,美国的枪支泛滥已经到了法律之剑非"亮"不可的地步。澳大利亚总理约翰·霍华德在枪击案第二天就批评美国"枪文化"现状不佳,并把澳大利亚的枪支管制法案与美国进行对比。英国、法国、意大利等欧洲国家媒体普遍认为美国频频发生校园枪击案与其现有枪支法律有很大关系。美国媒体也呼吁更加严格的枪支控制法案。《纽约时报》发表评论说:"现在迫切需要的是,加强对致命武器的管制,是它造成了如此大规模的屠杀和令人心痛的损失。"

但是,美国政界似乎并没有显现多少立法胎动的迹象。枪击惨案发生后,虽然布什总统对此"感到万分惊愕",但白宫发言人佩里诺当天就表示,这一事件不会改变布什对于枪支管理的立场。英国《金融时报》也分析认为,枪击案未必能够使美国政府加大对枪支的监管。

为什么在一次次"血的教训"之下,美国人仍然不想"亡羊补牢"?其实,造成今天立法的困境,第一个原因就在于美国宪法第二条修正案。近年来,在枪支问题变得突出之后,支持和反对枪支管制的两派人士开始就修正案的诠释展开激烈争论。支持者认为,200多年前制定的宪法修正案早已"过时",依据法院的历次裁决,政府有权对枪支加以管制;反对方则始终依托修正案,反对任何的枪支管制措施。第二条修正案成为美国枪支管制立法中无法绕过的"栅栏",很多次关于枪支立法的讨论最终在第二条宪法修正案的争论声中陷入僵局。而要想对这条修正案进行改动,就必须获得大多数州的同意,这似乎更加困难,因为目前美国的50个州中,44个州的宪法都有明确保护公民持枪权利的条款。所以,政府只能再三呼吁为枪支管制"立法",对于彻底禁枪,由于第二条宪法修正案的存在,政府永远不敢"越雷池一步"。

美国是唯一一个公民普遍有持枪权利的国家

造成立法困境的第二个原因,在于深层次的党派分歧和利益集团的阻隔。在美国,立法从来都是政治力量妥协的产物。由于利益集团的介入,美国两党在枪支问题上采取了截然不同的政治立场。总体上共和党主张持枪权,而民主党认为只有20岁以上的美国公民才可以购买枪支,并要求购买人进行严格登记。不同的政见直接影响美国的立法,比如1994年国会中期选举,共和党人一举管制了国会参众两院,于是在1999年6月众议院就以280票对147票否决了枪支管制法案。而在1999年哥伦拜恩中学校园惨案发生后,入主白宫的民主党就多次要求国会通过新的枪支管制法,总统克林顿说:"美国在等待,等着看国会能否通过一条造福美国孩子们的法律，而不是一条屈服于枪械联合会的恐吓的法律。"两党的这种分歧背后，其实是利益集团在操纵。从现实政治来说，美国军工集团的势力非常强大，像"全国步枪协会"等组织，一直是美国政治献金的主要来源，利益集团的阻挠让美国在枪支管制上始终骑虎难下。在 2000 年总统大选中，布什和共和党获得了全美步枪协会的大力支持，该协会捐助的 160 万美元中，有 92% 给了共和党。所以在 2001 年 3 月连续出现校园枪杀案后，布什认为防范学校暴力的最好手段是教导孩子们分辨好坏，却绝口不提通过新立法来强化枪支管制。可见，利益始终是左右立法背后的"黑手"。

造成立法困境的第三个原因，在于更深层次的民众态度。尽管多数民众支持枪支管制，但也不愿严格到欧洲那种程度，更不愿放弃个人拥有枪支的权利。这里面除了前面谈到的美国奇特的"枪文化"，还缘于他们对政府和权利的独特逻辑。很多美国人担心，枪支管制一旦被突破，《权利法案》中的下一道权利防线也可能被突破，并出现"多米诺效应"，对整个公民权利构成威胁。反对枪支管制的民众甚至认为，持枪是减少犯罪的最好保障。1997 年，美国出版了一本《枪支越多，犯罪越少》的书。作者声称通过对 2000 多人的调查发现，秘密携带枪支的主要作用是阻止犯罪，在发生冲突时只要出示枪支而无须开枪就能平息争端，这种情形占了 98%！更多的人还相信，一个社会中 99% 的人是好人，如果没有持枪的权利，其生命和尊严要依赖 1% 垄断着持枪特权的人的觉悟和良心，这就非常不保险。"如果 99% 中的多数人手中有枪，1% 中的多数人要持枪胡作非为就必须先考虑 99% 中的多数人手中的枪。"这种让人惊奇的逻辑恰恰证明了持枪对美国人来说，实在是太重要了。正因为如此，许多美国人对枪支管制持一种模棱两可、犹豫不决的态度。当犯罪率上升、出现严重的枪杀案件时，就会要求政府采取管制措施；一旦时过境迁，对枪支的关注就会逐渐平息。

不管怎样，对于已经思考、讨论、争辩和权衡了 200 多年的美国人而言，枪支管制仍将是一个曲折漫长的过程。在这个以"自由女神"著称的"法治国家"，新的流血代价能否唤起真正逾越鸿沟的力量？惨案之后的美国人必须学会在权利和安全之间选择恰当的均衡。

或许，"既卖矛又卖盾"，正是美国法律的特色。

哦！黄包餐

徐国栋 *

  哥伦比亚大学法学院寄给我的访问学者录取通知上告知我有吃黄包餐（Brown Bag）的权利，当时我并不知道黄包餐的意思是什么，因为我日常使用的《新英汉词典》不收此词，我不知道它是在原始的含义上被使用，意味着我可以免费吃一顿呢？还是在引申的含义上使用，意味着我要每周和美国同志在一起学习一个钟头的布什总统语录？来了以后，吃了两顿黄包餐后，我就知道这个词的基本含义了，我把这点心得反映在《我的大学》一文中，其间写到："黄包餐也就是全系老师在一起吃饭，同时听一位报告人就一个主题做几十分钟的发言，然后大家提问。真是精神物质双会餐。"时至今日，我对此餐的认识可比过去强多了，写出来供大家分享。

  按照权威辞典 The American Heritage College Dictionary 的解释，黄包餐就是"带饭去工作，典型的是装在黄色纸包中的饭"。大家都知道，美国人吃饭不怎么讲究，中午买个热狗或三明治或其他，加上一瓶饮料，一股脑地包在一个黄色的纸包内，边走边吃或带到工作场所，吃完继续工作，这就是黄包餐了。说实话，叫"黄包"有点不合适，因为原义是"褐包"。用"褐包"的表达，中文觉得别扭，因此我宁愿用黄包的表达。什么是"褐包"？我们中国的食品店用来包装出售后的熟食的纸包就是褐包，原来是我们熟悉的东西。可以看出，最初的黄包餐与大学没有必然的联系，凡是有人上班的地方就有黄包餐，这样的黄包餐肯定是吃饭者自己买的。当然，大学也是有人上班的地方，因此也有黄包餐。但在一个我不知的时间，有一个我不知的大学人灵机一动，认为反正大家都要用将近一小时的时间吃黄包餐，为何不利用这个时间听一个同行讲自己的研究心得？这个点子为

---

* 作者为厦门大学法学院教授。

大家接受,于是第一讲开始了。第一场的演讲者讲完后觉得吃亏:怎么光我讲大家都不讲?要讲大家都讲!于是大家达成协议:每人在每周的某个午饭时间(哥大法学院是星期四)轮流讲自己正在进行的研究,同行们提出质疑。一方面,演讲者实施了自己的新产品演示,其中的有些毛病就暴露出来,发现后修改正式出版;另一方面,听众们也了解了其他专业的动态,也许可以从中得到启发。因此,黄包餐的精神是展览新产品,听取批评,给人启发。这个时候的黄包餐食品由与会者自理。后来,国家富强了,有了财力,也为了避免有人带鹿肉三明治,有人带猪肉汉堡包,相互斗富比穷带来的注意力分散,干脆决定黄包餐统一由教学科研单位供应。如此进入了黄包餐的高级阶段,人们开始享受"大黄包餐"——对于那种自备的黄包餐,我们姑且把它称为"小黄包餐"。黄包餐由小到大的转变,潜伏着它的危机:开头它是纯粹出于精神需要,现在它已经有了食品引诱的意味了!"吃"与"思"开始脱离,完全出现了某些人把头脑关闭,纯粹为了吃出席黄包餐的可能。

可以说,黄包餐是美国校园文化的一个特点,因此,在美国学习过、吃过这种餐的人无不印象深刻,许多人还考虑把它引进到国内。回想起来,在我知道黄包餐的名称前,我就在国内两次接触过黄包餐。第一次是在上个世纪90年代初的一个夏日,当时社科院法学所民法室的副主任徐炳刚从美国回来,组织了一次"沙龙",由他自掏腰包给每个参加者买了一份"大田园"的鸡腿快餐,让大家边吃边说,记得当时梁慧星老师的发言内容是放弃反对制定民法典的观点,改持可以制定民法典的观点。现在想来,徐炳教授组织的这次活动就是模仿美国的黄包餐,后来通过媒体知道社科院法学所经常举行这样的活动,看来还是这里留美的多。这种由某个大款(徐老师当时兼做律师,比较富有)出钱大家吃、大家谈的方法已经把黄包餐中国化了,可称之为"中国黄包餐",没有免费的午餐或曰要像美国人那样自己买一份饭带了去听您唠叨,这样的活动在中国能否组织得起来肯定是个问题,因此黄包餐来到中国,必然要中国化为"大款黄包餐"。后来又得到梁治平的一份讨论法律方法论的黄包餐邀请,没有去。最后一次听到包含黄包餐内容的故事是与贺卫方聊天,他说美国人很有意思,其中之一是在大家吃饭的时候听你讲一讲。我当时根本没想到,贺卫方讲的就是后来我百思不得其解的黄包餐。

然而,黄包餐能否在中国推行得开,我认真地怀疑。理由一:经费问题。我们要引进的是小黄包餐还是大黄包餐?小黄包餐与初级阶段相适应,大黄包餐与高级阶段相适应。我国仍处在初级阶段,这是不争的事实,搞大黄包餐有超越生产力的发展水平之嫌。要大家自备饭菜,听某人唠叨一个自己可能根本用不着也没有兴趣的问题,一次可以,多了,大家就不愿做出这样的牺牲了。事实上,在我的大学里,同行们的相聚也是有的,不过每年一次而已(春节前),不过光吃不说而已。不说,不是什么话都说,而是指不谈学术。这种"说"与"学"相脱离的教研室聚会,我把它形容为"我吃故我在"。理由二,教师队伍素质问题。假若我们就搞小黄包餐!每人买一份饭听你老徐扯一扯,恐怕俺老徐没有这么大的吸引力,听俺扯一次可以,第二次就如坐针毡了。原因者何?乃因为黄包餐的成立基础是两个命题。第一,人人都能讲,换言之,人人都能做研究,不然,不能讲的人就会有"我听你说"的委屈感。在中国的大学里,由于教学与研究的相对分离,有一部分老师没有东西讲,他们只能讲课,不能"讲学"。时间长了,会出现总是那几个人讲,其他人出于面子等各方面的原因不愿来的情况。第二,所有的老师都对学问感兴趣,愿意做"射幸听取",因为黄包餐的本质还在于跨行对话,听者中可能只有一个狭义上的同行,其他都是相对的外行,由于这种格局,听的效果是有偶然性的,换言之,对于一个非同专业的同事谈论的问题,在偶然的情况下可能对我有醍醐灌顶一样的启发作用,但在多数情况下,我的所听对我没有什么用。这也是黄包餐把"听"与"吃"设计在一起的哲学依据,食品本身是对那些白听者的报偿。在这样的体制条件下,必须是对学问有极大兴趣,为了那1%的机会愿意白听99次的人,才能维持黄包餐持续进行。但我国的大学由于没有淘汰机制(退休淘汰、重大过失淘汰的除外),无心学问者在教师队伍中占相当比例,这些人是不会坚持参加黄包餐的。说实话,哥大黄包餐的稳定食客是那些全时教授,他们与兼职教授形成对立。什么是全时教授?按照我的理解和观察,是那些在上班时间都能在办公室找到他们的教授。从制度设计来看,中国的所有大学教授都是全时教授,但由于待遇不高、出身不高等原因,许多都在外面"打野食",把自己变成了实际上的部分时间教授,莫说是把他们全部弄到一起听你唠叨学问,就是把他们全部弄到一起宣布发奖金,也是相当难的一件事呢!

在美国,黄包餐还有富贵黄包餐与贫贱黄包餐之分。法学院的当然是前者,其内容包括肉和鱼、蔬菜、面包、米饭或意大利面条、水果、甜食、咖啡和茶等,相当于在一家好的餐馆里吃一顿饭。叫我感到气愤的是,当豆腐和大白菜、葱和姜在意大利还徘徊在中国人的餐桌上的时候,美国人已经堂而皇之地把它们纳入了自己的日常食谱,一个谢字都没有,我只好用我们中国人用了多少盗版的 Microsoft 软件自我平衡了。这个民族对外来文化的吸收能力与意大利人形成鲜明的对比。在法学院之外,还有不计其数的黄包餐,可以说,除非周末,在哥大法学院的大楼内,你基本上都可以吃到不要钱的午饭和晚饭,而且都不是蹭,而是通过 E-mail 得到邀请的。免费的饭多,实际上是人家举行的学术活动多,一句话,人家把"饭"作为吸引人来参加活动的手段,因此,在各种各样的学术活动广告中,最后都有一句让读者关心的话:将供应某某食品。这个"某某",通常是比萨、点心或小吃外加苏打水(到了美国我才知道,苏打水不是一种水,而是可口可乐、百事可乐、矿泉水等水的泛称)。它们都只相当于复合式的富贵黄包餐中的一道,因此我把它们称为贫贱黄包餐。可别看不起它,它也是够吃饱且免费的哦!

我加入的哥大中国法研究会就经常举行这样的贫贱黄包餐,食客都是学生嘛,能不贫贱乎!贫贱的属性还在于有时宣告了比萨,结果却是比萨缺席,把一些奔着比萨来的同志饿得头昏眼花。这样的黄包餐在举行学术活动时进行,通常是邀请一位美国的中国法专家或中国来的访问学者用英文或中文讲几十分钟的中国法,然后回答问题,大家边吃边听边提问,演讲者一点没有被冒犯的感觉。当然,这样的中国法演讲会的主要听众是中国人,不排除食品把大家吸引来的可能吧!我亲眼见到一些洋人,不是我们中国法研究会的成员来参加我们的活动,明显是奔着比萨来的,但谁也不能对此说什么,因为黄包餐活动的本身就包含了食品吸引的因素。尴尬的是,黄包餐有大小之分,有时宣告的黄包餐是小黄包,我们外国人的背景知识不够,以为是法学院的大黄包,结果空着肚子去,有饿得满脸发绿的,有擅自拿另外一个团体的黄包餐食品的。还好,我没有犯过这样的错误。

应该说,刚到哥大时,我对免费食品也有一种人之初的热情,是两件事情改变了我。其一,我在外交部工作的在美国待过两年的同学,在我像年轻人一样把"小吃"盛了满满一盆作为一顿饭的时候,他却没有取任何食品,我从他那里学会了怎样当大哥。确实,我的待遇比那些利用机会找免费食品的年轻同胞高得多,我必须让着他们。其二,有一次,中国法研究中心举行小黄包供应比萨,结果来的人特别多,每人一块都不够,有的同胞却取了两块,这时我看到有些成熟一些的美国人都没有去取食品,拿出自己的小饼干并且眼中有愤怒。尔后,我就是像郝思嘉一样吃个半饱再去参加这样的活动了,吃得到吃不到我都无所谓。不妨说,贫贱黄包餐不光简单,而且是吊人胃口的。为了显示自己的尊严,我后来就数次不参加这样的活动了。俺在《西口闲笔》中已经揭示了西方的这样的历史传统,免费的食品是联络公共感情的手段,不吃是没有同类之爱,吃多了也是贪心毕露,因此,对于这样的食品,要做到介于吃与不吃之间。呵呵,做来可难!

据发给我们的资料统计,哥大法学院在 2002 年的下半年接待了 200 名访问学者,每一个这样的访问学者都有权利吃黄包餐,他们在每周四之前都会从外事办得到明天来吃饭的通知。他们多数是花了钱买到这样的权利的,因为作为访问学者要交所谓的座位费 6000 美元(我作为福布莱特学者被免收了这笔费用和许多其他费用而已),但举行黄包餐的 Case Lounge 只能容纳 150 人左右,这200 人外加法学院的 60 人,而且加上"客"和我们外国人难以识别的不速之客(我们只是从餐厅门上经常贴出的"全系聚餐,外人勿扰"的告示知道他们的存在),这个可怜的厅肯定装不下,而且食物也肯定不够。但我们不妨用虚拟与其探讨一下他们全来的可能。在这个问题上,我们看一下哥大法学院对访问学者办公室(哥大法学院的这么多访问学者共用一间大的办公室)用纸"过多"的处理态度就知道了。黄包餐上讲的论文都很长,最长的 90 页,最短的 45 页,放在网上让大家打印。以访问学者数除以每篇文章的页数,用这点纸只能说少了,不能说多了。恐怕来这里的人在国内都是敞开用纸的,毕竟是人到异国人格减等哦!我一直在想,假设那 200 个访问学者都来吃黄包餐怎么办?会不会在第二天吃一封申斥电子邮件?

作为外国人的我,初到时不知自己身在异国为客,遂随便找张桌子坐下来吃黄包餐,马上受到了语言问题的困扰,因为美国人的习惯,做下来吃饭时要和旁边的人打招呼并聊几句。这几句我就是熬不过去。后来，我就发现靠门的一桌是专门属于访问学者了。我记着《圣经》的"不要坐宴会的首席"的教导，以后就坐到了这一桌。前面已经讲过，黄包餐由"吃"与"听"两大要素构成，判断两者是否统一了的标志是"笑"，听到人家报告的精妙之处会心而笑的，就是又吃又听，上了层次了。遗憾的是，我们这一桌的老食客，无论是中国人、印度人、乌克兰人、瑞士人、意大利人等等，从来都是只吃不笑。一回，见到一意大利同桌发笑，不胜嫉妒，今天才知道，他是住在佛罗伦萨的英国人。看来，美国的学术演讲对于西方国家的人乃至于受英语教育的印度人，都是很难的，因此，我们的光临已经背弃了黄包餐的全面本质，成了吃客了。

是否该笑的时候就笑，只是区别在场食客是美国人还是外国人的尺度之一，因为即使像我这样的黄皮肤，你也不能断定我不是美国人，因为黄皮肤的美国人多着呢，黑皮肤就不用说了，另一个尺度是每个人取的食品的量。

美国人来这里是自己吃自己，因此取食不多，刚好够吃。而外国人，不分国别，是吃"他娘"，所以往往一取数盘，用盛主食的大盘子来盛水果，而不用专门用来盛水果的小盘子，基本的比例是外国人吃一顿相当于美国人吃三顿。这跟到了邻居家胃口特别好的道理是一样的。因此，当你在哥大法学院的 Case Lounge 看到一个人用大盘子盛水果时，甬试他英语如何，就可以判定他是外国人了。呵呵！

到过美国的中国学者多有回国宣传自己在美讲过学的，他们八成就是在这样的黄包餐上讲的，贺卫方坦率地告诉了我这一点，其他人未必有这个勇气，因为按照我们的文化观念，如果在这样的场合讲学，未免丢人。但我们的价值判断要根据当地的情势：美国的大学教授，无论是在本校还是外校，都是这样做讲座的，只有州长级的人物或波斯纳一级的学者，才有可能以辩论会的形式举办中国式的讲座。哥大法学院的黄包餐上的演讲者，除了该学院自己的教授外，相当比例是美国其他大学来的访问学者呢！他们也没有觉得这种安排有何丢人，说实话，能在大黄包上做演讲，应该是了不得的荣耀呢！因此，在我得到久等的路易斯安那 Tulane Law School 发来的由我选择时间为我在该学院安排一场黄包餐的通知时，我毫无丢人的感觉，认为是对福布莱特学者的礼遇。

塔夫脱与美国最高法院办公楼的建设

任东来 *

　　因为在美国研修最高法院历史之故,一年后才读到编辑寄来的《法学家茶座》第八辑。轻松阅读,却又令人深省,无疑是《茶座》的风格。《茶座》的丰富内容和活泼文风,最适合我这样非法律人但却对宪政法治感兴趣的外行人的口味。不过,大概是因为文章都是随笔性的,而非严谨的学术研究,一些作者下笔时可能就会忽略了一些事实的准确性。出于历史学者的职业敏感,我把在本辑《茶座》发现的一个小错误提出来,并借机讲述一下美国最高法院首席大法官塔夫脱及其建造法院大楼的故事。

　　《在美国最高法院旁听审判》一文中,作者在介绍最高法院大厦时提到,由于最高法院长期没有自己独立的办公楼,"当时的总统塔夫脱认为不妥,拨款900万美元建造了一栋独立的最高法院大楼"(第9页),塔夫脱的确做过美国总统(1909～1913),不过,即使美国总统也不能随便决定花钱盖楼,因为"钱袋子"牢牢地攥在国会的手中;的确是塔夫脱推动国会通过立法来为最高法院盖楼,但当时,他早已不再是美国总统,而是最高法院第十任首席大法官(1921~1930)。在美国的宪政史上,或许也是整个世界宪政史上,塔夫脱是唯一一位既做过国家元首,又做过司法首脑的政治家。从经历和智慧来看,克林顿本来或许有希望步塔夫脱的后尘,发挥自己的余热,可惜自己不够检点,栽在了莫妮卡·莱温斯基的蓝裙子上。

　　在当总统时,出于对法院的偏爱,塔夫脱就开始制造舆论,强调一栋独立的司法大楼的重要性,并未雨绸缪,任命著名的建筑师卡斯·吉尔伯特作为首都华盛顿市政规划的设计师。无奈,抠门的国会根本无意拨款盖楼,他们认为目前的

---

* 作者为南京大学中美文化研究中心教授。

办公地方足矣。这里有必要回顾一下美国最高法院办公地的演变,或许这种外在物质条件的改善,在某种程度上也折射出最高法院在美国三权分立政治架构中地位的变化。

联邦最高法院建立之初,先后假座纽约的皇家交易所和费城的市政厅(1791～1800)。甚至在1800年美国定都哥伦比亚特区华盛顿市后,最高法院依然居无定所,只能借用国会山一楼众议院一个委员会的会议室。10年后,国会山北翼扩建,参议院的议事厅更上一层楼,便把自己原来的议事厅"许配"给了最高法院。这个议事厅本来算是一楼,改建后成了地下室,不过,对最高法院来说,聊胜于无,总算有了自己独立的家。1814年国会山被英军焚烧,最高法院又在外过渡5年,直到1819年才回来。

比起国会山立法部门的厅堂来,这个地下室又小又简陋,简直就像一个大户人家的酒窖。当时有人这样描绘了最高法院的窘境,"一个陌生人,在国会大厦黑暗的通道上转了一个星期,恐怕也无法找到这个管理着美利坚合众国司法机构的偏僻角落"。以至于有人挖苦说,将最高法院置于参议院的地下,"完全是个不公正的安排,或许就是出于这样的想法:法官应该低于立法"。

这样的"寄人篱下"一直到1861年。当时,国会山再次扩建,国会两院有了新家,便再次把参议院旧议事厅给了最高法院,使之也"更上一层楼",从地下来到地上。大法官终于有了通常法院应该有的条件:高高在上的法官席,大理石石柱,独立的更衣室。有了正式的法庭,也就形成了目前的开庭仪式。随着典礼官"肃静,肃静"(oyez,oyez,oyez)的吆喝声,身着法官袍的大法官依次入场就坐。首席大法官居中,其余的大法官依照资历的深浅,先左后右依次就坐。

最高法院虽然不再蜗居地下室,但是,空间依然狭小,空气流通不畅,光线不足。大法官不必再在大庭广众之下更衣,但还需要穿过一个走廊才能进入法庭。原来的地下室改建成了会议室和图书室,大法官依然没有自己独立的工作室和接待室,只能在家办公。同样,也没有任何多余的空间,给远道而来的出庭律师临时休息、准备出庭。比原来略为好一点的是,国会总算同意,从1886年开始,给每位大法官每年提供2000美元,作为雇用一位速记员的经费。1919年,国会又同意提供雇用法律助理(law clerk)的经费。不过,这些助理只能在大法官家中办公。好在美国大法官大多是名律师出身,生活富裕,宅第宽大。

1921年,塔夫脱出任首席大法官之后,把盖楼作为一项重要任务。尽管他有广泛的人脉和关系,这位前总统盖楼的恳求并没有得到积极的回应。1925年,塔夫脱总算抓住了一个难得的机会。当时一个参议员提出了一项耗资5000万美元改善联邦政府办公设施的法案,塔夫脱最终说服他,把为最高法院盖楼作为其中的一项内容。国会的拨款解决了资金的问题,但是,谁来负责设计和建设又成了问题。当时,众议院提出一个法案,由国会的建筑师统管政府的建筑工程。塔夫脱毫不顾忌自己的面子,放下前总统和首席大法官之尊,跑到众议院的相关委员会去作证,并用信函游说一些重要的议员,国会最终在1928年满足了塔夫脱的要求,成立了由他亲自任主任的"美国最高法院大厦建设委员会",负责选定设计师,监督工程的施工和进展。就这样,塔夫脱本人亲自参与了大楼选址、设计的全过程。

实际上,塔夫脱心中早有合适的设计师人选,这就是他当总统时任命的华盛顿城市规划设计师吉尔伯特。后者尚未被确定为设计师之前,就为塔夫脱勾画了大楼的蓝图,并且告诉塔夫脱,他从1927年罗马、雅典之旅中获得了新的灵感。1929年底,国会立法批准了吉尔伯特的设计和预算:9740万美元。看到自己多年的梦想即将成为现实。塔夫脱在周记中写到:"这是我生命中伟大的一周。"此时他已经72岁高龄,病入膏肓。次年2月,塔夫脱辞去了首席大法官职位,成为140年来第一位没有"活着干,死了算"的首席大法官。一个月后,塔夫脱安然去世。

1932年10月13日,即将离任的"跛鸭总统"胡佛为最高法院大楼奠基。吉尔伯特为了实现塔夫脱的遗愿,不负众望,兢兢业业,最终设计并建造出气势恢弘的大厦,其华美、典雅和庄重的造型足以与美国国会大厦和白宫媲美,成为新古典主义建筑的杰作。由于严格的成本控制,大楼1934年建筑竣工时,居然还有34.4434万美元的节余。1934年5月,正当国会讨论将这些节余用于购置最高法院办公家具时,75岁的吉尔伯特也随塔夫脱而去。这两位为最高法院大厦的建设呕心沥血的大功臣,均没有看到自己的心爱之作投入使用的那一天。设计、购置和配备家具又花了近一年的时间,次年4月4日,大楼正式竣工。即使购置好了所有家具,国会当年的拨款还节余了 9.3532 万美元。

从这个大楼建设的故事中,多少可以看出塔夫脱对法院事业的投入。他一直认为,自己当大法官的 9 年,要比当总统愉快得多,也更值得。塔夫脱之所以有这样的看法,与他个人的志趣和经历密切相关。塔夫脱这个人很有趣,他一生的梦想是做美国最高法院的大法官。但是,阴差阳错,他先当了总统,后来利用自己任命大法官的权力,为自己以后出任首席大法官铺平了道路。

塔夫脱生于俄亥俄州一个政治世家,他父亲先做律师后做法官,最后从政,担任过联邦政府的司法部长和陆军部长。受家庭的影响并依靠父亲的政治社会关系,塔夫脱重复了父亲的道路,先做律师,32 岁就当上了州最高法院的法官。他很希望当时的共和党总统哈里森能够任命他为联邦最高法院的大法官。但是,他毕竟太年轻了,哈里森只给了他联邦司法部长的位置。在两年的任职期间,塔夫脱代表联邦政府在最高法院出庭 18 次,打赢了其中的 16 次。塔夫脱对行政职位和政府律师角色的兴趣远不及法官,因此,当他有机会回家乡出任联邦上诉法院法官时,他毅然决然地放弃部长的位置和华盛顿排场的生活。为此,他太太非常不开心,因为她丈夫"再不能与大人物为伍了"。

但是,塔夫脱却有着完全不同的价值观,他对法官职业的爱好超过了其他一切,"我爱法官这个工作,我爱法院这个地方。它们是我的理想,代表了人世间所拥有的、我们死后在天国公正的上帝面前才有的那一切"。做了 8 年联邦巡回法院法官之后,在自己的老乡、当时美国总统麦金利的劝说下以及太太的一再坚持下,1900 年他出任美国驻菲律宾总督,随后又回到华盛顿担任他父亲担任过的位置——陆军部长。1906 年,当时的总统老罗斯福为了奖励塔夫脱的忠诚和干练,打算提名塔夫脱出任最高法院大法官。这次,塔夫脱不得不再一次听他太太的劝告,没有接受这个位置,正如其儿子解释的那样,"老妈希望他等着成为总统"。在罗斯福力挺下,塔夫脱赢得 1908 年总统大选,当上了总统。命运似乎特别偏爱这位钟爱法院的总统,在其 4 年总统任期里,塔夫脱获得了 6 次任命大法官的机会。

塔夫脱任命的第二位大法官是纽约州前州长、共和党进步派改革家休斯。应该说,他的这一选择不无私心,考虑到了自己未来竞选连任的前景。因为休斯在共和党内的人气极旺,是两年后总统大选共和党的热门人选。为了说服休斯出任大法官,塔夫脱暗示一旦首席大法官富勒退位,即提名休斯为首席大法官。没有想到,两个月后,富勒在1910年独立日(7月4日)突然去世。此时,休斯的提名虽然已得到参议院的确认,但要到10月的新开庭期才履新。如果信守承诺,塔夫脱完全可以重新提名休斯为首席大法官,就像95年后,小布什提名罗伯茨那样。但是,经过几个月"虔诚的考虑"之后,他将大法官怀特提升为首席大法官。怀特已经65岁,比休斯年长17岁,比塔夫脱也大12岁。为此,他言不由衷地辩解说:"休斯还年轻,如果他表现出众,我还是能任命他。"不过,他后来还是坦率地承认自己想做首席大法官的野心:"如果我被迫把一个我自己非常想担任的政府位置给了别人,那倒是怪事一桩。"显然,如果48岁的休斯出任首席大法官,就根本杜绝了塔夫脱退休后入主最高法院的可能性。

作为塔夫脱的政治恩人,老罗斯福对塔夫脱的保守施政非常不满,结果两人闹翻。在1912年总统大选时,共和党分裂,老罗斯福另外组建进步党竞选,民主党人渔翁得利,将威尔逊送进了白宫。作为退休总统,塔夫脱来到自己的母校耶鲁大学法学院,做起了一个普通的宪法学讲座教授,一干就是8年。1921年,首席大法官怀特去世,塔夫脱的另一位老乡,美国历史上著名的"草包总统"哈丁,毫不犹豫地帮助塔夫脱实现了他的梦想:任命他为最高法院首席大法官。

在其9年任期里,最高法院相当保守,塔夫脱本人也没有对美国宪法贡献出什么持久的原则。但是,作为一名管理者,塔夫脱对美国最高法院的制度建设作出的贡献,却无人能比。塔夫脱不是一个一流的大法官,但绝对是一个一流的法院管理者。一位美国塔夫脱研究专家评论道:"作为管理者,塔夫脱相信,他从行政部门学到的经验教训同样能够应用到法院。依靠其与国会以及哈定和柯立芝两届共和党政府的广泛联系这一财富,塔夫脱具备了担当联邦司法部门全面改革之责所需的知识、经验和政治网络。他如此地成功,确实无愧于'现代司法管理之父'的称号。"

除了建造最高法院大楼这一成就外,塔夫脱的第二个贡献是,促使国会在1922年立法建立由首席大法官主持的联邦上诉法院资深法官(Senior judge,1948年改称首席法官 Chief judge,而资深法官则专指退休法官)联席会议,也就是现在美国司法会议（Judicial Conference of the United States）的前身；它还要求最高法院每年向国会提交司法报告，类似行政部门提出的"国情咨文"；更为重要的是，该法承认联邦法院作为一个单一的行政单位，来进行有效的管理。由此改变了联邦法院建立以来，一直各自为政、缺少统一管理的弊端。

塔夫脱的第三个贡献，体现为《1925 年司法法》。因为该法由当时的三位最为保守的大法官萨瑟兰、范德文特和麦克雷诺兹起草，俗称《法官法》。这是一个绝佳的组合，因为他们三个分别做过国会议员、法官和司法部长。《法官法》主要是明确了最高法院的宪法职责，减轻了非宪法性司法的负担。

尽管先前联邦上诉法院的建立减少了上诉到最高法院的案件数量，但是，因为国会多年的立法给最高法院规定了一系列必须受理的案件（mandatory jurisdiefion），其中很多不仅不是宪法案件，甚至与联邦法亦无关系。结果，一个案件从立案到庭审，一般要等上 2 年的时间。塔夫脱深信，最高法院主要是宪法法院，其首要任务是解释宪法，"以此来为低级法院以后的诉讼，为执法官员理解制成法和履行其法律责任，提供先例"。《法官法》大大减少了最高法院必须受理的案件数量，赋予其广泛的自由裁量权，由它自己来决定是否下达受理上诉的调卷令。

鉴于塔夫脱这些巩固美国司法独立地位的不朽成就，后人感叹道："这实在是具有讽刺意味，一个人作为总统，在许多方面是个平庸的政客和管理者，而作为首席大法官，却表现得如此出色！"看来，这是兴趣为成功之母的又一例证。

1930 年 2 月，在病危之际，塔夫脱想起了自己当年对休斯的承诺，抱病请求胡佛总统任命休斯接替自己的位置。尽管胡佛当时已经打算将自己的好友斯通大法官提升为首席大法官，但面对为国服务一生的老总统的临终恳求，胡佛忍痛割爱，转而任命休斯。在参议院批准休斯任命的两周后，3 月 8 日，塔夫脱去世，结束了自己司法与政治交织的丰富人生。

没有刽子手的旧金山

徐 昕*

　　法国电影《圣皮埃尔的寡妇》演绎了一个"没有断头台的小岛"的故事:1849年,圣皮埃尔岛,尼尔·奥古斯特过失杀人被判死刑,依法须有断头台和刽子手来执行死刑,但岛上没有刽子手,也无断头台,故事便在等待死亡的过程中展开……

　　无独有偶,一个半世纪后,这一虚构的故事在当代美国上演了一个现实版本:没有刽子手的旧金山。

　　据《环球时报》报道,2006年2月22日,旧金山一位死刑犯因法院找不到行刑的刽子手而逃过一劫。46岁的莫拉雷斯因强奸和谋杀被判死刑,旧金山圣昆汀法院的判决书写明:死刑应于2月22日前由持医疗执照的医生或护士注射执行。但法院联系了多名医生和护士,均遭拒绝,被迫宣布暂时取消行刑。莫拉雷斯的律师请求地方法官杰利米·佛戈尔停止该项死刑,理由是法院匆忙找人行刑会给当事人带来过度痛苦,是违宪的。律师及被告的家人请求州长将死刑改判为终身监禁,但施瓦辛格予以拒绝。

　　《圣皮埃尔的寡妇》一片更广泛地关注生命与人性、罪过与惩罚、报应与宽容,而上述报道则更多地显示了法治国家死刑执行程序的严格及民众对刽子手这一职业的厌恶。死刑执行,须严格遵守法律程序,依法定方式,由具备相应资质者施行,若无执行者,死刑便不得不搁置。莫拉雷斯的运气不错,生于法律程序严格的当代;而更幸运的是,旧金山没人愿意充当刽子手,以正义之名将其送赴黄泉。

　　追古溯源,可以发现,除放逐等极少数间接死刑外,人类发明的各种死刑都

---

* 作者为北京理工大学法学院教授。

需要刽子手,如石砸、落崖、架刑、绞刑、斩首、车刑、四马分尸、肢解、溺死、活埋、火刑、断头台、电椅、毒气室、枪毙、注射等。对死刑的关注,至少自贝卡利亚以来便成为社会热点,百年来也一直被视为人权保障的大问题。但有关刽子手的文献却寥寥无几,仅德国作家布鲁诺·赖德尔的《死刑的文化史》有所涉猎。

以合法杀人为业的刽子手,大概是自古以来最残酷且最受歧视的职业之一。刽子手面临的压力非同寻常。活人被处死时的无限痛苦与悲惨,必定会化作行刑者记忆中难以磨灭的片断,或出现于梦中,或浮现于眼前。亡灵索命的传说,在心理压力下难免不被编织为"现实"。实际上,许多刽子手皆自杀而终,也有不少人孤僻厌世、精神失常。这或许源于亡灵的折磨。除内在压力外,刽子手还面临社会的普遍歧视。古希腊,刽子手不得住在城内。古罗马担任执行吏的公共奴隶,不得居住在城市某些区域,不得进入集会场所和神殿,须身着与众不同的服装,走路时不停摇铃以提醒"洁净"的市民不要靠近。在《萨克森明镜》中,执行吏是贱民中最受轻蔑者。中世纪欧洲,刽子手仍受到各种歧视,多数人拒绝从事这一职业。这也导致其成为一种世袭职业,欧洲七代担任"巴黎先生"之职的桑松家族即为最著名的刽子手家族。

为避免鬼魂索命,人类发明了集体执行死刑的方式,以分散压力、转移罪感、寻求安慰。古以色列最常见的处死方式就是石砸,法兰克、德意志、斯堪的纳维亚、英格兰、爱尔兰的古代法也规定了石砸刑。石砸是《旧约圣经》中典型的处刑方式。《申命记》载:你就要将行这恶事的男人或女人拉到城门外,用石头将他打死。而扔石头时,大家往往站得很远。究竟谁先动手?《圣经》的指引是,见证人要先下手,然后众民也下手将他治死《申命记》。

近代甚至现代社会中仍有古代石砸刑的残余或类似机制。如现代文明中的集体开枪也可视作分散死刑执行压力的一种体现。克鲁特泡金在《互助论》中谈到,19世纪中叶军队中执行死刑的习惯是,12个士兵中一人拿空弹枪,11人拿实弹枪,一齐射向被判死刑者。他们不知谁拿实弹枪,所以每个人都以为自己不是刽子手,以此安慰不安的良心。

当代中国,也存在类似的压力分散机制。如南方某法院,每逢执行死刑时,会向所有工作人员发放"打靶费",每人500元。除福利性质外,这多少有些分担杀人罪责的功能。首先,所有人都分钱,意味着大家都"参与"了死刑执行。其次,不论被执行死刑的人数,也不考虑是谁参与实施,见人五百,执行者并不因其实际执行而收入更多,这种扯平效应也意味着良心遭受责备的平摊。再次,法院领导要求所有人员皆参与宣判大会,而大部分人也的确参与,这种集体行动的逻辑大概不是追求早期活人祭祀那般的节日式效果,而旨在通过群体参与分散法院领导、判他人死刑的法官及死刑执行法警的心理压力。一些法官的言谈也证实了这种机制的存在。

在各种死刑执行方法中,注射是迄今最文明的一种。没有斩首的血溅全身,也不必像枪毙那样令死刑犯脑壳开裂,更无须像车刑、分尸、肢解或火刑那样惨不忍睹。注射是安静的催眠,被杀者除心理恐惧外,并无太大痛苦,死得有尊严,故被视为当代世界所建构的"人权"概念的一部分。但行刑方法的文明化,却不及民众良心的提升。偌大的旧金山就找不出一位刽子手来充当他人实现正义之工具。而加州也将因莫拉雷斯案而耗费数月举行听证会,重新审视注射死刑的执行程序及其可能带给死刑犯的痛苦。

美国似乎进入了文明时代,没有刽子手的旧金山似乎更是文明的象征,没有刽子手、没有断头台、没有死刑似乎成了人权保护和社会进步的标记。不过,在谨记自古以来"不可杀人"的告诫时,我们也还要想想被莫拉雷斯强奸的女子,被他谋杀的无辜生命,以及这个世界根深蒂固的恶性犯罪;在对执行死刑近乎本能的恐惧和排斥时,也还要念及作为社会成员的我们对于社会和平与秩序应担负的责任。

加州当局或许应大幅提高酬金,重赏之下或有勇夫。而从外地引进"人才",也不失为一种替代加州民众承担正义之"恶"的对策。

"人民法院"及其他

范 愉 *

这里所说的"人民法院",并非中国的基层法院或法庭,而是美国的一档电视法制节目: People's Court,这类节目也被称为"法庭秀"。

上世纪末,曾有一家电视台请我帮他们做一档"法官朱迪"式的模拟庭审节目,当时由于对这种节目类型一无所知,也没有做电视"明星"的兴趣和奢望,遂婉言谢绝了。时隔数年,当我 2005 年在美国做访问学者期间,所在城市的一个公共电视频道每天轮番播送数档此类节目,由此得见"法官朱迪"真容。鉴于此前对小额诉讼及电视法制节目均有所涉猎,兴趣所至,遂借助电视、网站及访谈,对约七八档此类节目及其审理的百余案件作了一番经验性研究。

一

"人民法院"等法庭秀节目通常白天播出,在此时间段收视率不凡,受众主要是成年人,女性居多。它们通常具有以下共性:

1. 纠纷当事人和案件都是真实的,通常由当事人自行报名,双方当事人共同参加。

2. 担任法官的一般是拥有法律职业经历的人士,包括退休法官和资深律师,但并非现职法官。他们已经成为一种类型化电视明星,其中一些人也主持其他节目。

3. 以法庭为载体,设法官席、当事人席和旁听(现场观众)席,法槌、法袍等道具符号一应俱全,并有法警维持秩序、调节气氛。庭审采用对抗程序,审理时

---

* 作者为中国人民大学法学院教授。

间一般不超过十几分钟,程序是:原告陈述,被告答辩(有时可反诉),法官反复询问,当庭作出口头判决。

4. 案件类型主要包括:邻里纠纷(如因相邻权、儿童、宠物、噪音等引起的纠纷)、朋友间的债务纠纷(同居朋友分手后有关房屋租金、财物的纠纷较多)、亲属间纠纷、房屋租赁纠纷、消费争议、雇佣劳动争议和少数交通事故赔偿等,标的额一般较小(我所见最小数额为1.3美元)。当事人多为城市社区底层民众,一些人用语粗俗,甚至常常在法庭上发生激烈冲突或失态。

5. 当事人一律没有律师代理,由本人事先准备好书证、照片、录像或物证,可由证人出庭作证(包括当事人的亲属);在涉及宠物的案件中,当事人往往将宠物带上法庭,令人忍俊不禁。

6. 法官作为法庭的灵魂,不仅具有极高的权威和自由裁量权,而且个性鲜明,在庭审中声情并茂、手舞足蹈,动辄流泪、愤怒、训斥当事人,并时常与观众进行交流互动,具有很强的表演性。庭审采用职权主义和纠问方式,是一种典型的家长式或青天大老爷式的裁判。法官甚至会超越当事人的主张和证据作出判决。("人民法院"所记载的一个2000年的案例中,原告提出900美元的返还数额,法官则兀自宣称可适用惩罚性赔偿法律,判决被告支付2000美元,被称为"令人吃惊的判决"。)

7. 法官强调其审判以现行法为基准,在作出判决时会说明理由,并直接计算支付数额(精确到美分),但有时也会引用法律外的理由,如道德、情理、实际需要、支付能力等。当事人则用各种理由和观点强调自己主张的正当性。

8. 法官并无真正的司法权,判决实质上不具有法律强制力,但当事人在参与节目时一般须承诺接受判决结果,因此,很多节目的判决具有终局性,与仲裁相似。

9. 带有鲜明的传媒特色和娱乐性,关注受众和公众的参与和反馈,有些节目在法庭审理现场设有律师观察、观众访谈和记者采访、评论等环节,甚至让观众投票决定判决结果。

除上述共性之外,每个节目又有一些细节上的不同或自身特点,例如:

"人民法院"(People's Court),被誉为最好的法庭秀节目,创始于1981年,已

"人民法院"现任法官 Marilyn Milian

有 20 多年的历史,曾停办过一个阶段,先后已有 4 位主持人。现任法官 Marilyn Milian(中年女性,拉丁裔)有近 20 年的法律职业生涯, 曾担任地区巡回法院和县法院法官、检察长等职, 是两个孩子的漂亮妈妈,从 2001 年起开始主持该节目。她以其拉丁式泼辣风格著称,有时兴致所至,竟在法庭上翩翩起舞,其睿智、幽默和公平也颇受赞誉。法庭的判决具有终局性和拘束力。案件直播时,在纽约时代广场设立一个信息中心,观众可通过监视器观看,由一名律师对观众进行采访,并可投票或发表意见,与法庭节目同时播出。

Judge Mathis,法官为男性黑人,威严且雄辩,经常打断当事人发言,一面滔滔不绝地阐述自己的观点,一面敲着法槌径行作出判决。在一起案件中,原告为一女法官,Mathis 法官对其维权行为极为不满,用鄙夷的语气加以训斥,并驳回了其主要诉求。

Judge Judy,即"法官朱迪",女性,50 岁以上,主持该档节目已十余年,知名度颇高。庭审过程中规中矩。

Judge Joe Brown,法官为老年男性黑人,法庭特色是由现场观众担任陪审团,用投票器决定是否支持原告的诉讼请求。法官显得有些昏聩,对于当事人之间的谩骂往往无动于衷、不予制止,经常与当事人同时发言,各说各的,法庭秩序混乱。庭审后有电视女主持人的简短评议。

Judge Matchett,法官是位黑人女性,年轻漂亮,富有人情味。如一位女原告哭诉被男友抛弃的经历时,Matchett 法官走下法官席与其拥抱,耐心倾听,并将其带入法官办公室加以安慰,最终感动了被告,向原告道歉并接受了其诉求。本档节目主张调解与和解,并在宣传字幕中打出"帮助和解家庭纠纷"的口号。节目中有时播出电视台录制的相关情节的模拟再现。

Judge Alex,法官为男性白人,较年轻,态度和蔼可亲,法庭比较正规,节奏气氛相对缓和,法官注重说理。案由、金额、案件号等通过字幕有清晰展示。

除"法庭秀"之外,美国还有一些其他类型的电视法制节目,如以律师为主角的"佩里·梅森(Perry Mason)"系列和"L.A. Law"等,它们往往也以法庭和案件为载体,但有些是由演员扮演的电视剧,角度也各有不同,与"法庭秀"有一定区别。

二

一般看来,"法庭秀"很像是美国法庭(至少是小额诉讼法院)的真实表现。然而,当我问及美国法律界人士时,得到的回答却有些意外,而且法学教授、法官、律师及法学院学生的看法惊人地相似——这些节目不过是风靡美国的各种真人秀的一种,与真正的司法毫无共同之处。这种回答当然不能令人满意,通过考证和思索,我发现法学界对其不以为然的理由主要有两方面:

首先,"法庭秀"与真实的小额诉讼存在很大差别。一位律师专门撰文分析二者的同异,指出,尽管某些小额法院(例如纽约市一些社区小额法院)与"人民法院"有些相似,但各地多数小额诉讼却与此有很大不同。法院虽然都会对当事人进行小额诉讼提供指导和各种便利,但在法律不禁止的情况下,很多小额法庭仍有律师代理,亦很难呈现出"法庭秀"那样完美的便捷、快速。真实的小额诉讼一般均由法院职员或律师志愿者而不是职业法官负责处理,程序具有行政化特点,有时难免被大企业或单位所利用(如由律师代表原告一次起诉众多被告追讨欠款等),并存在执行难等问题。本人及其他研究者对小额法院的实证考察也可证明这一点。

小额诉讼的出现实际上源于当代社会的一种理想——创造一种无需律师、本人参与、快速简捷、公平公正的诉讼程序,使底层社会民众能更加容易地接近司法,并克服诉讼程序冗长繁复和高成本的固有弊端。"法庭秀"节目不仅体现了这种小额诉讼的理想追求,而且将其表演到了极致。理想是对现实的某种折射,正如上述律师指出的:诉讼本来应是最后诉诸的手段,但有时它却成了唯一的解纷途径。而由于律师的作用,诉讼通常是低效的。如果你想自己进行诉讼,那么这类节目能够为你提供一些帮助。

其次,"法庭秀"与美国民事诉讼模式(尤其是与正式的普通程序)背道而驰。为了实现小额法院的革命性理想,"法庭秀"采用了家长式法官、独断的纠问程序和强职权主义审判模式,效率优先的取向不可避免地导致有些草率甚至随心所欲的"司法"行为,法庭秩序混乱,法律与情理、道德、社区标准高度混同,等等,这些场景彻底颠覆了现代民事诉讼的当事人主义传统和形式理性。难怪很多法律界人士愤愤不平地认为"法庭秀"不啻是对司法与诉讼的"恶搞"。People's Court 中的"People",除了抽象意义上的"人民"所具有的神圣性和象征性外,还具有平民、草根和基层的含义,"人民法院"体现了其接近社区底层民众的取向,也隐含着非正式的意味——这也是人民大学将 People's University 改为 Remin University,以及贺卫方教授建议取消人民法院中"人民"二字的原因之一。无论如何,这种追求都与正式的法律制度存在一种矛盾:高度简化的程序在力图纠正传统诉讼程序固有"弊端"的同时,也难免会弱化其程序保障,并销蚀其对轻率诉讼的抵御作用。美国法学界对于小额诉讼历来存在着不同认识,有人认为它代表着未来社区司法的方向,是正式司法体制中的重要组成部分;而有些人则将其定位为社会化的非正式程序,并对以其作为处理社区纠纷的常规途径不以为然,在法学院的教学体系中也找不到它们的位置。无论认同程度如何,鉴于这种矛盾的存在,法学界对媒体通过"法庭秀"对小额诉讼的理想化渲染始终保持着高度的警戒,尽管不能完全排除这种态度与法律职业群体的利益及褊狭有关。

法官朱迪

与法律职业群体不同,社会学家往往不去刻意区分"正式司法"与"非正式司法",并注重通过小额诉讼观察底层社会民众的纠纷解决和法律意识。梅丽教授的实证研究《工人阶级的法律意识》(中译《诉讼的话语》)表明,"当法律融入社区、家庭和邻里生活的时候,它就不再是佩里·梅森所说的法律神话,不再是公民课上或最高法院大法官讲的法律,不再充满着反复的程序和仪式,不再有深奥的语言、复杂的规则、正式的服装和装饰华丽令人生畏的房间"。尽管与法律界立场不同，但社会学界的实证调研所发现的却是相同的事实，即小额诉讼与正式的司法理想相去甚远。底层民众并非热衷诉讼，但由于缺少可供选择的解纷途径，不得不尝试依靠法院，通过在法庭的论坛上交互使用法律、道德和治疗（人格、心理、行为）话语，主张自己的权益，解决自己的问题。在这里虽然可以摆脱法律职业的控制，但其理想却难以真正实现。在社会学界看来，Perry Mason（以律师为主角的案件节目）乃是法律职业制造的法律神话，相比之下，"法庭秀"至少在案件类型和当事人的态度、行为、关系等方面与小额法院相似，但它们同样与法律的理想相距很远。

三

毋庸置疑，"法庭秀"之所以能在美国流行，除了媒体产业的推动之外，确实反映并适应了某种社会需求。它创造并传播了一种接近正义、社区司法的理念和诉讼模式，表达了底层民众的需求，打破了法律职业的垄断，具有公民法律课堂的作用，无疑不乏积极意义。其相对真实的诉讼场景，对好讼者或许有警戒作用。然而，另一方面，它们客观上确实在传播崇尚诉讼和对抗的意识形态。有些"法庭"有意无意地激化和扩大各种民间的微小纠纷，将当事人表现出的锱铢必较、偏执无知、谎言谩骂和感情宣泄等作为娱乐卖点和噱头，似乎是想让人们相信，如果不是有这个法庭，这些人必然会刀戈相向。有些法庭则夸大诉讼的合理性和优势，将法庭塑造成无所不能的竞技场，而掩盖了其负面效果。尽管有些"法庭秀"节目提出了促进和解的口号，法官本人也在积极调解，但事实上达成和解的比例却极小。不足为奇，在这种高度公开和对抗的"法庭秀"中，不仅调解的主要功能和程序价值，如平和性、保密性和解纷结果的合理性等无从体现，而且在十几分钟内要使当事人立即化干戈为玉帛显然难乎其难。

事实上，美国社会各界早已注意到了这些问题。一部法学院著名的纠纷解决教科书指出，当ADR时代已经来临时，媒体却仍没有任何积极反应："电视里一贯传达的信息是——'人民法院'、'法官朱迪'以及'Perry Mason'。我们却没有名为'调解人佩里'、'朱迪社区司法中心'或'人民调解员'之类的电视节目。"一些小额诉讼指南则不忘提醒人们,小额程序的优越性远不及调解。尽管调解同样存在着种种问题和局限,但是对于改善社区自治和人际关系的积极作用至少大于其破坏性。

总之,"法庭秀"实际上体现了一种理想与现实之间的悖论:既隐含着对现行诉讼程序的批判,又在制造新的法律神话,同时也显示出当代社会解纷途径单一化的悲哀——诉讼的普及在将当事人从暴力私力救济带入现代司法文明的同时,也在弱化或消解基层社区民众协商自律解决邻里、家庭、朋友以及日常生活、交易之间纠纷的能力。无论如何,法院和诉讼的扩大不能简单等同于正义的扩展,将法治理想寄托在诉讼上,显然并非最佳选择。世纪之交美国诉讼与审判比例和数量的持续下降,也反证了所谓"诉讼爆炸"神话的破灭。

那么,"法庭秀"、小额诉讼及相关讨论能给我们什么启示?

首先,对于任何制度或现象,应尽可能客观地了解其事实、功能、效果并评价其价值,避免非此即彼的单一化或简单化判断。当代中国在法治进程中显示出对某种普世性的追求,诉讼作为法律意识形态的象征被推崇到极致,并通过媒体传播潜移默化地影响着社会心理。"法庭秀"和小额诉讼很容易被法律界标榜为"为权利而斗争"的符号。不止一位访问学者以赞美的语气描述过法庭秀体现的美国人的法律意识及其价值。有位法学博士在法院报上撰文论述小额诉讼程序,在高度评价其诸多价值的同时,断言有关小额诉讼可能被滥用的观点纯属学者的推论,言外之意,这样的危险或问题并不存在。其实,这种无知和片面才是值得忧虑的——不了解缺点和不足,怎可能建构出合理的制度?无论是法学研究、普法教育、媒体传播还是制度设计,都不应无视或故意掩饰法律的局限和问题;应实事求是地考察各种制度的实际功能和动态发展,客观评价其效果和经验教训,而不能因为价值上的偏好而不惜护短。而在实践中,法律职业群体的洁身自好尤为重要,需严格恪守禁止唆讼的戒律。

其次,立法者、法律职业群体和媒体,无论是对社会公众、法学院学生还是对自己,都不应制造和传播法律和诉讼的神话或迷信。毫无疑问,我们有理由对法律和司法寄予较高期待,并将法治作为理想。然而,理想主义和一元化意识形态往往会蒙蔽我们的眼睛和判断力,甚至将我们带入歧途。实际上,在现实的司法活动中,国家干预与社会自治之间,职业化与大众化之间,程序保障与便利性之间,程序公正与实质正义之间,始终存在着难以克服的矛盾,在理想与现实之间不可能找到完全的契合和完美的制度设计。中国固然不会出现"法庭秀"中法官独尊的场景,但"大众司法"却是我国民事诉讼的固有传统,"人民司法"和"司法为民"的理念与小额诉讼理想本质相通,目的都是方便当事人诉讼,让基层普通公众可以不依赖律师而自行启动司法程序解决纠纷。曾几何时,我们在"司法改革"的口号下全盘否定过这一模式,法学家和司法实务界的大量论文至今墨迹犹存;而今天,法律界又开始通过小额诉讼重建这种理想。但是,在当代,这种制度不仅已发生异化,而且同样显示出对国家权力的依赖和社会自治的缺失。换言之,其内在的深刻矛盾依然如故,理念的转变并不会改变事实本身。在上述悖论面前,单纯的推崇与否定显然都不是唯一可取的选择,以多元化路径实现法律和社会公正,才是更为现实、合理的思路。

不言而喻,"法庭秀"给我们的启示还有很多,但因篇幅所限,姑且就此止笔。

我与马克昌教授

许崇德 *

　　20 世纪 80 年代的某一个初冬，我出差到海南岛海口市，有一天，我和武汉大学的老赵同志去五公祠闲逛，偶然在后院发现一间陈列物十分紧凑的展览室。进去一看，原来里边展出的全是品种各不相同的蝴蝶标本，五彩缤纷，形状各异，简直令人看花了眼。展品既供游人观赏，也标价出售。蝴蝶一个个分别安装在小玻璃镜框内，大都斑纹奇特，栩栩如生。有的种类可能人们从来也未曾见到过，一眼便知，十分珍贵。除了完整的蝴蝶标本之外，还有一幅幅图画挂在墙上。那美丽的风景画引人入胜，令我在墙前久久驻足，不忍离去。但当我凑近那图画再仔细观察时，方才发现那些画面都不是由丹青涂抹，而是用蝴蝶翅翼经剪裁后按照预定的图案设计，一草一木地拼起来完成的。真是巧夺天工，奇妙之至。当然，此种工艺品的售价比较高昂，而我的衣袋里储钱不多，只好倾囊而出，加上老赵助我一二，总算买下了一幅。

　　我拿着购得的那个画框把玩了一会儿，随手交给老赵，重重托付："后天你回武汉，麻烦你代我送给马克昌。"

　　"老马埋头于刑法学研究，未必欣赏那玩意儿，送他作甚？"老赵问。

　　"不，不完全是这样。"我说，"马克昌老伴是搞美术的，这礼物比较合适。只要夫人喜欢，马克昌也因此会领情了。"

　　"领什么情？你欠了老马什么情，这样老远还惦记着他？"老赵并不善罢甘休，非要问个明白不可。无奈之下，我只好不厌其烦地讲述了如下的故事：

　　在此以前一两年吧，有一次，山西大学法律系王继军主任广招国内的一批法学教授到他那边聚会，把我和马克昌也都请去了，并且安排在同一个房间里住宿。我和老马好久不见，谈谈说说，不觉夜深人静。我因白天劳累，先自上床休息，很快就入睡。后来老马是什么时候睡的，我已全然不知道了。

半夜,我忽然醒来,按照平时的习惯,我一觉睡到天亮,半夜是不起炕的。然而山西这个地方,气候太干燥。我嗓子不舒服,所以破例醒来了。但觉口干舌燥,非喝杯白水润润喉咙不可。于是我掀被下床找水。当时发现马克昌呼吸匀和,睡得又甜又香,我只好不拧开电灯,以免扰其清梦。我蹑手蹑脚,在黑暗中摸到了一个水壶。又借窗缝中的一缕微光,在桌子上摸到了一只茶杯。端起茶杯时依稀觉得里面存有半杯残茶。我认为,残茶剩水太不卫生,那是绝对不能喝的。所以就冲着马桶把那剩水倒了,又在黑暗中从水壶里斟了满满一杯

许崇德教授

白水喝了个干净。我摸黑完成了这一系列动作之后,感到嗓门清爽,非常舒适,便一头倒下,又睡熟了。

第二天早晨,当我睁开眼时,发现马克昌早已起床了。他嘴里嘟嘟囔囔,不停地在房中转来转去,好像正寻找着什么。

"你怎么这样早就起来了?我可还想在被窝里赖一会儿呢。"我确实尚未完全清醒过来,仅用朦胧的眼神瞥了他一下后,漫不经意地问道:"你这在找什么呀?"

"哦,我的假牙不见了!"老马说:"昨晚临睡前,我明明把假牙取下来,用清水浸泡在茶杯里的。怎么神鬼不觉,竟会不翼而飞了呢?真怪!"

老马这一说,事情便全都明白啦。我顿时睡意全消,一骨碌坐了起来,急忙对老马说:"抱歉,抱歉!昨夜我起床找水喝,为了怕吵醒你,不敢开灯,黑暗间误把你浸泡牙齿的那半杯水错当做残茶剩水倒进马桶里去了。"

说着,我俩急忙大步奔向马桶。可是,那抽水马桶敞着无情的大口,里边空空荡荡,什么也没有。显然,老马那用不锈钢串起来的一排精致的假门牙,早已随污逐流,不知被冲泻到何处去了。

马克昌教授发言

马克昌苦着脸说："丢了门牙，讲话漏风，说的人家听不清楚；而且吃饭也不方便，难以咬食物。"又说："装假牙非常麻烦，去医院须半夜排队挂号。而且去一次是解决不了的。要去多次。检查呀，做模子呀，试带呀，修理呀，每个工序都要等好多天甚至个把来月。看来我在这里是绝对配不成的，待回武汉后再说吧。"

我无言以对，愧疚万分……

山西分手之后，我一直惦念着马克昌的牙齿。过了很久，我才从别的同志那里打听到老马的一排假门牙又安装好了。当然，这是老马自己费了劲的结果。而我则没有为他帮得上什么忙。老马无疑已经宽恕了我。但对我来说，感情上却始终觉得过意不去。

我对陪伴我闲逛、且受我托付的老赵说："给马克昌送一幅蝴蝶风景画，绝不意味着什么物质补偿——其实也根本抵偿不了他受到的损失。而是向他献上一份拳拳情谊。感谢他对我的宽容，同时也使我自己的心态平衡一些。"

我的朋友贺卫方

何 兵[*]

　　称贺卫方为朋友，有点乱了辈分。严格地说，贺是我的老师。我在北大法学院求学期间，贺已在此任教，我曾经零星地听过贺的法理学课程。说是"零星地听"，是因为"有时去，有时就不去"。课堂上讲了啥，于今早已没有了记忆。记忆深刻的倒是第一堂课。贺匆匆忙忙赶到，一看就是没有备课的样子。先说几句开场白，然后拿出一叠纸来——是本学期要讲的内容和建议阅读的书目。这样的资料，其实可以在课后发给学生，或者散下去，由同学自己分发，可是贺不允许。他以他一以贯之的柔和的语调说："还是大家一个一个来取吧——呃，再把名字填上。"于是就一个一个地取，一个个地填……这样大约花费了20分钟，贺开始了慢条斯理的"贺氏漫谈"。

　　我不知同学中有识破贺氏计策的没有。作为一个有经验的教师，我知道，贺正在行缓兵之计。在这20分钟里，在镇静的笑颜下，贺正高速地转动他那智慧的头脑！——备课。这正是北大的一面！轻松、散漫，但却有智慧的光芒不时闪烁。北大当然也有另一面，那是在一门经济学课堂上展现的。教师的名字，我照例是忘了去，只记得是讲《当代经济史》。老师满头皆白，却出奇地认真。每节课总是提前20分钟到教室。教室里，散坐着几个学生模样的人。老师就在讲台上，一个人无声无息地写，写，写。将所有要板书的内容，预先满满地写了一黑板！他想节省出上课板书的时间来。

　　贺卫方能为天下学子所爱戴，依我想，其一是因为他的为文，其二是因为他的为人。

　　认识贺卫方的文，是在《比较法研究》上。当时，那是一份文采神采兼备的法

---

* 作者为中国政法大学教授。

贺卫方教授

学杂志——后来知道，贺是编者。几乎每期杂志上，都有一个叫慕槐的，写上二三百字的补白。文字清新，意韵悠长。我是一个眼高手低的人，所谓法学大家的宏论，时常看不入眼。我总觉得，他们其实可以写得更短一点，更好看一点，没有必要装腔作势。也许是声气相投吧，慕槐的补白，我时时忆念，但一直不知慕槐是谁。认识贺卫方很久以后，一次酒席上，贺告诉我，他曾任《比较法研究》的编辑。我打听："那么，慕槐是谁？"贺吃了一惊，问："你真不知道啊？"我说："是啊。"贺颇有点得意地说："我就是慕槐啊！"我恍然大悟，连连点头："应该如此，应该如此……"

再后来，就是那篇传诵一时的《复转军人进法院》。当时我在滨海的一所大学里教书，无意中读到《南方周末》上的这篇文章。反复几遍后，我将报纸放在了一边，摇头叹气："这才叫文章啊。"

没出大名之前的贺卫方，文章写得有书卷气，散淡而柔和。到了贺卫方名动天下，和几位名教授在报纸上开专栏的时候，文章就差了些——偶尔也有精品。这期间，我更喜欢读的，是他的演讲报告，机智幽默中寒光不时一闪。我感到惊奇的是，依我看来，如此忙忙碌碌贺卫方，应当没有时间好好读书。可他的演讲，总是旁征博引，意气风发。中学读书时，老师教导我们："当老师的，你要想倒出一桶水，肚子里必须有十桶水。"当时听了，心里佩服不已："老师肚子里，还有剩九桶水呢。"如今想："有十桶水才能倒出一桶，这算什么能耐？肚子里明明只有一桶水，偏偏即能倒出十桶水，这才叫能耐啊！"我疑心，贺卫方就有这样的能耐！

生活中的贺卫方，风趣、随和而不势利，知妥协而有决断。真正认识一个人，不是在文章上，而是在酒席上。写文章可以装腔作势，但酒席上难，尤其是酒过八成之后。酒过八成还能装腔作势的人，最好不要拿他做朋友，这种人是做国家主席的料——你能拿国家主席做朋友么？

贺卫方酒席上的朋友，真可谓三教九流，形形色色。报社记者、网络版主、公司白领、大学教授，还有不大不小的官员，一名不文的学生。酒过八成的贺卫方，神采飞扬，妙语连珠，俨然有当年梁实秋、闻一多等人在青岛大学的气概。据说这几位文人，当年在青岛号称"酒中八仙"。三日一小饮，五日一大宴。三十斤一坛的花雕，罄之而后已。薄暮入席，深夜始散，自诩"酒压胶济一带，拳打南北二京"。胡适路过青岛，见他们划拳豪饮，吓得将夫人交付的刻有"戒酒"二字的戒指慌忙戴上，要求免战。酒席上的贺卫方，有齐人之风，善饮且敢饮。酒席甫开，贺卫方会提醒大家和自己："今天不要喝多，今天不要喝多……"等到酒过五成，你就听到："喝，喝……"

是真学者，自有真性情。

因为不善拒绝，贺卫方在酒席上是弱者，但贺氏却是一个有决断的人。我们只要看他主编北大《中外法学》以及当年编辑《比较法研究》的成绩，就可以约略推测得出。贺氏主编《中外法学》前，《中外法学》几乎是北大法学院教师们的自留地。贺氏入主后，认文不认人，风格大变。能做出这样的成绩，我想，贺卫方一定是敢于说"不"并善于说"不"。贺卫方是一个随和的人，一个平易近人的人，但我们看他敢为天下先的犀利言谈，看他为民请命时毅然决然的气概，我们就会相信，这是一个值得信赖和值得爱戴的平凡时代的英雄。我一直纳闷的是，以贺氏言谈，就没有有关部门"提醒"他注意一下？有一次，我将这个问题提交给贺卫方。贺想了想，笑着说："我也纳闷，也许是因为我有几个同学在做高官吧？"我想，这并非真实的原因。真实的原因可能是，贺卫方骨子里是一个建设者，而不是革命者！

我有精神病我怕谁?

——日本电影《刑法第三十九条》观后

陈 伟*

　　这部法律题材的电影摄于 1998 年,导演森田芳光因执导日本著名作家渡边淳一的名作《失乐园》而声名大噪,主要演员为铃木京香和堤真一。影片以日本刑法第三十九条的争议性为出发点,以冷酷的风格,忧郁的色调,离奇的情节,疯狂的犯罪,叙述了一个向现行法律公开挑战的故事,深刻地表现了人性中的冲突挣扎、痛苦复仇和精神分裂。尽管影片因情节离奇、主题大胆而备受争议,但是,它提供了一个现代社会思考法律公正性和复杂性的全新视角。

　　影片以秦田牧夫妇双双遇害的惨案开始。嫌疑犯柴田正树是个舞台剧演员,他乖乖地招认了自己是杀人凶手。庭审之日,法官问柴田:你对检察官宣读的供词有何意见? 柴田却当场念出了莎剧中的独白。辩护律师鉴于他这种异常举动,要求法官委托精神科法医提交鉴定报告。经观察诊断,法医在鉴定报告中得出结论:柴田患有精神分裂症。日本刑法第三十九条规定:"身心不正常者所犯罪刑,不应受到惩处";"身心有缺陷者所犯罪刑,应予减刑"。

　　在柴田即将逃脱法律惩罚之时,法医的助理小川却感觉,柴田似乎不像无法控制自己的残忍杀人犯。她凭直觉判断,柴田的双重人格和精神分裂很可能是假装的。那么,柴田作案的动机是什么?即使小川的判断正确,柴田仍然没有明显的杀人动机。

　　小川向检察官解释了自己的疑惑后,检察官委托她再写一份精神鉴定报告。小川备受多方压力,开始暗中调查柴田的背景,试图找出凶杀案的幕后隐情。几经波折,她终于发现,受害人秦田牧 15 岁时,曾杀害一名女童。而这名女童,恰巧正是柴田的妹妹。然而,经法医鉴定,秦田牧精神错乱,依照日本刑法第三十九条,被判无罪,经 6 个月的监护治疗后被释放。

---

* 作者现居美国。

令人难以置信的是,秦田牧出狱后过得相当不错,考上了大学,成家立业,家庭幸福,工作努力,前途光明。相比之下,柴田的家庭却因妹妹惨死而崩溃。母亲终日以泪洗面,忧郁而终;自童年时代的悲剧开始,柴田的人生和感情历经挫折,内心充满痛苦。为了报复凶手,柴田不惜抛弃身份,伪装精神分裂,残害秦田牧夫妇,报复和嘲讽刑法第三十九条的荒谬性。柴田的行为和心理,与弗洛伊德精神分析学派的经典理论有暗合之处:一个人的性格、潜意识及其对社会的态度和价值观,在相当程度上带有童年经历的烙印。

那么,究竟是秦田牧精神失常、行凶杀人?还是柴田心理错乱、残忍报复?还是刑法第三十九条荒诞无稽、放纵罪犯?还是精神病鉴定荒诞不经、漫无标准?这部影片给世人留下了无穷无尽的思考空间。

在保障基本人权以及"刑事责任能力"的思考下,世界上很多国家的刑法都专设相关条款,减免或免罚身心不健全者所犯罪刑。如德国刑法第二十条,美国刑事司法的"麦纳顿规则"(M'Naghten Rule)和"德赫姆规则"(Durham Rule)等。1982年,刺杀里根总统的凶手欣克利,即因"精神失常"而免遭刑罚。问题的关键在于,人类的精神病现象是一个错综复杂的千古之谜,至今既无明确统一的诊断标准,亦无疗效良好的治疗手段。精神科医生进行临床诊断时,常常出现"公说公有理,婆说婆有理"的现象,令人深感矛盾和困惑。

在《刑法第三十九条》中,柴田的犯案并非偶然起意,而是长年痛苦和压抑下的心理积累。在追寻秦田牧的过程中,柴田的犯罪心理也产生了微妙的变化,这正是本片的戏剧性和紧张度之所在。秦田牧的"致命毛病"在于,他免罪出狱之后,家庭美满,事业成功,有点"过于正常"、"过于幸福"了。致使柴田深受刺激,心理变态,走火入魔,最终走上了冤冤相报的罪恶之路,不惜以凶残手段杀害最初的凶手及其无辜的妻子,报复不公正的法律和社会。

人真的可以完全控制自己的行为吗?是否只有将案犯千刀万剐才能弥补受害者的心灵创伤?已治愈的精神病患者难道就不能生活美满、获得宽恕?会不会有人装疯卖傻、逃避刑事责任?在极力保护"人权"的同时,是否也应注重强调"人责"?如果没有守法负责、心态健全的公民社会相配合,自由、民主和人权皆有可能误入歧途,导致治安失序、广场暴民和社会动乱。

求实之路
——读《发展犯罪学》后感

戴宜生 *

  学者周长康,同时也是浙江省青少年犯罪研究会副会长兼秘书长、研究员、教授,给我寄来了他与另外两位仍在警察实践岗位上工作的同志合写的《发展犯罪学》(《发展犯罪学——从传统犯罪到现代犯罪》,周长康、张应立、钟绿芳著,群众出版社 2006 年版)。

  我感到这本书从一个方面很好地描述了自改革开放以来,我国犯罪情况的变化(为了做出历史比较,在有些问题上还将数据上溯到 1950 年)。全书主要用的是警方公布的资料,除了公安部公布的全国资料数据外,比较全的还有浙江省的以及重庆、海南、天津、上海的数据资料。全书仅数据列表就有 75 个,此外还有其他大量数据、案例。应该说,在我们现在的学术环境中,即便是警方公布的资料,也是不易得到或不易搜集齐全的。本书虽说是政法机关内部发行,但对于政法院校、研究单位、专业报纸杂志及有关学术单位人员来说,应是可得而参阅的重要资料汇集。在整理编排这些资料时,作者又颇具匠心,全书按犯罪总量发展、犯罪主体发展、犯罪形态(流窜案犯与有组织犯罪)、犯罪技术、犯罪思维与犯罪心理发展、犯罪侵害对象的发展、青少年犯罪的发展等等编排,从而向我们提供了一幅以警方资料(这也是我国目前情况下,唯一可供学者们进行客观、全局研究的犯罪资料)为基础,从几个重要方面看我国犯罪发展的前景画面,作者的观点也都夹叙夹议地在书中表述出来,其中提出的许多新问题,可供学者们在此基础上做进一步的探讨。我觉得犯罪学的研究人员最好备此书于案头,不管读者是否同意作者的观点与论断,都可从中随时查核自己所需的资料,以助自己言而有据;同时也可以就此书中提出来的某些问题,深入开拓,调查核

---

* 作者为公安部第四研究所研究员。

实,以助于自己的专题研究与论述;也可以持不同观点,就此书资料进行反诘,或就其中资料不实、不确之处,拿出资料来证伪。这就为学术讨论开了新风,提供了讨论的基础,推动了我们在求实道路上的探索,比其他空言概念的论述要有价值得多。

这书的重要意义,还应从更深一步看。这就是,在我国犯罪实证研究的道路上,此书应算值得重视的成果,它反映出实证研究可以做到什么,有什么用。我过去在许多文章中都反复论述过犯罪实证研究方法对我国犯罪研究的重要性。我的论点主要依据于两方面。一是从国际上看,目前世界各国的犯罪学研究大多离不开犯罪实证研究。现在世界上一切重大的犯罪学研究成果也都是实证研究的结果。没有犯罪实证的研究科学,不能取得国际犯罪学界的认同,甚至也不能被认做是现代社会科学的研究作品。美国的沃尔德等在《理论犯罪学》中说:"就犯罪成因论的研究来说,可以说一切犯罪学的研究都是实证主义的。"他在另一个地方又提到:犯罪学的研究其实就是成因论的研究。二是从我国犯罪学研究的发展看,在新中国成立前,著名的严景耀教授(被认为是我国现代犯罪学研究始祖)的研究就是实证主义的,他的代表作是考察北平监狱犯人的报告。那时,我国其他有关社会学、犯罪学的研究也都是实证主义的,当时介绍到我国来的国外的犯罪学也大都是实证主义的。从更广的背景看,20世纪以来,特别是五四运动以来,我国的近代社科研究实际上也是从接受西方实证方法、打破传统的桎梏而开始的。更早的著名学者,曾任北大校长的严复在接触西方培根的归纳法时就深为震撼地感到这种先进的科学方法与我国传统的"征诸圣贤,求诸方寸"的方法不同。而五四运动"民主科学"的旗帜,在研究学问的方法上也就是大力提倡实证主义。大家不会忘记毛主席早在1937年的《实践论》中就强调:"马克思列宁主义之所以被称为真理,不在于马克思等人科学地构成这些学说的时候,而在于为尔后,革命的阶级斗争和民族斗争的实践所证实的时候。"新中国成立以后,由于种种原因,使得我国的学术研究一家独尊,只尊先贤,无需实证。一直到1979年党的十一届三中全会才恢复了"实践是检验真理的唯一标准"这一党的思想路线。自此以后,我国的社科研究开始进入新时代,但以后,实践证明在学术研究中仍然是道路曲折的,"唯上"、"唯书"的研究自有其强大的社会基础与后台支持,实证主义研究在很长时期仍需曲折地艰苦前行,以至于著名犯罪学者周路在 1995 年出版他的有价值的对天津入狱罪犯的普查材料和结论时,要起名为《当代实证犯罪学》(《当代实证犯罪学》,周路主编,天津社会科学院出版社 1995 年版),并邀请北大的康树华教授作序为实证主义正名、恢复名誉。

需要指出,实证其实就包含着思辨,没有思辨就无法进行实证;没有实证,思辨的科学性、真理性也就无从确立。大量的工夫是要下在实证上的。如果实证出发时依据了一种被尊为"金科玉律"的思想结论,但实证的结果证明其出发前提有误,这怎么办呢?其实,这不但不是研究的失败,反而是重大的科研成果。这种规律到目前,我国许多学者还未认识到它,或已认识到而不敢、不能或没有条件去认真面对。近代的卡尔·波普的"证伪说",也就是这样来说明实证与科学的关系,波普指出一种科学之所以成为科学就是因为它能被证伪,而科学的发展也就是不断地去"证伪",以新的认识取代那些以前认为是正确的假设。我想,也许正因为实证、证伪的这种巨大力量,所以传统的、保守的思想要顽强地抵抗它,害怕一旦自己被"证伪"就丧失了其盘踞科学的地位。而作为一个学者、研究人员,其研究任务就是科学地实证、证伪,否则学者、研究人员也就"尸位素餐",没有什么用了。我正是从这个方法论的意义上来肯定这本书的。另外我也是从反对目前的"唯上"、"唯书"的研究方法,以及反对学术腐败的需要出发而充分肯定赞扬此书的。提倡实证研究还有利于清除目前论文中的不正之风。现在科学论文中还有相当的"陈词滥调"、"绯文靡句",这种文风形成了"诠释性"研究的最好载体。记得毛主席就曾批判过这类不正之风,毛主席说:"滔滔不绝的讲话,大块大块的文章,若有人问他:人的正确思想是从哪里来的? 他觉得这是一个怪问题。"毛主席 1942 年的《反对党八股》也就是批判这种文风的范本,我建议,大家在提笔前重温一下此文。每读那些连篇累牍、抄书抄报的华藻,我总想到:什么时候我们在文风上也能有"文起八代之衰"的韩愈呢?

因此,我看书是喜欢看调查资料多、实际材料多、数据多的作品,而不喜欢空洞的讨论。这也就是为什么我喜欢这本书的重要原因之一。

我觉得由于此书积累了许多资料数据,因此,许多涉及近 20 年来犯罪学研究中重要的争论,已经完全可以从中找到答案了。例如此书第三章用了较大的篇幅,较充分的数据(包括全国的和浙江、重庆、海南、上海四省市的数据以及天津市等地的资料)来证明:"我国的犯罪从 20 世纪 80 年代以来一直保持增长趋势,而 20 世纪 90 年代以来上升较快,21 世纪以来,这种上升趋势未见减弱。"按刑事案件与人口的比率,即通称的犯罪率,书中列举了 1950 年为 9.30 案 / 万人,1960 年为 3.40 案 / 万人,1971 年为 3.80 案 / 万人,1980 年为 7.70 案 / 万人,1990 年为 19.60 案 / 万人,2000 年为 29.40 案 / 万人,2005 年为 35.75 案 / 万人。这个结论就完全解决了在 20 世纪 80 年代激烈争论过的重大问题,如我国在经济上升的同时犯罪率是否会持续上升(所谓"同步论"),犯罪上升趋势是否会一直持续到 21 世纪,社会主义社会本身是否会产生犯罪……

也许有人会说这些争论是早就解决了的,现在费劲证明实无新意或缺乏理论创造性。但我却不以为然,我认为我国的一些人实际上并没有从思想根子上解决这个重大问题。因为我看到,一方面,官方公布的统计数据一直存在着相当大的不实,不断压低立案数,这种歪风虽经多次努力纠正而难改,有时,所谓改进实际上是换个指标、换个统计法来压缩数字,这说明许多人仍然没有认识到在一定社会经济情况下犯罪将持续增长的客观规律,总觉得案件多了,说明自己工作不力,于己不利;另一方面,每当新官上任不久或将卸任之时,总要发表诸如经过"严打"和"强化治理",犯罪又大幅度下降了若干等消息,甚至于有的荒谬到只要中央有关政法治安方面的重大部署一下达,几个月内必有一些地方"闻风而动"、"雷厉风行",使该地方的犯罪又大幅度下降等等,这类消息普遍见报,若果都信其为真,那就要"证伪"本书中的数据与结果;还有就是,至今在政法治安方面,犯罪数量的变化仍然是考察各级干部政绩的主要指标之一,而且,在有些地方,上级就下达了这种大幅度降低发案的硬性的指标,规定在一定时期内犯罪率要下降百分之多少等等,有些时候,这种内容会换个提法,例如,要在短期内在全市创造大批无发案或少发案的社区等等(最近报上宣传在有些地方已取消将立案数作为衡量干警绩效的指标,但据我所知,要建立新的考评干警绩效的体系十分困难,许多地方仍然是走比较顺手的老路)。我认为,以上这些表现,其思想根子仍在于不能很好地认识到:在我国经济急剧发展、社会强烈变动的转型期,犯罪的增长有其必然性、长期性。

我们可以拿国外的情况来做借鉴:美国在二战以后犯罪(包括暴力犯罪、未成年人犯罪)猛烈上升,到了1970年约翰逊总统组织"总统直属犯罪委员会",纠集各方专家研讨解决之道,最后形成了有名的报告《面临犯罪挑战的自由社会》。这个报告一开始就是这样说的:"犯罪是社会产生的,而政府只是社会的一部分,刑事司法系统又只是政府的一部分,警察更是刑事司法系统的一部分,因此要想用这部分的警察来解决整个社会产生的犯罪是不可能的。"根据此报告的精神,美国的警察开始了"社区警务"的试点、推广与全面实施,并不断充实提高"社区警务"的内容。明确提示社区警务的目的不在于降低犯罪案件,而是"提高居民生活质量"、"增强居民安全感"、"做好为居民服务的各项工作"等等。警察和其他的社会力量一起,经过长期努力,最终随着社会经济的变化,人民素质的提高,在20多年后,犯罪才有所降低,而且群众公认:在犯罪降低中刑事司法和警察是出了力的,但犯罪下降的主要原因也并非刑事司法的努力,而且,今后美国犯罪是否还会飙升谁也心中无底。为了避免误会,这里需要特别声明:我认为,20年来,我国刑事司法、警察在打击犯罪、整顿治安中做出了巨大努力与贡献,也确实出现了一批治安一直良好、发案率很低的典型地区。但警察的努力不能与犯罪率的变化直接联系来分析,也不能要求在一定时期内全面推广个别地区的"治安良好的典型"。我们常听说的是"××地方做得到的,其他地方为什么做不到"的提法,这种提法好像言之有理,但实际经验告诉我们,由于各地条件不同,先进经验的全面推广需要很长的时期,而且,先进经验的意义主要在于启发一种思想,而在实际操作层面必须要各地根据本身情况摸索、修改。各地成果的大小也受制于当地的社会、经济的发展以及政权建设等等条件。因此,犯罪持续上升的规律,不是较短期内能解决的。

本书中20年来的数据也便于我们研究"严打"的功过(需知我们20年中一直"严打"不断)。当然评价"严打"的功过是个复杂问题,但我认为,我们讨论"严打"的思路落入了陷阱。我们讨论的思路是"严打"有功因它使得犯罪率下降,或"严打"有过因它不能遏制犯罪率上升。其实"严打"对犯罪率升降的作用都是相当小的,不能以犯罪率的升降来评价"严打",但从20年来犯罪率不断上升的客观规律看，我们至少可以说，那些认为"严打"可以降低犯罪发案数的说法是错误的，我们最初提出的"严打三年为期，大见成效"、"通过'严打'创造历史上治安最好、发案最少的水平"的目标，以及以后的"为官一届，治安形势大好"等等也都是不切实际的。总之，本书中的大量数据材料可以提供我们新的思考、新的认识，所以是一本很有价值的书。

当然这本书也有不足之处，此书既以数据资料的丰富见长，就应在数据资料的"信度"与"效度"上下工夫，这是现代犯罪学研究的基础与前提，如果书中依据的数据"信度"、"效度"不足，书中的结论就反而要被"证伪"了。此书以警方的资料为主要依据，其中也引用了一些学者的研究，如第40页表7中，在列入警方统计的历年犯罪上升曲线后又用虚线表示一陡升的线路，说明是"按去掉统计不实成分后，专家估量走势"，但遗憾的是作者没有据此展开，深入讨论下去。警方的资料优点是涵盖全面，可以有每年的、全国的、全省的、全市的数据，但缺点是难以核实其真实性，也就是我们常说的去掉"水分"。但这方面的工作不是完全不可以做的，我想，首先应该用一定的篇幅介绍公安统计的基本做法与统计指标，公安统计几次指标改革的内容及新指标如何在降低立案统计数上起了作用；也可以使用《中国现阶段犯罪调查》一书中对全国统计不实的估计来做参考（我记得该书中对全国公安统计数据真实性的调查结论是：公布的立案数字只占报案数的10%~30%之间）；还要再介绍一下有关学者对公安统计改革讨论的文章，特别是其中指出现有统计的缺点与弊病；还要使用一些受害者调查的材料（司法部有关研究所曾有过受害者调查，可做比较。这里要说明公安统计是从报案——包括发现开始的，然后才有立案，至于群众不报案的案件则需受害者调查补充。美国居民受犯罪之害后大约只有1/3报案，我国全国的受害数不详，只见有一些地方调查）。将以上的资料介绍后，读者就会对公安统计的"信度"与"效度"有个大概的概念，虽然还难以做出量化的估计，但心中也有个大概。

其次，作者既然着力以警方统计为基础来写这本书，也应该对警方统计的"信度"、"效度"亲自做一点调查，例如：召开几个派出所干警的座谈会，让他们反映在"报案"与"立案"两项数据中会有多大的差别，近些年来这种差别是否变化，也就是研讨一下"统计不实"的情况；也可以询问一下从事公安统计的同志他们的"自我评估";还可以搜集一些旁证来比较,例如根据严重犯罪与立案总数两者的增长速度不一样来推测统计的不实,因为在一般情况下,严重犯罪(杀人、抢劫、伤害)等的立案数中"水分"是较少的,而且严重犯罪占总犯罪数的比例不应该有大波动。由于种种原因作者可能在这方面不宜也不便深究,但作为一本学术著作,本着科学的精神,在书前后几章中对此稍加论述,做出在可能条件下粗略的估计,这很是必要,这才能为全书形成一个较好的基础(这里应该说明,警方统计虽有相当不实的成分,但做长期趋势预测,在假设其若干年来统计不实程度无大变化的情况下,仍可作为一种长期趋势的资料,但在使用中需多加说明,我们不能要求有百分之百的"信度"和"效度",但要求有一个可以接受的"信度"和"效度",而且在做多项数据对比研究时,各项数据的"信度"与"效度"之间不应有很大的差距)。

再次,本书在不少地方显得粗糙,似有"萝卜快了不洗泥"之处,有些地方还有明显的差错,例如书中 107 页所列公式:

$$重新犯罪率W = \frac{刑罚执行完毕或赦免后5年内再次犯罪人员数}{全部罪犯人数} \times 年(一定时期)$$

这个公式显然是错误的, 根据李均仁主编的《中国重新犯罪研究》(法律出版社 1992 年版),在我国重新犯罪率的计算应是:

$$\frac{在3年内又犯了应当判处刑罚的故意犯罪数}{同一年度刑罚执行完毕和赦免人员总数} = 某年重新犯罪率$$

李均仁主编的书是综述了司法部部级科研课题的成果,调查历时 5 年,参加干警万余人,其所用的公式是科学正确的,而前述的本书中引用的公式则显属误引误用,由于公式引用错了,其下列举的再犯罪率的数字及其论述也就没有了科学意义。类似这样的地方本书中还有一些,作为科学研究者对这些问题务必要慎重。本书 107 页在论述重新犯罪率时, 引用了多种数字,但这些数字来源、统计方法、指标均不同,如将其放在一起比较需详加说明,据我所知,有些公安机关以当年抓获的作案人员中有多少是有前科的来计算重新犯罪率,有些监狱管理人员以当年入监的人员中有多少以前判过刑来计算此数。此书以资料数据见长,作者应在不同指标、统计方法上做说明,下点工夫。

　　另一方面,在作者的论述中又缺乏吸收必要的我国现代犯罪研究的结果,如此书在比较成功地描述了我国犯罪的发展变化后在分析犯罪的原因时就有些"老生常谈"了。例如第八章"犯罪思维与犯罪心理的发展"中在论述到"改革开放后,犯罪心理特征(1979至今)"时说到:"随着改革开放的深入,东西方价值观、东西方文化观念的冲突碰撞,享乐主义、金钱拜物教在犯罪心理中影响开始增大……"这种犯罪心理原因的分析明显地带着20世纪80年代初的以政治学代替犯罪学的痕迹。此书作者在论及此题时至少应该介绍一些我国犯罪学在这方面的近期研究的成果,包括生理、心理、社会因素的互动造成的心理结构的畸变、人格障碍、心理变态与反社会人格的形成等等。使得此书成为一个犯罪学科学研究的著作,而不是以简单的政治概念来代替犯罪学的研究。

　　我是重视这本书的,所以著文推荐,但我也需指出其中的缺点,我相信,我这样做,不仅对作者,对广大读者以及后来的研究人员也会有所帮助。

开拓法学新视野、新方法、新领域

——法学的经济思维

林辉煌*

    法学(Jurisprudence),顾名思义,系以"法律"为研究主轴之社会科学,乃是一门极为古老而艰深的学科。单以《汉摩拉比法典》这部当今发现最早之公元前成文法典问世时期推估,法学之历史至少就已有三千年之久。而经济学(Economics),则以"理性选择"(rational choice)为研究课题之社会科学。自英国学者亚当·斯密(Adam Smith)在1776年著述《国富论》(*The Wealth of Nation*)开宗立派以来,迄今,概历230余年。法学与经济学虽同属社会科学之一环,唯若将具200多年历史的经济学与有数千年古老历史的法学相较,就年代而言,前者可说是一门"新兴"的社会科学。因此,法学与经济学乃各立门派,各占领域,各领风骚,二者间初无交集,原不足为奇。

    但自20世纪中叶起,法学与经济学开始交会、邂逅起来,开启科际整合之新纪元。当被誉为美国当代"法律经济分析"始祖的芝加哥大学法学院名教授,后任美国联邦上诉法院的理查德·波斯纳法官(Judge Richard Posner)从经济学分析的观点指出"对于公平正义的追求,不能无视代价"云云,将传统法律上抽象的"公平正义"理念加入具体的"效益"经济概念,赋予"公平正义"另一层具有实感的内涵,颠覆了法学者向来坚持"公平正义乃法律所追求的至高无上价值"的信念。自此,法学者开始惊觉,尝试探索法学研究上的一个迷思:长久以来,法律天秤两端的公平正义是否真的少放了经济学上"成本"与"效率"这两颗砝码? 正因为受到波斯纳法官之质疑所撩动,法学与经济学这两门原无交集的社会科学,终于开始对话,进而搭起交会的关联桥梁来。不止于此,波斯纳法官又在其经典之作《法律的经济分析》(Economic Analysis of Law)一书中直率地主张,法律的作

---

* 作者为台湾地区法律学者。

用是在实现"财富极大化"（maximization of wealth），将传统法学一向奉为圭臬无可动摇的"公平正义"概念，退化为阶段性工具。至此，法学者受到的冲击与震撼不言而喻，这也开启了法学者与经济学者一连串的论战。坦白说，要法学者放弃其古老信仰，接纳迥异的思维，其困难度就宛如要古希腊天文学家托勒密（Ptolemy）放弃"天动说"而转接受波兰天文学家哥白尼（Nicolaus Copernicus）"地动说"那般的挣扎、抗拒。法学者这种挣扎、抗拒甚至隐忧，实不难体会，因为他们深恐天秤两端"公平正义"新附加的不是"道德"色彩的"砝码"，而是"市场机制"变形的"筹码"，又忧虑"公平正义"在掺入了经济分析因素之后将因此增添了他们陌生的"市场"与"成本"，更畏惧传统法学将因此而改幡易帜。这些疑虑忧惧，绝非凭空想象、无病呻吟，有待识者设法祛除、抚平，避免阻碍"法律经济分析"多年来蓬勃的发展。

虽然法学者怀有如此这般的忧虑，但经济学跨入法学领域，其态势殆已锐不可当。其时，美国法学名家奥利弗·霍姆斯大法官（Justice Olivier W. Holmes）早于1897年就曾称"在理性研究法律上，知文字者也许是现今的当令者，但未来却是属于统计人与经济学的专精者"云云，预言法学与经济学未来终将融会之趋势。霍姆斯大法官百年前所下若先知般的这项预言，在逾一世纪的今天，果然应验成真，验证其真知灼见。盖环顾近年来之发展实况，经济学确以"帝国主义"之姿，策马入林，逐步跨进其他社会科学领域。经过一番攻城略地之后，当以"法律经济学帝国主义"在法学领域之斩获最具丰硕，成果最为辉煌，其绽放出之花朵亦更鲜美于其他领域所得之果实。美国法学界在1960年代兴起一股股法律经济分析之热潮，成为美国法学近数十年来最具特色的学风，即是明证。考其原由，不仅因法学领域的浩瀚土壤适合经济学的开拓发展，而且法律的经济分析更是时代潮流之所趋。依此种发展趋势观之，吾人若仿效霍姆斯大法官之预言，或可作如此推测：在可预见的未来，无论法学论文之铺陈走向，司法裁判之说理论证，乃至各级政府机关对于公共议题的对策响应，"法律的经济分析"将成为研究思维的核心主流趋势。为法学开拓新视野、新方法、新领域，其风行草偃，沛然莫之能御，成为现代法学研究的新显学，殆成定局。

经济学虽已大举跨进法学领域而与法律形成密不可分之关系，但不可讳言,法学与经济学之间仍存有相当的本质差异,因而造成此两学科研究取向之不同。例如,法学偏重实践经验,而经济学则侧重数学化。因取向各有偏执,造成了法学与经济学相遇时,其彼此互动关系究应自然融合,抑或被动整合,或者该自创一格? 其二者间必然形成的鸿沟,实有待设法进一步弥缝谋合。有鉴及此,无怪乎著名经济学家戴维·弗里德曼(David D. Friedman)会在其名著《经济学与法律学的对话》(*Law's Order*: *What Economics Has to Do with Law and Why It Matters*)中委婉道出"经济学家以经济分析得出的结论虽然和传统法律学者不尽相同,但经济分析的主要影响不是改变结论,而是改变论点"云云,似乎在暗示着,"结论"这最后一槌,殆可谦让给法学者自己来敲板。其落落大方,企图藉此缓颊,为法学与经济学间之鸿沟献上补缝之策,令人赞佩。对此,波斯纳法官也当仁不让,以法曹之身,藉最高法院居终审地位之优势为词,呼应傅利曼教授之观点说"最高法院的判决是终极的,此非因它的判决是对的,而是因为它乃是终极的裁判"(Decisions by the Supreme Court are final not because they are right but because they are final)云云,捐弃法律人一向之成见,还以司法人谦冲之胸怀,给予善意回报,竭力撮合法学与经济学之交会,更让人心仪。吾人若见贤思齐,以这两位博学鸿儒之对应论调为师,或可将法学与经济学之交锋,类推引申为:"法学的终极结论,不是因为其结论是对的,而是因为它们是终极的。"如此,一方面既可肯认法学与经济学间原有的本质差异,另一方面并可互补这两门学科面对法律分析的局限性,谋合缩小其间之歧异,进而促成其融合。

熊秉元教授的《法律经济学开讲》

由此可知,"法律的经济分析"之含义,其实就是用经济的概念和方法来研究法律。将法律与经济作有机结合,俾助法学者另辟蹊径,期能圆满解决法学上一时无法解决的难题,并非要入侵掌控法律领域,另立门派。为表明此义,戴维·弗里德曼教授特煞费苦心,阐述法律经济分析的三项紧密相关任务,亦即,预测特定的法律将带来的影响、解释为什么特定的法律会存在及决定应该制定什么样的法律,将此三项任务明确界定为经济分析工具性色彩的具体表征。消弭法学者之隐忧,顺利打开"法律的经济分析"之门径,成就了"法律的经济分析"之研究热潮。因此,从整体潮流趋势观察,"法律的经济分析"目前虽仅是经济学支系之一门,无疑地,却是新兴"显学"。唯因经济学与法学间之错综关系,加以受到不同门派之见所围,当前法律的经济分析,竟因缘际会演变出"法律学的法与经济分析"与"经济学的法与经济分析"两种分途态势,企图切割法律学观点与经济学观点的"经济学分析",并将"法律的经济分析"导引收编于法学领域之中。此种演变态势,或可从美国法律学报,如《哈佛法学评论》(Harvard Law Review)、《耶鲁法学论丛》(Yale law Journal)与《经济分析法学论述丛刊》(Journal of Legal Studies)三者所刊论文取向之迥异,看出其端倪。未来,法学果真能开大门,纳他学,修补其与经济学间之那道鸿沟,衷心容纳经济的分析法,则万流归宗,"法律的经济分析"这条川河,或许终将纳入历史悠久的法学汪洋大海之中!

熊教授秉元兄系经济学界之个中翘楚,学养备受推崇,为撮合台湾地区法学与经济学之交会、对话,进而使之融合一体,继其畅销书《熊秉元漫步法律》之后,犹孜孜埋首撰写11篇以"法律的经济分析"为主题的系列文章,兹汇集成册,名为《法律经济学开讲》,即将付梓,再飨餍读者。尝曰:伟大的法学家擅长以实例解说深奥的法学理论,而如同物理学家般伟大的经济学家则擅长以"生活上的细致感受"说明"经济学上深邃哲理"。苹果落地,日常可见,常人视之,平淡无奇,然而,透过物理学家敏锐感受,"万有引力"就因此被发掘。本书恰好验证了这个事实。秉元兄这位杰出的经济学者,其学术造诣及社会洞察力,果然非凡,普罗大众朗朗上口的"生命无价"和"爱情至上、海枯石烂",一般只被用作泛泛形容词汇,在其生花妙笔下,却是栩栩如生,浮现出"生命价值(价格)"与"爱情成本"的经济意义。作为社会支柱之家庭血浓于水之"伦常"关系,甚至"同性"间刻骨铭心之情谊,在其经济角度检视下,也能生动地刻画出实证依据。作者借由《法律经济学开讲》这本新著,娓娓道出经济学者"生活上细致感受"的诸多点滴,淋漓尽致地发挥、展现在本书各个章节中。例如,"十个法学问题"触及"费用填补与契约原则之取舍","爱恨情仇政府个人间"论及"政府的权能和组织","老大哥的容颜"思索"政府真的是仆人吗","揭开稻草人的面纱"中探讨"法学里的贴卷标和放讯号",最后借由评析法院对于"文山温泉落石事件"之裁判,更将触角伸及现行"国家赔偿法"之针砭,将法律与经济学联结得那么巧妙、自然。全书共分11章,各章连贯衔接,环环相扣,一气呵成,论证则旁征博引,事例贴近生活,说理深入浅出,视野大开大阖,文风妙趣盎然,文义却发人深省。阅后,颇有"无上甚深微妙法,百千万劫难遭遇"之感。我司法同僚若能一读本书,细细品尝,琢磨推敲,深思玩味个中意涵,将来对具体案件之解释及适用现行法律,或许将别有一番海阔天空、豁然开朗之启发与感受。

忆起2003年,秉元兄为厘清经济分析的内涵,提供法学者另一套思维方式,创建另一座平实可靠而具有参考意义的坐标,为法学与经济学搭起联结的桥梁,乃初就其信手漫步于法律间所得,集结成《熊秉元漫步法律》一书付梓。本人前曾蒙其不弃,不揣浅陋,应邀为该书撰写推荐序,当时即预感该书之出版仅系"对话而不是结论",将来必会再有续论。四年后之今天,果不出所料,在众多"粉丝"(fans)引颈企盼中,秉元兄又接续前书,再度推出这本力作,再现其个人专业风采。大科学家埃布尔·爱因斯坦(Albert Einstein)曾说:"想象力比知识更为重要。"(Imagination is more important than knowledge)秉元兄在此书中,字里行间,处处展现丰沛之想象力,凌虚御风,自在悠游于法学与经济学之辽阔苍穹,令人生羡。而其文风之优美,文采之灿然,论理之亲善,更让人由衷赞佩。本人相信,此书之问世,将会转变法律人传统狭隘的"法学地球中心论",开拓法学新视野、新方法、新领域,呈现法学的新风貌。

为美国宪法立传

田 雷[*]

　　关于耶鲁法学院的阿玛教授流传着一个故事。人们传说阿玛教授每次外出时都要带上一本《美国宪法典》的小册子。这个看似平淡无奇的段子其实暗藏玄机、语带双关,既拿阿玛教授开涮,又向阿玛教授致敬。首先,这是给阿玛教授开的一个善意玩笑:阿玛是来自印度的第二代移民,如果有警察把他当做恐怖分子抓起来时,他可以用美国宪法来保护自己。其次,这故事是要说明阿玛教授的勤奋,即便是在外出的间歇,无论是超市排队,还是车站候车,阿玛教授也要像海绵挤水一样去阅读美国宪法。

　　这种勤奋在 2005 年结出了自己的果实。阿玛教授在这年出版了他的新著《美国宪法传》。传记的对象大都是人物,但阿玛教授献给我们的却是一部以美国宪法为题的传记。这一新尝试立即得到了学术界的好评。哈佛法学院的德肖微茨教授,这位在辛普森案的辩护中让世人见识到美国法律的著名律师,给本书的推荐语是:"他的文笔如同杰斐逊,他的思想如同麦迪逊,他的语言如同林肯。"虽然推荐语不外都是些褒奖之词,但德肖微茨如此发自内心的赞叹决不可能是出于客套的恭维。事实或许是最好的证明:《美国宪法传》在 2005 年 10 月份由著名的兰登书屋出版,出版三个月之内就五次重印。

一、宪法是什么:判例还是文本?

　　美国联邦最高法院的休斯大法官在 1907 年还是纽约州的州长,但他在这一年却说出了美国宪法史上的经典名言,其普及性或许远远超越了他担任大法官

---

* 作者为山东大学法学院副教授。

近 30 年的时间内所留下的全部判词:"我们生活在一部宪法之下,但宪法是什么却是由法官说了算的,法院是宪法赋予我们的财产和自由的卫士。"休斯州长的话被许多人奉为至理名言,在这些人看来,宪法的基础在于法院历年来所创立的判例体系,而宪法学研究的对象也在于法院及其司法判决。当然,这些人很少去否认宪法文本的重要性,但他们对文本大多都是一种口惠而实不至,理论上把宪法文本捧得高高在上,实际上却认为这短短数千字的宪法并无过人之处,甚至充斥着像奴隶制这样让后人难堪、让制宪者蒙羞的时代错误。真正让宪法运作起来的是联邦最高法院及其历年来所创立的判例法体系。

但在阿玛看来,休斯的话更多地代表了法官们的虚妄自大。美国法院在宪法发展的过程中虽然取得了非凡的成就,但同样也曾犯下严重的错误。例如,法律人大都向往美国宪法史上的沃伦法院时代,联邦最高法院这一时期的革命性判决对后世影响深远。作为沃伦法院的开篇,布朗案就判定"隔离平等"是违宪的。但在歌颂法院之前,阿玛提醒法律人不要忘记,也正是联邦最高法院在 19 世纪的普莱西案中认可了种族隔离的合宪性。最高法院在布朗案中或许结束了种族隔离的历史,但这也正是最高法院从普莱西案后一直参与创造的一段历史。法院不过是在偿还自己拖欠下的历史债务而已。而且,即便是到了 21 世纪,美国的黑人与妇女也未能在法官席上获得应有的代表,在共计 110 位的联邦最高法院大法官中,仅有两位黑人和两位妇女。

因此,在《美国宪法传》中,我们很少看到传统宪法学的经典材料——联邦法院的宪法裁决。阿玛在整本书中以宪法条款为中心组织了全书的叙述。很多平时被大多数人所忽略的宪法条款在阿玛的讲述中得以重见天日。阿玛用 52 页的篇幅阐释了由 52 个单词组成的宪法序言,而在法学院的体例内,宪法课的常规开始显然不是可以忽略不计的宪法序言,而是马歇尔大法官在 1803 年所判决的马伯里诉麦迪逊。阿玛教授的这种处理体现了他对宪法文本的认识。在他看来,宪法文本的意义不仅在于最后呈现的宪法条款,更在于催生了这些文本的史诗性事件——美国革命、南北战争、进步主义运动以及上世纪 60 年代的民权运动。如果我们割裂宪法文本与这些历史事件,那么宪法文本就丧失了它们的意义。1913 年授权国会征收所得税的第十六修正案,同年规定参议员直接选

举的第十七修正案,甚至是 1919 年通过的禁酒修正案(此修正案在 1933 年为第
二十一修正案所取消),阿玛在这些传统宪法学上一笔带过的内容上倾注了大
量的笔墨。

二、宪法属于谁:精英还是人民?

耶鲁法学院英年早逝的卡沃教授一定是阿玛的偶像,因为他曾不止一次地
引证卡沃教授的名言:"每部宪法的背后都有一部史诗。"如果说美国宪法构成
一部史诗的话,那史诗的开头应该要追溯至费城制宪会议。有人将费城会议称
之为费城奇迹,当然也有人不同意这种解读。阿玛的老师,耶鲁法学院阿克曼教
授就认为费城会议本身即是不合法的,因为会议代表们被授予的权力只是修改
原有的《邦联条款》,但他们却另起炉灶,把一部全新的联邦宪法放在美国人民
的面前。更有力道的批评来自于进步主义时代内以比尔德为代表的历史学派。
在进步主义历史学家看来,费城制宪不过是经济精英束缚革命的一次密谋、一
次政变,其所建立的是一种白人有产者的统治。在制宪过程中,黑人奴隶无权投
票,无产者无权投票,妇女也无权投票,那么为何两个世纪前的白人有产者可以
去统治 21 世纪的"我们人民"?

但阿玛告诉我们,理解美国制宪不应该只是研究国父们在那个湿热的夏天
在费城独立厅中做了些什么。由于费城会议人物风云际会,过程峰回路转,宪法
史学家总是喜欢把笔墨倾注在费城会议的秘密过程。但在阿玛看来,历史学家
应该抵制住围绕费城来组织制宪叙事的诱惑。美国宪法中最关键的恰恰是最常
被人(尤其是律师们)所忽略的序言的句子主干:"We the People of the United
States…do ordain and establish this Constitution…"翻译成中文就是"我们美利坚合
众国的人民……制定并确立了这部宪法"。这句话最清楚不过地表示出美国宪
法的权威来自于人民。没有人民的授权,费城精英们在暗室内炮制出的宪法往
好了说是一纸空文,往坏了说真就是政变宣言。因此,如果要理解费城制宪,我
们第一步要做的反而是要走出费城。阿玛发现,一旦走出费城,美国立宪就是当
时世界上最为民主的行为:在制宪精英们把宪法文本公布之后,千千万万的普

通民众参与了关于宪法的讨论,选举组成了各州的宪法委员会去决定这部宪法的命运。这样的行为在旧大陆没有,独立宣言也没有,邦联条款同样没有。虽然宪法批准过程确实排斥了黑人、妇女甚至无产者,但我们实在不应拿今天的标准去苛求古人。事实上,制宪者们大部分都是美国独立战争的革命者,他们曾经冒着生命、自由和财产的危险推翻了英国宗主国的统治,在这个新大陆上建立起新的政治秩序。

关于费城制宪的故事还可以有一个脚注。话说当年本杰明·富兰克林走出费城独立厅时,一位老妇拦住他问:"你们代表为我们设计出什么样的政体呢?"富兰克林的回答非常简单:"一个共和国,如果你们可以保持的话。"时年81岁的富兰克林一定知道,他们虽然草拟出联邦宪法,但宪法的真正生命力却来自于"我们人民"。

三、宪法如何研究:字典还是档案?

自沃伦法院以降,美国宪法学的热门话题之一就是宪法解释的原旨理论。在这场争论中,联邦最高法院的斯卡利亚大法官就是原旨解释论的主要鼓吹者。就在2007年岁末,斯卡利亚还编撰了《原旨主义:二十五年来的争论》一书。斯卡利亚的拥趸们发现,斯卡利亚大法官在判案时随身总要携带一本英文字典,以确证法律的文字含义。甚至有人具体统计了斯卡利亚法官在自己的判词中曾有多少次引证字典。这个故事旨在说明斯卡利亚大法官是多么地忠诚于美国宪法,言下之意就是去反证沃伦法院是如何践踏了美国宪法的原意,他们放逐了原初的宪法。事实上,过去的25年里,关于原旨解释论的议题折射出美国自由派与保守派的分野。如果说保守派将原旨主义奉为圭臬的话,那么自由派中很少有人相信原旨解释论,在他们看来,美国宪法是一部活的宪法,自然应根据时代的变化而做出新的解释。

虽然有人评述阿玛在本书中跨越了自由与保守的分野,但就个人而言,阿玛教授是典型的自由派。早在耶鲁法学院读书时,阿玛就曾在《耶鲁法律期刊》中撰文主张选举制度应该由竞选制改为抽签制,这才符合民主的平等原则。但在宪法解释问题上,阿玛却超越了自由派学者的常规方法,他所推崇的是历史与结构地分析宪法文本。在阿玛眼中,文本主义只是在定义宪法语言在此时此刻的意义,原旨解释也不过是追寻制宪者们的隐秘意图,但如果说宪法的权威来自于美国人民,那么原旨意图就应该理解为历史上可以寻觅的公共意义,而这种公共意义正体现在法律人通常忽略的原始档案内。同时,美国宪法是一揽子通过的;而宪法的修订也不是在原宪法条文中做出替代,而是将修正案条文放置在正文之后。因此,宪法如同一座建筑,学者应该对其做出统合的分析。比如,三权分立是美国宪法公认的基本原则,但在宪法条款中却根本找不到权力分立的字眼。但如果我们考察美国宪法的结构,我们会发现,国会、总统、法院都分属于宪法中单独的一个条款,在结构解读的视角下,三权分立似乎是不证自明的基本原则。为此, 阿玛甚至根据英文中的 architecture 制造了一个新词 architexture,以概括他的宪法解释理论。

事实上,阿玛教授的《美国宪法传》被很多人称为写给自由派的原旨解释。如果说传统的原旨解释只是求助于字典或制宪者的片言只语,那么阿玛则把目光投向制宪或修宪时的公共记录和社会生活。一句话,阿玛运用的可能是比保守派更为僵硬的宪法解读方法,但却经常得出比自由派还要激进的解释结论。这种以其人之道还治其人之身的方法可谓是对保守派的釜底抽薪。

耶鲁法学院的学生中流传着一首歌,它的开头是这样唱的:"There are two kinds Of law, the kind you learn for the bar, and the kind you learn from Akhil Amar."我试着翻译如下:"这世界上有两种法律,一种是你为了律师资格考试而学的法律,另一种是你从阿基尔·阿玛那里学到的法律。"如同开头的那个故事,这首歌也可以做出两种解读。我们可以认为阿玛教授的课程并不实用,至少他所传授的知识并不足以让学生通过律师资格的考试。事实也的确如此,有很多JD学生认为阿玛的课程让人如堕五里雾中。但我们也可以解读为,即便阿玛教授的知识不能让你通过律师资格考试,但耶鲁法学院的学生也在为阿玛教授感到骄傲,要知道,即便对于律师执业者来说,律师资格考试也并不是法律的全部,当然更不是生活的全部。

编后记

　　《法学家茶座·精华本②》中的60余篇文章均选自《法学家茶座》第11~20辑单行本。在选文的过程中，我们继续坚持《法学家茶座·精华本①》出版时确定的一位作者只选择一篇文章的原则，因此对于很多精彩的文章也不得不"忍痛割爱"。同时，所选文章涉及了立法、执法、司法、守法等各个领域，力争在一本书中展现全方位的法治图景，以满足不同读者的需求。

　　从2002年8月《法学家茶座》第一辑面世，这个页码不多、但分量很重的法律出版物已然走过了十年的历程。十年里，《法学家茶座》以其"轻松、休闲、活泼"的风格定位，以及"有趣、有识、有用"的内容定位，赢得了广大法律工作者的喜爱。读者的认可就是编者的最大动力，在此，我们向一直以来关心和支持我们的读者表示衷心的感谢。

　　党的十八大报告对"依法治国"方略提出了新的要求，《法学家茶座》迎来了新的发展机遇。我们相信，在新的理念的指引下，《法学家茶座》必将进一步发展为法学理论工作者为法治鼓与呼的重要平台，实务部门工作人员汲取法律养分的理想园地，成为"依法治国"的一支重要力量。

2012年12月

编者